AI 협업 글쓰기 실전 가이드

글쓰기는 프롬프트다

BM (주)도서출판 성안당

Preface

생성형 시대, AI와 협업을 위한 글쓰기

디지털 전환기를 지나며 우리 앞에 도착한 인공지능은 단순한 기술 혁신을 넘어 사고 방식과 업무 구조를 다시 설계하고 있습니다. 특히 거대 언어 모델 기반의 생성형 AI 챗봇 서비스는 글쓰기의 정의 자체를 바꾸고 있습니다. 과거에는 자료 조사, 구조 설계, 초안 작성, 수정과 교열까지 모든 단계를 혼자 감당해야 했다면, 이제는 AI와의 협업을 통해 훨씬 빠르고 체계적으로 결과를 만들어내는 시대가 되었습니다. 글쓰기는 더 이상 개인의 고독한 작업이 아니라, 인간과 AI가 함께 설계하고 반복적으로 개선하는 창의적 프로세스로 변하고 있습니다.

생성형 AI는 단순히 문장을 만들어주는 자동화 도구가 아닙니다. 아이디어를 확장하고 논리를 점검하며 표현을 개선하는 협업 파트너입니다. 막막한 기획 단계에서는 다양한 구조를 제안하고, 초안 단계에서는 부족한 근거를 보완하며, 수정 단계에서는 문체와 톤을 정리합니다. 문장력이 부족한 사람도 AI와 대화를 이어가며 생각을 정리할 수 있고, 숙련된 글쓴이도 새로운 시각과 표현을 얻을 수 있습니다. 기획서, 보고서, 광고 카피, 영상 스크립트, 출판 원고처럼 목적이 분명한 글에서는 AI가 구조 설계자이자 편집자의 역할을 수행합니다. 인간이 방향을 제시하고 AI가 여러 선택지를 제안하며 다시 인간이 판단하는 반복 과정 속에서 글의 완성도는 더욱 높아집니다.

영상 제작 분야에서도 이 변화는 뚜렷하게 나타납니다. 광고 캠페인을 기획할 때 핵심 메시지와 타깃을 정의하면 AI는 다양한 스토리 구조와 카피 문장을 제안합니다. 촬영 콘티를 만들 때 장면 구성과 내레이션을 정리해 주고, 편집 단계에서는 자막 문구와 SNS 홍보 문장을 빠르게 생성합니다. 제작자는 AI가 제시한 결과를 브랜드 전략과 감성에 맞게 수정하고, 다시 AI로 표현을 다듬어 완성도를 높입니다. 이 과정은 단순한 속도 향상을 넘어 창의적 탐색 범위를 넓혀 줍니다.

그러나 이러한 변화는 새로운 책임을 요구합니다. AI로 생성한 글과 사람이 직접 쓴 글의 경계가 흐려지면서 윤리와 신뢰성에 대한 고민이 커지고 있습니다. 무분별하게 양산된 콘텐츠가 'AI 슬롭(AI Slop)'이라는 이름으로 비판받는 현실은 기술 활용 방식이 얼마나 중요한지를 보여 줍니다. 정보의 사실 여부를 검증하고, 출처를 확인하며, 자신의 관점과 경험을 더하는 작업은 여전히 인간의 역할입니다. AI는 대신 쓰는 도구가 아니라 함께 사고하고 검증하는 파트너라는 인식이 필요합니다.

AI가 빠르게 발전하는 시대에도 인간 고유의 창의성과 통찰은 중심에 있습니다. 글쓰기는 사고를 정리하고 세상을 이해하는 가장 기본적인 지적 활동입니다. 어린아이가 말을 배우고 글을 익히며 성장하듯 성인도 글쓰기를 통해 전문성을 키우고 사회적 역할을 수행합니다. 학교 시험부터 직장의 보고서, 마케팅 기획서와 콘텐츠 제작까지 중요한 일은 결국 글로 정리됩니다. 촬영 콘티, 광고 카피, 캠페인 전략 문서, 유튜브 스크립트까지 모든 콘텐츠 제작은 글쓰기에서 출발합니다. 글을 잘 쓰는 능력은 곧 생각을 설계하는 능력이며, 이는 어떤 직업에서도 핵심 경쟁력이 됩니다.

글쓰기의 기본 원칙도 변하지 않습니다. 많이 읽고 깊이 생각하며 기록하는 습관이 필요합니다. 읽기와 쓰기를 통해 축적된 지식과 경험이 있어야 AI의 제안을 비판적으로 판단할 수 있습니다. AI는 재료와 가능성을 제시하지만, 무엇을 선택하고 어떤 방향으로 완성할지는 결국 인간의 몫입니다. 따라서 AI 협업 글쓰기는 도구 활용 능력과 사고 능력을 동시에 요구하는 새로운 역량입니다.

이 책은 생성형 AI를 단순한 자동화 도구가 아니라 글쓰기의 전 과정을 함께 설계하는 협업 파트너로 활용하는 방법을 안내합니다. 아이디어 발상에서 구조 설계, 초안 작성, 문체 수정, 사실 검증, 최종 편집까지 단계별로 AI와 대화하는 구체적인 방법을 제시합니다. 직장인의 보고서 작성, 콘텐츠 제작자의 영상 스크립트 제작, 출판 기획자의 원고 정리, 마케팅 담당자의 광고 카피 설계처럼 실제 업무에 바로 적용할 수 있는 사례 중심으로 구성했습니다. 특히 프롬프트 설계 방법과 반복 수정 과정, 결과 검증 절차까지 실무에서 바로 사용할 수 있도록 정리했습니다.

이 책을 통해 독자 여러분이 AI와 협력하여 더 빠르고 정확하며 창의적인 글을 완성할 수 있기를 바랍니다. 기술의 변화 속에서도 글쓰기는 인간의 사고를 단단히 만드는 핵심 도구입니다. AI와 함께 배우고 성장하는 글쓰기 과정이 여러분의 일과 삶, 그리고 콘텐츠 제작의 완성도를 한 단계 끌어올리는 계기가 되기를 기대합니다.

오창근

이 책의 구성

AI를 활용해 생각을 구조화하고, 실제 업무와 콘텐츠에 바로 적용할 수 있는 글쓰기
역량을 기를 수 있도록 체계적인 구성을 제공하고 있습니다.

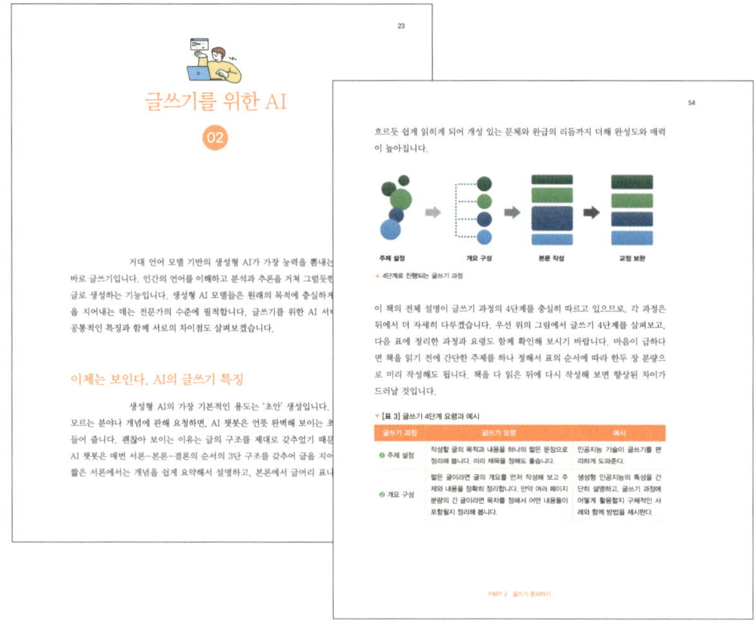

이론 구성

AI 글쓰기 교육을 위한 이해를 기본 이론으로 제공합니다.

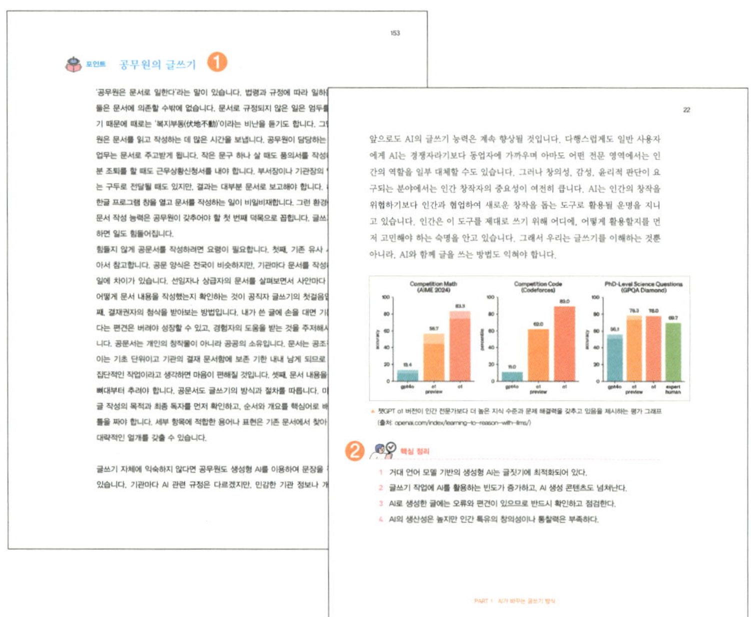

❶ 포인트

꼭 알아야할 학습 사항은 포인트 코너로 구분하여 제공합니다.

❷ 핵심 정리

매 장이나 중요한 단락 말미에 핵심 내용을 추려서 정리해 드립니다.

파워포인트에서 코파일럿으로 발표 자료 만들기

외부 활동 중에서 파워포인트 앱이 컴퓨터에 설치되지 않은 환경에서는 온라인 M365 사이트에서 문서 작업이 가능하지만, 속도가 느리고 기능이 제한되어 불편한 점도 큽니다. 마이크로소프트 365 구독자는 컴퓨터나 스마트폰에 모든 오피스 앱을 설치해서 사용할 수 있습니다. 컴퓨터 오피스 환경에서도 온라인 M365 코파일럿과 연동되어 최근 작업 파일이나 템플릿을 모두 접근하고 편집할 수 있는 연속성을 제공합니다. 현재 코파일럿 기능이 확장 중이라서 기능의 확대 또는 통합 등의 현상이 수시로 발생할 가능성이 있습니다. 파워포인트 앱에서 발표 자료의 개요를 생성하고 텍스트와 이미지를 편집하는 방법을 살펴보겠습니다.

1. 컴퓨터에 설치된 파워포인트를 실행합니다. 홈 화면에서 새로 만들기 중 'Copilot으로 만들기'를 선택합니다.

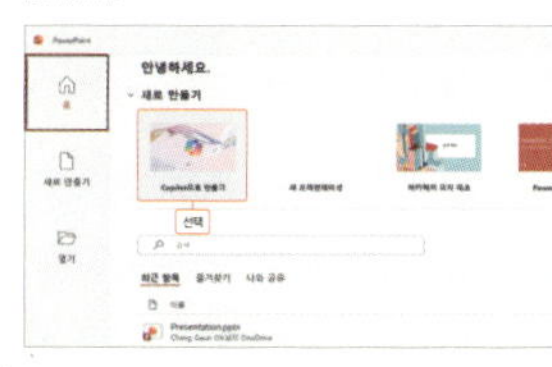

TIP : 구독 계정만 사용 가능한가요?

코파일럿 구독 개인용 Personal 또는 Family)에 포함된 플랜은 Word, Excel, PowerPoint, Outlook, OneNote 등의 데스크톱 앱 설치 라이선스를 포함하고 설치된 컴퓨터라도 구독 계정으로 이용할 수 있습니다.

4. 슬라이드 구성안을 바탕으로 슬라이드 배치와 디자인까지 완료되면 하단의 [유지] 버튼을 클릭해서 내용을 확정합니다. 구성이 마음에 들지 않으면 오른쪽 '휴지통' 아이콘을 클릭해서 다시 생성 과정을 거치면 됩니다.

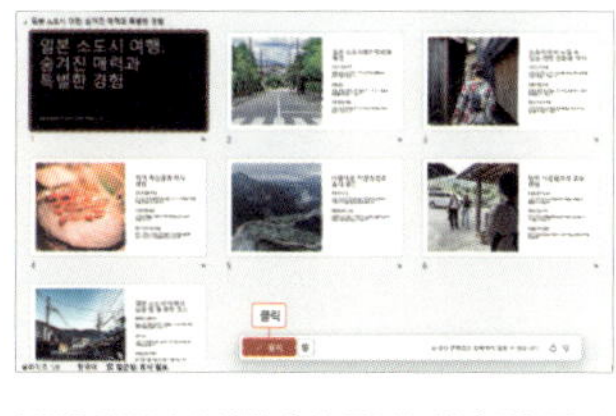

5. 슬라이드를 세부적으로 검토하기 위해 [보기] → [프레젠테이션 보기]에서 [기본]을 선택합니다.

클로드로 연구 논문 작성하기

02

보편적인 글쓰기 용도에는 챗GPT만으로 충분하겠지만, 전문적인 연구와 논문 작성에는 클로드가 더 심오한 기능을 제공합니다. 연구 논문 작성은 학문적 엄격성과 함께 최신 연구 트렌드에 신속하게 대응해야 하므로 일반적인 글쓰기에 비교해서 더 까다로운 기준을 충족해야 합니다.

클로드와 연구 주제 도출하기

논문 작성의 첫 단추는 탄탄한 연구 아이디어 도출입니다. 연구 아이디어가 없더라도 연구의 방향 정도는 구체적으로 설정하고 시작해야 합니다. 예를 들어, '소셜 미디어가 청소년의 사회성 형성에 미치는 영향'이라는 주제에 관심이 있다면, 클로드와의 대화를 통해 이 막연한 관심사를 구체적인 연구 질문으로 발전시킬 수 있습니다. 아이디어 도출을 위해서는 주제의 방향과 함께 최신 연구 동향을 사전에 조사해야 합니다. 먼저 클로드 프롬프트에 "나는 사회

한컴독스로 문서 양식 작성하기

03

한글 문서는 국내 공공기관과 업계에서 주로 사용하는 문서 포맷입니다. 표와 그림 같은 스타일 요소를 규격화한 양식 문서를 편집하기 편리해서 대부분의 공문서도 한글 포맷으로 작성하고 결재합니다. 설치형 한컴 오피스 앱과 달리 온라인 한컴독스 환경에서는 AI 생성 기능을 제공합니다.

한컴독스 시작하기

전 세계의 오피스 앱 환경을 독점하고 있는 마이크로소프트 워드와 달리 한글과컴퓨터의 한글 환경은 국내의 문서 작성 도구를 독점하고 있습니다. 특히 공공기관의 공문서 양식은 한글 기반의 포맷으로만 제공되기 때문에 공공기관과 협력하는 기업, 학교, 단체 등도 한글 문서 양식의 작성을 요구받게 됩니다. 그만큼 표와 그림, 글상자, 머리말과 꼬리말 등의 스타일 요소로 작성된 한글 양식의 문서는 일상에서 자주 쓰이므로 제대로 파악하고 작성해야 합

따라하기

누구나 쉽게 따라하면서 학습할 수 있도록 구성되었습니다.

AI 활용

AI 도구로 활용으로 실무에 사용하기 위한 방법을 소개합니다.

목차

Preface 생성형 시대, AI와 협업을 위한 글쓰기   2

이 책의 구성   4

PART 01 AI가 바꾸는 글쓰기 방식

01 AI로 변화하는 글쓰기   14

AI, 글쓰기의 종결자   14

이미 시작된, 글쓰기 방식의 변화   16

AI와 함께하는 글쓰기 협업   18

끝없는 도전, AI 윤리   20

작가를 대신할까? 생성형 AI의 한계   21

02 글쓰기를 위한 AI   23

이제는 보인다, AI의 글쓰기 특징   23

비교해 보는 그들만의 글쓰기   25

글쓰기 AI, 인터페이스의 특징   31

포인트 / 글쓰기 AI 한눈에 비교하기   34

03 AI를 의도대로 활용한 글쓰기   35

목적이 전부, 글의 유형   35

알짜배기, 프롬프트 작성 요령   40

포인트 / AI 활용: 프롬프트 최적화 기법   42

포인트 / 글쓰기를 위한 프롬프트 구성 요소: 트라이(TRAI)   43

함께 쓰고, 또 고쳐 쓰기   44

PART 02 글쓰기 준비하기

01 감 잡았다! 글쓰기 원리와 과정 48

문자 문명, 글쓰기의 숙명 48

한번에 알아두기: 글쓰기의 전체 흐름 50

포인트 / 글쓰기의 이해 없이 AI에 의존하면 안 되는 이유 52

4단계 과정: 실패 없는 글쓰기 53

비법 공개: 좋은 글 쓰는 법 55

02 글의 방향을 잡는 주제와 개요 60

방향을 잡는 주제 설정하기 60

포인트 / 주제 설정 과정의 고려 사항 62

고객님! 독자를 고려하기 63

소소하고 가깝게, 친밀한 소재로 구성하기 65

새롭게 연결하기: 아이디어 도출 67

포인트 / 남다른 아이디어를 찾는 법: 엉뚱한 연결 속에서 창의성을 발견하다 69

키워드로 구성, 개요 정리하기 70

03 다다익선! 글감 모으기 75

아는 것이 힘: 지식과 경험 75

포인트 / 글감 모으기 방법 77

동시 진행: 쓰면서 읽기 78

두말하면 잔소리, 독서의 중요성 80

글감의 보물 창고, 스크랩하기 83

PART 03 AI와 함께 글쓰기

01 본문 체계적으로 구성하기 ... 92

개요에서 본문으로, 문단 단위 생성하기 ... 92

포인트 / 토머스 에디슨과 일론 머스크, 전기로 연결된 두 혁신가 서론 부분 ... 95

독자와 함께, 주제와 의도 강조하기 ... 96

잘 짜인 옷감처럼 본문 생성하기 ... 100

포인트 / 사람 같이, AI로 글쓰기 요령 ... 101

문장마다 하나씩, 의미 챙기기 ... 102

02 전문가처럼 교정하기 ... 105

의심하기: 교정의 시작 ... 105

포인트 / 문장 교정: 수동형 표현 고치기 ... 107

불필요해서 주의해야 할 표현들 ... 108

'대하여'에서 '관하여'로 ... 109

포인트 / 문장 교정: AI 어투 고치기 ... 111

간결하게: 교정은 글쓴이의 몫 ... 112

포인트 / 문장 교정: 부적절한 걸어 표현 고치기 ... 113

독이 든 성배, AI로 교정하기 ... 115

03 내 손으로 글 마무리하기 ... 119

기승전결, 논리와 구조 확인 ... 119

수미쌍관: 도입부와 맺음말 연결하기 ... 121

주어는 어디에, 주술 관계 확인 ... 123

스타일 나게 문체 다듬기 ... 126

PART 04   AI 활용 문서 작성

01 업무 능률을 높이는 문서 작성법   **132**

한눈에 들어오는 기획안 작성하기   132

체계적인 보고서 작성하기   140

상황에 완벽한 업무 이메일 작성하기   144

포인트 / 메일함 속의 AI 에이전트   147

개조식 문체로 공문서 작성하기   149

포인트 / 공무원의 글쓰기   153

눈길이 가는 보도자료 작성하기   155

일목요연하게 회의록 작성하기   159

02 교육 활용 문서 작성하기   **165**

흐름을 갖춘 수업 교안 작성하기   165

인기 만점 강의 계획서 작성하기   173

몰입도 최고! 수업 자료 작성하기   177

디테일이 정교한 생활기록부 작성하기   180

분석부터 대안까지, 상담 보고서 작성하기   183

우등생 비법, 암기 카드 작성하기   185

논문 작성에 AI 활용하기   188

포인트 / 연구 논문, 한번에 통과하는 법   198

03 나만의 문서 작성하기   **200**

공감을 부르는 SNS 글쓰기   200

남다른 경험, 블로그 게시글 작성하기   203

입시부터 입사까지, 자기소개서 작성하기   210

포인트 / 자기소개서의 구조   211

마음을 울리는 인사말 작성하기 · 213

공감 백배, 리뷰 쓰기 · 216

텍스트는 힙하다! 서평 쓰기 · 217

PART 05 문서 작성을 위한 AI 활용 가이드

01 글쓰기에 챗GPT 최적화하기 · **222**

챗GPT에 역할 부여하기 · 222

필요한 스타일로 챗GPT 길들이기 · 226

포인트 / 소량 데이터 학습과 반복 개선 기법 · 228

챗GPT 캔버스 기능 활용하기 · 229

맞춤형 GPT 활용하기 · 234

나만의 GPT 만들기 · 242

포인트 / 챗GPT로 맞춤형 GPT 만들기 지침(사양서) 생성하기 · 248

02 클로드로 연구 논문 작성하기 · **252**

클로드와 연구 주제 도출하기 · 252

클로드와 함께 연구 계획하기 · 260

클로드로 선행 연구 정리하기 · 267

클로드 프로 버전 구독하기 · 272

클로드와 함께 연구 문제 구체화하기 · 275

클로드와 함께 실험 설계하고 준비하기 · 277

클로드와 연구 논문 초안 작성하기 · 279

포인트 / 클로드의 연구와 심층 사고 모드 활성화 · 288

03 한컴독스로 문서 양식 작성하기 **289**

한컴독스 시작하기 289

한컴독스로 문서 양식 작성하기 293

04 코파일럿으로 발표 자료 만들기 **301**

마이크로소프트 365 코파일럿 시작하기 301

포인트 / 마이크로소프트 365 코파일럿의 파워포인트의 활용 308

파워포인트에서 코파일럿으로 발표 자료 만들기 309

05 구글 제미나이로 트렌드 보고서 작성하기 **318**

구글 제미나이 시작하기 318

제미나이로 트렌드 보고서 초안 준비하기 321

데이터 시각화 이미지 추가하기 331

참고문헌 335

AI

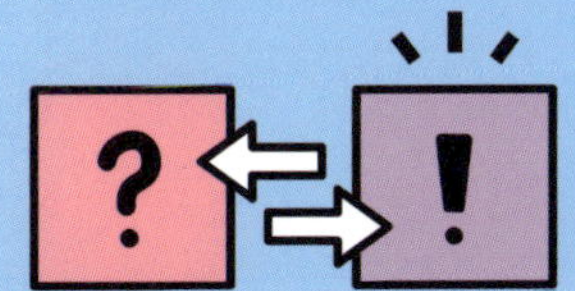

AI가 바꾸는 글쓰기 방식

수천 년간 이어져온 글쓰기 방식이 지금 바뀌고 있습니다. 우리의 지식과 경험을 정제하는 글쓰기를 인공지능 시스템이 대신하기 시작했습니다. 글의 주제부터 목차와 개요 설정, 본문 작성, 마지막 교정까지 생성형 AI가 도와줍니다. 특히 글쓰기를 힘들어하는 사람들에게 AI는 구세주와 같은 역할을 하며, 이제는 전문가들도 AI를 활용하는 데 주저하지 않습니다. 먼저 AI가 글쓰기 방식을 어떻게 바꾸고 있는지 살펴보겠습니다.

AI로 변화하는 글쓰기

지금 인공지능이 일으키는 변화는 빙산의 일각일 것이라는 전망이 있습니다. 단지 과학기술 분야뿐만 아니라 우리의 교육, 사회, 문화의 모든 부분에서 인공지능이 함께하기 시작했습니다. 전통적인 글쓰기 방식도 AI가 뒤흔들어 놓고 있습니다. 거대 언어 모델^{Large Language Model, LLM} 기반의 생성형 AI는 글쓰기 목적으로 개발되었다고 해도 될 정도로 언어 생성에 뛰어난 재능을 선보입니다. AI가 글쓰기를 어떻게 바꾸고 있는지 변화 상황을 알아보겠습니다.

AI, 글쓰기의 종결자

글쓰기는 쉬운 일이 아닙니다. 무엇을 쓸지 정하는 아이디어 구상부터 본문 작성은 물론 마지막 교정 작업까지 한결같이 힘든 과정입니다. 글쓰기는 이성적 사고의 결정체이기 때문입니다. 글로 기록하고 타인과 소통하는 일은 문명의 근간이자 문화의 토대였습니다. 글이 없었다면 지금의 첨단 기술도 없이 여전히 우리는 동굴에 숨어 사냥하며 먹고살 것입니다. 지구의 모든 존재 중에서 오직 인간만이 글쓰기를 합니다. 그만큼 글쓰기는 인간 이성 표현의 정수로, 사람만이 배우고 누리는 재능이자 권리처럼 당연하게 생각했습니다.

2022년 말, 갑자기 세상에 알려진 '챗GPT'라는 인공지능 서비스가 등장하기 전까지는 그랬습니다. 그동안 흐지부지하던 인공지능의 존재감은 갑자기 커다란 태양처럼 강렬하게 떠올랐습니다. 사람들은 유창하게 말을 지어내는 생성형 AI 챗봇에 집중하기 시작했고, 경제와 사회의 모든 자원이 인공지능 빅테크 업계를 향했습니다. 천문학적인 투자가 오가는 인공지능 생태계는 지금도 폭발적으로 성장하는 중입니다. 인공지능 시스템 개발 분야를 비롯해 AI 관련 서비스 업계와 스타트업 시장에서도 활발한 이합집산이 일어나고 있습니다.

뚝딱뚝딱 글을 지어내는 거대 언어 모델 기반 AI는 이제 환상적인 그림도 만들고, 실제처럼 살아 움직이는 영상도 생성합니다. 수재들도 힘들다는 미국 변호사 시험과 대입 시험도 너끈히 통과할 정도로 수준 높은 지식을 자랑합니다. 변호사와 의사와 같은 전문직마저 AI로 대체될 것이라는 경고가 자주 들립니다. 불과 몇 년 전까지만 해도 연구소 실험실에 숨어있던 인공지능은 이제 모두에게 대체 불가능한 동반자가 되었습니다. 이미 AI는 변수가 아니라 상수입니다.

생성형 AI가 글짓기를 잘하는 이유를 알고 보면 인간의 범위를 초월합니다. 생성형 AI의 토대를 이루는 거대 언어 모델은 우선 지구상에 존재하는 쓸만한 텍스트 자료를 전부 학습했습니다. 전 세계 모든 서적은 물론 신문 기사, 논문, 법전, 기술 문서, 블로그, 온라인 게시판의 일상 대화에 이르기까지 공부하지 않은 것이 없습니다. 그래서 '거대' 언어 모델이라고 부르는 것입니다. 이 방대한 학습을 바탕으로 인간이 어떻게 생각하고 표현하는지 추론 능력을 연마했습니다. 게다가 전문가들의 지도를 받으며 단어들 사이에 연관성과 가중치를 고려해서 능수능란하게 말을 맞추고 글을 지어내는 방법까지 터득했습니다. 인간처럼 학습 → 사고 → 표현의 과정을 그대로 수행한 것입니다. 인간의 지능을 모방한 것이 바로 인공지능입니다.

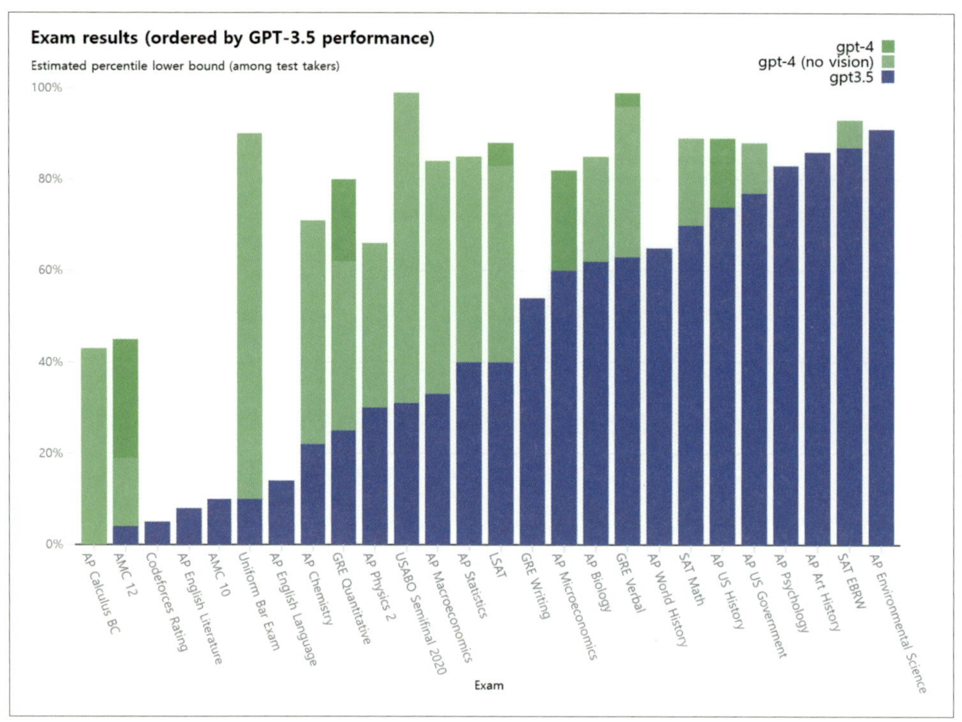

▲ 미국의 주요 시험에서 대부분 만점을 받은 챗GPT의 성취도 비교표

(출처: openai.com/ko-KR/index/gpt-4-research/)

이미 시작된, 글쓰기 방식의 변화

생성형 AI는 기존의 글쓰기 방법에 여러 가지 변화를 불러왔습니다. 흥미 위주로 접근하던 AI 챗봇에 이제는 전문가들조차도 의존하기 시작하면서 생긴 변화입니다. 보통의 사용자뿐만 아니라 황석영 같은 유명 작가도 글쓰기 과정에 AI를 이용합니다. 아이디어 구상, 개요와 목차 구성, 초고 작성, 퇴고와 교정 등 글을 쓰는 데 필요한 모든 단계마다 AI 도구를 사용할 수 있습니다. 유능한 AI 덕분에 글쓰기에 자신이 없거나 글 쓸 일이 없는 사람도 모두 쉽게 글을 쓰고 공유할 수 있게 바뀝니다. 누구나 글을 잘 쓰게 된다면 궁극적으로는 문화의 다양성이 증진될 것입니다.

AI의 등장으로 글쓰기 작업의 초점이 글짓기 자체를 넘어설 것입니다. 글쓰기 작업이 수월해지면서 글을 짓는 방식과 기법에 힘들이지 않고 글의 내용에 더 집중할 수 있습니다. AI가 생성한 텍스트를 검토하고 수정하는 시간이 늘어나면 글쓰기 행위는 편집과 큐레이션에 가까운 일로 변모할 것입니다. 이것이 바로 AI로 생성된 글의 내용과 수준을 어떻게 개선할지 고민이 깊어지는 이유입니다. 이제까지 경험하지 못한 방식의 글쓰기 과정이 펼쳐지는 것입니다. 모두가 AI를 이용할 때 남다른 독창성을 드러내는 방법도 찾아야 합니다. AI가 득이 되느냐 독이 되느냐는 결국 사용자의 몫입니다.

AI로 생성한 콘텐츠가 늘어나면서 앞으로는 글의 내용보다 글쓰기의 창의성과 윤리성을 따지는 분위기가 팽배할 것입니다. AI를 이용해서 글을 쓰면 창의성이 떨어지고 저작권에도 문제가 있다는 의견이 많습니다. AI가 학습한 텍스트를 기반으로 생성한 결과는 모조리 표절이라고 비판하는 사람도 있습니다. 전문가들도 인간과 AI의 공동 창작이 새로운 유형으로 인정받을 수 있을지 걱정합니다. 문제는 AI를 어디까지 수용할지입니다. 과거 인터넷의 정착 과정에서 보듯이 AI 활용이 폭넓게 정착되면 정도의 차이뿐이지 수용의 한계는 없을 것입니다. 어린 학생부터 예술가까지 AI는 손 안의 도구로 자리 잡게 될 것이며, 이때 콘텐츠가 생성되었는지 편집되었는지 구분하는 것은 부차적인 문제입니다. 근본적으로 창작의 개념이 변하는 중입니다.

당장 학교 현장에서 학생들이 AI를 이용하여 과제를 작성하고 있습니다. 스스로 학습하지 못한 부분도 AI가 생성해주면, 학생들은 이를 자신만의 결과물인 양 편집하고 포장하여 제출합니다. 이에 교육자는 학생들이 마땅히 갖춰야 할 지식과 사고력을 어떻게 갖출지 우려하고 있습니다. 그러나 정작 교사들도 AI를 활용하면서 수업을 준비합니다. 연구자와 대학교수도 영문 이메일 작성부터 논문 검토까지 AI에 맡기기를 더 이상 주저하지 않습니다. 이런 추세라면 AI의 역할이 단순히 초안 생성 용도에만 머물지는 않을 것입니다. 글쓰기 교육을 다시 정의해야 하는 현실에 직면했습니다.

물론 AI가 생성한 글이 항상 최선의 결과는 아닙니다. 어떤 사람은 자신보다 AI가 더 글을 잘 쓰니 괜찮다고 생각할 수도 있습니다. 그러나 AI는 그럴듯하게 글을 지어낼 뿐 감동이나 통찰을 전달하기 어렵습니다. AI는 서로 다른 것을 연결하는 창의성과 과감한 표현에 약합니다. 문학적 표현은 상투적이고 두루뭉술합니다. 다만 하루키 작가 같은 스타일을 모방하는 글은 뚝딱 만들어 냅니다. 그러니 AI가 궁극적으로 작가나 예술가를 대체하지 못할 수도 있습니다. 우리에게 감동과 통찰을 전해주는 글은 결국 사람의 손에서 나올 수밖에 없습니다.

만약 AI가 작성한 글이 넘쳐나는 세상이 된다면 사람들은 어떻게 변할까요? 교장 선생님이나 사장님의 격려 편지를 받으면 혹시 AI로 작성했는지 의심할 것입니다. 뻔한 이야기와 상투적인 표현에 주목할 리 만무합니다. 크리에이티브 디렉터들은 AI의 도움을 받지 않은 독특한 콘텐츠를 찾아 헤맬 것입니다. 대중은 더욱 색다른 이야기와 자극적인 콘텐츠에 마음을 빼앗길지도 모릅니다. AI가 생성하지 못하는 개인적인 이야기에 더 귀 기울이는 현상이 당연하겠습니다. 어쩌면 우리는 AI가 몰고 온 변화의 가장 작은 부분만 아는지도 모릅니다. 역사적으로 증명된 법칙에 따르면, 한번 시작된 변화의 흐름은 막을 수 없습니다.

AI와 함께하는 글쓰기 협업

막연히 흰 화면을 멀뚱거리는 것만큼 스스로 답답한 경우가 없습니다. 막 글을 배우는 어린이든 노년의 작가든 글의 첫 문장을 시작하는 게 어려운 것은 매한가지입니다. 혼자서 오래 끙끙거리느니 AI에 도움을 청하는 것이 현명합니다. 설령 AI가 제안한 것을 다 버리더라도 새로운 대안을 찾는 계기가 되면 충분합니다. 그것이 최고의 이용법입니다. 무슨 일이든 방향을 잡고 실마리를 푸는 것이 중요하기 때문입니다. AI와 '함께' 글을 쓰면 득이 많습니다.

먼저 AI는 글쓰기 과정에서 가장 중요한 아이디어와 글감 찾기에 도움을 줍니다.

사용자가 주제 탐색을 요청하면 AI는 재빨리 제시어를 분석해서 가능한 방향을 제시합니다. 더 나아가 주요 항목에 관한 초안도 생성해서 보여줍니다. 궁리하는 시간이 단축되면서 고민도 줄어듭니다. 필요하다면 누적된 자료와 데이터를 정리해 보여달라고 부탁할 수도 있습니다. 복잡한 데이터를 분석해서 알게 된 사실도 일목요연하게 제시해 주니 글쓰기 비서로 최적입니다. 자료를 해석하는 사용자의 견해가 맞는지 물어보면 선생님처럼 판단해 줍니다. 누적된 대화를 바탕으로 새로운 착안점까지 찾아서 알려줍니다. 웬만하면 석사급 도우미는 된다고들 합니다.

글감 가운데 반복적인 분석과 해석이 필요할 때도 도움을 받기 쉽습니다. 단순한 글쓰기 외에도 글자 수가 한정된 양식이나 유사한 문안을 여러 개 만들 때도 편리합니다. 글의 독자에 따라서 어투와 문체를 바꿀 때도 요긴합니다. 본인의 글에 오류와 비문이 많다면 맞춤법과 문장 구조 개선에도 쓸 수 있습니다. 하나의 글을 여러 유형의 대상으로 나누어 배포할 때도 그렇습니다. 우리말을 외국어로 번역할 때도 순식간에 도와줍니다. 영국 왕실에 보내는 정중한 서간문이든 미국 슬럼가에 배포하는 전단 글이든 스타일을 딱 맞춥니다. 어중간한 조수보다 AI가 낫습니다.

더 고마운 일은 AI를 나에게만 최적화된 비서로 만들 수 있다는 점입니다. 숨기고 싶은 글쓰기 습관이나 약점을 파악해서 대안을 알려주어, 잘못된 버릇을 개선하는 방법도 차근차근 설명합니다. 중언부언 고리타분한 말투를 참신하게 바꾸는 제안도 합니다. 직장인이라면 혼자서 완수하기 힘든 보고서를 직접 도와주기도 하고, 팀원과 협업하는 데 필요한 노하우도 충고해 줍니다. 후배 직원이 속을 썩일 때는 다투지 않고 해결하는 조언까지 들려주니 믿음직합니다. 사람보다 AI를 더 신뢰해도 비정상은 아닙니다.

끝없는 도전, AI 윤리

챗GPT와 같은 AI 챗봇이 유려한 글솜씨를 뽐내지만, 학습한 모든 자료는 인간이 쓴 글들입니다. 생성형 AI도 인간의 지식을 바탕으로 탄생한 시스템입니다. AI를 활용하기 이전에 먼저 인류가 그동안 갈고닦아 온 글쓰기 방법을 알아야 합니다. AI는 도움을 주는 도구이지, 인간을 대신하는 존재가 아니기 때문입니다. AI는 엄청난 자료를 학습했지만 추론 알고리즘에 따를 뿐 인간과 같은 지혜나 통찰은 미약합니다.

더구나 AI가 생성한 글은 종종 오류를 포함합니다. 없는 말을 지어내다 보면 거짓말과 분간이 안 되는 것처럼 AI도 그럴듯한 거짓을 늘어놓기도 합니다. 물론 전문가들이 이와 같은 환각[Hallucination]을 줄이고자 노력하지만, 아직도 맹점은 많습니다. 그래서 AI가 생성한 글을 매번 검토하고 사실 여부를 확인해야 합니다. 더구나 AI는 인권 감수성도 약하기에, 어린이나 소수 약자를 대상으로 작성하는 글에는 더욱 주의가 필요합니다.

자신보다 AI가 글을 더 잘 짓는다고 모든 과정을 의존하면 큰일입니다. AI가 훈련 과정에서 학습한 텍스트 데이터는 누군가의 저작물이므로, 의도와 다르게 저작권이나 표절 시비에 휘말리지 않으려면 생성된 글을 사용자가 반드시 고쳐 써야 합니다. AI는 스스로 일관된 견해를 유지하지 못하며 사용자가 요구하는 대로 줏대 없이 작동할 뿐입니다. AI가 생성한 글을 그대로 써야 할 때는 출처를 표기하거나 AI의 도움을 받았다고 명시해야 하며, 최종 책임은 사용자 자신에게 있다는 점을 잊으면 안 됩니다.

분야와 일의 종류에 따라서 AI 활용이 제약되는 상황도 발생합니다. 특히 공식 보고서나 논문 작성에 AI가 생성한 글이 포함되었다면 표절 탐지 시스템에 발각됩니다. 심하면 규정에 따른 제재를 받거나 제출이 반려될 것입니다. AI가 생성한 글에는 때때로 문화적 소양이 부족한 부분이 있습니다. 예절과 소양이 드러나는 글이라면 반드시 독자의 기준으로 확인해야 합니다.

작가를 대신할까? 생성형 AI의 한계

어려운 시험들도 통과하고 그림 대회에서 입상하는 생성형 AI의 능력은 엄청난 속도로 발전하는 중입니다. 거대 언어 모델은 이미 초안 수준을 넘어서 사람에게 필적하는 결과물을 만들어 냅니다. 신속한 뉴스 기사, 꼼꼼한 보고서, 감동적인 소설의 부분, 애정 어린 편지와 시 창작까지 두루 활용되고 있습니다. 앞으로는 글쓰기의 모든 부분을 AI가 담당해 궁극적으로는 작가와 경쟁할 것이라는 전망도 나옵니다. 한편으로는 타당해 보이지만, 곰곰이 생각해 보면 터무니없는 추정입니다.

AI가 인간 창작자, 즉 작가를 위협하는 이유는 이렇습니다. 먼저 상상을 초월하는 생산력을 들 수 있습니다. 생성형 AI는 몇 초 사이에 A4용지 두어 장 정도의 글을 재빠르게 생성하고 수십 페이지의 문서 자료도 금세 분석해서 요약해 줍니다. 게다가 컴퓨터와 네트워크만 고장 나지 않는다면 AI는 하루 24시간 내내 작동합니다. 사람은 이렇게 빨리 일하지 못합니다. 밥도 먹고 쉬어야 하기에 생산력 면에서는 인간의 완패입니다. 더구나 AI는 분야를 가리지 않고 실력을 뽐냅니다. 인문학부터 코딩까지 모든 종류의 텍스트를 망라하는 학습과정을 거쳤기 때문입니다. 보통 사람은 자신이 공부하고 전공한 분야만 잘 알고, 다른 분야는 익숙하지 않은 것이 당연합니다. 지식의 종류와 폭에서 인간이 AI를 당해낼 재간이 없습니다.

그렇다고 AI가 인간의 창작을 완전히 대체하기도 어렵습니다. 생성형 AI는 항상 학습한 데이터의 범주 안에 갇혀 있습니다. 인간처럼 생각을 건너뛰면서 창의성의 스파크를 일으키지는 못합니다. 완전히 독창적인 창작물은 아직 인간의 고유 영역 안에 있습니다. 특히 개인의 특별한 경험에서 우러나오는 감정 표현은 타인의 공감을 끌어냅니다. 그러나 AI에게는 경험이랄 게 없습니다. 글쓰기는 개인의 문화적 체험과 사회적 맥락에 따른 결과로 나타나기 때문에 경험의 축적이 필요합니다.

앞으로도 AI의 글쓰기 능력은 계속 향상될 것입니다. 다행스럽게도 일반 사용자에게 AI는 경쟁자라기보다 동업자에 가까우며 아마도 어떤 전문 영역에서는 인간의 역할을 일부 대체할 수도 있습니다. 그러나 창의성, 감성, 윤리적 판단이 요구되는 분야에서는 인간 창작자의 중요성이 여전히 큽니다. AI는 인간의 창작을 위협하기보다 인간과 협업하여 새로운 창작을 돕는 도구로 활용될 운명을 지니고 있습니다. 인간은 이 도구를 제대로 쓰기 위해 어디에, 어떻게 활용할지를 먼저 고민해야 하는 숙명을 안고 있습니다. 그래서 우리는 글쓰기를 이해하는 것뿐 아니라, AI와 함께 글을 쓰는 방법도 익혀야 합니다.

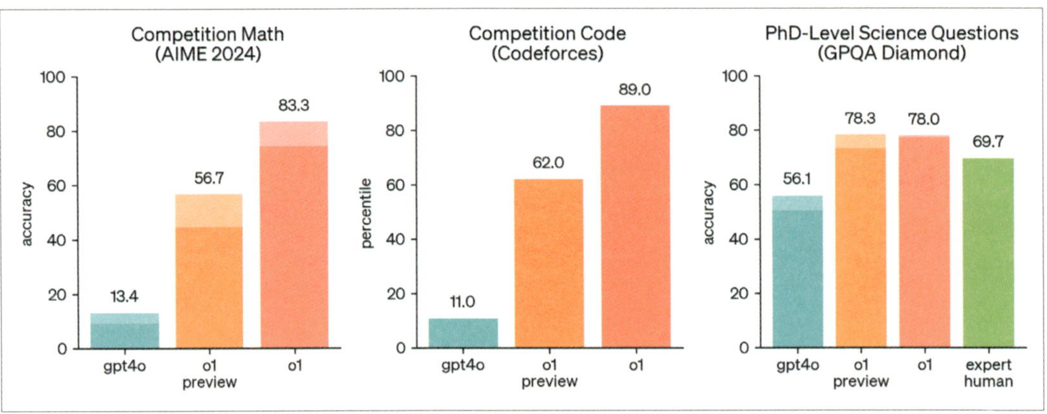

▲ 챗GPT o1 버전이 인간 전문가보다 더 높은 지식 수준과 문제 해결력을 갖추고 있음을 제시하는 평가 그래프
(출처: openai.com/index/learning-to-reason-with-llms/)

 **핵심 정리**

1 거대 언어 모델 기반의 생성형 AI는 글짓기에 최적화되어 있다.

2 글쓰기 작업에 AI를 활용하는 빈도가 증가하고, AI 생성 콘텐츠도 넘쳐난다.

3 AI로 생성한 글에는 오류와 편견이 있으므로 반드시 확인하고 점검한다.

4 AI의 생산성은 높지만 인간 특유의 창의성이나 통찰력은 부족하다.

글쓰기를 위한 AI

거대 언어 모델 기반의 생성형 AI가 가장 능력을 뽐내는 분야가 바로 글쓰기입니다. 인간의 언어를 이해하고 분석과 추론을 거쳐 그럴듯한 답변을 글로 생성하는 기능입니다. 생성형 AI 모델들은 원래의 목적에 충실하게도 문장을 지어내는 데는 전문가의 수준에 필적합니다. 글쓰기를 위한 AI 서비스들의 공통적인 특징과 함께 서로의 차이점도 살펴보겠습니다.

이제는 보인다, AI의 글쓰기 특징

생성형 AI의 가장 기본적인 용도는 '초안' 생성입니다. 특히 잘 모르는 분야나 개념에 관해 요청하면, AI 챗봇은 언뜻 완벽해 보이는 초안을 만들어 줍니다. 괜찮아 보이는 이유는 글의 구조를 제대로 갖추었기 때문입니다. AI 챗봇은 매번 서론-본론-결론의 순서의 3단 구조를 갖추어 글을 지어냅니다. 짧은 서론에서는 개념을 쉽게 요약해서 설명하고, 본론에서 글머리 표나 번호를 붙여가며 예시와 함께 잘 분류하는 글을 지어냅니다. 마지막 두어 줄 길이의 결론에서는 서론에 연결하여 본론을 요약하는 문장으로 마무리합니다. 이렇게 항상 정답에 가까운 글의 구조를 갖추기 때문에 사람들은 AI의 글짓기 실력에 감탄하게 됩니다. 그러나 언제나 정답 같은 결과는 장점이자 동시에 단점이 되기도 합니다. 그래서 자세히 눈여겨보면 AI가 생성한 글을 구별해 낼 수 있습니다.

인공지능이 생성한 글에는 특유의 문체가 나타납니다. 문체는 글의 스타일을 말합니다. 원래 작가들이 평생을 다듬어 가면서 완성하는 섬세한 영역입니다. 글씨를 쓰는 필체가 사람마다 다르듯이 글을 써내려 가는 말투와 표현 방식도 모두 다릅니다. 문장의 길고 짧음에 변화도 있고, 주어와 술어를 연결하는 방식에서도 차이가 납니다. 대명사를 많이 쓰면서 만연체 문장을 만드는 습관도 일종의 문체 문제입니다. 반대로 부사나 의태어를 많이 쓰는 것도 특징적인 문체에 해당합니다. 수동태 문장을 자주 쓰는 일본식 문체와 영어식 문체도 흔히 보입니다. 이처럼 문체는 사람마다 글의 유형마다 말 그대로 다양합니다.

사람과 마찬가지로 AI가 지어낸 글에도 문체가 있습니다. 프롬프트 입력 과정에서 특정 문체를 지정하며 글짓기를 요청할 수도 있습니다. 설명문과 편지글의 문체가 서로 다른 것처럼 말입니다. 그런데 어떤 주제이든 3단 구조를 형성해 가는 특징적인 서술 방식에다가 고유한 어투가 AI의 글에 담겨 있습니다. 예를 들어, 챗GPT는 사용자의 작성 요구에 대해 '~하는 방법을 설명해 드릴게요.'와 같은 문장으로 서론을 시작하는 경우가 많습니다. 인과관계를 설명할 때는 '~로 인해'라며 원인과 함께 '이를 통해 ~'와 같은 말로 방법을 제시하고, '~할 수 있습니다.'로 마치는 방식을 선보입니다. 문단을 연결할 때도 '~ 따라서', '그럼에도 불구하고'와 같은 예스러운 표현을 쓰고, 마무리할 때는 '결론적으로 ~'라고 요약하기 일쑤입니다. 그래서 AI가 생성한 글을 감별할 때는 글의 구조와 함께 연결부 표현이나 문체를 관찰하면 됩니다. 유심히 살펴보면 AI의 독특한 어투가 드러납니다.

비교해 보는 그들만의 글쓰기

지난 몇 년 동안 우리가 목격한 AI 기술의 성장은 눈부십니다. 수십 년간 외면받았던 인공지능 연구가 갑자기 우리의 삶에 들이닥쳐서 얼떨떨한 기분을 다들 느끼고 있습니다. 빅테크 기업들은 서로 경쟁적으로 AI 개발에 뛰어들어 엎치락뒤치락하는 중입니다. OpenAI의 챗GPT와 구글 제미나이[Gemini] 서비스가 가장 대표적이지만 페이스북과 인스타그램으로 유명한 메타[Meta]의 라마[Llama] 모델도 무시할 수 없습니다. 최근에는 클로드[Claude]나 딥시크[DeepSeek], 커서[Cursor] AI 등 신예의 뛰어난 성능에 온 세계가 놀라기도 했습니다. 국내 IT 기업들도 저마다 생성형 AI를 독자 개발하겠다고 선언했지만, 글로벌 대표 주자들과 비교하기에는 아직 격차가 큽니다. 이제는 거대 언어 모델[Large Language Model, LLM] 자체의 개발보다도 AI 응용 서비스의 확장에 다들 주력하는 추세입니다.

일찌감치 OpenAI에 투자했던 마이크로소프트는 윈도우[Window] 운영체제와 오피스 365 제품군에 '코파일럿 프로[Copilot Pro]'라는 AI 기능을 제공하고 있습니다. 이에 질세라 한컴독스 온라인 서비스에서도 생성형 AI 기능을 제공합니다. 코파일럿과 한컴독스 모두 챗GPT를 기반으로 작동합니다. 이제는 누구나 다 사용하는 챗GPT도 모델 버전에 따라 용도와 결과가 다릅니다. 그렇지만 챗GPT와 제미나이 모두 과거 구글의 트랜스포머[Transformer] 모델을 기반으로 개발한 것이라 비슷한 특성을 보이기도 합니다. 청출어람[靑出於藍]이라는 말처럼 거대 언어 모델의 분기점이 되었던 트랜스포머에 비교하면 의도의 이해와 논리적인 추론 능력으로 사람을 따라잡고 있습니다.

AI와 함께 글쓰기를 잘하려면 어떻게 해야 하는지 AI 대표 주자들에게 물어보았습니다. 먼저 챗GPT는 글쓰기 과정에 맞춘 요령을 하나씩 제시합니다. AI가 생성한 글의 문체는 다소 딱딱하고 문장이 길어질 수 있다는 단점까지 지적하면서 생성된 글을 어떻게 고쳐야 하는지 자세히 설명합니다. 요령과 방식에 집중한 내용입니다. 반면에 제미나이는 AI가 불러온 글쓰기의 변화에 초점을 맞추어 AI의 장점을 이어갑니다. AI 윤리 문제까지 언급하며 모든 책임은 인간에게 있다는 점을 강조합니다. AI의 역할과 기능에 초점을 맞춘 모양새입니다.

두 AI 모두 생성된 글을 그대로 쓰면 안 되고 사용자의 의도에 맞게 고치고 내용을 확인해야 한다고 당부합니다. 자료 조사와 예시를 바탕으로 초안을 생성하는 목적으로 AI를 활용하면 좋다는 권유는 공통으로 나옵니다. 어느 쪽이든 AI와 함께하는 글쓰기 과정에 도움이 될 내용입니다. 다음 비교에서 생성형 AI 모델 특유의 문장 구조와 문체도 발견해 보기 바랍니다.

챗GPT	제미나이
AI와 함께 글쓰기를 잘하는 방법을 자세히 설명해 드리겠습니다. **1. 글쓰기 목표와 구조를 먼저 정하세요.** AI를 활용하기 전에 글의 목적과 방향을 명확히 정하는 것이 중요합니다. • **목표 설정**: 정보를 전달할 것인지, 설득할 것인지, 감동을 줄 것인지 결정합니다. • **대상 독자 고려**: 초보자가 읽을 글인지, 전문가가 읽을 글인지에 따라 글의 난이도를 조정합니다. • **기본 구조 구상**: – **서론**: 글의 주제와 핵심 메시지를 소개합니다. – **본론**: 주장을 뒷받침하는 논리적 전개, 예시, 근거 등을 포함합니다. – **결론**: 요약 및 강조하고 싶은 메시지를 정리합니다. 이렇게 구조를 짜 두시면 AI가 더 효과적으로 도와줄 수 있습니다.	AI와 함께 글쓰기, 두 마리 토끼를 잡아보세요! AI 기술은 글쓰기 분야에서도 혁신적인 변화를 가져오고 있습니다. AI는 단순히 글을 대신 써주는 것을 넘어, 아이디어 발상, 자료 조사, 문장 교정 등 글쓰기 전반에 걸쳐 다양한 도움을 줄 수 있습니다. AI와 함께 글쓰기를 더욱 잘하는 방법, 함께 알아볼까요? **1. AI, 글쓰기의 든든한 조력자!** • **아이디어 발전소**: AI는 특정 주제에 대한 다양한 아이디어를 제시해 줍니다. 막막한 글쓰기의 시작, AI가 던져주는 다양한 아이디어로 물꼬를 터보세요. • **자료 조사 전문가**: 방대한 데이터를 분석하는 AI는 필요한 자료를 빠르게 찾아줍니다. 자료 조사 시간을 단축하고, 글쓰기에 더욱 집중할 수 있도록 도와줍니다. • **문장 마법사**: AI는 어색하거나 오류가 있는 문장을 찾아 수정해 줍니다. 문장 표현 능력을 향상시키고, 더욱 완성도 높은 글을 쓸 수 있도록 돕습니다.

챗GPT	제미나이

챗GPT

2. AI를 아이디어 확장 도구로 활용하세요.

AI는 생각을 확장하고 부족한 부분을 채우는 데 유용합니다.

- **아이디어 브레인스토밍**: "이 주제에 대한 흥미로운 관점이 있을까?"라고 AI에게 질문해 보세요.
- **키워드 나열**: AI에게 관련 키워드를 요청하면 글의 방향을 더 구체화할 수 있습니다.
- **예시 요청**: 개념을 설명할 때 AI에게 실제 사례나 비유를 요청하면 더 생생한 글을 만들 수 있습니다.

3. AI가 생성한 문장을 비판적으로 검토하세요.

AI가 생성한 문장은 매끄러울 수 있지만, 비판적으로 살펴보고 수정하는 과정이 필요합니다.

- **논리적 흐름 체크**: 문장들이 자연스럽게 연결되는지 확인합니다.
- **사실 검증**: AI는 가짜 정보를 생성할 수도 있으므로, 중요한 내용은 반드시 확인하세요.
- **어색한 표현 수정**: 한국어 특성상 일부 표현이 부자연스러울 수 있으므로 직접 읽어 보고 수정하는 것이 좋습니다.

4. 개인적인 스타일과 창의성을 더하세요.

AI가 만든 문장은 종종 평이할 수 있습니다. 자신만의 개성을 넣는 것이 중요합니다.

- **비유, 감정, 유머 추가**: 직접 경험한 이야기나 독창적인 표현을 더하면 글이 더 생생해집니다.
- **필자의 관점 반영**: AI가 생성한 문장을 그대로 사용하기보다는 "내가 강조하고 싶은 것은 무엇인가?"를 고민하면서 수정해 보세요.
- **문체 조정**: AI는 딱딱한 문체를 사용할 때가 많으므로, 문장을 부드럽게 다듬는 것이 좋습니다.

제미나이

2. AI 활용법, 나에게 맞게!

- **초고 작성 도우미**: AI에게 주제와 키워드를 제시하고 초고 작성을 요청하세요. 완성된 초고를 바탕으로 자신만의 개성을 담아 수정하면 더욱 쉽게 글을 완성할 수 있습니다.
- **맞춤형 글쓰기 코치**: AI 튜터 기능을 활용하여 자신의 글쓰기 습관을 분석하고, 맞춤형 피드백을 받아보세요.
- **글쓰기 파트너**: AI와 함께 브레인스토밍을 진행하며 아이디어를 발전시켜 보세요. AI는 예상치 못한 새로운 시각을 제시해 줄 수 있습니다.

3. AI, 글쓰기 능력 향상의 열쇠!

- **다양한 글쓰기 경험**: AI는 다양한 장르와 스타일의 글쓰기를 경험할 수 있도록 도와줍니다.
- **글쓰기 훈련**: AI가 제공하는 다양한 글쓰기 연습 도구를 활용하여 글쓰기 실력을 향상시킬 수 있습니다.
- **피드백**: AI는 자신의 글에 대한 객관적인 평가와 피드백을 제공해 줍니다.

4. AI와 함께, 더욱 창의적인 글쓰기를!

AI는 글쓰기 능력을 향상시키는 데 유용한 도구이지만, 창의적인 글쓰기는 결국 인간의 몫입니다. AI는 아이디어를 제공하고, 자료를 분석하고, 문장을 교정하는 역할을 수행할 뿐입니다. 글의 주제 선정, 독창적인 내용 구성, 감동적인 표현 등은 인간의 창의적인 사고를 통해 완성됩니다. AI를 활용하되, 인간 고유의 창의성과 감성을 잊지 마세요. AI는 글쓰기 능력을 향상시키는 데 도움을 줄 수 있지만, 진정으로 감동을 주는 글은 인간의 마음에서 나옵니다.

챗GPT	제미나이

5. 마무리 점검과 피드백을 활용하세요.

글이 완성되면 한 번 더 검토하는 것이 중요합니다.

- **문법 & 맞춤법 체크**: AI에게 "이 글의 문법을 확인해 주세요."라고 요청하면 됩니다.
- **가독성 평가**: 너무 긴 문장은 줄이고, 더 명확하게 표현할 부분이 있는지 살펴보세요.
- **피드백 요청**: AI에게 "이 문장을 더 자연스럽게 바꿔줄 수 있나요?"라고 질문하며 개선할 수도 있습니다.

최종 체크리스트

✔ 논리적 흐름이 자연스러운가?

✔ 문장이 너무 길거나 복잡하지 않은가?

✔ 내 개성이 반영된 글인가?

마무리

AI는 보조 도구일 뿐, 진짜 매력적인 글을 만드는 것은 사람의 창의성과 감성입니다.

AI가 제공하는 아이디어와 초안을 활용하되, 비판적으로 수정하고 자신의 색깔을 입히는 과정이 중요합니다.

핵심 요약

❶ 글의 목표와 구조를 먼저 정하세요.

❷ AI를 아이디어 확장 도구로 활용하세요.

❸ AI가 생성한 문장을 검토하고 다듬으세요.

❹ 개인적인 스타일과 창의성을 추가하세요.

❺ 마무리 점검과 피드백을 활용하세요.

이 방법을 따르면 AI와 함께 더 좋은 글을 쓰실 수 있을 것입니다!

---

5. AI 윤리, 함께 고민해야 할 문제

AI 기술이 발전하면서 AI가 생성한 콘텐츠에 대한 윤리적인 문제가 대두되고 있습니다. AI가 쓴 글이 표절 논란에 휘말리거나, 잘못된 정보를 제공할 가능성도 있습니다.

AI와 함께 글쓰기를 할 때에는 윤리적인 책임감을 가지고 AI가 생성한 콘텐츠를 검토하고 수정해야 합니다. AI는 도구일 뿐이며, 책임은 인간에게 있습니다.

AI와 함께, 더욱 멋진 글을!

AI는 글쓰기 능력을 향상시키는 데 유용한 도구입니다. 하지만 AI는 인간의 창의성과 감성을 대체할 수 없습니다. AI를 활용하되, 인간 고유의 창의성과 감성을 잊지 않고 더욱 멋진 글을 만들어 보세요!

▲ 두 종류의 AI 챗봇으로 생성한 'AI와 함께 글쓰기 방법' 예시

이번에는 같은 질문을 한컴독스의 AI 어시스턴트와 마이크로소프트 코파일럿 프로에 요청해 보겠습니다. 두 가지 모두 앱에서 바로 작동합니다. AI와 함께 글쓰기를 잘하는 방법에 관해서 두 문서 작성 앱은 비슷하면서도 세부적으로 다른 답변을 내놓습니다. 둘 다 OpenAI의 챗GPT를 기반으로 작동하지만, 답변 생성의 방식에서 일부 차이가 나타납니다. 한컴독스 AI 어시스턴트의 답변은 글쓰기 과정을 항목으로 나누어 설명하고 각 항목의 내용 끝에 AI를 잘 이용하라는 말을 덧붙이는 방식입니다. 코파일럿 프로는 AI를 글쓰기에 활용하는 방안을 항목으로 나누어 설명합니다. 한컴독스가 과정 중심이라면 코파일럿은 요령에 집중합니다. 이처럼 챗GPT, 제미나이, 코파일럿 프로, 한컴독스 AI 어시스턴트는 각각 생성 결과가 다르므로 충분히 테스트해 보고 자신에게 맞는 도구를 선택하면 됩니다.

한컴독스	코파일럿 프로
AI와 함께 글쓰기를 잘하는 방법에 대해 몇 가지 팁을 드릴게요! **1. 주제 선정**: 먼저 어떤 주제로 글을 쓸지 결정하세요. AI에게 주제를 제안해 달라고 요청할 수도 있습니다. 예를 들어, "여름 여행에 대한 글을 써줘"라고 말해보세요. **2. 아이디어 브레인스토밍**: 주제를 정한 후, AI와 함께 아이디어를 브레인스토밍해 보세요. AI에게 관련된 질문을 하거나, 특정 포인트에 대해 더 깊이 이야기해 달라고 요청할 수 있습니다. **3. 구조 만들기**: 글의 구조를 정리하세요. 서론, 본론, 결론의 형식을 따르거나, 특정 형식(예 블로그 포스트, 에세이 등)을 정할 수 있습니다. AI에게 구조를 제안해 달라고 할 수도 있습니다.	글쓰기는 많은 사람들에게 중요한 기술입니다. 요즘에는 AI(인공지능)를 활용해 더 나은 글을 쓸 수 있는 방법이 많이 있습니다. AI와 함께 글쓰기를 잘하는 몇 가지 방법을 소개합니다. **1. 명확한 목표 설정** 글쓰기의 첫 번째 단계는 글의 목적을 명확히 하는 것입니다. AI 도구를 사용할 때도 마찬가지입니다. 글의 주제와 목표를 명확히 설정하면 AI가 더 적절한 제안을 할 수 있습니다. **2. 키워드와 주제어 제공** AI에게 글을 부탁할 때는 키워드와 주제어를 제공하는 것이 중요합니다. 이는 AI가 글의 방향을 이해하고 관련된 콘텐츠를 제안하는 데 도움이 됩니다. 예를 들어, '기술 발전'에 관한 글을 원한다면, '기술', '혁신', '미래' 등의 키워드를 제공할 수 있습니다.

한컴독스	코파일럿 프로

4. 초안 작성: AI에게 초안을 작성해 달라고 요청해 보세요. 예를 들어, "이 주제로 300자 정도의 서론을 써 줘."라고 하면, AI가 초안을 제공할 것입니다. 이를 바탕으로 수정하고 발전시켜 나가세요.

5. 수정 및 편집: AI가 제공한 내용을 바탕으로 자신의 스타일에 맞게 수정하세요. 문장을 다듬고, 어색한 부분을 고치며, 필요한 경우 추가 정보를 넣어 보세요.

6. 피드백 받기: 작성한 글을 AI에게 보여주고 피드백을 요청할 수 있습니다. "이 문장이 자연스러운지 확인해 줘." 또는 "이 부분을 더 명확하게 설명해 줘."와 같은 질문을 해보세요.

7. 최종 점검: 글을 완성한 후, 전체적인 흐름과 문법, 철자 등을 다시 한 번 점검하세요. AI에게 문법 체크를 요청할 수도 있습니다.

8. 연습과 반복: 글쓰기는 연습이 필요합니다. AI와 함께 다양한 주제로 글을 써보며 점점 더 나아질 수 있습니다.

이런 과정을 통해 AI와 협력하여 더 나은 글을 작성할 수 있을 거예요. 언제든지 질문이 있으면 말씀해 주세요!

3. 초안 작성 및 피드백 받기

AI는 초안 작성에 큰 도움이 됩니다. AI가 생성한 초안을 바탕으로 자신의 의견을 더하고 수정할 수 있습니다. 또한, AI가 제공하는 피드백을 통해 글을 개선할 수 있습니다.

4. 문법 및 스타일 체크

AI 도구는 문법과 스타일 체크에도 유용합니다. 글을 작성한 후 AI를 통해 문법 오류를 수정하고, 더 나은 표현을 찾을 수 있습니다. 이는 보다 전문적이고 매끄러운 글을 작성하는 데 도움이 됩니다.

5. 반복적인 연습

AI와 함께 글쓰기를 잘하려면 반복적인 연습이 필요합니다. 다양한 주제로 글을 써보고, AI의 제안을 받아들여 수정해보세요. 이를 통해 AI와의 협업 능력이 향상될 것입니다.

6. 창의성 유지

AI는 많은 정보를 제공할 수 있지만, 창의성은 여전히 인간의 몫입니다. AI가 제안하는 내용을 참고하되, 자신의 창의적인 아이디어를 반영해 독창적인 글을 작성하는 것이 중요합니다.

맺음말

AI와 함께 글쓰기를 잘하려면 명확한 목표 설정, 키워드 제공, 초안 작성 및 피드백 받기, 문법 및 스타일 체크, 반복적인 연습, 그리고 창의성 유지를 기억해야 합니다. 이러한 방법을 통해 AI와 협력하여 훌륭한 글을 작성할 수 있을 것입니다.

▲ 두 종류의 오피스 앱 AI 기능으로 생성한 'AI와 함께 글쓰기 방법' 예시

글쓰기 AI, 인터페이스의 특징

글쓰기를 위한 AI 챗봇들의 경쟁이 치열합니다. 크게 보자면, 웹이나 앱으로 이용할 수 있는 챗GPT와 제미나이 같은 챗봇 유형이 있고, 워드 같은 문서 작성 앱에서 바로 이용하는 코파일럿 프로와 한컴독스 AI 어시스턴트도 있습니다. 앞의 유형은 사용자 등록을 통해 누구나 무료로도 이용할 수 있습니다. 화면의 왼쪽에는 대화 메뉴와 히스토리가 나열되고 화면의 오른쪽 아래에 프롬프트를 제공합니다. 화면 상단에는 챗봇 버전을 선택하는 메뉴가 있지만, 유료 구독 여부에 따라 제공되는 서비스의 유형이 달라집니다. 유료 구독을 시작하면 추론 능력이나 기능이 뛰어난 버전을 이용할 수 있습니다. 생성형 AI 챗봇의 이용 빈도가 높다면 유료 구독도 고려할 만합니다.

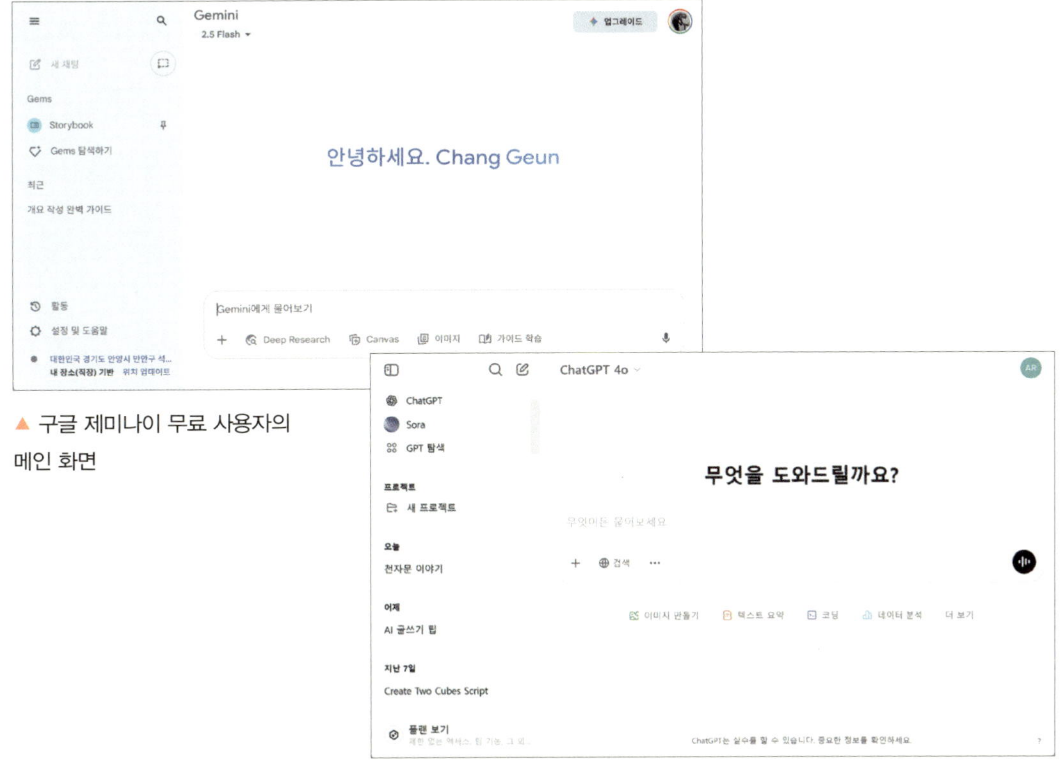

▲ 구글 제미나이 무료 사용자의
메인 화면

▲ 챗GPT 유료 사용자의 메인 화면

두 번째 유형은 문서 작성 앱에서 바로 접근 가능한 마이크로소프트 워드의 코파일럿 프로와 한컴독스 AI입니다. 이 유형은 모두 유료 구독으로만 이용할 수 있습니다. 두 가지 모두 화면의 중앙에는 원래의 문서 작성 창과 메뉴가 그대로 보이면서 오른쪽에 AI 메뉴와 프롬프트를 제공합니다. 워드의 코파일럿 프로에서는 본문 첫 줄에 표시된 "아이콘을 선택하거나 Alt+I를 눌러 Copilot Pro로 초안 작성" 문구가 회색으로 표시되어 가이드를 제공하고 있습니다. 상단 메뉴들의 가장 오른쪽에 코파일럿 아이콘이 제공됩니다. 코파일럿 아이콘을 클릭하면 오른쪽에 질문 가이드와 함께 프롬프트 입력 칸이 나타납니다. 만약 본문 영역에서 Alt+I를 누르면 본문 상단에 작은 팝업으로 프롬프트 창이 열려서 요청을 바로 입력할 수 있습니다.

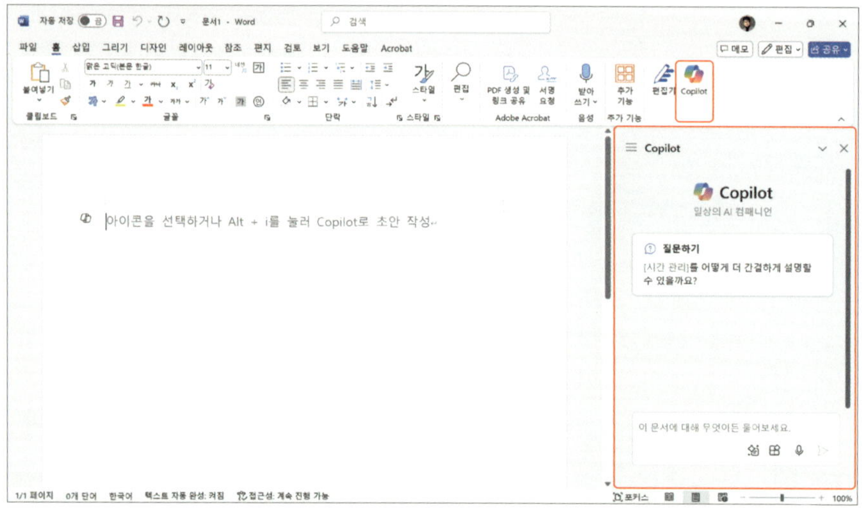

▲ 마이크로소프트 오피스의 워드(Word) 환경에서 코파일럿 프로 작동 화면

코파일럿 프로가 오피스 앱에서 바로 작동하는 반면에 한컴독스 AI는 웹에서만 사용할 수 있습니다. 웹 브라우저에서 한컴독스[hancomdocs.com/ko]에 접속하고 사용자 정보를 입력해서 로그인하면 한컴 오피스 홈 화면이 나타납니다. 문서를 작성하려면 왼쪽의 탭에서 [한글]을 클릭하고 빈 문서를 생성해야 합니다. 새 문서를 생

성하면 워드와 마찬가지로 화면 오른쪽에 AI 어시스턴트 탭이 나타납니다. 먼저 제시된 용도를 선택하고 프롬프트에 질문을 입력하면 눈에 보이지 않게 OpenAI 의 API를 거쳐 답변을 생성합니다. 한컴독스를 유료 구독하더라도 AI 어시스턴 트를 사용하는 크레딧은 매월 3,000으로 한정되어 있습니다. 짧은 글을 한 번씩 생성할 때마다 10 크레딧 정도가 소모되므로 대략 300번 생성하면 모두 소진되어 더 이상 생성할 수 없습니다. 웹 환경에서만 AI 생성 기능을 이용할 수 있는 데다 가 크레딧의 한도 때문에 이용할 때 심리적인 제약이 따르는 단점이 있습니다.

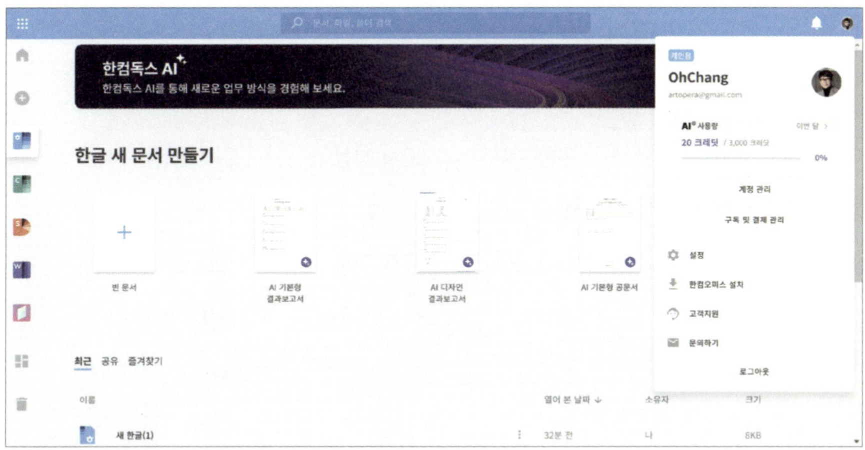

▲ 한컴독스 사용자의 홈 화면

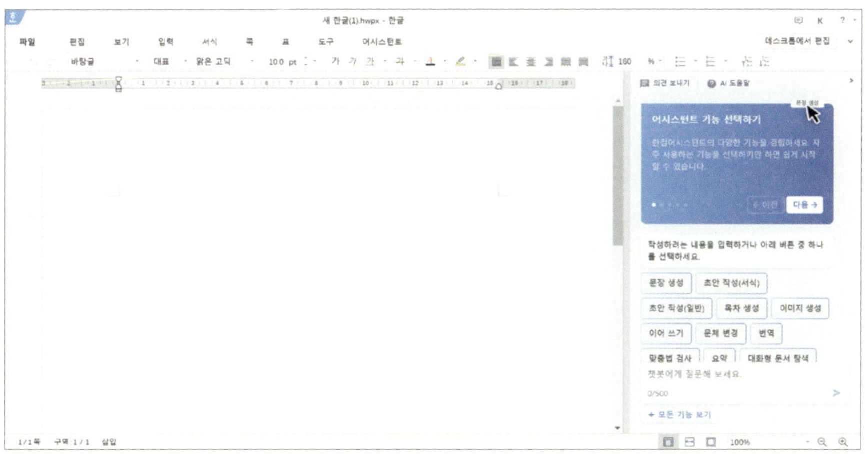

▲ 한컴독스 사용자의 한글에서 AI 어시스턴트 작동 화면

포인트 | # 글쓰기 AI 한눈에 비교하기

모델을 기반으로 답변을 작성하고, 제미나이는 과거 LaMDA를 개선한 PaLM 모델을 사용합니다. 일반적인 용도에서는 아주 심각한 차이가 없지만, 논리적인 추론이나 초안 작성에 필요한 상황에서는 챗GPT와 코파일럿 프로를 이용하는 것이 유리합니다. 다만, 이들은 모두 구글 트랜스포머(Transformer) 모델을 기반으로 개발된 후속작이라 일부 특성을 공유하고 있으며, 현재의 언어 모델은 시간이 지날수록 새로운 버전으로 업데이트될 것입니다.

▼ [표 1] 글쓰기 용도의 생성형 AI 서비스 비교표

구분	챗GPT	Gemini 3	Copilot Pro	한컴독스 AI
용도	일반	일반	문서 작성	문서 작성
작동 환경	웹/앱	웹/앱	앱	웹
비용	무료/유료 구독	무료/유료 구독	유료 구독	유료 구독
모델	GPT-5.2	Gemini	GPT-4o & o1	GPT-3.5 Turbo

핵심 정리

1 AI를 이용하여 생성한 글에는 고유한 특징이 있고 어투도 구분된다.

2 생성형 AI 서비스는 과정 또는 결과를 강조하는 편차가 있으나 유사성도 보인다.

3 AI 챗봇과 문서 작성 앱은 프롬프트 입력과 결과 출력 기능을 편리하게 제공한다.

AI를 의도대로 활용한 글쓰기

생성형 AI가 산출한 결과는 언뜻 잘 쓴 글처럼 보입니다. 업무에 필요한 기획서부터 에세이나 시까지 순식간에 지어 내지만 초안 생성 용도이므로 생성한 결과를 그대로 베껴서 사용하면 안 됩니다. 목적에 맞게 글을 작성하도록 요청하고, 생성된 결과를 다듬는 방법을 하나씩 살펴보겠습니다.

목적이 전부, 글의 유형

좋은 글을 작성하려면 먼저 목적을 분명히 정해야 합니다. 업무에 필요한 글인지, 감상을 적어 내려가는 글인지 목적과 용도에 따라 글의 구성이나 문체가 달라지기 때문입니다. 정보 제공 용도의 글이라면 정확한 사실을 제시하여 독자의 판단을 돕는 것이 최종적인 목적이 됩니다. 사실 정보에 개인 의견을 섞으면 독자의 혼란을 초래할 수 있으므로, 사실관계와 의견은 단락을 구분해서 제공해야 합니다. 만약 단락을 구분할 수 없다면 '~(으)로 판단됨'과 같은 의견형 표현을 덧붙여서 개인 의견임을 밝혀야 합니다. 반면에 에세이와 같은 감상문 유형은 사실관계의 인식에서 비롯된 개인적인 의견, 감성, 느낌 등이 함께 어울리도록 작성합니다. 다음 표에서 AI를 활용해 동일한 주제를 정보 제공 목적의 설명문으로 생성한 결과와 에세이로 생성한 글의 차이를 비교해 보겠습니다.

▼ **[표 2]** AI로 생성한 설명문과 에세이 비교 예시

목적	설명문	에세이
사용자 프롬프트	해외 교류 업무를 준비하고 있는데, 스페인 내륙의 사막 같은 기후 환경에 관해 반 페이지 분량으로 정리해 주면 좋겠어. 특히 봄에 방문할 때 무엇을 대비해야 할지 예시도 부탁해.	읽기 쉬운 여행 에세이를 쓰려고 해. 스페인 내륙의 사막 같은 환경의 인상에 관해 반 페이지 분량으로 부탁해. 특히 봄 날씨의 특징을 포함하면 좋겠어.
AI 답변	스페인 내륙 지역은 대륙성 기후의 전형을 보이며 건조하고 일교차가 큽니다. 특히 중앙 고원(메세타) 일대는 연 강수량이 적고 일조량이 풍부하여 '반(半)사막'에 가까운 경관이 나타납니다. 봄철에도 낮에는 햇볕이 강하고 기온이 오르지만, 해가 지면 온도가 빠르게 떨어져 큰 일교차가 발생합니다. 또한 건조한 공기 탓에 먼지가 쉽게 일어나며, 강한 햇빛에 장시간 노출되기 쉬워 건강 관리에 유의해야 합니다. 이 지역을 봄에 방문할 경우 몇 가지 대비가 필요합니다. 우선 얇고 통기성이 좋은 옷과 함께 기온 하강에 대비한 가벼운 외투를 준비하는 것이 좋습니다. 자외선 차단을 위해 모자와 선글라스를 챙기고, 자주 수분을 섭취하며 피부 보습에도 신경 써야 합니다. 흙먼지나 모래바람이 불 수 있으므로 휴대용 물티슈, 보습제, 또는 안경 클리너를 준비하면 유용합니다. 또한 바람이 쌀쌀하게 불 수 있어 목도리나 스카프도 도움이 됩니다. 이러한 준비를 갖춘다면, 스페인 내륙 특유의 건조하고 변화무쌍한 기후 속에서도 쾌적하게 활동할 수 있을 것입니다.	스페인 내륙에 들어서면, 마치 사막에 발을 디딘 듯한 황량함이 가장 먼저 다가옵니다. 끝없이 펼쳐진 고원 지대는 건조한 공기를 머금고 있어, 눈에 보이는 풍광뿐 아니라 피부로 느끼는 기후까지도 이국적입니다. 봄이라 해도 낮에는 햇빛이 유독 따갑게 내리쬐지만, 해가 기울면 기온이 급격히 떨어져 쌀쌀한 기운이 감돕니다. 이 때문에 하루가 새벽, 낮, 밤으로 나뉘어 전혀 다른 세 벌의 옷이 필요할 것 같은 기분마저 듭니다. 황토빛 들판 사이로 숨어 있는 작은 마을들을 지나칠 때, 먼지바람이 일어나는 광경이 낯설면서도 신비롭게 느껴집니다. 강렬한 봄 햇살 속에서도 적은 강수량으로 인해 메말라 있는 땅은, 종종 들려오는 바람 소리와 함께 마치 시간이 멈춘 듯한 인상을 줍니다. 그럼에도 불구하고, 봄이면 들판 한편으로 꽃들이 조금씩 피어나는 모습을 볼 수 있어, 사막 같은 건조함 속에도 확실한 계절의 변화를 실감하게 해 줍니다. 이렇게 스페인 내륙 특유의 고요하고 거친 환경은 일교차의 '극단'을 경험하게 해 주면서도, 잊지 못할 매력과 아름다움을 선사합니다.

글의 유형은 매우 다양합니다. 오랜 역사에 걸쳐 인류가 글을 써오면서 용도가 비약적으로 확장되었기 때문입니다. 함무라비 법전이나 갑골문과 같은 최초의 문자 기록을 살펴보면 권리나 계약 관계에 관련된 언급이 많습니다. 시대가 바뀌어도 금전과 관련된 이권 관계는 문서로 명확히 정리하는 전통이 굳건하다는 증거입니다. 이런 문서는 공문서 유형이며 법적 다툼이나 금전 거래의 근거 자료로도 활용됩니다. 고인돌 상판에 새긴 도형과 기호는 천문 변화의 기록인 사례가 많고, 경치가 좋은 곳의 바위에 새겨진 낙서는 개인적인 방문 기록이면서 감상의 흔적으로 남겨졌습니다. 가장 많은 유형의 문서 기록은 서책과 서간으로, 책과 편지는 인류가 가장 즐겨 사용한 글의 형식입니다. 편지글은 개인의 기록이지만, 책은 공공의 유산으로 교육에 쓰인 경우가 많습니다. 이처럼 복잡다단한 글의 유형과 예시를 정리해서 살펴보면 다음과 같습니다.

- **서사문**: 이야기를 전달하는 글
  - **❶ 특징**
    - 사건과 인물, 배경을 중심으로 이야기 전개
    - 시간의 흐름에 따라 사건이 변화하며 갈등을 표현(기승전결 구조)
    - 독자의 흥미를 끄는 구체적인 사건과 대화를 포함
      - 예 동화, 소설, 전기, 경험담 등
  - **❷ 글쓰기 팁**
    - 누가(인물) 언제, 어디서, 무엇을, 왜, 어떻게 했는지를 명확하게 서술
    - 사건의 순서를 구조적으로 연결하여 이야기를 전개
    - 대화문과 묘사를 활용하여 생생한 장면을 만들기

- **설명문**: 정보를 전달하는 글
  - **❶ 특징**
    - 독자에게 정보를 전달하는 글
    - 객관적이고 논리적인 설명으로 개념, 원리, 절차 등을 소개
    - 알기 쉬운 문장과 예시를 활용하여 독자의 이해를 도움
      - 예 교과서, 백과사전, 안내문, 보고서, 설명서, 보도 자료 등

❷ **글쓰기 팁**

  – 독자가 궁금해할 내용을 명확하고 간결하게 정리

  – 중요한 내용을 먼저 소개하면서 세부 설명을 덧붙이기

  – 어려운 용어와 개념은 풀어서 설명

- **논설문**: 주장과 설득을 위한 글

  ❶ **특징**

  – 자신의 의견이나 주장을 논리적으로 설명하며 독자를 설득하는 글

  – 주장 + 근거(이유) + 결론의 구조

  – 통계, 사례, 전문가 의견 등을 인용하여 주장의 신뢰성 강조

    예 사설, 칼럼, 논설문, 오피니언 리뷰, 비평, 논증적 에세이 등

  ❷ **글쓰기 팁**

  – 주장을 명확하게 제시하며 타당한 근거를 제시

  – 반대 의견을 예상하고 논리적으로 반박하는 전략 활용

  – 결론에서 다시 주장을 강조하며 설득

- **감상문**: 여행, 독서, 체험 등에서 느낀 점을 기록하는 글

  ❶ **특징**

  – 대상에 관련된 사실을 바탕으로 주관적인 생각과 느낌을 표현

  – 대상이나 사건에 관한 분석과 평가를 포함

  – 저자의 경험과 가치관에 연결하여 서술 가능

    예 여행기, 독후감, 영화 · 공연 감상문, 전시 비평문 등

  ❷ **글쓰기 팁**

  – 감상의 대상을 명확히 소개

  – 인상적인 부분을 중심으로 구체적인 감상 작성

  – 개인적인 경험이나 가치관과 연결하여 감상을 심화

  – 긍정적 또는 부정적 평가를 논리적으로 설명

- **에세이(수필)**: 개인적인 생각과 경험을 정리한 글

  ❶ **특징**

  – 개인적 경험, 생각, 철학적 성찰을 자유롭게 표현

  – 형식에 제한이 없으며 이야기 형식도 가능

- 개인의 관점, 철학, 의견, 사색 중심으로 서술

  예 자전적 에세이, 철학 에세이, 일상 수필, 비평문 등

❷ 글쓰기 팁

- 이해가 쉽고 독창적인 주제를 명확히 설정하기

- 자유로운 형식으로 작성하되 일관성 있는 흐름 유지

- 개인적인 이야기와 보편성을 연결하여 메시지 전달

- 감성적인 묘사와 철학적 사고를 혼용하여 글의 깊이감 형성

● **시(운문)**: 짧은 글로 노래하듯 감성을 표현하는 글

❶ **특징**

- 짧은 글 속에 깊은 의미를 담는 함축적 표현

  · 단어의 규칙적인 반복이나 운율을 사용하여 음악적인 느낌을 형성

  · 직유, 은유, 상징 등 비유적 표현으로 감정을 강조

  · 오감(시각, 청각, 후각, 미각, 촉각)을 자극하는 감각적인 표현 사용

  예 시, 동시, 시조, 가사 등

❷ **글쓰기 팁**

- 시로 표현하려는 감정이나 메시지를 정하고 분위기를 조성하기

- 직접적인 서술보다는 비유와 상징을 활용하기

- 단어나 발음을 이용하여 운율을 형성하고 반복 표현으로 리듬을 살리기

- 표현과 의미를 압축하고 불필요한 어구 줄이기

물론 이런 유형 분류 기준으로 세상의 모든 글을 다 나눌 수는 없습니다. 예를 들어 '비평문'은 설명문과 논설문, 에세이의 특성을 모두 포함할 수 있습니다. 최근에는 AI를 이용하여 생성하는 추세가 늘어나고 있지만, '보도문'도 사실 정보를 전달하는 설명문의 특성과 함께 반성이나 성찰을 요구하는 논설문의 특성을 동시에 보이는 경우가 많습니다. 독자를 상정하지 않고 개인이 작성하는 일기 유형은 비밀스러운 특징이 있지만, 대중에게 공개되면서 문학 작품으로 인정받는 사례도 있습니다. 개인이 친분 교류를 위해 작성하는 서간문[편지]은 독자가 한 명으로 한정되지만, 개인적인 소감부터 업무 지시까지 내용의 폭은 넓습니다.

공공기관에서 사용하는 공문서는 제목과 내용을 구분하여 명사형의 개조식 문체로 작성하는 것이 전통입니다. 이처럼 글의 종류도 많고 작성법도 저마다 다릅니다. 그러므로 글쓰기를 준비할 때는 목적을 명확히 설정하면서 유형도 함께 정해야 합니다. 목적과 독자만 명확하면 곧바로 글 작성을 시작할 수 있습니다.

알짜배기, 프롬프트 작성 요령

생성형 AI를 잘 활용하려면 프롬프트^{prompt} 작성에 신경을 써야 합니다. 프롬프트 작성이란 AI에 글의 생성을 요청하는 프롬프트 칸에 써넣는 짧은 글쓰기입니다. 최근에는 프롬프트의 기능이 확장되어 참고 문서를 직접 첨부할 수도 있고, 이미지 자료를 제공해서 해석을 요청하는 일도 가능합니다. 글 생성을 요청하는 프롬프트를 잘 작성해야 의도한 결과를 빨리 얻을 수 있습니다. AI로 좋은 글을 생성하기 위한 프롬프트 작성 요령을 알아보겠습니다.

● **주제와 목적을 명확하게 입력하기**: AI는 사용자의 요청을 토대로 글을 생성하므로, 글의 주제와 목적(정보 전달, 경향 분석, 창작 등), 형식(설명문, 논설문, 이야기 등)을 명확하게 제시합니다. 예를 들어, '환경 문제에 관해 글을 써줘.'와 같은 단순하고 막연한 요청보다는 '환경 오염의 원인과 친환경적 해결 방안을 담당 공무원들에게 설명하는 논설문을 작성해 줘.'처럼 구체적으로 입력하면 더 나은 답변을 얻을 수 있습니다.

● **독자를 고려하여 요청하기**: AI가 적절한 어휘와 표현을 선택할 수 있도록 독자와 대상을 명확히 지정하면 더 적합한 글을 생성할 수 있습니다. 예를 들어, '초등학생이 쉽게 이해할 수 있도록 기후 변화를 설명하는 글을 써줘.'라고 요청하든가 '대학 연구원들을 대상으로 AI 기술이 교육에 미치는 영향을 논의하는 글을 작성해 줘.'와 같이 독자를 분명히 지정합니다. 같은 내용이라도 대상에 따라 AI의 문체와 서술 방식이 변화합니다.

● **세부적인 조건을 제시하기**: 정교한 내용의 글을 작성하도록 하기 위해서는 글에 포함될 주요 요소(시대, 위치, 분량)를 포함합니다. 예를 들어, '20세기 서유럽 현대미술의 특징을 설명하는 700자 글을 써줘. 주요 작가(피카소와 달리)를 포함하고, 작품 예시도 작성해 줘.'라든가 '한국과

일본에서 소셜 미디어의 긍정적·부정적 영향을 비교하는 글을 작성해 줘. 객관적인 통계나 연구 결과를 포함하면 좋겠어.'와 같이 구체적인 조건을 포함하면 의도에 더 적합한 글이 생성됩니다.

- **글쓰기 스타일을 추가 지정하기**: 글의 스타일을 형성하는 어투, 형식, 분위기 등을 구체적으로 지시하는 것이 좋습니다. 예를 들어, '~에 관하여 격식 있는 논설문 스타일로, 근거를 포함해 글을 작성해 줘.'라고 스타일을 지정할 수 있습니다. 또는 '친근한 편지글 형식으로 문장을 짧고 쉽게 써 줘.'라든가 '뉴스 기사 스타일로 중립적인 톤을 유지하면서 소제목을 포함해 내용을 작성해 줘.'라고 구체적으로 요청합니다.

- **예시와 기준을 제시하기**: AI가 더 정확한 글을 생성하도록 요청하려면 예시와 구조를 제시하는 것이 효과적입니다. 예를 들어, '서론 – 문제 제기, 본론 1 – 현황 설명, 본론 2 – 해결 방안 제시, 결론 – 요약 및 제언의 순서로 작성해 줘.'라고 글의 구조를 예시하든가 '다음 문장과 비슷한 스타일로 작성해 줘: 환경 문제는 이제 더 이상 미래의 일이 아니다. 우리가 매일 배출하는 탄소가 지구 온난화를 가속화하고 있다.'와 같이 문체를 제시하면 비슷한 문장으로 생성합니다.

- **추가 수정 요청하기**: 먼저 생성된 글이 원하는 기준에 못 미친다면 추가 요청을 통해 답변을 보완할 수 있습니다. 예를 들어, 사례가 추가되어야 한다면 '더 구체적인 사례를 추가해 줘.'라고 요청하고, 글이 길어서 줄여야 한다면 '문장을 더 간결하게 수정해 줘.'라고 입력하고, 근거가 보충되어야 한다면 '더 설득력 있는 근거를 추가해 줘.'라고 간단히 요청하면 됩니다.

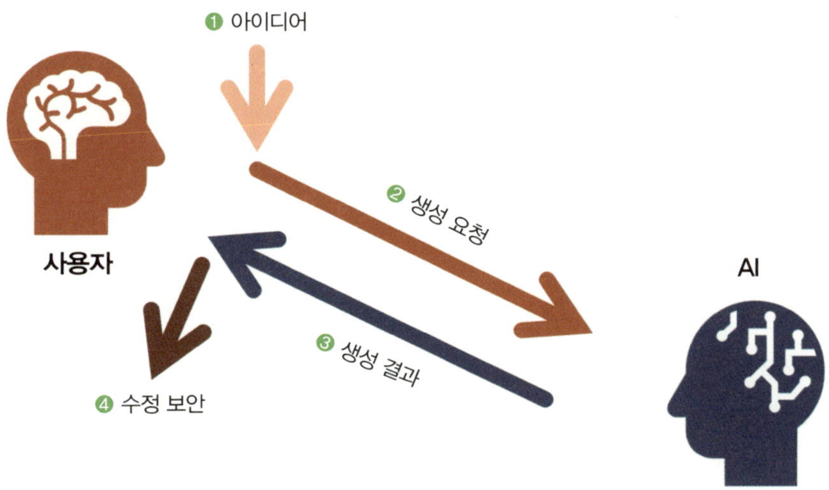

▲ AI와 협업하는 글쓰기 과정은 사용자의 주도적인 고민과 보완을 요구합니다.

포인트 | AI 활용: 프롬프트 최적화 기법

챗GPT와 같은 거대 언어 모델 기반의 생성형 AI를 통해 원하는 글을 얻어 내려면 무엇보다도 프롬프트를 잘 작성해야 합니다. 너무 간단하거나 막연하게 요청하면 AI의 자의적인 해석에 여지를 주게 되어 사용자가 원하는 결과보다는 AI 특유의 상투적인 글을 생성하게 됩니다. AI를 활용해서 원하는 글을 얻어 내는 기법을 눈여겨 보고 하나씩 적용해 보기 바랍니다.

프롬프트 최적화 기법

- **역할(Role) 부여**: AI의 역할을 설정하면 답변의 스타일이 최적화됩니다. 예를 들어 "신문 기자로서 요약해 줘.", "너는 지금부터 초등학교 교사야." 등 역할을 명확하게 지정하면 AI는 해당 역할에 따른 말투를 반영하여 더 적합한 결과물을 생성합니다. 역할을 구체적으로 부여할수록 AI의 답변에서 개연성이 증가합니다.

- **주제(Theme) 제시**: 다루고자 하는 주제나 내용을 구체적으로 제시하는 것이 중요합니다. 막연한 요청보다는 "교육 분야에서 생성형 AI 활용의 장단점에 관해 논술을 써 줘."와 같이 주제를 분명하게 제시하면 됩니다. 주제가 구체적일수록 적합한 답변을 얻을 수 있습니다.

- **독자(Readers) 설정**: 글을 읽을 독자를 지정하면 AI는 해당 수준에 맞는 단어와 설명 방식을 선택합니다. "중학생이 이해할 수 있도록 설명해 줘." 또는 "의료 전문가를 대상으로 상세하게 작성해 줘."처럼 대상 독자 유형을 알려주면 더 적절한 글을 얻을 수 있습니다.

- **용도(Usage)와 의도(Intention) 설명**: 생성한 글을 사용하는 목적을 미리 알려주면 생성 결과의 품질을 높일 수 있습니다. 예를 들어 "비즈니스 발표 자료 용도야.", "블로그에 올릴 에세이로 작성해 줘."와 같이 용도와 의도를 명확히 설명하면, AI가 글의 구조나 강조점을 목적에 따라 조정할 수 있습니다.

- **분량(Amount)과 문체(Style) 제시**: 글의 분량(예 200자 분량, A4용지 1페이지, 한 문단 등)과 문체(예 간결하게, 친근하게, 학술적으로, 개조식 문장 등)를 구체적으로 요청하면 AI는 최적화된 답변을 생성하게 됩니다.

프롬프트 최적화 예시

- "역사 교사의 시각에서 '한국 전쟁의 원인과 전개 과정'에 관해 중학생이 이해할 수 있도록 수업 시간에 활용할 설명 자료를 500자 이내의 대화식 문체로 작성해 줘."
- "IT 칼럼니스트로서, 생성형 AI의 사회적 영향을 주제로, 일반 성인 독자가 읽을 온라인 뉴스 기사 형식으로, 명확하고 뉴스 문체로 1,000자 분량의 글을 작성해 줘."
- "너는 지금부터 환경 전문가야. 기후 변화 대응을 위한 생활 속 실천 방법을 주제로 지역 사회 주민 대상 환경 캠페인 홍보물에 실릴 300자 이내의 짧고 친근한 문체로 요약해 줘."

 **포인트** 글쓰기를 위한 프롬프트 구성 요소: 트라이(TRAI)

챗GPT와 같은 생성형 AI로 글쓰기를 잘하려면 각자 용도에 맞는 프롬프트 최적화 기법을 개발할 필요가 있습니다. AI 글쓰기 방법에는 하나의 정답만 있는 것은 아닙니다. 최적화된 글쓰기를 위해서 프롬프트에 입력할 필수적인 요소로 주제(Theme), 독자(Readers), 분량(Amount), 의도(Intention) 네 가지는 잊지 말아야 합니다. 생성할 글의 주제를 몇 개의 키워드로 알려주고, 글을 읽을 대상은 누구인지 독자를 설정해야 합니다. 작성할 글의 분량 또는 부분과 함께 글을 쓰는 이유도 설명하면 적절한 답변을 얻을 수 있습니다.

함께 쓰고, 또 고쳐 쓰기

AI가 생성한 문장 구조와 문체의 한계는 사용자가 손수 보완해야 합니다. 아직도 생성형 AI는 초안 생성 용도의 성격이 분명합니다. 물론 AI의 글쓰기 실력도 경쟁을 통해 나날이 발전하고 있기에 특이점[singularity]이라고 부르는 어느 시점에서는 인공지능과 인간 지능을 구분할 수 없게 될 것입니다. 그보다 조금 더 지나면 AI가 최고의 인간 전문가를 넘어설 날도 옵니다. 모두가 우려하는 일입니다만, 기술의 진보를 막을 방도가 없습니다. 그런 날이 오면 언어 공부도 글쓰기 연습도 다 필요 없어진다고 조금 그릇된 생각을 주장하는 사람도 있습니다. AI가 사람의 무의식까지 읽어내서 제멋대로 말을 지어낼 수는 없습니다. 생각하고 표현하고 실천하는 것은 계속 인간의 영역으로 남을 것입니다.

그렇다고 인공지능이 발전하는 시대에 AI의 뛰어난 기능을 무작정 멀리할 수도, 무서워할 필요도, 거리를 둘 이유도 없습니다. 어떻게 AI를 잘 이용하느냐가 중요한 시기입니다. 지금의 생성형 AI 챗봇 모두 거대 언어 모델에 기반을 둔 만큼 글쓰기에 활용하기는 아주 좋습니다. 도구는 써야 빛나는 법입니다. AI를 잘 활용해서 더 좋은 글을 쓸 수 있는 방법을 찾는 것이 이 시대의 과제입니다.

좋은 글을 쓰려면 먼저 생각을 정리하고 관련 사례를 찾아야 합니다. 섣부른 분야는 자료 조사도 해봐야 이런저런 판단이 가능하기 때문에 기초적인 자료를 조사하고 개념을 정리하는 일은 AI에 맡기고, 그럴듯한 아이디어도 만들어 보라고 시키면 됩니다. 그 사이에 사용자는 더 깊은 고민과 연결점을 만드는 과정이 필요할 것입니다. AI가 만든 자료를 바탕으로 판단하고, 어떤 방식과 스타일로 작성하라고 요청하면서, 생성된 글을 검토하고 교정하는 것도 사용자의 몫입니다.

만약 AI가 완벽하게 생성해 고칠 것이 없다면, 내가 잘 사용하는 단어와 표현으로 바꾸면서 문체를 다듬으면 됩니다. AI 특유의 3단 구성에 글머리 번호 같은 것이 보인다면 지우고 의도와 목적을 강조하며 덧붙일 것을 찾아 고칩니다. 함께 쓰되 많이 고치면 더 좋은 글로 바뀝니다. 그러기 위해서는 글쓰기 자체가 어떤 작업인지 먼저 알고 시작해야 합니다. 사용자가 글쓰기 과정을 장악하지 못하면 결국 AI에 휘둘리거나 종속되기 십상입니다.

 **핵심 정리**

1 AI와 글쓰기를 시작할 때 먼저 목적과 용도를 결정하고 유형을 함께 제시해야 한다.

2 글쓰기 프롬프트를 작성할 때는 주제, 독자, 분량, 의도 등 핵심 요소를 입력해야 한다.

3 AI로 생성한 글을 고치고 다듬으며 사용자의 생각과 문체를 충분히 반영해야 한다.

AI

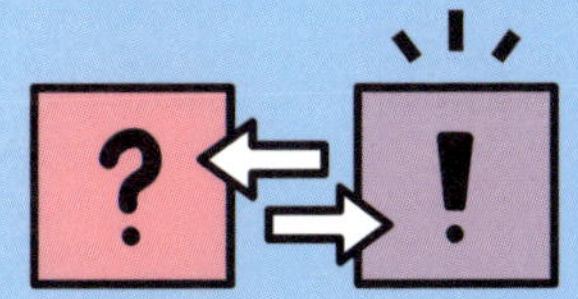

글쓰기 준비하기

글쓰기를 잘하려면 먼저 준비 과정이 필요합니다. 글쓰기 전체 과정을 이해하고 글의 주제와 방향을 설정해서 뼈대가 되는 목차와 개요를 설정해 나갑니다. 글쓰기에 필요한 자료도 모으고 사례를 찾아서 차근차근 살을 붙일 준비를 해야 과정이 수월합니다. 글쓰기 준비 과정에서 AI는 충실한 비서로 쓰일 수 있습니다.

감 잡았다! 글쓰기 원리와 과정

좋은 글을 쓰려면 먼저 글쓰기의 원리와 과정을 알고 있어야 합니다. 생성형 AI가 초안을 잘 써준다고 해도 사용자가 전체적인 과정을 파악하고 있어야 제대로 된 글로 완성할 수 있습니다. 주제 설정부터 마지막 교정까지 전체 과정을 간파하면 글쓰기를 시작할 때 부담을 덜 수 있습니다.

문자 문명, 글쓰기의 숙명

인류 문명은 문자에서 시작되었습니다. 말로만 소통하던 시대와 글을 쓰는 시대는 전혀 다릅니다. 말소리는 사람에 따라서 '아' 다르고 '어' 다르지만, 글자로 기록된 것은 변하지 않습니다. 선사 문명에서 긴 이야기를 전달하는 역할을 위해 암송하는 사람을 따로 둔 사례도 많습니다. 문자가 처음 발명된 시기에는 극소수만 글을 쓸 수 있었기에 그들은 특별한 지위를 얻었습니다. 동아시아에서 처음 쓰인 글자는 '갑골문'으로 거북이 등뼈나 동물의 널찍한 뼈에 상형 문자를 새겨서 기록을 남겼습니다. 글자로 점을 치기도 하고, 재산을 나누기도 하는 등, 글자를 쓰는 왕과 신관은 점을 치는 사람이자 미래를 내다보는 선지자였습니다. 글자는 곧 운명의 결정 수단이었던 것입니다.

문자가 널리 보급된 이래 인간은 글쓰기를 통해 지식을 저장하고, 아이들을 교육하며, 예술을 창작하는 문화를 이루어 왔습니다. 글은 언어와 생각을 담는 가장 근본적인 그릇이면서 타인과 소통하는 미디어의 기능도 담당합니다. 우리가 생각하고 고민하는 메커니즘도 머릿속 글자들로 작동합니다. 만약 글자가 없었다면 생각은 모두 이미지와 동작으로 작동하게 되고, 사람들 사이의 소통에서도 다툼이 잦고 오해도 컸을 것입니다. 다수의 약속으로 정한 문자가 존재하므로 사회가 정확하게 돌아가고 큰일도 함께 만들 수 있습니다. 문자 문명 이후 인류가 세계 각지에 국가를 세우고 복잡한 조직을 구성할 수 있었던 배경도 모두 글자 덕분입니다.

옛날이나 지금이나 아이의 첫 교육은 글 배우기로 시작합니다. 학교를 졸업해 성인이 된 이후의 사회적인 업무들도 대부분 공식적인 글, 즉 양식화된 문서를 통해 전개됩니다. 누구나 배우고 익혀서 활용하는 가장 인간적인 능력이 바로 글쓰기입니다. 우리 사회에서 글을 모르는 사람이 있다면 살아가기 힘들 정도로 어려움을 겪을 것입니다. 교육과 업무가 아니더라도 식당에 가거나 운전을 할 때도 글로 소통하는 것이 기본 전제가 되기 때문입니다. 글로 소통하는 사회에서 글을 잘 쓰는 재주는 큰 축복이며, 글쓰기를 잘하면 어디서나 환영받고 대우도 좋아집니다. 비록 잘 쓰지는 못하더라도 글쓰기를 불편해하지 않는 법을 배우려는 자세만 있으면 충분합니다.

AI와 함께 글을 쓰는 일은 비행기 조종과 비슷합니다. 사용자는 조종사이고 AI는 부조종사Copilot입니다. 인간 조종사는 방향과 가이드만 알려주면서 세부적인 피드백만 전달하면 됩니다. 처음부터 자료와 동향 조사, 키워드 도출, 주제 설정까지 AI가 도와주기 때문에 사용자는 어디로 갈지 목적지만 분명히 제시하면 충분합니다. AI가 글도 생성하고 문체도 바꿔주니까 의도와 결과를 확인하면 됩니다. 지금도 그렇지만 미래의 글쓰기는 처음부터 AI로 시작하여, 마지막에도 AI로 교정하고 검증하게 될 것입니다. AI와 함께하는 글쓰기는 인간에게 더 많은 자유와 사유의 깊이를 제공하면서 글쓰기 방식을 더 넓고 높은 차원으로 이끌어 줄 것입니다.

한번에 알아두기: 글쓰기의 전체 흐름

글쓰기는 말하기의 발전된 형태이면서 사고의 과정과 같습니다. 생각이 정리되지 않으면 횡설수설 말하게 되는 것처럼 글도 어지럽게 흩어지는 문제가 발생합니다. 생각을 다듬기 전에 우선 써야 할 글의 종류를 정합니다. 이메일로 보내는 개인적인 편지글인지 다른 부서에 발송하는 공문인지에 따라 글의 구성과 내용이 크게 바뀝니다. 남에게 설명하는 글이나 투자를 설득하는 보고서라면 더 논리적으로 구성해야 하고, 여행을 기록하는 SNS 게시글이라면 여행지의 사실 정보에 더불어 감성적인 감상평도 추가할 것입니다. 짧고 강렬한 시를 쓴다면 단어 하나하나에 의미를 함축하면서 일상적인 표현은 건너뛰어야 합니다.

글의 종류가 확정되면 주제를 생각하고 분량을 가늠해 봅니다. 같은 주제라도 분량에 따라 글의 순서와 구성이 바뀔 수 있습니다. 어떤 이야기를 할지 주제를 선정하면 곧이어 글의 전개 순서를 정리하면서 주제가 되는 핵심 어구를 앞에서 언급하고 순서대로 하나씩 이야기를 풀어가면 됩니다. 긴 설명문이라면 핵심을 요약하는 개요를 먼저 작성해 보고, 목차 순서를 나열합니다. 글을 설계하는 단계에서는 전달하고자 하는 내용과 표현을 목차와 함께 메모해 두고, 어느 단계에 포함할지 꼼꼼히 확인하며 계획하는 것이 좋습니다.

완벽하지는 않더라도 개요와 목차 구성이 손에 잡히면 이제 본문 쓰기를 시작합니다. 하얀 화면에 첫 글자를 타이핑하는 첫 시작은 매번 부담으로 다가옵니다. 어떤 말로 첫 문장을 시작해야 독자의 호기심을 끌지 생각해 봅니다. 사소하지만 인상적인 에피소드도 좋고, 핵심적인 주제를 툭 던져도 됩니다. 이어서 첫 문장의 이유나 배경을 하나씩 설명하면서 단계적으로 풀어나가면 첫 문단이 됩니다. 두 번째 문단부터는 핵심에 다가가는 설명과 예시를 제시합니다. 상세하게 쓴다고 문장을 길게 끌거나 쓸데없이 복문 구조를 만들지 않도록 주의합니다. 글쓰기에서는 짧은 문장 스타일이 우세합니다. 한 문장에는 하나의 의미만 담고, 한 문단에 하나씩의 주제를 풀어놓아야 합니다. 논리적인 글이라면 서론부터 결론까지, 감성적인 글이라면 클라이맥스까지 자연스럽게 연결하면 됩니다. 마지막 결론 또는 맺음말 부분에서는 주제를 다시 강조하고 의도를 환기하는 수미쌍관首尾雙關 구조를 적용해도 좋습니다.

글의 도입부터 맺음말까지 다 작성하고 나면 잠시 쉽니다. 본문 작성을 위해 허겁지겁 달려온 손과 머리를 식힌 후 글을 검토합니다. 먼저 의도와 주제가 잘 드러나는지 문단별로 확인하여 어색하거나 잘못된 표현을 다듬습니다. 한 번 교정을 마친 뒤에는 타인의 시각에서 읽어 봅니다. 제일 깐깐한 상사나 엄격한 선생님을 염두에 두고 비판적으로 검토하면 고칠 부분이 눈에 띕니다. 다른 사람이 읽어도 문제가 없을 만큼 수정한 뒤 친구나 가족에게 한 번 읽어 달라고 부탁합니다. 그 과정에서 내 눈에 보이지 않던 어색한 표현과 약점이 드러납니다. 마지막으로 문법과 맞춤법을 확인해 오류를 수정하고, 제출용 문서라면 지정된 양식에 맞는지 검토합니다. 이렇게 글 한 편이 완성됩니다.

포인트 | 글쓰기의 이해 없이 AI에 의존하면 안 되는 이유

글쓰기의 원리와 방법에 관한 이해 없이 AI로만 글을 생성하면 무조건적인 의존 상태에 빠지기 쉽습니다. 무작정 AI에 의존해서 글을 작성하면 어떻게 될까요?

첫째, 글의 목적과 맥락이 허술해지기 쉽습니다. 글쓰기에 앞서 목적과 독자를 염두에 두어야 하는데, AI에만 의존하면 생성된 글이 의도한 맥락을 벗어나거나 독자의 기대에 어긋나는 말을 늘어놓게 됩니다.

둘째, 창의적이고 독창적인 표현이 어렵게 됩니다. AI는 기존의 텍스트 데이터에 근거해서 글을 생성하기 때문에 참신하고 독창적인 글을 표현하는 데 한계가 있습니다. 글쓰기의 본질적 원리와 방법을 이해하고 있으면, AI의 도움을 받으면서도 사용자 자신만의 창의성과 독창성을 발휘할 수 있습니다.

셋째, 교정과 검토 과정을 소홀히 여길 우려가 큽니다. 평소 글쓰기의 방법과 원리를 아는 사람만이 AI로 생성된 텍스트를 평가하고 보완할 수 있습니다. 아무렇지도 않게 AI가 생성한 글을 그대로 사용하면 논리적 모순이나 부정확한 정보를 방치하게 됩니다.

넷째, 표절과 윤리적 문제가 발생할 가능성이 커집니다. AI가 생성하는 글은 기존의 텍스트를 조합하는 방식이므로, 사용자가 윤리적 문제를 이해하지 못한 채 사용하면 저작권 침해나 표절과 같은 문제가 발생할 수도 있습니다. 공식적인 문서라면 표절 검출 시스템에 걸려 불이익을 받을 수도 있습니다.

다섯째, 장기적으로 글쓰기 능력이 퇴화합니다. 글쓰기의 원리와 방법을 충분히 익히지 않고 AI의 생성에만 의존하게 되면, 사용자의 언어적 사고 능력과 표현력이 점차 퇴화하여 결국엔 스스로 글을 쓸 수 있는 능력을 상실할 위험도 발생합니다.

4단계 과정: 실패 없는 글쓰기

글은 단어들의 집합이지만, 단어들이 모인다고 해서 글이 되는 것은 아닙니다. AI가 글을 생성하는 방식도 빈도 순서의 단어들을 추론에 맞추어 연결 짓는 것이지만 단어들 사이에는 문법에 맞는 주어와 조사들이 들어갑니다. 여러 단어를 조사로 풀칠하듯 붙여서 글을 지을 수 있지만, 뜻을 이해할 수 있어야 합니다. 아무리 좋은 말이라도 두서없이 늘어놓으면 이상해 보이기 마련이므로, 글에도 조리 있는 이야기처럼 논리가 있어야 합니다. 따라서 생각을 정리하는 것이 먼저이고, 글짓기는 그다음입니다.

어떤 글을 쓸지, 어떻게 풀어나갈지 생각이 정리되었으면 이제 본격적인 글쓰기를 준비합니다. 짧은 글은 문장마다 주제어^{키워드}를 배치하여 순서를 잡아야 하고, 긴 글이라면 문단마다 설명할 주제어를 배치하면 순조롭습니다. 글을 쓰기 위해서는 먼저 생각을 정리하고, 글을 어떻게 구성할지 나름대로 계획하는 과정이 필요합니다. 전통적으로는 제목부터 맺음말까지 순서대로 글을 작성해 왔지만, 요즘처럼 컴퓨터로 문서를 작성하는 방식에서는 결론을 미리 정해놓고 부분적으로 글을 쓰거나, 가장 자신 있는 부분부터 시작하면 됩니다. 핵심 문장에 앞뒤로 살을 붙이면 문단이 완성되고, 주제 문단 주변에 배경 설명과 예시 문단을 배치하면 짧은 글을 구성할 수 있습니다. 두괄식이든 미괄식이든 편집하듯 글을 쓴다는 뜻입니다. 이것이 디지털 시대의 글쓰기 방식입니다.

여러 번 글을 작성하면서 자신만의 글쓰기 방식을 찾아 나갑니다. 글의 성격도 다양하게 연습해서 읽기 좋은 문체를 만들기 시작합니다. 문장은 되도록 짧게 쓰는 것이 좋습니다. 비교나 대비 목적이 아니라면 한 문장 안에 하나의 의미만 넣어야 합니다. 주어를 앞에 두지만, 수식 어구가 앞에 나오면 자연스레 뒤로 밀어둘 수도 있습니다. 긴 문장과 짧은 문장을 번갈아 배치하여 호흡을 만들면 읽기에 더 자연스럽습니다. 문체에 자신이 붙으면 강조할 부분에 짧고 강렬한 표현을 넣고, 쉽게 넘어가는 부분에서는 글의 힘을 뺍니다. 이렇게 되면 글은 물

흐르듯 쉽게 읽히게 되어 개성 있는 문체와 완급의 리듬까지 더해 완성도와 매력이 높아집니다.

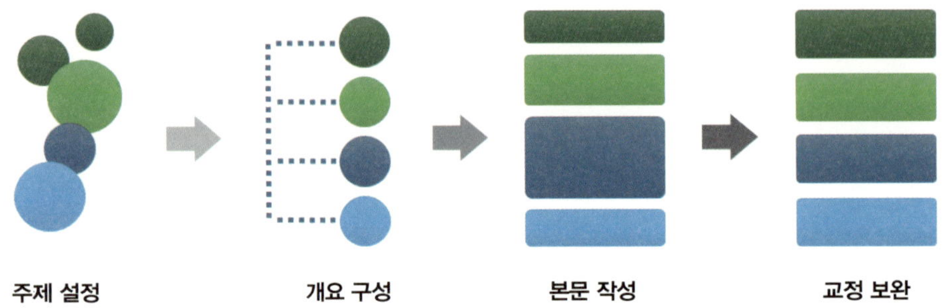

주제 설정　　　　개요 구성　　　　본문 작성　　　　교정 보완

▲ 4단계로 진행되는 글쓰기 과정

이 책의 전체 설명이 글쓰기 과정의 4단계를 충실히 따르고 있으므로, 각 과정은 뒤에서 더 자세히 다루겠습니다. 우선 위의 그림에서 글쓰기 4단계를 살펴보고, 다음 표에 정리한 과정과 요령도 함께 확인해 보시기 바랍니다. 마음이 급하다면 책을 읽기 전에 간단한 주제를 하나 정해서 표의 순서에 따라 한두 장 분량으로 미리 작성해도 됩니다. 책을 다 읽은 뒤에 다시 작성해 보면 향상된 차이가 드러날 것입니다.

▼ [표 3] 글쓰기 4단계 요령과 예시

글쓰기 과정	글쓰기 요령	예시
❶ 주제 설정	작성할 글의 목적과 내용을 하나의 짧은 문장으로 정리해 봅니다. 미리 제목을 정해도 좋습니다.	인공지능 기술이 글쓰기를 편리하게 도와준다.
❷ 개요 구성	짧은 글이라면 글의 개요를 먼저 작성해 보고 주제와 내용을 정확히 정리합니다. 만약 여러 페이지 분량의 긴 글이라면 목차를 정해서 어떤 내용들이 포함될지 정리해 봅니다.	생성형 인공지능의 특성을 간단히 설명하고, 글쓰기 과정에 어떻게 활용할지 구체적인 사례와 함께 방법을 제시한다.

❸ 본문 작성	개요 또는 목차에 따라서 글의 내용을 작성하기 시작합니다. 긴 문서라면 부분적으로 작성하고 나중에 전체를 연결해도 됩니다. 글의 각 문단에는 하나의 짧은 주제를 담고, 문단의 흐름에 따라 주제와 주장을 순차적으로 서술한다고 생각하면 논리적인 전개가 가능합니다.	거대 언어 모델 기반의 생성형 인공지능이 확산되면서 전통적인 글쓰기 방식이 전혀 다른 방향으로 바뀌고 있습니다. AI를 이용한 글쓰기도 사람과 크게 다르지 않습니다. 〈중략〉
❹ 교정 보완	전체를 완성하면 글을 다시 읽어 보면서 문법 오류와 맞춤법을 점검해서 교정합니다. 부족하거나 과한 표현을 가다듬은 후, 내용 전개에 무리는 없는지 살펴보면서 수정합니다. 글의 주제가 제대로 전달되는지 확인하고 미흡한 부분을 보완합니다.	거대 언어 모델 기반의 생성형 AI가 확산되면서 전통적인 글쓰기 방식이 완전히 바뀌고 있습니다. AI를 이용한 글쓰기 과정도 사람이 하는 것과 크게 다르지 않습니다. 〈중략〉

비법 공개: 좋은 글 쓰는 법

글을 잘 쓰는 것은 노력에 따라 얼마든지 가능합니다. 글을 쓰는 방법을 제대로 알고 목적에 맞는 글을 만들어 내면 잘 썼다고 칭찬을 받을 수 있습니다. 그런데 좋은 글을 쓰는 일은 단순히 글을 잘 쓰는 것과는 다릅니다. 글을 잘 써도 반드시 좋은 글로 평가받는 것은 아니기 때문입니다. 물론 글을 잘 쓰면 좋은 글이 될 가능성은 높지만, 좋은 글을 쓴다는 것은 글쓰기 능력을 넘어서는 상위 목표입니다. 좋은 글은 읽기 쉽고, 메시지가 명확하며, 감동과 울림을 전달합니다. 여운이 남고 마음을 움직이는 글, 그것이 바로 좋은 글입니다.

좋은 글을 작성하려면 첫째, 목적과 유형을 분명히 정해야 합니다. 용도와 목적이 분명해야 글의 방향성을 잡을 수 있습니다. 시에 논리를 들이밀 수 없고 설명문을 시처럼 작성해도 안 됩니다. 글의 유형에 걸맞은 문체를 갖추고 누가 왜 읽어야 하는지 생각합니다. 어린이를 대상으로 한 글은 쉽고 재미있게 써야 하고 전문가를 위한 문서는 정확하고 간결한 문장으로 구성하듯, 목적과 대상이 분명하면 아이디어 구상이 수월합니다. 글을 쓰기 전에 전달하려는 메시지와 독자를 설정하는 과정부터 시작하면 됩니다.

둘째, 아이디어 구성 단계에서 글을 어떻게 구조화할 것인지 생각합니다. 설명문이나 논설문이라면 서론 → 본론 → 결론의 논리적인 구조로 하고, 픽션이나 에세이라면 이야기의 흐름을 기승전결 구조로 구성해도 좋습니다. 빠른 설득이 필요하다면 결론을 앞에 두고 서론과 본론을 다음에 배치해도 됩니다. 어떤 글이든지 각 단락은 하나의 주제어를 중심으로 구성하고, 문단 간의 흐름을 자연스럽게 연결해 어느 단락에서 메시지를 부각할지 배치를 생각합니다. 글의 흐름이 좋으면 잘 읽히기 때문에, 구성의 구조화는 글 전체를 탄탄하게 만들어서 논리적인 흐름을 돋보이게 합니다.

셋째, 좋은 글은 문장이 간결하고 명확합니다. 하나의 문장에는 하나의 의미만 표현합니다. 하나의 문장에 여러 가지 뜻을 담으려 하면 글이 길게 늘어지고 복잡해집니다. 나중에는 글쓴이 자신도 이해하지 못하는 글이 될 수도 있습니다. 길고 복잡한 문장보다는 짧고 간결한 문장을 써서 누구나 쉽게 이해할 수 있어야 합니다. 불필요한 수식어와 부사 어구를 줄이고, 동어 반복을 생략해서 핵심만 전달해야 하며, 독자에 맞는 어휘 표현도 중요합니다. 어려운 전문 용어는 필요한 경우에만 씁니다. 문장이 길어지면 어려운 말도 늘어나고 거추장스러운 부사 어구도 생깁니다.

넷째, 수동형 문장을 능동형 표현으로 바꿉니다. 서양 어법의 수동태와 일본어에 흔히 쓰는 수동형을 우리말에 그대로 쓰면 글이 힘을 잃게 됩니다. 수동형 문장은 주어도 불분명해서 문법이 꼬이고 비문이 될 가능성도 높기에, 능동형 표현으로 문장에 활력을 불어넣으면 좋은 글이 됩니다. 예를 들어, '새로운 제품이 출시되었습니다'보다는 '새로운 제품을 출시했습니다'라는 문장이 더 생동감 있습니다. 서술 표현에서도 '~을 하다' 대신 '~하다'와 같이 동사형으로 표현하면 더 간결하고 생동감이 생깁니다. 글을 완성한 뒤에는 습관적으로 쓰는 수동적인 표현을 찾아 고칩니다. 우리말 어법에 맞고 생동감 있는 표현이 글을 살아 있게 만들고, 문장이 살아 있어야 좋은 글입니다.

다섯째, 글의 흐름이 잡히면 적절한 예시와 사례를 추가합니다. 어떤 주장이든 사례가 적절해야 설득할 수 있습니다. 낯설고 복잡한 개념을 설명할 때는 구체적인 예시나 사례를 들어 독자의 이해를 돕습니다. 분량 제한으로 예시를 길게 쓸 여유가 없다면 수식어구로 축약해서 상황을 설명할 수도 있습니다. 어느 부분을 이해하기 어려울지 독자의 관점에서 검토하고 그 자리에 예시를 추가합니다. 완성한 글을 주변 지인에게 보여주면서 어색하거나 난해한 부분을 찾아달라고 요청합니다. 흐름을 지적한 부분에서는 연결을 보완하고, 난해한 부분에는 예시를 넣어서 이해를 돕습니다.

끝으로 여섯째, 가장 중요한 점은 많이 읽고 깊이 생각해야 좋은 글을 쓸 수 있다는 사실입니다. 좋은 글을 쓰기 위해서는 다양한 글을 많이 읽는 것이 가장 중요합니다. 폭넓은 독서로 쌓은 지식은 멀리 떨어진 사실을 연결하는 창의성의 토대가 되므로, 장르와 분야를 가리지 않고 독서해야 합니다. 좋은 소설, 수준 있는 기사, 참신한 에세이, 남다른 시각의 오피니언 같은 글을 읽으며 저자의 표현 방식과 글쓰기 스타일도 파악합니다. 좋은 글을 쓴 작가의 문체를 흉내 내서 연습해도 좋습니다. 다만 다른 사람의 문장 표현을 연속적으로 베껴서 사용하면 표절 문제가 발생할 수도 있으니 주의해야 합니다. 다른 모든 재능처럼 글쓰기 능력도 연습을 통해 향상됩니다. 일기 쓰기, 습작, 소셜 네트워크 글 작성 등 다양한 방법으로 글쓰기를 꾸준히 연습하면 작가 수준으로 성장할 수 있습니다.

만약, 상황이 급하고 초안이 당장 필요하다면 생성형 AI 도구를 활용해서 의논하며 아이디어를 구체화합니다. 최신 버전의 생성형 AI는 추론 능력도 제법 갖추고 있으니 쓸만한 글인지 잘 판단하고 충고해 줍니다. 주제에 따라 키워드를 도출해서 목차를 작성하고, 문단 구성 방법을 알려주고 사용자가 작성한 글을 비판적으로 분석해서 보완할 점도 담담하게 지적합니다. 글의 시작부터 완성까지 도우미 역할을 충실히 해냅니다. 실제 전문가는 만나기도 어렵고 여러 번 부탁하기도 눈치 보이지만, AI는 지치지 않고 항상 답변해 줍니다. 다만 AI가 생성한 내용을 비판적으로 검토하고, 사실관계를 확인한 후에 마무리 과정은 사용자 스스로 정리해야 합니다.

글쓰기는 노력과 연습을 통해 향상되는 기술과 같습니다. 낙심하거나 포기하지 않고 계속해서 도전하는 태도도 중요합니다. 폭넓은 독서로 지식을 얻고, 내용을 재미있게 구성하여 논리적인 문장으로 서술하면 됩니다. 누구든 한 번에 좋은 글을 쓸 수 없습니다. 다양한 글쓰기를 연습하고 즐기면서 성장을 경험하면 어느 순간 좋은 글이 나오게 됩니다. 유명 작가들도 수많은 습작을 거쳐 작품 한 편을 만들어 냅니다.

다음은 챗GPT를 통해 받은 글 잘 쓰는 비법입니다. 앞서 설명한 글쓰기 비법도 포함하고 있어서 눈여겨볼 만합니다. 생성형 AI도 이와 같은 방식으로 글을 작성한다는 점을 참고하면 좋습니다.

AI로 생성한 글쓰기 잘하는 비법 예시

 좋은 글을 잘 쓰는 비법을 간략하게 정리해 줘.

 **좋은 글을 잘 쓰는 비법**

1. 글의 목적과 독자 설정

    – 글을 쓰기 전에 '왜 쓰는가?' 그리고 '누가 읽을 것인가?'를 먼저 생각하기

    – 목적과 독자에 따라 어휘와 문체를 조정

2. 논리적이고 일관된 구조 만들기

    – 서론 → 본론 → 결론의 기본 구조를 유지

    – 한 문단에 하나의 핵심 내용만 담아 글을 명확하게 정리

3. 쉬운 단어와 간결한 문장 사용

    – 불필요한 수식어를 줄이고 간결하고 명확한 표현 사용

    – 긴 문장보다는 짧고 명확한 문장이 읽기 쉬움

4. 구체적인 예시와 비유 활용

   – 추상적인 개념보다는 사례, 경험, 비유를 사용해 쉽게 전달

   –  "성실해야 한다." ✗ → "매일 한 페이지씩 책을 읽는 습관이 중요하다." ✓

5. 문장을 자연스럽게 연결하기

   – 문장과 문장 사이의 흐름이 부드럽도록 연결어(하지만, 그러므로, 게다가 등) 사용

   – 글의 논리가 끊기지 않도록 문맥을 점검

6. 맞춤법과 문법 확인하기

   – 글을 다 쓴 후 맞춤법 검사 및 문장 구조 점검

   – 필요하면 AI 도구나 맞춤법 검사기를 활용

7. 글을 다듬고 수정하는 과정 거치기

   – 처음 쓴 글을 바로 제출하지 말고 한 번 더 읽고 수정

   – 글의 흐름이 어색하거나 불필요한 문장이 있는지 점검

8. 자주 읽고, 많이 써보기

   – 좋은 글을 읽으며 문장 구조와 표현 방식을 익히기

   – 다양한 주제로 글을 써보며 꾸준히 연습하는 것이 가장 중요

이 원칙을 따르면, 누구나 더 좋은 글을 쓸 수 있어요!

핵심 정리

1 글을 쓰는 일은 교육의 핵심이며 직장과 사회생활의 중요한 덕목이다.

2 글쓰기 과정은 생각 정리부터 주제와 개요, 목차로 시작해서 교정으로 마무리한다.

3 글쓰기는 주제 설정, 개요 구성, 본문 작성, 교정 보완의 4단계로 진행한다.

4 좋은 글을 쓰려면 의도를 구조화하고 간결한 문장으로 구체적인 의미를 제시해야

   한다.

글의 방향을 잡는 주제와 개요

전체적인 글쓰기 과정을 파악하면 주제와 개요를 설정하는 일이 가장 먼저 필요하다는 점을 알게 됩니다. 주제 설정은 글의 방향과 목적을 정리하는 과정이고, 개요는 주제를 담아내는 뼈대를 만드는 일입니다. 주제와 개요 설정을 통해서 글쓰기 과정을 일목요연하게 준비할 수 있습니다.

방향을 잡는 주제 설정하기

연습이 중요하다고 하지만, 글 한 편 쓰는 일은 결코 쉽지 않습니다. 메신저로 보낼 간단한 감사 인사말조차 한 시간을 고민하는 사람도 있습니다. 운명을 바꿀 수 있는 자기소개서나 발표 문서는 며칠이 걸리기도 하고, 자기소개서 잘 쓰는 비법을 배우러 학원에도 갑니다. 대치동의 논술학원에는 학생들로 넘쳐나고, 서점의 인문학 매대에도 글쓰기 관련 서적은 늘 자리를 지키고 있습니다. 이는 모두 글쓰기를 요구하는 사회 환경 때문입니다. 세상을 살아가려면 그만큼 글쓰기가 중요합니다.

시작부터 엄두가 나지 않고 힘든 이유는 어떻게 시작해야 하는지, 두서없는 글이 되지 않을지 방향을 잡지 못해서입니다. 글의 방향은 목적과 의도에서 나오기 때문에 상대를 설득하는 글인지 정보를 전달하는 글인지 구분이 필요합니다. 설득 목적의 글이라면 호소력 있는 주장과 이유도 담아야 합니다. 단순히 정보를 제공하는 글이라면 주장과 가치판단을 감추고 정확한 데이터를 제공해야 독자의 혼란을 피할 수 있습니다. 목적이 없는 글은 방황하듯 산만해 보입니다.

글을 쓰는 이유가 무엇인지 정리되면 누구에게 읽히기를 바라는지 생각해 봐야 합니다. 저자의 의도가 글에 담겨 독자에게 전달됩니다. 때로는 저자의 의도 이상으로 글에 담긴 메시지에 반응하는 독자도 있지만, 저자의 의도를 전혀 이해하지 못하는 경우도 발생합니다. 메시지 전달에 실패하는 글은 저자가 의도를 제대로 표현하지 못했거나, 독자를 고려하지 않아서 발생합니다. 어린이 대상의 글은 최대한 쉽고 간결하게 작성하고, 전문가 대상의 글은 전문 용어를 정확히 구사해야 합니다. 독자가 처음 접하는 개념어라면 본문에서 설명해 줘야 불편하지 않습니다. 처음부터 끝까지 독자를 염두에 두고 글을 써야 합니다. 방향과 독자가 분명하면 글의 주제를 잡아나가기에 수월합니다.

글쓰기 단계는 가장 먼저 주제 설정으로 시작합니다. 글의 주제는 전체를 관통하는 핵심 문장 한두 개로 정리할 수 있으면 충분합니다. 복잡하고 긴 설명이 필요한 내용이더라도 간략하게 요약할 수 있어야 합니다. 쉽고 짧은 문장은 메시지를 전달하기에 어렵지 않습니다. 아무리 긴 내용이라도 짧은 문장으로 정리하는 습관을 들이면 생각도 분명해지고, 글을 시작하기도 편합니다. 주제의 요약은 곧 핵심에 다가가는 방법이기 때문에 글쓰기를 권유하는 글이라면, "글쓰기는 어렵지 않습니다. 매일 반쪽만 쓰세요."와 같은 방식으로 주제를 쉽게 요약하면 됩니다. 본문을 작성할 때 항상 주제를 염두에 두고 서술하면 글이 방향을 잃지 않게 됩니다.

▼ [표 4] 목적과 의도를 고려한 글의 주제 설정 예시

주제 설정	작성 요령	예시
목적	정보, 주장, 감상 구분	여행 정보 제공
대상	독자 설정	가족 여행객
주제	한두 문장으로 정리	스페인 내륙 지역을 여행하려면 일교차에 주의하세요. 카디건은 필수입니다.

 **포인트** | # 주제 설정 과정의 고려 사항

글쓰기의 주제 설정 과정에서는 목적과 대상에 따른 구분도 중요하지만, 어떻게 쓸지 고민하고 고려할 사항도 많습니다. 최근에는 블로그나 SNS 게시 용도의 글쓰기가 증가하는 상황이라서 정보의 타당성이나 공개 범위도 고려 요소에 포함됩니다.

❶ **글의 목적**: 글을 왜 쓰는지 목적을 분명히 해야 합니다. 정보를 전달하려는지, 감동을 주려는지, 설득하려는지에 따라 적합한 주제의 설정과 전개 방식이 변합니다. 궁극적인 목적이 대중 발표, 학교 과제, 개인 블로그, 서평 쓰기 대회 등 어디에 활용될지에 따라 적합한 주제를 선택해야 합니다. 일반적이고 범용적인 주제는 구태의연한 내용으로 흐르기 쉽습니다.

❷ **대상 독자**: 누가 이 글을 읽는지, 독자의 나이, 배경, 관심사, 직업, 수준 등을 고려해야 합니다. 독자에 따라 이해하기 쉬운 주제를 선택하거나 관심을 끌 만한 주제를 고민해야 합니다. 업무 문서라면 기존 예시와 양식을 먼저 확인하고 작성해야 합니다.

❸ **저자의 관련성**: 자신이 경험했거나, 관심이 있거나, 잘 아는 분야인지 점검합니다. 직접적인 경험이나 깊은 관심이 있는 주제는 글에 생동감과 진정성을 더하지만, 피상적인 접근은 글쓰기 과정을 고역으로 만들어 놓습니다.

❹ **시의성**: 지금 떠오르는 사회적 이슈나 트렌드, 축제, 여행, 외교 상황 등과 연관된 주제를 선택하면 독자의 공감과 흥미를 얻기 쉽습니다. 예전부터 철학자들은

현재의 문제에 민감한 '시대정신'을 강조해 왔습니다.

❺ 독창성: 이미 많이 언급된 주제보다는 새로운 시각이나 자신만의 독특한 경험, 개성 있는 생각이 녹아든 주제가 더 흥미롭고 매력적입니다. 특히 문학 작품은 남다른 시각으로 독특하게 이야기하기를 추구합니다.

❻ 자료 확보 가능성: 주제를 정할 때 자료 조사나 데이터 확보가 가능한지 확인하는 것도 중요합니다. 자료를 구하기 어려운 주제라면 글을 구체적이고 풍성하게 만들기 어렵습니다. 글감에 따라 글쓰기가 바뀝니다.

❼ 분량 및 난이도: 자신의 글쓰기 실력과 여유 시간, 글의 분량을 고려하여 적절한 난이도와 주제를 선정해야 합니다. 너무 방대한 주제나 어려운 주제는 결국 온전히 끝맺지 못할 위험이 따르므로 피하는 것이 좋습니다.

❽ 감정적 거리: 글쓰기 주제와 자신의 감정적 거리도 고려해야 합니다. 너무 민감하거나 개인적인 주제는 블로그 게시용 글이라 하더라도 객관적인 글쓰기에 방해가 될 수 있습니다. 글쓰기는 자기 내면과 글을 분리하는 과정이기도 합니다.

❾ 공개 범위: 개인 블로그나 SNS에 게시할 글이라면 공개 범위를 고려해야 합니다. 본인 혼자서 기록하는 용도이거나 제한된 범위에서 열람하는 글과 불특정 다수가 읽을 수 있는 글은 문체나 서술 내용이 달라질 것입니다.

고객님! 독자를 고려하기

글의 종류와 목적은 모두 최종 종착지인 독자에 종속됩니다. 독자가 누구냐에 따라 글의 모든 것이 달라진다는 의미입니다. 독자가 관공서 공무원이라면 글은 공문서처럼 공식적이고 분명한 어투로 문장을 서술하는 것이 적절합니다. 어린이가 읽는 글이라면 쉽고 재미있어야 합니다. 외국의 친구에게 쓰는 안부 메일이라면 정감 있고 따뜻한 편이 어울립니다. 독자가 누구인지 불분명하거나 광범위할 때는 보편적인 용어를 써서 쉬운 문체로 표현하면 됩니다. 독자가 글의 가치를 결정하기 때문에 읽는 사람의 공감을 얻지 못하면 죽은 글이 됩니다.

독자를 상정하고 글을 쓰는 습관은 쉽게 생기지 않습니다. 첫 문장의 주어부터 고르려면 독자를 정해야 합니다. 직장에서 사용하는 문서라면 직속 상사나 최종 결정권자가 독자일 것이고, 반대로 상부에서 내려보내는 시행문이라면 직원들이 행동해야 할 세세한 지시 사항을 담고 있을 것입니다. 독자를 설정하고 글을 써야 한다는 말은 곧 독자의 처지에서 글의 주제를 생각하고 문구를 검토하라는 의미입니다. 정치인의 담화문에 종종 눈살을 찌푸리게 되는 이유도 국민보다 자신을 자랑하는 문장을 만날 때입니다. 독자를 고려하지 못해서 공감대를 놓치는 사례입니다. 독자 관점에서 글을 마무리해야만 오해를 피하고 의도를 제대로 전달할 수 있습니다. '수요자 중심'이라는 말은 글에도 해당합니다.

때로는 한 주제의 글을 여러 독자층으로 나누어 배포하는 상황도 생깁니다. 같은 주제라도 독자의 유형에 따라 내용 구성의 차이가 발생합니다. 독자 유형은 어린이부터 노인까지 연령대로 구분할 수도 있지만, 설명할 주제에 따라 초보자부터 전문가로 구분할 수도 있습니다. 하나의 내용을 독자에 따라 문체를 바꿔서 다시 작성하는 일은 AI도 잘합니다. 독자를 설정하는 방법과 내용을 어떻게 달리 작성할지 AI에 질문하면 상세하게 설명도 해줍니다.

다음 표는 스마트폰 사진 촬영 방법에 관해 주제를 설정하면서 AI로 작성한 독자 유형 구분의 예시입니다. 초보자와 전문가 대상 독자 설정 내용에 어떤 차이가 있는지 살펴보시기 바랍니다.

▼ [표 5] 독자를 3단계 난이도로 설정하는 주제 구성을 AI로 생성한 예시

대상	초보자	중급자	상급자
주제	스마트폰 카메라로 시작하는 촬영 첫걸음	사진에 창의성을 더하는 방법	스마트폰으로 DSLR 못지않은 결과물 얻기
의도	가장 중요한 것은 기본 기능을 이해하는 것입니다.	기본 기능에 익숙하다면 이제 사진에 창의성을 더해보세요.	스마트폰 카메라 활용에 능숙하다면, 전문가의 비법을 시도해 보세요.
개요	• **초점 잡기**: 화면을 터치하면 원하는 피사체에 초점을 맞출 수 있습니다. • **빛 활용하기**: 창가나 밝은 장소에서 찍으면 더 선명한 사진을 얻을 수 있습니다. • **줌 대신 가까이 가기**: 디지털 줌을 사용하면 사진이 흐릿해질 수 있으니, 피사체에 직접 다가가세요.	• **구도 연습하기**: 삼등분 법칙으로 피사체를 화면의 1/3 위치에 배치해 보세요. • **조명 활용**: 자연광, 역광, 실내 조명을 비교하며 다양한 분위기를 연출해 보세요. • **필터와 편집 도구**: 스마트폰 내장 편집 기능이나 앱을 사용해 사진의 색감을 보정해 보세요.	• **RAW 포맷 촬영**: RAW 포맷으로 촬영하여 보정 가능성을 높이세요. • **수동 모드 활용**: 셔터 속도, ISO, 화이트 밸런스를 수동으로 조정해 원하는 스타일을 연출하세요. • **외부 장비 활용**: 추가 렌즈 (광각, 망원)와 삼각대를 사용하면 더 다양한 사진을 촬영할 수 있습니다.

소소하고 가깝게, 친밀한 소재로 구성하기

글을 쓰는 목적과 주제가 어느 정도 잡혔다면 비로소 집필에 들어갈 수 있습니다. 주제를 본문에 풀어나갈 때는 내가 가장 잘 알고 있는 소재로부터 글을 시작하면 편합니다. 글쓰기는 생각을 문장으로 옮기는 일이기 때문에 문장을 만들어 가다 보면 다시 골똘히 생각에 빠지는 상황이 발생합니다. 무엇이든 술술 쓰는 사람은 없습니다. 생각이 막히거나 글이 끊기는 현상을 다들 경험합니다. 생각과 글은 상호작용합니다. 글이 막히면 생각을 정리하고, 생각이 막히면 글을 쓰면서 해결하는 방법도 유용합니다. 오히려 글이 잘 써진다고 기뻐할 때가 더 위험합니다. 밤새 쓴 글을 밝은 낮에 확인하면 엉터리로 보이

는 경우도 많습니다. 일필휘지一筆揮之의 글쓰기는 흔하지 않기 때문에 글쓰기는 예술이라기보다 노동에 가깝습니다. 〈천자문千字文〉의 저자 주흥사周興嗣도 하루 만에 1,000자를 중복되지 않게 앞뒤로 배열하여 글을 지어 올리라는 임금의 명령으로 노심초사하며 글짓기를 하느라 머리가 하얗게 세었다고 합니다.

글쓰기 준비 단계에서 주제와 구성을 확인하는 일은 건설에서 설계도를 그리는 일과 유사합니다. 설계가 꼼꼼하면 건물도 튼튼하게 완공됩니다. 글 한 편을 건물 한 채에 비유하자면 문장은 벽돌이고 문단은 벽과 같습니다. 주제를 분명하게 설정하고 내용을 구성하는 준비가 글쓰기 전체 과정을 좌우합니다. 하나의 주제로 긴 글을 이어가기 위해서는 각 문장과 문단에 무엇을 담을지 계획해야 합니다. 문단마다 핵심어를 하나씩 배치하면서 준비하는 것이 좋습니다. 예를 들어, '거친 바다에 매일 조업을 나가는 어부의 비밀'에 관한 글이라면 첫 단락에서 '바다'에 관해 서술하고 다음 문단은 '포구', 그다음은 '어부'와 같이 주제를 잘게 쪼개 들어가면 됩니다. 반대로 '그물코'와 같은 작은 소재로부터 시작해서 어군탐지기, 조타실, 태풍 등 점차 큰 순서로 옮겨갈 수도 있습니다. 어떤 방식이든 주제의 전개를 위해 이야기 흐름이 술술 연결되면 성공입니다.

A4용지 한 장을 넘기는 분량의 긴 글을 쓰려면 주제나 목적에 따른 구성 방식에도 신경을 써야 합니다. 긴 글은 일반적인 기-승-전-결로 구성하면 편리합니다. '기起'에 해당하는 첫 도입부에는 흥미를 끌 만한 소재를 배치하고, 이야기가 본격화되는 '승承'에는 문제를 제기하거나 사건의 자초지종을 서술합니다. '전轉'에서는 문제의 해결 방안이나 사건의 갈등 부분을 심도 있게 다루고, '결結'에는 결과와 마무리 내용을 정리합니다. 글을 쉽게 풀어가기 위해서 도입부에서 다룬 소재를 마지막에 다시 언급하면서 주제를 강조하면 짜임새가 있어 보입니다. 어부 이야기의 도입부에서 그물코 손질로 도입부를 시작했다면 마지막에서도 그물 손질을 마무리 짓는 장면으로 마치는 방식입니다. 이와 같은 수미쌍관 구성은 주제를 환기하기에 유용합니다.

이야기를 풀어낼 소재는 일상의 물건이나 작은 사건으로 시작하면 됩니다. 이왕이면 주제와 관련된 사물이면 더 좋습니다. 서로 다른 주제를 비교하는 글에는 공통의 소재를 찾으면 짜임을 만들 수 있습니다. 예를 들어, '이베리아반도와 한반도의 지정학적 유사성'을 주제로 글을 쓴다면 '혹독한 일교차'라는 공통점을 소재로 풀어나갈 수 있습니다. 한낮에는 무더워서 외투를 벗어던지고 노는 아이들의 장면으로 도입부를 시작하면 부담이 없습니다. 반면에 북반구의 중위도가 어떻고 반도의 특성이 그렇다는 둥 지리적 지식을 늘어놓으며 시작하면 독자의 흥미를 끌기 어렵습니다. 글의 시작부터 무거운 개념을 들고나오면 읽는 사람은 부담을 느낍니다. 처음 만난 사람에게는 먼저 가볍게 인사를 건네야지, 준비도 없이 열변을 토하면 금세 자리를 피할 것입니다. 글쓰기도 세상 이치와 똑같습니다.

새롭게 연결하기: 아이디어 도출

세상에 새로운 것은 없다고 합니다. 아주 신선하고 낯설어 보이는 아이디어도 알고 보면 기존의 변형이거나 응용한 경우가 많습니다. 인류가 지난 수천 년 동안 쌓아 온 문명의 산물이 워낙 방대하기 때문입니다. 새로운 아이디어를 찾았다고 금방 환호할 수 없습니다. 조금만 살펴보면 기존의 것과 유사한 사례를 금세 찾기 마련입니다. 그래서 광고 기획자들은 오래 일하기 힘들다고 합니다. 날마다 새로운 아이디어로 경쟁해야 하는 피 말리는 치열함 때문입니다. 무에서 유를 만드는 것은 신의 영역이라는 말도 있습니다.

세상에 없던 전혀 새로운 것을 창조하는 것이 불가능에 가깝다면 다른 방법을 찾아야 합니다. 아이디어를 고민하는 사람들이 추천하는 방법은 두 가지입니다. 스티브 잡스가 활용한 방법은 관계없는 것들을 서로 연결하는 것입니다. MP3 플레이어와 전화기를 연결해서 아이폰을 처음 내놓은 것처럼, 익숙한 것들을 새롭게 연결하는 방법입니다. 동떨어진 두 가지를 연결해서 이야기를 풀어내고 통찰을 주는 글이 기억에 오래 남습니다. 관계없는 두 가지 소재를 가지고 이야기하려는 주제에서 하나의 실마리를 찾으면 됩니다. 주제를 설명하는 소재를 서로 멀리서 찾고 어떻게 연결할 수 있는지 고민하는 연습이 필요합니다.

다른 방법은 익숙한 것을 다르게 보는 접근입니다. 늘 보던 사물이나 풍경이 어느 날 달리 보일 때가 있습니다. 그날의 기분에 따른 변화일 수도 있지만, 대개는 관점이 바뀌어서 달리 보이는 것입니다. 관점은 세상을 보는 방식이자 틀입니다. 사람들은 어린 시절부터 오래 이어진 교육을 통해 관점을 형성하는데, 특별한 경험도 관점을 바꾸는 계기가 됩니다. 늘 승승장구하다가 갑자기 실패를 경험한 사람은 세상을 대하는 겸손함을 배우게 되는 법입니다. 익숙한 것을 다르게 보고 자기만의 방식으로 표현하는 사람들을 우리는 예술가라고 부릅니다. 예술가들의 관점이나 아이디어를 엿보면 참으로 기발한 것이 많습니다. 그들은 관찰하는 법을 오래 훈련하고 남다른 생각으로 표현하는 일을 배웁니다. 글쓰기 아이디어도 예술가의 색다른 관점에서 힌트를 얻을 수 있습니다. 보이지 않던 것이 보일 때 아이디어가 찾아옵니다.

글의 아이디어나 소재가 될 만한 글감은 세상에 널려 있고 흔하지만 내 눈에 보이지 않는 것뿐입니다. 흔한 것을 달리 보려면 관점의 변화도 필요하지만, 인식의 방식도 달라져야 합니다. 거울을 그냥 물건으로, 사과를 먹을 것으로만 인식하면 백설 공주 이야기가 시작될 수 없습니다. 익숙한 것을 다르게 인식하더라도 좋은 글로 이어지려면 연결 고리를 찾아야 합니다. 백설 공주 이야기에서는 계모의 질투심이 모든 사건의 연결 고리로 작용합니다. 보통 연결 고리는 글의 핵심이 되는 키워드에서 찾을 수 있는 경우가 많습니다. 서로 관계없는 것들에서 공통점을 찾아 연결하는 키워드를 생각해 낸다면 아이디어의 얼개가 갖춰집니다. 시를 읽다 보면 창의적인 단어 연결에 감탄할 때가 많습니다. 이미 익숙한 것을 새롭게 보이도록 만드는 것은 대단한 일입니다.

소재와 아이디어가 서로 연결되지 않거나 키워드 도출이 어렵다면 AI에 도움을 청할 수 있습니다. 물론 상투적인 아이디어를 생성할 가능성이 높습니다. 그런 익숙한 것들을 어떻게 달리 엮어볼까 궁리하면서 질문하다 보면 새로운 아이디어가 떠오를 수도 있습니다. 번뜩이는 아이디어는 기계가 아니라 사람이 찾아 만드는 것입니다. 남다른 아이디어를 찾는 방법에 관해서 AI 챗봇은 어떻게 제안할까요? 서로 다른 것들을 새롭게 연결하는 데서 통찰과 아이디어가 나온다고 답변합니다.

 **포인트** | ## 남다른 아이디어를 찾는 법: 엉뚱한 연결 속에서 창의성을 발견하다

새로운 아이디어를 찾는 방법에 관한 AI 챗봇의 제안

새로운 아이디어는 어디에서 나올까? 때로는 전혀 관련 없어 보이는 것들을 연결하는 순간, 예상치 못한 통찰이 탄생한다.

한번 상상해 보자. 로봇과 전통 한지가 만난다면? 로봇은 첨단 기술의 상징이고, 한지는 수백 년의 세월을 견뎌온 전통의 산물이다. 얼핏 보면 이 둘은 공존할 수 없는 듯하다. 하지만, 한지를 활용한 로봇의 외피를 상상해 보면 어떨까? 종이처럼 가벼우면서도 내구성이 뛰어난 한지가 로봇의 유연한 움직임을 도울 수도 있다. 더 나아가, 한지를 접고 펴는 방식에서 영감을 받아 부드럽게 움직이는 종이접기 로봇이 탄생할 수도 있다.

이처럼 서로 다른 개념을 결합하는 것은 창의적인 아이디어를 찾는 강력한 방법이다. "만약 ○○와 △△가 합쳐진다면?"이라는 질문을 던져보라. 가령, 음악과 요리가 결합한다면? 특정한 맛과 어울리는 멜로디를 분석해 '초콜릿을 먹을 때 가장 감미로운 음악 플레이리스트'를 만들 수도 있다.

새로운 아이디어는 완전히 새로운 무언가를 창조하는 것이 아니라, 기존에 있던 것들을 새로운 방식으로 연결하는 데서 탄생한다. 우연한 연결이 기발한 혁신으로 이어지는 순간, 우리는 창의성의 마법을 경험하게 된다.

키워드로 구성, 개요 정리하기

글의 주제를 준비할 때 한결같이 적용되는 원칙이 있습니다. "한 문장으로 정리해 보자."입니다. 아무리 긴 이야기라도 주제는 간단하게 정리할 수 있어야 합니다. 방대한 분량 때문에 완독하기 힘든 《죄와 벌》의 길고 복잡한 이야기도 주제는 간명합니다. "파렴치한 공공의 적일지라도 함부로 죽이면 고통과 번뇌의 긴 벌을 받게 된다."라고 요약할 수 있습니다. 재미있는 소재와 아이디어를 찾았다면 일단 한 문장으로 설명할 수 있어야 합니다. 전후 사정이나 인과관계가 복잡해도 결론이 분명해야 이야기를 제대로 풀어갈 수 있기 때문입니다. 제대로 요약할 수 없는 주제는 결국 혼돈에 빠지거나 정리가 안 된 상태로 머무르기 쉽습니다.

글의 개요는 주제를 펼치는 설계도와 같습니다. 설계도처럼 무엇을 만들지 분명하게 드러나야 하며, 주제 전달을 위해서 다양한 부분으로 구성한 연결 구조가 보여야 합니다. 설명문이나 논설문 유형의 연결 구조는 도입부로 시작해서 서론-본론-결론으로 이어질 수 있습니다. 콩트나 수필과 같은 이야기 형식이라면 기승전결의 전통적인 구조를 적용하지만, 반전의 드라마가 숨어있는 구조를 쓰려면 결結 부분부터 시작해도 됩니다. 이렇게 결론을 먼저 던지고 시작하면 독자의 궁금증을 유발할 수 있는데, 마지막은 다시 결론으로 돌아가는 수미쌍관 구조를 갖춥니다. 글의 설계도는 간단할 수도 있고, 미로처럼 복잡할 수도 있지만 자연스레 결론으로 흘러가야 합니다. 이공계 출신이라면 전자회로나 논리 구조를 만들듯이 개요를 만들어봐도 좋습니다. 글의 회로에 전기가 들어오면 어디서 불이 쨍하고 켜질지 정하는 것입니다.

글의 개요는 순서대로 작성하면 쉽습니다. 가장 첫 문장은 주제 또는 제목을 씁니다. 이어서 서론 부분을 어떻게 시작할지 작성합니다. 서론보다 긴 본론 부분은 여러 문장으로 요약할 수 있습니다. 결론에서는 글의 주제를 강조합니다. 주제와 아이디어가 분명하다면 개요 작성을 AI에 요청할 수 있습니다. 생성형 AI

는 개요 작성을 어렵지 않게 수행합니다. 마음에 들지 않으면 몇 번이고 다시 작성해 달라 요청하면 됩니다. 아주 신선한 아이디어를 내놓지는 못해도, 그럴듯한 구조는 만들어 주기 때문에 쓸만합니다. 그 결과를 검토하고 생각을 정리하면서 개요를 알차게 완성할 수 있습니다. 다음은 토머스 에디슨과 일론 머스크를 '전기'라는 연결 고리로 서술하는 글의 개요를 AI가 작성한 내용입니다. 무엇을 더 추가하고 빼면 좋을지 한번 생각해 봅시다.

AI로 생성한 글쓰기 개요

 혁신가 정신에 관한 글을 작성하려고 해. 에디슨과 머스크를 '전기'로 연결하여 개요를 작성해 줘.

 **주제: 토머스 에디슨과 일론 머스크, 전기로 연결된 두 혁신가**

서론 – 재미있는 에피소드로 시작
- 1879년, 토머스 에디슨이 전구를 발명하고 실험실에서 처음 불을 밝힌 순간을 묘사.
- 100여 년 후, 일론 머스크가 테슬라 전기차를 출시하며 "이제 전기는 자동차의 심장이 된다."라고 선언한 장면을 대조.
- 전기라는 한 가지 기술이 두 시대를 관통하며 혁신을 이끈다는 점을 강조.

본론 – 두 사람의 공통점과 차이점
- 전기를 활용한 혁신
  - **에디슨**: 백열전구, 전력망 시스템 개발 → 전기를 가정과 도시에 보급.
  - **머스크**: 테슬라를 통해 전기차 상용화, 태양광 · 배터리 기술 발전 주도.
  - 둘 다 전기를 활용해 산업과 생활을 바꾼 점에서 공통점이 있음.
- 사업가로서의 도전과 정신
  - **에디슨**: 실패를 거듭하며 1,000번의 실험 끝에 전구 완성.
  - **머스크**: 테슬라가 파산 위기에 몰렸으나 투자와 도전으로 극복.
  - 끊임없는 도전과 실행력을 보여준 두 혁신가의 태도를 비교.

결론 – 전기의 미래와 이들의 영향
- 에디슨이 전기를 일상 속 필수품으로 만들었다면, 머스크는 전기를 미래의 동력으

로 변화시키고 있음.

- 전기는 단순한 에너지가 아니라 시대를 변화시키는 힘이 되었으며, 두 사람의 업적은 전기를 통해 세상을 바꾼 대표적인 사례로 남음.

'전기로 연결된 에디슨과 머스크의 혁신가적 면모'라는 주제에 관해 AI로 생성한 개요를 보면 그런대로 괜찮은 구성 방안으로 보입니다. 글의 도입부인 서론 부분에서는 독자의 흥미를 끌기 위해서 재미있는 에피소드로 시작하자고 제안합니다. 에디슨이 전구 발명에 성공한 순간을 시각적으로 묘사하면서 글을 시작합니다. 전구를 밝히던 전기는 100년 후에 자동차의 심장을 움직이는 수단으로 바뀝니다. 개요만 봐도 작은 전구에서 고성능 전기차로 변신하는 이미지가 떠오릅니다. 이렇게 글의 개요에서 시각적인 이미지가 연속적으로 떠오르면 글을 풀어내기 쉽습니다. 본론 부분에서는 에디슨과 머스크의 업적과 특징을 비교하고 나서 공통점을 강조하는 순서입니다.

그런데 AI로 생성한 개요에서 결론 부분은 다소 평범해 보입니다. 글의 주제는 결론에서 다시 각인되어야 하니까 혁신의 연속성에 방점을 두는 것으로 보완할 필요가 있습니다. 더 나아가 앞으로 100년 후의 혁신가는 전기로 세상을 어떻게 바꿀지 궁금증을 유발하는 문장으로 끝을 맺으면 글의 여운도 살릴 수 있습니다. 아무리 AI가 능숙해도 글의 의미를 강조하고 읽는 맛을 살리려면 역시 사용자의 의도가 직접 반영되어야 합니다.

주제에 따른 개요 작성에는 키워드들이 중요한 요소입니다. 주제를 설명하는 주요 키워드를 몇 가지 도출하고 시작 부분부터 맺는 부분까지 구조적으로 배열하면 개요가 형성됩니다. 앞의 개요에서 키워드만 찾아 밑줄을 그어 봅니다. 서론에서는 '전구', '전기차', '혁신'의 키워드가 배치된 것을 알 수 있습니다. 본론에서는 '전기 보급', '상용화', '기술 발전', '공통점' 등의 키워드로 개요를 작성했습니다. 결론에서는 '필수품', '미래', '시대 변화' 등의 키워드를 찾을 수 있습니다. 이렇게 글의 개요 작성 과정에서 열 개 정도의 키워드를 배치하면 됩니다.

주제의 설명에 필요한 키워드를 미리 한두 개 정도 생각해 두었다가 프롬프트에 포함하여 개요 작성을 요청하면 그대로 반영됩니다. 주제 한 문장에 키워드 두 개면 개요를 생성합니다. 그렇지만 달랑 주제어 하나 던져주면서 개요를 생성하라고 요청하면 AI는 매우 상투적인 내용을 산출할 것입니다. 구태의연한 글을 새롭게 고치는 것만큼 힘든 일도 없습니다. 아무리 바빠도 주제와 키워드 두 개는 미리 제시해야 이중삼중의 낭비 과정을 방지할 수 있습니다. 다음은 '도서관 시설 현대화 제안' 주제의 기획안의 개요를 AI로 작성하기 위해 '개방형 학습공간'과 '현대화'를 키워드로 제시하여 생성한 결과입니다. 일부 상투적인 내용이 남아 있지만 구체적인 여건에 맞추어서 수정하면 될 정도로 체계적인 개요를 생성했습니다.

 오래된 도서관의 시설 환경을 개선하려는 기획안을 작성하려고 해. 개방형 학습공간과 현대화를 키워드로 문서의 개요를 작성해 줘.

 **도서관 시설 현대화 및 개방형 학습공간 구축 기획안 개요**

1. 기획 배경 및 목적

- 기존 도서관 시설의 노후화로 인한 사용자 만족도 저하
- 학습 및 연구 환경의 변화에 따른 개방형 학습 공간 요구 증가
- 디지털 및 기술 친화적 학습 환경 조성의 필요성 대두

2. 현황 진단 및 문제점 분석

- 시설 노후화 현황
  - 내부 인테리어 및 가구, 조명 상태 평가
  - 냉난방 및 공기정화 설비 현황 점검
- 기존 학습공간의 한계점
  - 폐쇄적이고 고립된 공간 구성
  - 디지털 기기 및 무선 인터넷 환경 부족

3. 개방형 학습공간 구축 계획

- 공간 구조 재편 및 개방성 확대
  - 개방형 학습 라운지 및 다목적 학습 공간 구성

    – 협업 및 개인 학습 공간의 유기적 연결
- 모듈형 및 이동식 가구 도입
    – 유연한 공간 활용과 사용자 맞춤형 배치 가능

4. 시설의 현대화 방안

- 디지털 학습 환경 구축
    – 무선 인터넷(Wi-Fi) 인프라 강화
    – 전자기기 충전 및 활용을 위한 설비 확충
- 쾌적한 환경 조성
    – 친환경 자재 및 고효율 조명 시설 도입
    – 냉난방 및 환기 시스템 현대화

5. 기대 효과 및 활용 방안

- 이용자 만족도 및 시설 활용도 증대
- 자기주도적, 협력적 학습 환경 구현
- 대학 내 학습 및 연구 생산성 향상

6. 추진 일정 및 예산 계획

- 주요 추진 단계별 일정
- 소요 예산 개략적 산출 및 자금 조달 방안

7. 결론 및 제언

- 지속 가능한 시설 운영 및 유지 관리 방안 제시
- 정기적 평가와 추가 개선을 위한 로드맵 마련

핵심 정리

1 주제 설정 과정에서는 글의 목적과 방향을 간략하게 요약할 수 있어야 한다.

2 글의 목적지인 독자를 고려해서 글의 구성과 문체를 설정한다.

3 글을 풀어가는 소재를 작고 친밀하게 설정해서 쓰기와 읽기의 부담을 던다.

4 서로 거리가 먼 소재를 새로운 시각으로 연결 지어 창의적인 아이디어를 적용한다.

5 글의 전체 구성과 문단 전개를 키워드로 나열하며 개요를 작성한다.

다다익선! 글감 모으기

주제와 개요를 설정하고 도입부 아이디어가 준비되었다면 본문 작성을 시작하는 데에 어려움은 없겠습니다. 긴 본문을 이어가다 보면 부분적으로 구체적인 이야깃거리가 더 필요하다는 점을 깨닫게 됩니다. 글의 소재와 줄거리 아이디어로 글감을 충분히 준비하면 더 풍부한 구성이 가능합니다.

아는 것이 힘: 지식과 경험

주변에서 글을 잘 쓰는 사람을 만나면 아는 것이 많아 보입니다. 글쓰기 책으로 베스트셀러에 오른 유시민 작가를 보면 그렇습니다. 언론의 논설위원이나 오피니언 필진 중에서 좋은 글을 발표하는 사람도 알고 보면 폭넓은 지식을 바탕으로 글을 써내려갑니다. 서로 관계가 없는 두 가지 소재를 연결해서 주제를 밝히는 글의 흐름을 따라가면 마침내 감탄하게 됩니다. '이렇게 연결할 수도 있구나!' 하고 말입니다. 그러려면 연결할 만한 소재를 세세히 알고 있어야 합니다. 어떤 사물의 양면적인 특징도 알고, 역사적인 관계도 알아야만 시공간을 초월해서 엮어내는 기막힌 아이디어가 나오기 때문입니다.

무엇이든 알려면 배워야 합니다. 학생 시절에 공부를 별로 못했다고 자책하지 않아도 됩니다. 단지 학교 공부만이 아니고 일상의 경험에서도 배우는 것이 많습니다. 오히려 살아 있는 공부는 사회에서 한다고들 합니다. 유명한 소설가들은 살아 있는 경험을 위해서 일부러 후미진 어촌이나 탄광을 찾아 들어가기도 했습니다. 거친 노동자들과 함께 일하면서 다른 세상을 체득했던 것입니다. 인생을 살아오며 겪은 경험과 기억은 글쓰기의 좋은 소재가 됩니다. 특히 남다른 경험이나 특별한 체험은 글감으로 쓰이기 좋습니다. 세계의 오지나 소도시 여행기가 많이 출간되는 이유도 남들은 쉽게 경험하지 못하는 이야기를 담고 있기 때문입니다. 자신만의 이야깃거리가 있다면 글로 풀어낼 수 있습니다.

다양한 경험을 한 사람에게 이야깃거리가 많은 것은 당연합니다. 그런데 누구나 산전수전 다 겪으며 많은 경험을 하기란 쉽지 않습니다. 공부도 하고 일도 해야 하는데, 동시에 풍부한 경험을 쌓는 여유가 없을 것입니다. 그럴 때는 간접 경험이 필요합니다. 무엇이든 직접 경험하는데 못 미치겠지만 간접적인 경험도 정신적으로는 경험이기 때문입니다. 공연이나 영화, 드라마, 전시회를 통해서도 간접 경험을 충분히 할 수 있습니다. 그중에서도 간접 경험의 가장 대표적인 방법은 독서입니다. 영상 매체는 표현과 이야기가 표면화되어 몰입하면 그만이지만, 상상의 여지는 제한적인 편입니다. 반면, 독서는 문자를 이미지로 재구성하는 상상의 과정을 두뇌에서 거치게 됩니다. 문장을 해석하고 상황을 그려보면서 나름대로 시공간을 이해한다는 의미입니다.

직접 경험이든 간접 경험이든 배운 것들이 쌓여갈수록 겉으로 드러난 현상의 원인이 궁금해집니다. 사실이 서로 다른 것도 있고 입장에 따라 충돌하는 문제도 보게 됩니다. 돈을 많이 번 사람을 만나면 비법을 알고 싶기도 하고, 여행을 많이 다닌 사람을 보면 유용한 정보를 얻고자 귀를 기울입니다. 각자의 경험을 나누면서 몰랐던 부분을 채우고 잘못된 지식을 바로잡기도 합니다. 타인과의 대화와 토론은 생각하는 힘을 키우는 좋은 수단입니다. 소크라테스와 같은 고대 그리스 철학자들도 대화를 중요시했습니다. 독서와 경험이 쌓이면 사람들과 생각을 나누는 과정이 필요한데, 거기서 잘 설명하는 방법도 깨치고 이야깃거리의 효용성도 알아볼 수 있기 때문입니다. 소통의 과정에서 생각의 깊이가 더해집니다.

 ## 포인트 글감 모으기 방법

글쓰기의 소재이자 재료가 될 글감을 모으는 데에는 꾸준한 노력이 필요합니다. 성공한 작가는 메모광이라는 말이 있는 것처럼, 일상의 경험부터 상상 속의 에피소드까지 모두 기록하고 모아두는 습관을 들여야 합니다. 평소 글쓰기를 위한 사소한 연구라고 생각하면 됩니다. 글쓰기 연구를 위한 과정이므로 꼼꼼하고 구체적인 주제를 설정하면 더 살아 있는 글감을 모을 수 있습니다.

- **경험 속에서 글감 모으기**: 자신만의 특별하거나 사소한 경험에서 글의 소재를 찾는 방법입니다. 일기나 메모장에 평소 겪은 일, 느낀 점, 만난 사람, 특별한 사건 등을 적어 두면 나중에 좋은 자료로 참고할 수 있습니다. 훌쩍 떠난 여행, 친구와의 대화, 실패와 성공의 경험 등 일상의 다양한 경험이 좋은 글감이 됩니다.
  예 '작년 여름에 떠난 가족 캠핑에서 있었던 실수 모음' 등
- **관찰과 탐구에서 글감 모으기**: 주변 환경이나 특정한 사람, 인상적인 사물, 신기한 자연 현상 등 세상을 관찰하면서 궁금하거나 인상적인 점을 기록하면 언제든 재미있는 글감으로 활용할 수 있습니다.
  예 '학교 앞 생태공원에서 곤충과 소통하는 사람들의 모습 관찰' 등
- **미디어 활용 글감 모으기**: 최근에 읽은 책, 신문 기사, 영화, 드라마, 유튜브 콘텐츠 등 다양한 매체를 접하면서 인상 깊은 내용이나 공감되는 부분, 의문점 등을 기록합니다. 남의 이야기를 통해서도 내 생각을 더 넓게 확장할 수 있습니다.
  예 '애니메이션 〈인사이드 아웃〉에 나타난 주요 감정에 나 자신을 대입해 보기', '헤르만 헤세의 정원 묘사 글 비교하기' 등

- **질문과 상상으로 글감 모으기**: 상상 속에서 상황을 설정하고 '왜 그럴까?', '만약 나라면?'과 같은 질문을 던지거나, 상상력을 발휘해 이야기를 만들어가는 방법입니다. 현실에 없는 상황을 상상해 보고, 허구의 인물이나 사건을 만들어보는 것도 소설이나 콩트 글쓰기에 도움이 됩니다.

  예 '만약 나에게 밤마다 동물 대화하는 능력이 생긴다면?' 등

- **자료 조사와 정보 수집**: 사실 관계에 근거한 글을 써야 할 때, 필요한 주제에 관련된 정보를 검색하고, 통계나 인터뷰 등의 글을 수집해서 근거와 내용을 풍부하게 만드는 방법입니다.

  예 'AI로 대체될 미래 직업의 변화 관련 기사와 통계 자료' 등

- **키워드 나열 또는 브레인스토밍**: 초현실주의 작가들이 활용한 자동 기술법처럼 떠오르는 단어나 문장, 아이디어를 자유롭게 나열하면서 글의 소재를 찾는 방법입니다. 기발한 키워드나 짧은 문장을 모아두면 나중에 새로운 조합이나 참신한 연결 고리를 발견할 수 있습니다.

  예 '정신적인 행복과 육체적인 운동에 관련된 키워드 연결하기'

동시 진행: 쓰면서 읽기

독서든 생각이든 그 과정이 중요하다는 것은 누구나 압니다. 그 중요성을 몰라서 못 하는 것이 아닙니다. 다만 시간이 없고 다른 일도 많아서 여유를 내기 어렵기 때문입니다. 당장 보고서를 써야 하고, 과제도 제출해야 하는데 언제 독서와 경험을 충분히 쌓아서 반영하겠습니까? 이번에도 여유가 없는데 다음에는 여유 있게 글을 쓸 수 있으리라 장담할 수도 없습니다. 늘 바쁜 와중에 중요한 글을 쓰게 됩니다. 시간에 쫓기면서 문서를 작성하는 일이 다반사입니다. 어쩌면 당장 필요한 것은 간단한 요령만으로도 글을 잘 쓰는 방법일 것입니다.

시간이 부족하고 여유가 없을 때 좋은 글을 쓸 수 있는 유일한 방법이 있습니다. 바로 '읽으면서 쓰기'입니다. 많은 자료를 검토하고 이슈를 모두 파악하고 나서 보고서를 써야겠지만, 실상 그런 여유가 많이 생기지는 않습니다. 그럴 때는 어쩔 수 없이 자료를 뒤적이면서 쓰게 됩니다. 그러다 보면 놓치는 것이 생기고, 생각이 얕아서 잘못된 분석을 내놓을 수도 있습니다. 평가에 반영되지 않는 글이야 별문제가 없겠지만, 의사 결정 과정에 쓰일 중요한 문서라면 여러 데이터를 비교하지 못해서 판단을 그르칠 수도 있습니다. 중요한 글일수록 준비를 꼼꼼하게 해야 하는 이유입니다.

자료를 읽으면서 쓸 때도 요령이 필요합니다. 글의 주제와 개요를 잡아 놓았다면 각 부분에 참고할 자료를 하나씩 찾아 두어야 합니다. 참고 자료는 양도 중요하지만, 내용의 경중에 따라 밀도가 달라집니다. 논쟁이 될 만한 핵심 부분에서는 자료의 양이 충분해야 하고, 다양한 데이터의 검토를 거쳐 객관적인 판단을 했다는 근거도 필요하기 때문입니다. 이왕이면 서로 엇갈리는 자료를 준비해서 균형을 갖추면 더욱 적절합니다. 논란의 여지가 없는 부분에서는 객관적인 사실을 받쳐줄 자료만 준비하면 됩니다. 사실관계는 어느 용도이든 중요하기 때문에 개요에서 미리 주장이나 판단의 요점을 메모해 둔다면 관련 근거를 찾을 때 요긴합니다.

글쓰기에 쓰이는 자료는 뉴스 기사일 수도 있고 논문이나 연구소의 보고서일 수도 있습니다. 글의 종류에 따라서 에피소드나 가십거리가 소재로 쓰일 때도 있으니 늘 관심을 열어 두고, 관심이 가는 내용이라면 미리 갈무리해 둡니다. 지금 작성하는 글에 필요한 근거를 재빨리 찾는 습관을 들여야 합니다. 개요를 잡아가는 과정에서는 AI의 도움을 쉽게 받을 수 있지만, 문서 자료를 찾는 과정은 검색이 필요한 영역입니다. 검색 과정에서도 어느 자료가 더 신빙성이 높은지 재빨리 판단하는 안목도 필요합니다. 혹시 낚시성 광고 글이 아닌지 걸러내야 하고, 신뢰도가 높은지 알아볼 필요도 있습니다. 문서 형태의 자료라면 AI 챗봇의 프롬프트에 첨부하여 내용을 요약해서 살펴봐도 됩니다.

온라인 자료는 빨리 찾을 수 있어서 편리하지만, 실물 자료집이나 책을 인용하는 경우도 많습니다. 출판된 책은 여러 단계의 검증을 거치므로 더 신뢰도가 높다고 볼 수 있습니다. 요즘에는 전자책도 함께 나오는 사례가 많아서 금방 구할 수 있지만, 읽는 데 시간이 더 필요한 문제가 있습니다. 책의 텍스트는 길어서 한 번에 읽기 어렵습니다. 시간이 없을 때는 책의 목차를 먼저 살피고 부분적으로 읽으면서 필요한 근거를 찾으면 됩니다. 부분적으로든 순서대로든 원하는 만큼 읽는 방식입니다. 여러 날에 걸쳐 나누어 읽으면 틈새마다 책의 내용을 생각해 볼 여유도 생깁니다. 그래서 매일 읽은 습관을 들이면 제일 좋습니다. 글을 쓰든지 생각의 폭을 넓히든지 평소의 독서는 가장 중요한 밑천입니다.

두말하면 잔소리, 독서의 중요성

글을 잘 쓰는 사람들 대부분은 독서광입니다. 책을 많이 읽는 사람들이 글도 잘 씁니다. 어떤 책이든 저자는 긴 내용을 완성하기 위해 생각을 정리하고 개요를 만들어 집필을 시작합니다. 보통의 단행본은 약 300쪽 정도라서 집필의 과정은 길고 긴 글쓰기의 연속입니다. 그 과정에서 수없이 많이 고치고 다듬기를 반복하게 됩니다. 장마다 주제를 나누고 문단마다 핵심을 제시하면서 긴 호흡으로 글쓰기를 전개하는 것입니다. 그만큼 책을 쓰는 일은 글쓰기의 완전판이라고 볼 수 있습니다. 글쓰기의 모든 방법이 책에 녹아들어 있으니, 책을 읽으면 자연스레 글쓰기 방식을 엿보게 됩니다. 저자로부터 글쓰기의 비법을 배우게 되는 것입니다.

책을 읽을 때도 독자는 저자의 호흡을 따라가게 됩니다. 책의 종류에 따라 다르지만, 대체로 도입-전개-결말의 순서를 따르므로 전체 구성의 흐름도 파악하게 됩니다. 글쓴이가 책을 쓰게 된 동기나 아이디어는 머리말에 담습니다. 그래서 책의 본문을 펼치기 전에 머리말과 목차를 먼저 훑어보면 전체 내용이 무엇인지 어느 정도 감을 잡게 됩니다. 흥미가 당기거나 필요한 내용이라고 판단하면 본문을 툭툭 넘겨 가며 몇 군데 읽어 봅니다. 표지와 목차가 그럴듯해도 본문의 서술 수준이 다르거나 필요에 어긋나는 상황이 발생하기 때문에 본문의 도입부라도 먼저 살펴봐야 합니다. 마음에 들면 비로소 본문을 읽기 시작합니다. 독서할 때는 늘 비판적인 시각을 유지해야 합니다. 독자는 책에 담긴 주장을 생각하면서 동의하기도 하고 다른 생각을 펼치기도 합니다. 책의 내용은 흡수만 하는 것이 아니라 생각을 펼치는 계기도 되는 것입니다.

독서의 목적은 다양합니다. 지식을 얻기도 하고 재미를 추구하기도 합니다. 소설이나 에세이 종류는 가볍게 읽는 유형으로, 이야기가 중심이 되어서 독자는 주인공이나 화자의 서술을 따라가며 읽게 됩니다. 저자의 경험도 들려주고 상상도 들어 있습니다. 그만큼 변화의 폭이 크고 다루는 대상도 여러 종류라 다양한 간접 경험을 쌓을 수 있습니다. 반면에 지식과 정보를 제공하는 교양서 유형은 대부분 주제를 설명하는 내용으로 구성됩니다. 인문학이든 과학이든 교양서를 집어 들면 지식을 전달받는 도구로 쓰이는 것입니다. 소설과 달리 일반 교양서는 필요한 항목만 찾아 부분적으로 읽어도 됩니다. 역사책을 거꾸로 읽어도 흐름을 파악하는 데는 문제가 없습니다. 단지 사건들의 관계를 이어가는 생각만 붙들면 그만입니다.

독서의 중요성은 두말하면 잔소리입니다. 독서 없이 성공하는 사람이 없고, 책을 읽지 않는 부자가 없다고 하지만, 책 한 권 읽기가 쉽지는 않습니다. 약 300쪽이 넘는 책을 완독하려면 최소한 6시간 이상을 집중해야 합니다. 아무 일도 안 하고 하루를 온전히 투자해야 할 만큼의 시간입니다. 어려운 개념을 설명하는 책은 더 오래 걸립니다. 책 읽을 시간을 내기 어려운 만큼 더 재미있는 유혹도 넘쳐납니다. 소셜 미디어에 올라오는 동영상이나 쇼츠는 시간 가는 줄 모르고 보게 됩니다. TV의 리얼리티 프로그램의 자극적인 상황에도 빠져들기 쉽습니다.

그에 비해서 책은 너무 잔잔하고 지루하게 여겨질 수도 있습니다. 영상은 그냥 보면 되지만, 글자를 읽고 해석하는 과정이 두뇌를 작동하게 하고 때로는 피곤하게 만듭니다. 어릴 때부터 독서 습관을 들이기 위해 모든 부모가 노력해도 아이들은 금세 영상 미디어에 집착하게 됩니다. 온 가족이 둘러앉아 책을 읽는 집보다 스마트폰에 고개를 떨구는 가정이 훨씬 많습니다. 이런 환경에서 책을 읽는 행동에는 용기와 결심이 필요합니다. 생각하는 힘을 기르려면 휴대전화를 놓고 책을 손에 들어야 합니다. 독서 능력은 인공지능으로도 해결이 안 됩니다.

▲ 전략적인 독서 방식에서는 메모와 밑줄을 적극 활용합니다.

책 읽는 습관은 어렵지 않게 시작할 수 있습니다. 독서에 익숙하지 않은 사람이라면 먼저 관심이 가는 책을 쉬운 내용으로 골라 들면 됩니다. 가볍게 한 권을 읽을 수 있는 책이면 충분합니다. 책을 읽다가 궁금한 부분이 있다면, 밑줄도 치고 메모도 남깁니다. 급하면 스마트폰으로 검색도 해볼 수 있겠습니다만, 연관 검색으로 뜨는 영상물을 클릭하지 않도록 주의해야 합니다. 먼저 읽은 책에서 더 관심이 가는 주제나 개념이 생긴다면 다음 책으로 선택합니다. 첫 번째의 책보다 약간 더 깊이가 있는 내용이면 좋습니다. 두 번째의 책에도 밑줄도 치고 좋은 문구는 노트에 옮겨 적기도 해봅니다. 다 읽기 전에 이어서 읽으면 좋을 만한 책을 생각해 봅니다. 본문에 인용하거나 근거로 드는 책을 주목합니다.

이렇게 꼬리물기 방식으로 연속해서 책을 읽으면 독서의 습관을 들이기 쉬워집니다. 때로는 전략적인 독서가 필요할 때도 있습니다. 낯설거나 새로운 분야에 도전할 때는 독서를 통해 지식과 정보를 구축할 수 있습니다. 잘 모르는 분야에 입문하는 데 필요한 책은 세 가지 유형입니다. 우선 읽어봐야 할 책은 입문서 유형입니다. 해당 분야나 개념을 쉽게 풀어놓은 책을 찾아서 빨리 읽고 대강을 파악할 수 있기 때문입니다. 두 번째로 읽어야 할 유형은 역사나 흐름을 정리한 책입니다. 어느 분야든 기원과 역사를 알면 접근하기 쉬워 책에 서술된 흐름의 폭과 깊이에 따라서 전문가적인 식견도 금방 얻을 수 있습니다. 이어서 읽을 책의 유형은 응용 방향을 제시하는 쪽입니다. 기초적인 개념과 역사를 알게 되었다면 그것이 어디에 쓰일지 알아야 지식의 구조가 완성됩니다. 생활에 관련된 것이든지 미래의 방향성을 포괄하는 내용이면 더 좋습니다. 이렇게 기초 개념부터 시작해서 역사와 흐름을 거쳐 현재와 미래의 방향까지 알게 되면 비로소 '나는 그것을 안다'라고 말할 수 있을 것입니다. 어느 분야든 아는 것이 가장 큰 재산입니다.

글감의 보물 창고, 스크랩하기

독서 과정에서 새로 알게 된 사실을 메모할 때는 책의 여백에 곧바로 적어 두는 것이 편합니다. 메모하려고 스마트폰을 꺼내 들거나 노트를 뒤적이다가 흐름을 놓치는 경우도 많기 때문입니다. 만약 도서관에서 빌린 책이거나 중고 장터에 되팔 요량이라면 반투명 점착 메모지를 활용하면 됩니다. 본문 어디에 연결되는지 표시하고 생각을 몇 글자 써두면 나중에 리뷰할 때 유용합니다. 책을 다 읽은 뒤에는 메모들을 찾아 한 번 더 확인하고, 다른 곳에 옮겨 둡니다. 독서 노트에 적어도 되고, 블로그나 온라인 노트에 입력할 수도 있습니다. 오래 소장할 책이라면 그대로 보관해도 무방합니다. 빌린 책의 점착식 메모지에 쓴 글은 떼어내서 노트에 주제나 항목을 쓰고 아래에 붙이면 편리합니다.

평범한 정보에서 새로운 생각으로 발전하는 순간은 언제 어디서든 찾아옵니다. 좋은 생각을 곧바로 붙들어 두는 것이 중요합니다. 정보를 갈무리해 두는 것을 스크랩이라고 합니다. 인터넷 뉴스 기사를 읽다가 참고할 내용이나 유용한 정보가 있다면 즉시 스크랩할 수 있습니다. 네이버와 다음 등의 온라인 포털 서비스나 구글 계정에서도 메모와 스크랩 기능을 지원하는 앱들이 있습니다. 구글 킵Keep이나 노션Notion과 같은 메모 전용 앱도 많이 사용합니다. 메모 앱을 쓰기 시작하면 스마트폰에서 기사를 읽다가 바로가기를 통해 스크랩할 수 있고 대부분의 메모 앱은 카테고리를 나누거나 폴더 구조를 지원해서 스크랩 내용을 분류하기도 좋습니다. 여러 앱을 비교해 보고 자신에게 적합한 메모 습관을 만들면 아이디어와 글감을 모으기에 도움이 됩니다.

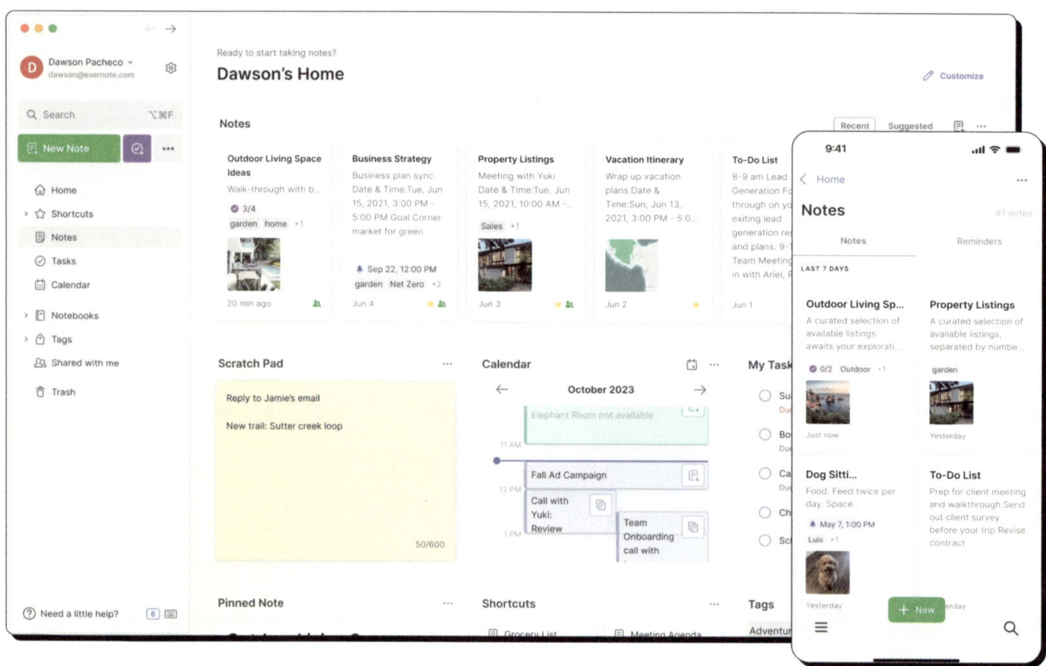

▲ 구글 Keep 홈 화면

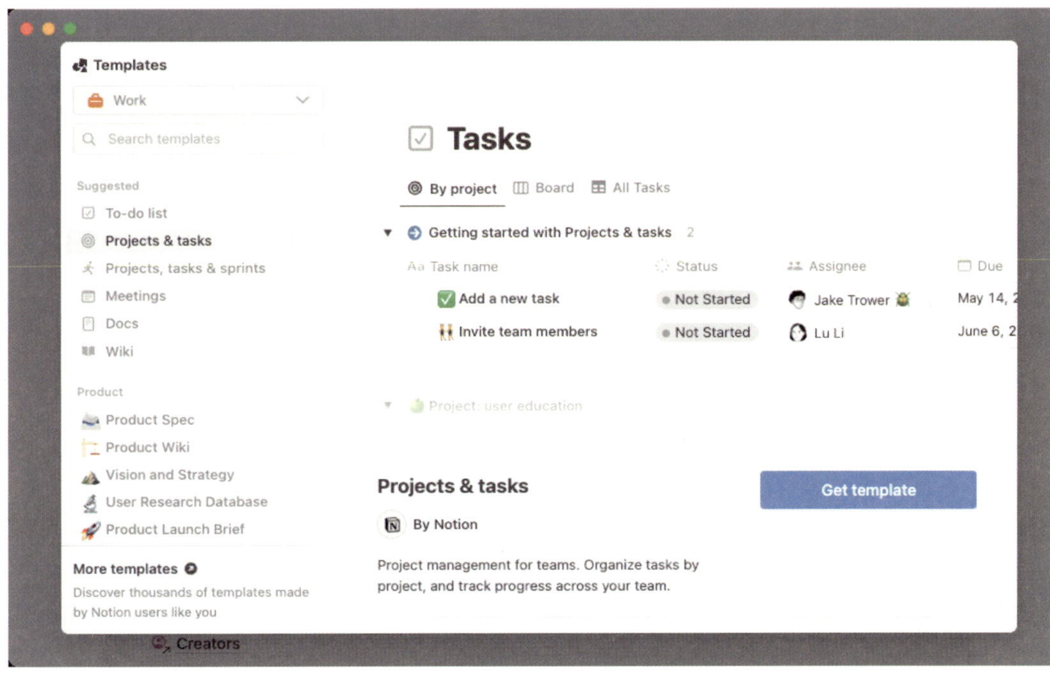

▲ 노션 메인 화면

메모는 많을수록 큰 힘을 발휘하여 특정 분야나 주제에 여러 가지 정보가 쌓이면 경향과 흐름을 파악할 수 있습니다. 이런 방향의 정보가 많구나! 생각될 때 흐름을 읽게 되는 것입니다. 여러 가지 흐름을 하나의 주제나 키워드로 연결하면 아이디어로 성장하고, 전문 분야의 흐름을 읽으면서 아이디어를 제시할 수 있으면 전문가입니다. 그래서 전문가들은 끊임없이 새로운 데이터를 보면서 유용한 정보를 파악합니다. 돈이 되는 정보, 성공을 위한 정보, 일상에 유용한 정보, 나중에 참고할 정보 등 목적은 다양해도 정보는 한 곳에 잘 분류해서 모아두는 것이 원칙입니다. 그래야 여기저기 뒤적이지 않고 필요할 때 꺼내 볼 수 있기 때문입니다. 메모하는 이유는 다시 보기 위해서라는 점을 잊지 말아야 합니다.

글쓰기를 위한 글감은 세상에 넘쳐나는데 쉽게 보이지 않습니다. 소재는 무궁무진하지만, 그것을 엮어낼 아이디어는 결국 내 머리에서 나오는 것입니다. 글감을 글로 연결하는 과정에는 많은 고민과 노력이 필요합니다. 작고 하찮은 소재에서 주제의 실마리를 발견해 흥미로운 글쓰기를 시작할 수도 있습니다. 어떤 작가는 작은 귤 하나로도 세상을 묘사합니다. 먼지와 같은 티끌에서 대기의 흐름을 읽는 생각으로 확장하는 전개도 가능하기에, 작은 것이라도 관심이 가는 주제나 소재라면 놓치지 않고 파악해 두는 노력이 중요합니다. 생각할 거리가 많아야 깊고 넓은 아이디어를 고민할 수 있기 때문입니다. 글쓰기 아이디어는 저절로 찾아오지 않습니다. 생각의 작은 씨앗들이 발아할 때 보이는 것입니다. 독서와 메모를 통해 생각의 씨앗을 넓게 심어야 합니다.

글감의 준비는 글의 개요 작성과 함께 진행하면 전체적인 구조를 갖추기에 편리합니다. 개요에 핵심적인 문구와 키워드를 정리하고, 핵심을 전달하는 하나의 문장을 함께 예시하면 됩니다. 이와 같은 글쓰기 준비 방식은 논리적인 글일수록 더 필요합니다. 좋은 글을 쓰는 비법을 AI에 질문하면서 개요와 예시의 구조를 작성할 것을 요청했습니다. 다음 예시를 보면 이 책에서 다루는 모든 내용을 포괄하고 있는 것을 발견할 수 있습니다. AI가 논리적인 구성이나 추론에서 이미 전문가의 수준을 따라왔다는 의미입니다. 글쓰기 잘하는 비법을 눈여겨보면 도움이 될 것입니다.

AI로 생성한 글감 구성 예시

글쓰기 비법을 설명하는 글감을 개요와 예시로 정리해 줘.

글쓰기 비법을 설명하는 글감 정리(예시 포함)

1. 서론(글쓰기의 중요성 소개)

- **글쓰기가 중요한 이유**: "글쓰기는 생각을 정리하고, 다른 사람과 소통하는 가장 강력한 도구입니다."
- **좋은 글을 쓰면 얻을 수 있는 장점**: "명확한 글은 설득력을 높이고, 논리적 사고를 강화합니다."

- 글쓰기에 어려움을 느끼는 사람들에게 도움이 될 팁 제공: "누구나 처음부터 잘 쓰는 것은 아닙니다. 하지만 몇 가지 원칙을 따르면 더 좋은 글을 쓸 수 있습니다."

2. 본론(좋은 글을 쓰는 비법)

❶ 글을 쓰기 전에 준비하기

- **목적과 독자 설정**: "이 글을 읽는 사람은 누구일까? 어떤 정보를 전달하고 싶은가?"
- **핵심 주제와 방향 정하기**: "무엇을 말하고 싶은가? 주제를 한 문장으로 요약해 보세요."
- **개요 작성하기**: "처음부터 끝까지 논리가 흐트러지지 않도록 개요를 만들어보세요."
  - **예시**: '환경 보호의 중요성'을 주제로 글을 쓴다면?
  - **서론**: 환경 오염이 심각한 문제임을 제시
  - **본론**: 오염의 원인과 결과 설명, 해결책 제시
  - **결론**: 우리가 실천해야 할 방법 강조

❷ 논리적인 구조 만들기

- **한 문단, 하나의 핵심 내용**: "한 문단에 여러 가지 내용을 담으면 독자가 혼란스러워요. 핵심을 하나로 정리하세요."
- **문장과 문단 연결하기**: "예를 들어, '그러나', '또한', '따라서' 같은 연결어를 적절히 사용하면 글이 더 자연스럽습니다."
  - **예시**: "환경 문제는 심각하다. 그러나 작은 실천이 변화를 만들 수 있다."

❸ 쉽게 이해되는 문장 쓰기

- **짧고 명확한 문장 사용**: "한 문장은 20~25자 내외가 가장 읽기 편합니다."
- **불필요한 수식어 줄이기**: "너무나도 아름답고 멋지고 훌륭한 풍경" → "아름다운 풍경"
- **어려운 단어보다 쉬운 단어 사용**: "최대한 쉬운 말로 설명하세요. '상기하다' 보다 '떠올리다'가 이해하기 쉽습니다."

❹ 구체적인 사례와 비유 활용

- **비유적 표현 사용**: "좋은 글은 길을 안내하는 지도와 같습니다. 길이 잘 정리되어 있어야 독자가 길을 잃지 않습니다."
- **추상적인 개념보다 구체적인 예시 제공**
  - **예시**: "글을 잘 쓰려면 연습이 필요하다." → "매일 10분씩 글을 써보세요. 하루 한 줄이라도 좋습니다."

❺ 문법과 맞춤법 확인하기

- **한 번 더 읽고 수정하기**: "문법 오류는 글의 신뢰도를 떨어뜨립니다. 문장을 소리 내어 읽어보면 어색한 부분을 쉽게 찾을 수 있습니다."
- **맞춤법 검사 활용**: "한글 맞춤법 검사기를 활용하거나, 다른 사람이 읽어봐 주도록 하세요."

❻ 다듬기와 퇴고의 중요성

- **한 번에 완벽한 글은 없다**: "좋은 글은 수정의 과정을 거칩니다."
- **시간을 두고 다시 읽기**: "글을 다 쓴 후 30분에서 하루 정도 지나 다시 읽어보면 수정할 부분이 보입니다."
  - **예시**: 첫 문장을 "나는 환경문제에 관심이 많다."에서 "환경 보호는 더 이상 선택이 아니라 필수다."로 바꿔보세요. 더 강렬한 인상을 줄 수 있습니다.

❼ 자주 읽고 꾸준히 연습하기

- **좋은 글을 많이 읽기**: "다양한 글을 읽으며 문장의 흐름과 표현 방식을 익히세요."
- **매일 조금씩 글쓰기 연습**: "처음에는 짧은 글부터 시작하세요. 하루 한 문장이라도 좋습니다."
  - **예시**: "하루를 정리하는 3줄 일기 쓰기", "읽은 책이나 영화를 한 문단으로 요약해보기"

3. 결론(글쓰기의 지속적인 연습 강조)

- "글쓰기는 타고난 재능보다 연습이 더 중요합니다."

- "작은 노력들이 쌓이면 더 좋은 글을 쓸 수 있습니다."
- "꾸준히 글을 쓰면서 자신만의 스타일을 만들어 보세요!"

핵심 정리

1 글쓰기의 소재는 잘 아는 것에서 찾을 수 있으니 평소 경험의 기록과 독서를 꾸준히 한다.

2 독서할 시간 여유가 없다면 읽으면서 쓰는 동시 작업을 체계적으로 진행한다.

3 독서는 글쓰기를 위해 가장 필요한 과정이므로 평소에 독서 습관을 만든다.

4 온라인 뉴스나 정보를 검색하다가 글감이 될 소재를 발견하면 스크랩해 둔다.

AI

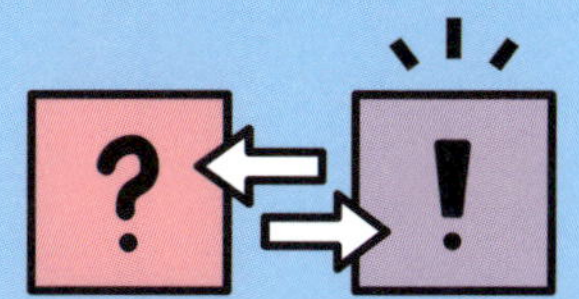

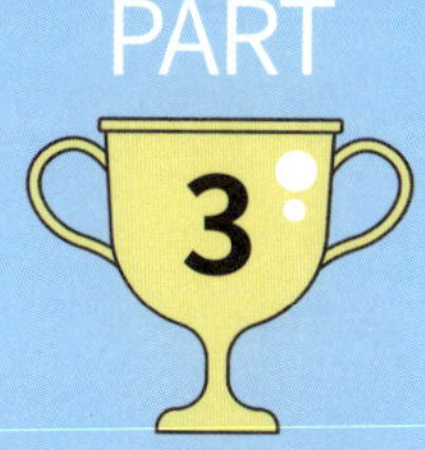

AI와 함께 글쓰기

글쓰기 과정과 요령을 잘 이해했다면 이제부터 본격적인 글쓰기 작업에 돌입할 차례입니다. 혼자서 고민하는 글쓰기가 아니라 AI와 함께하는 글쓰기입니다. AI를 잘 활용하려면 글쓰기 전반을 사용자가 주도하고 단계를 장악해야 합니다. 마지막 교정 작업도 사용자의 몫입니다. 이제 AI와 함께 글쓰기 팀워크를 갖추는 방법을 살펴보겠습니다.

본문 체계적으로 구성하기

글의 구성 작업에는 먼저 주제 설정과 개요 작성, 글감 준비 과정 등이 필요합니다. 글쓰기의 준비 과정이며, 작성할 글의 얼개를 갖추는 일이므로 가장 중요한 부분입니다. 주제부터 소재까지 글의 구성 요소를 잘 꿰어야 좋은 글을 완성할 수 있습니다. 지금부터는 개요에 맞추어 본문을 문단 단위로 생성하고 보완하는 방법을 살펴보겠습니다.

개요에서 본문으로, 문단 단위 생성하기

글쓰기 과정을 망설이고 고민하게 되는 가장 큰 이유가 바로 주제와 방향 설정의 모호함 때문입니다. 어떤 방향으로 주제를 잡을지, 어떻게 전개할지 매번 고민이 됩니다. 주제로부터 글을 풀어가기 위한 갈피를 잡으려면 먼저 개요를 순서대로 정리해야 합니다. 글 전체의 분량을 정한 후 개요의 각 항목이 얼마나 차지할지 가늠해 보고, 문단 단위로 할당합니다. 개요에서 본문으로 나아가기 위해서는 각 문단에 맞추어 몇 가지 키워드를 배치하면 됩니다.

▼ [표 6] 앞서 작성한 개요의 서론 부분을 문단으로 구성

개요	문단 키워드
서론 – 재미있는 에피소드로 시작 • 1879년, 토머스 에디슨이 전구를 발명하고 실험실에서 처음 불을 밝힌 순간을 묘사. • 100여 년 후, 일론 머스크가 테슬라 전기차를 출시하며 "이제 전기는 자동차의 심장이 된다."라고 선언한 장면을 대조. • 전기라는 한 가지 기술이 두 시대를 관통하며 혁신을 이끈다는 점을 강조.	• **문단 1**: 에디슨의 전구 발명, 실패 후 성공. • **문단 2**: 머스크의 전기차 출시 소개, 강한 비전. • **문단 3**: 전기의 중요성, 혁신의 원동력.

개요의 각 세부 항목을 하나의 문단으로 할당한 후 각 문단에서 강조할 키워드를 선정합니다. 개요 세부 항목의 문장과 키워드를 생성형 AI의 프롬프트에 하나씩 넣어서 한 문단의 글로 작성해 달라고 요청합니다. 예시의 글에서는 '혁신가 정신'이라는 주제를 강조하고 '흥미로운 서술'을 요청하면 더 나은 결과를 얻을 수 있습니다. 개요의 세부 항목을 제시하고 각 문단에서 강조할 키워드를 추가로 언급하면 글의 의도가 더 분명하게 드러납니다. AI 챗봇의 프롬프트에는 ❶ **주제/배경 설명** → ❷ **개요 항목 제시** → ❸ **의도 강조**의 순서로 요청 사항을 입력합니다.

에디슨과 머스크를 '전기'라는 공통점으로 연결하여 혁신가 정신을 주제로 글을 작성할 예정이야. 서론에서 1879년, 토머스 에디슨이 전구를 발명하고 실험실에서 처음 불을 밝힌 순간을 묘사하면서 전구 발명 과정에서의 실패 후 성공의 순간을 한 문단으로 흥미롭게 작성해 줘.

1879년 10월 21일, 뉴저지주 멘로파크의 실험실 창가로 어둠이 짙게 내려앉았지만, 토머스 에디슨은 아직 잠들지 못하고 있었다. 그는 몇 달째 수백 번이 넘는 실패로 불타버린 필라멘트의 잔해를 바라보며 고개를 저었고, 주변 사람들은 그가 허공에 불을 밝히는 꿈을 헛된 열정이라고 조롱하기까지 했다. 그러나 에디슨의 눈빛은 여전히 희미

한 빛 하나를 간절히 갈망하고 있었다. 마침내, 얇고 섬세한 탄화된 면실이 담긴 유리구에 전류가 흐르자 조용한 실험실을 황홀한 금빛이 환히 비추기 시작했다. 실패의 잿더미 속에서 피어난 이 작은 빛이 세상을 바꿀 혁신의 시작이었다.

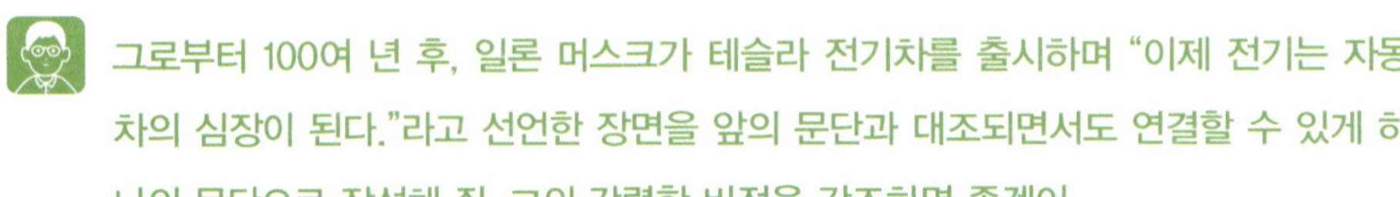

그로부터 100여 년 후, 일론 머스크가 테슬라 전기차를 출시하며 "이제 전기는 자동차의 심장이 된다."라고 선언한 장면을 앞의 문단과 대조되면서도 연결할 수 있게 하나의 문단으로 작성해 줘. 그의 강렬한 비전을 강조하면 좋겠어.

그로부터 100여 년이 흐른 2008년, 캘리포니아의 무대 위에 선 일론 머스크는 에디슨이 켜 놓은 전구처럼 선명한 눈빛으로 관중을 바라보고 있었다. 과거 에디슨이 전기를 어둠을 몰아내는 빛으로 재탄생시켰다면, 머스크는 이제 전기를 새로운 시대의 생명력으로 선언하고 있었다. 테슬라의 첫 번째 전기차 로드스터가 무대 위로 부드럽게 등장하자, 그는 자신감 넘치는 목소리로 말했다. "이제 전기는 자동차의 심장이 됩니다." 휘발유 연료를 버리고 전기를 자동차의 핵심 동력으로 삼겠다는 그의 비전은 청중의 박수 속에 강렬한 혁신의 미래를 약속했고, 에디슨이 만들어낸 작은 빛이 이제 더 큰 세상으로 번져 나가고 있음을 선명히 보여주었다.

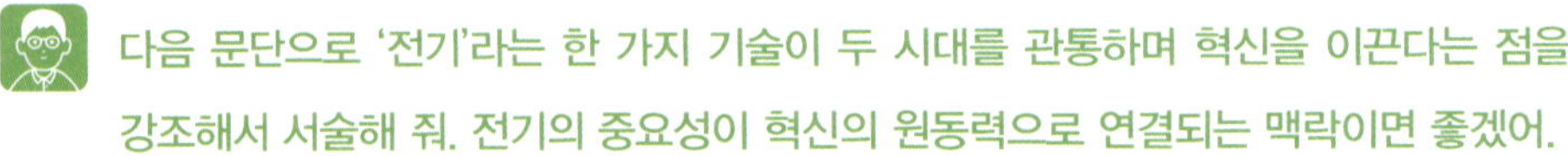

다음 문단으로 '전기'라는 한 가지 기술이 두 시대를 관통하며 혁신을 이끈다는 점을 강조해서 서술해 줘. 전기의 중요성이 혁신의 원동력으로 연결되는 맥락이면 좋겠어.

전기는 단지 하나의 기술에 불과했지만, 그 파급력은 두 시대를 관통하며 인류 역사의 방향을 바꾸어 놓았다. 에디슨이 만든 작은 전구의 빛은 19세기 어두운 밤을 밝히며 새로운 산업과 도시 문명의 기반을 다졌고, 한 세기 후 머스크가 이끄는 테슬라의 전기차는 화석 연료 중심의 시대에서 친환경 에너지 시대라는 근본적인 전환을 이끌었다. 두 혁신가는 '전기'라는 동일한 힘을 각자의 시대적 필요와 비전 속에서 창의적으로 활용하여 세상을 변화시켰다. 이렇듯 기술 자체보다 중요한 것은 그것을 다루는 혁신가의 도전 정신과 비전이었다. 에디슨의 작은 전구에서 머스크의 강력한 전기차 배터리로 이어지는 혁신의 여정은 결국 전기를 통해 가능성을 현실로 만드는 인간의 끈질긴 열정과 상상력이 시대를 초월한 원동력임을 증명한다.

이렇게 서론 부분에서 세 문단의 초고를 각각 생성하였습니다. 개요의 해당 항목을 제시하고 문단의 키워드를 강조하도록 요청했습니다. AI로 생성된 글을 연결해서 서론의 본문으로 전개해 봅니다. 세 문단의 서론이 글의 도입부로 적절한 내용을 담고 있다면 추가 문단을 더 생성할 필요는 없습니다. 부분적으로 맞춤법이나 문법의 오류가 보이지만, 이 과정에서는 글의 구성을 문단 단위로 연결하는 데에 집중합니다. 문단 순서로 생성된 글이 주제에 부합하는지, 강조할 키워드가 제대로 드러나는지 점검합니다.

 **포인트** ## 토머스 에디슨과 일론 머스크, 전기로 연결된 두 혁신가 서론 부분

1879년 10월 21일, 뉴저지주 멘로파크의 실험실 창가로 어둠이 짙게 내려앉았지만, 토머스 에디슨은 아직 잠들지 못하고 있었다. 그는 몇 달째 수백 번이 넘는 실패로 불타버린 필라멘트의 잔해를 바라보며 고개를 저었고, 주변 사람들은 그가 허공에 불을 밝히는 꿈을 헛된 열정이라고 조롱하기까지 했다. 그러나 에디슨의 눈빛은 여전히 희미한 빛 하나를 간절히 갈망하고 있었다. 마침내, 얇고 섬세한 탄화된 면실이 담긴 유리구에 전류가 흐르자 조용한 실험실을 황홀한 금빛이 환히 비추기 시작했다. 실패의 잿더미 속에서 피어난 이 작은 빛이 세상을 바꿀 혁신의 시작이었다. 그로부터 100여 년이 흐른 2008년, 캘리포니아의 무대 위에 선 일론 머스크는 에디슨이 켜 놓은 전구처럼 선명한 눈빛으로 관중을 바라보고 있었다. 과거 에디슨이 전기를 어둠을 몰아내는 빛으로 재탄생시켰다면, 머스크는 이제 전기를 새로운 시대의 생명력으로 선언하고 있었다. 테슬라의 첫 번째 전기차 로드스터가 무대 위로 부드럽게 등장하자, 그는 자신감 넘치는 목소리로 말했다. "이제 전기는 자동차의 심장이 됩니다." 휘발유 연료를 버리고 전기를 자동차의 핵심 동력으로 삼겠다는 그의 비전은 청중의 박수 속에 강렬한 혁신의 미래를 약속했고, 에디슨이 만들어낸 작은 빛이 이제 더 큰 세상으로 번져 나가고 있음을 선명히 보여주었다.

전기는 단지 하나의 기술에 불과했지만, 그 파급력은 두 시대를 관통하며 인류 역사의 방향을 바꾸어 놓았다. 에디슨이 만든 작은 전구의 빛은 19세기 어두운 밤을 밝히며 새로운 산업과 도시 문명의 기반을 다졌고, 한 세기 후 머스크가 이끄는 테슬라의 전기차는 화석 연료 중심의 시대에서 친환경 에너지 시대라는 근본적인 전환을 이끌었다. 두 혁신가는 '전기'라는 동일한 힘을 각자의 시대적 필요와 비전 속에서 창의적으로 활용하여 세상을 변화시켰다. 이렇듯 기술 자체보다 중요한 것은 그것을 다루는 혁신가의 도전 정신과 비전이었다. 에디슨의 작은 전구에서 머스크의 강력한 전기차 배터리로 이어지는 혁신의 여정은 결국 전기를 통해 가능성을 현실로 만드는 인간의 끈질긴 열정과 상상력이 시대를 초월한 원동력임을 증명한다.

독자와 함께, 주제와 의도 강조하기

개요와 키워드를 전달해서 문단 순서에 따라 생성한 글은 문단 단위로 나뉜 결과이므로 본문 전체의 전개 내용이 원래 주제와 의도에 부합하는지 검토할 필요가 있습니다. 챗GPT와 같은 AI 챗봇은 기존에 대화한 내용을 기억하고 있습니다. 따라서 생성한 문단을 전부 다시 제시하지 않아도 주제 부각의 의도만 강조해서 전달하면 이전의 글을 다듬어 줍니다. 이와 함께 글의 독자를 지정하면 문체를 보완하는 데에 도움이 됩니다. 이때 프롬프트에는 ❶ **주제 강조** → ❷ **독자 설정** → ❸ **의도 반영**의 순서로 요구 사항을 입력합니다. 혁신가 정신의 주제에 부합하고 청소년 대상으로 과학기술의 희망을 강조하는 의도로 앞서 생성한 글을 더 다듬어 보도록 요청해 보겠습니다.

이렇게 생성한 서론 부분의 글을 '혁신가 정신'이라는 주제에 부합하도록 다듬어 줘. 독자는 청소년이고, 과학기술로 세상을 바꾼다는 희망을 심어주는 의도가 반영되면 좋겠어.

 1879년 10월 21일, 어둠이 짙게 내려앉은 미국 뉴저지 멘로파크의 작은 실험실 안에서 토머스 에디슨은 숨을 죽이고 있었다. 수백 번이 넘는 실패로 타버린 필라멘트 조각들이 그의 손끝에서 떨어졌지만, 그는 절대 포기하지 않았다. 수많은 사람들이 그의 꿈을 비웃고 헛된 일이라고 조롱했지만, 마침내 얇은 탄화 면실이 담긴 유리구 안으로 전기가 흐르자, 실험실 전체에 눈부신 금빛이 퍼져나갔다. 수많은 실패 끝에 피어난 이 작은 빛 하나가 세상을 완전히 바꿔놓았다.

그로부터 약 100년 후인 2008년, 캘리포니아의 한 무대 위에 선 일론 머스크는 에디슨의 빛처럼 강렬한 눈빛으로 사람들을 바라보며 당당히 선언했다. "이제 전기는 자동차의 심장이 됩니다." 그의 말과 함께 등장한 테슬라 전기차는 과거의 한계를 뛰어넘어 새로운 시대를 향한 문을 활짝 열었다. 이제 전기는 단지 빛을 밝히는 것을 넘어 지구 환경을 지키는 친환경 자동차의 핵심이 되었다. 머스크는 누구도 가지 않은 길을 향해 용기 있게 발걸음을 내디뎠고, 에디슨이 밝힌 작은 불빛은 이렇게 더 큰 세상으로 확장되고 있었다.

이처럼 '전기'라는 기술 하나가 두 시대를 연결하며 인류의 역사를 바꾸는 혁신을 이끌었다. 중요한 것은 기술 자체가 아니라, 불가능에 도전하고 꿈을 현실로 만들고자 했던 혁신가들의 용기와 끈질긴 정신이었다. 에디슨의 전구에서 머스크의 전기차로 이어진 혁신의 여정은 우리에게도 말하고 있다. 세상을 바꾸는 것은 언제나 꿈꾸는 이들의 도전과 열정이라는 사실을 말이다. 지금 여러분도 자신만의 빛을 밝혀, 세상을 바꿀 혁신의 주인공이 될 수 있다.

서론의 첫 번째 문장부터 더 문학적으로 수정된 것을 확인할 수 있습니다. "1879년 10월 21일, 뉴저지주 멘로파크의 실험실 창가로 어둠이 짙게 내려앉았지만 토머스 에디슨은 아직 잠들지 못하고 있었다."라는 문장이 "1879년 10월 21일, 어둠이 짙게 내려앉은 미국 뉴저지 멘로파크의 작은 실험실 안에서 토머스 에디슨은 숨을 죽이고 있었다."로 수정되었습니다. 독자의 입장에서는 더 솔깃하게 읽힙니다. 첫 번째 문장의 일시, 장소, 주어, 서술어의 순서는 그대로이지만, 복문 구조가 단문 구조로 바뀌면서 간결해졌습니다.

서론의 마지막에 "에디슨의 작은 전구에서 머스크의 강력한 전기차 배터리로 이어지는 혁신의 여정은 결국 전기를 통해 가능성을 현실로 만드는 인간의 끈질긴 열정과 상상력이 시대를 초월한 원동력임을 증명한다."라는 긴 문장은 반대로 여러 개로 쪼개졌습니다. "에디슨의 전구에서 머스크의 전기차로 이어진 혁신의 여정은 우리에게도 말하고 있다. 세상을 바꾸는 것은 언제나 꿈꾸는 이들의 도전과 열정이라는 사실을 말이다. 지금 여러분도 자신만의 빛을 밝혀, 세상을 바꿀 혁신의 주인공이 될 수 있다." 이렇게 짧고 강렬한 세 문장은 글의 의도와 주제를 제대로 강조하고 있습니다.

이렇게 개요 항목 순서에 따라 하나씩 문단 단위로 생성하는 과정이 번거롭게 느껴질 수도 있습니다. 급한 상황에서는 어차피 생성형 AI를 이용하는 것이니 제목만 던져주고 한번에 생성해도 그럴듯한 글을 얻을 수 있다는 생각이 들기도 합니다. 물론 그렇게 해도 생성은 되겠지만, 글의 품질이 다릅니다. 사용자의 세심한 의도가 전달되지 않으면 AI는 구태의연한 문장을 먼저 선보입니다. 문단 별로 정리한 개요와 의도의 전달 과정 없이 서론 부분을 한 번에 생성하면 결과는 어떻게 달라지는지 비교해 보겠습니다.

주제와 개요에 따른 각 문단의 의도를 함께 제시하여 문단 단위로 생성한 서론

1879년 10월 21일, 어둠이 짙게 내려앉은 미국 뉴저지 멘로파크의 작은 실험실 안에서 토머스 에디슨은 숨을 죽이고 있었다. 수백 번이 넘는 실패로 타버린 필라멘트 조각들이 그의 손끝에서 떨어졌지만, 그는 절대 포기하지 않았다. 수많은 사람들이 그의 꿈을 비웃고 헛된 일이라고 조롱했지만, 마침내 얇은 탄화 면실이 담긴 유리구 안으로 전기가 흐르자, 실험실 전체에 눈부신 금빛이 퍼져나갔다. 수많은 실패 끝에 피어난 이 작은 빛 하나가 세상을 완전히 바꿔놓았다.

그로부터 약 100년 후인 2008년, 캘리포니아의 한 무대 위에 선 일론 머스크는 에디슨의 빛처럼 강렬한 눈빛으로 사람들을 바라보며 당당히 선언했다. "이제 전기는 자동차의 심장이 됩니다." 그의 말과 함께 등장한 테슬라 전기차는 과거의 한계를 뛰어넘어 새로운 시대를 향한 문을 활짝 열었다. 이제 전기는 단지 빛을 밝히는 것을 넘어 지구 환경을 지키는 친환경 자동차의 핵심이 되었다. 머스크는 누구도 가지 않은 길을 향해 용기 있게 발걸음을 내디뎠고, 에디슨이 밝힌 작은 불빛은 이렇게 더 큰 세상으로 확장되고 있었다.

이처럼 '전기'라는 기술 하나가 두 시대를 연결하며 인류의 역사를 바꾸는 혁신을 이끌었다. 중요한 것은 기술 자체가 아니라, 불가능에 도전하고 꿈을 현실로 만들고자 했던 혁신가들의 용기와 끈질긴 정신이었다. 에디슨의 전구에서 머스크의 전기차로 이어진 혁신의 여정은 우리에게도 말하고 있다. 세상을 바꾸는 것은 언제나 꿈꾸는 이들의 도전과 열정이라는 사실을 말이다. 지금 여러분도 자신만의 빛을 밝혀, 세상을 바꿀 혁신의 주인공이 될 수 있다.

개요와 의도 제시 없이 주제만 전달해서 한 번에 생성한 서론

전기가 인류 문명을 바꾼 이래로, 수많은 혁신가들이 이 눈에 보이지 않는 힘을 통해 미래를 설계해 왔다. 그중에서도 토머스 에디슨과 일론 머스크는 각기 다른 시대를 살았음에도 불구하고, 전기를 발판으로 세상을 다시 쓰는 데 핵심적인 역할을 한 인물들이다. 두 사람은 발명가이자 기업가로서 전기를 단순한 에너지 이상의 것으로 바라보았고, 이를 통해 인류의 삶의 방식을 근본적으로 변화시켰다.

토머스 에디슨은 19세기 후반과 20세기 초의 전기화 시대를 개척한 인물로, 전구와 직류 전력 시스템을 통해 세상을 밝히는 데 혁혁한 공을 세웠다. 그의 발명은 단지 기술에 그치지 않고, 대중의 생활양식을 바꾸는 첫걸음이 되었다. 에디슨은 '실용적 기술'이라는 철학을 통해 전기를 삶 속으로 끌어들였고, 이를 기반으로 전기산업의 토대를 마련했다.

한편, 일론 머스크는 21세기 전기혁명을 이끄는 대표주자로서, 테슬라와 스페이스 X 등 다양한 분야에서 전기를 미래 기술의 심장으로 사용해 왔다. 그는 지속 가능성과 에너지 전환을 핵심 가치로 삼으며, 전기를 단지 소비하는 것이 아니라 저장하고, 분산하고, 우주로까지 확장하는 개념으로 확장시켰다. 전기를 도구가 아닌 철학으로 여긴다는 점에서, 머스크는 에디슨과 궤를 같이하면서도 더 넓은 스케일에서 인류의 미래를 설계하고 있다.

주제와 개요를 전달하고 각 문단의 의도를 설명하면서 문단 단위로 생성한 글과 주제만 간략히 전달해서 한 번에 생성한 글을 비교하면 질적인 차이가 명확하게 드러납니다. 의도를 제시해서 생성한 글은 마치 유능한 이야기꾼처럼 독자의 흥미를 끌면서도 과학기술 혁신가 정신이라는 주제를 인상적으로 호소하는 내용으로 전개합니다. 반면에 주제만 전달해서 쉽게 생성한 글은 내용에 무리가 없지만, 무미건조하고 지루하게 읽힙니다. 글의 품질에 신경 쓰지 않고 분량만 채운다면 한 번에 길게 생성해도 문제는 없을 것입니다. 그러나 쉽게 생성한 글은 독자의 외면을 받게 됩니다. 어떤 주제이든 글의 의미가 제대로 전달되지 못한다면 쓸모없는 문장들의 집합체로 남을 것이기 때문에 주의가 필요합니다.

잘 짜인 옷감처럼 본문 생성하기

글을 짓는 과정은 옷감을 지어내는 과정과 비슷합니다. 옷감이 씨줄과 날줄의 교차로 만들어지듯이 글도 씨줄에 해당하는 개요와 의도, 날줄 같은 문장들로 엮어 만듭니다. 문장은 독자의 눈에 곧바로 읽히지만, 개요와 의도는 겉으로 보이지 않습니다. 이 둘은 속에 숨어서 문장들이 흩어지지 않게 잡아주며 주제를 드러내는 역할을 담당합니다. 그래서 글을 다 읽어야만 비로소 저자의 숨은 의도가 파악됩니다. 주제와 의도 없이 무작정 써 내려간 글은 다 읽어봐도 의도를 알 수가 없습니다. 도대체 뭐라는 건지 갈피가 제대로 잡히지 않게 됩니다. 그것은 실패한 글입니다.

잘 짜인 옷감처럼 글쓰기의 갈피를 잡으려면 글 전체의 주제부터 각 문단의 의도, 문장의 방향성이 모두 일치해야 합니다. 하나의 문단에는 한 가지의 핵심 생각만 담겨야 하고, 문단마다 작은 주제가 드러나야 합니다. 핵심과 의도에 따라 문단의 첫 문장부터 마지막 문장까지 옷감을 짜듯 유기적으로 연결합니다. 간혹 불필요한 내용이 섞이면 독자가 글을 이해하는 데 방해가 되므로, 오직 문단이 전달하고자 하는 목적에 충실한 문장만 선택해야 합니다. 문장들은 서로 부드럽게 이어져 물 흐르듯 자연스럽게 읽을 수 있으면 됩니다, 본문의 흐름이 막힐 때는 다시 한번 글의 의도와 방향성을 확인합니다. 때로는 불필요한 부분을 과감히 덜어내는 용기도 필요합니다. 좋은 본문은 간결함과 명확성으로 이루어진 탄탄한 옷감처럼 독자가 편안하게 읽으며 그 의미를 충분히 받아들일 수 있는 것입니다.

앞서 살펴본 것처럼 문단 단위로 나누어 개요 항목과 의도를 강조하면 더 간결한 문장들을 작성할 수 있습니다. 이것은 AI의 자유도를 줄여서 사용자 중심의 글 짓기를 강조하는 기법입니다. 상투적으로 말하는 AI 챗봇의 한계를 극복하는 방법입니다. 그렇지 않고 한 번에 글을 생성하게 하면 그 처참한 결과가 그대로 드러납니다. 앞의 예시처럼 인물 정보를 요약한 듯이 상투적이고 지루한 글이 나옵니다. 군데군데 '-에도 불구하고', '이를 통해', '이를 기반으로', '혁혁한 공을'

과 같은 낡은 표현들이 함정처럼 도사리고 있습니다. 누가 봐도 AI로 작성한 글이라는 의심을 사기에 충분합니다. 생성된 글에서 AI 어투를 교정하고 문장을 다듬는 노력은 꼭 필요한 과정입니다. 다만 시작할 때부터 고품질의 문장을 생성하게 유도하면 나중에 고치는 일거리가 줄어듭니다.

 포인트 | 사람 같이, AI로 글쓰기 요령

AI 챗봇을 이용하여 글을 생성하면 단번에 마음에 흡족한 결과를 얻기는 어렵습니다. 앞에서 설명한 프롬프트 최적화 기법 또는 더 간단한 트라이 기법 정도만 숙지해도 그럴듯한 글을 생성하게 만들 수 있습니다만, 때로는 사람처럼 생성하기 힘들 때도 있습니다. 인간과 유사한 생성 유도 요령을 아래에서 한번 더 확인하고 프롬프트를 작성하면 더 자연스러운 글쓰기가 가능할 것입니다. 사람처럼 글을 생성하게 시키려면 사람처럼 대하면 됩니다.

- **명확하고 구체적인 지시**: AI는 사용자가 지시하는 그대로 결과물을 생성할 수 있습니다. 추상적이거나 두루뭉술한 지시는 애매모호한 결과로 이어지기 쉽습니다. 구체적이고 순차적으로 요청해야 잘 알아듣고 글 짓는 일을 수행합니다. 무슨 글을 왜 생성해야 하는지 맥락을 파악하면 더 나은 결과를 만들어 냅니다. 신입 사원이 말귀를 잘 알아들으려면 선임자가 담당 업무를 차분히 설명해 줘야 하는 것과 같습니다.

- **충분한 정보 제공**: 글의 주제, 목적, 독자, 분위기, 키워드 등 가능한 한 많은 정보를 제공할수록 결과는 좋아집니다. 글을 작성해야 하는 목적이나 의도도 중요합니다. 작성할 글의 주제와 함께 꼭 필요한 키워드도 몇 가지 알려주세요.

- **예시 전달**: AI가 어떤 스타일과 톤으로 글을 생성해야 할지 이해하도록 돕는 효과적인 방법은 샘플의 제시입니다. 기존에 나온 특정한 글의 예시를 보여주든지 원하는 상태를 설명하면 됩니다. 딱딱한 공문서인지 어린이 독자 대상의 대화체 이야기 글인지 문체를 지정하는 것도 좋은 요령입니다.

- **제외할 내용 명시(Negative Prompting)**: 때로는 AI 챗봇이 불필요한 문구나 마음에 들지 않는 용어를 반복해서 생성하는 경우가 있습니다. 이때 AI가 더 이상 언급하지 않으면 좋을 내용이나 표현을 지적하면 됩니다. 예를 들어, '지나친 전문 용어는 사용하지 말 것.', '낡은 문어체 대신 최신 표현을 사용할 것.'과 같이 요구하면 어느 정도 반영될 수 있습니다.

- **반복적인 피드백**: 한 번의 프롬프트로 완벽한 글의 생성을 기대하기는 어렵습니다. AI는 점쟁이가 아니기 때문에 사용자의 의도나 심중을 완벽하게 파악하기 어렵겠죠. AI로 생성한 초안을 검토해 보고 부족한 부분을 구체적으로 지적하면서 여러 번에 걸쳐 수정해 달라고 요청해야 합니다. 직장에서 상급자가 수정 사항을 꼼꼼하게 챙겨주면 문서의 질이 향상되는 것과 마찬가지입니다.

- **AI의 한계 검증**: AI 챗봇은 최신 정보나 국내 자료에 취약한 편입니다. 최신 정보가 필요할 때는 웹 검색을 활성화해야 합니다. 미묘한 감정이나 문화적 뉘앙스를 표현할 때는 감정을 충분히 설명해 줘야 알아듣습니다. 영화감독이 배우에게 감정선을 잡으라며 세부적으로 감정 변화를 설명하는 것과 같은 원리입니다. AI 챗봇이 완벽히 이해하지 못한 것처럼 보이는 부분은 사용자가 직접 확인하고 보완해야 합니다.

문장마다 하나씩, 의미 챙기기

AI를 활용하여 본문 전체를 한 번에 생성하는 것보다는 문단 단위로 나누어 생성하면 더 정교한 글을 얻을 수 있습니다. 주제, 개요, 의도 등을 입력하여 문단 단위로 글을 생성한 후 검토할 때는 엄격한 시선이 필요합니다. 주제와 의도에 부합하는지 확인하면서 각 문장을 살펴봐야 합니다. 한 문장은 하나의 의미를 담고 있어야 합니다. 만약 하나의 의미로 두세 개의 문장을 이어서 작성한다면 구조를 갖추어야 합니다. 그렇지 않으면 같은 말을 반복하는 중언부언 현상에 빠지기 쉽습니다. 다들 어려워하는 문제는 바로 하나의 생각을 어떻게 간결하게 정리하느냐일 것입니다. 복잡한 생각을 하나의 문장으로 요약해서 담아내기도 어렵고, 여러 개의 문장으로 연결하여 풀어내기도 쉬운 일이 아닐 것입니다. 오래전 학교에서 배웠던 삼단논법이나 변증법 같은 논리 구조도 생각을 문장으로 풀어내는 고민에서 나온 것입니다. 이런 구조가 어렵게 느껴진다면 되도록 짧고 간단한 문장으로 작성하는 것이 낫습니다.

문장을 간결하게 쓰려고 해도 생각이 깔끔하게 정리되지 않으면 소용이 없습니다. 복잡하고 정리가 안 된 생각의 덩어리를 어떻게 간결한 글로 풀어낼 수 있을까요? 먼저 어지러운 생각을 정리해야 합니다. 고민이 있을 때 친구에게 털어놓듯이, 두루뭉술한 생각도 AI와 의논해서 정리하면 됩니다. 의식의 흐름처럼 정리가 안 된 내용을 프롬프트에 다 쏟아낸 후에 간결한 문장으로 정리해 달라고 요청합니다. 이때 잊지 말고 글의 의도와 목적, 문체, 분량 등을 알려주는 조건을 덧붙입니다.

무더운 여름날의 습기에 축축 처지는 게으름을 이기고 싶어. 아이스 아메리카노를 마시면 도움이 되겠지. 커피는 볼드한 바디감이 중요해. 아이스 아메리카노를 마시며 청계천 그늘에 갈까? 물에 발을 담그면 시원할 것 같아. 졸리지 않은 음악도 필요해. 이렇게 나만의 소소한 피서 방법을 블로그에 올려야 하는데, 간결하고 낭만적인 문체로 반 페이지 정도의 글을 작성해 줘.

무더운 여름날, 눅눅한 습기가 피부에 달라붙고 마음까지 늘어진다. 그럴 때마다 난 깊고 볼드한 바디감의 아이스 아메리카노 한 잔을 찾아 든다. 차가운 얼음이 천천히 녹아드는 유리잔을 손에 쥐고, 청계천의 그늘진 산책길을 걷는다. 잔잔한 물소리가 어깨 위의 무거움을 조금씩 덜어주고, 슬쩍 벗은 신발 너머로 발끝을 시원한 물에 담그면 잠시나마 온몸이 맑아지는 기분이 든다.

햇볕이 닿지 않는 벤치에 앉아, 졸음을 깨우는 산뜻한 리듬의 음악을 들으면 도시의 소음조차 오늘만큼은 나를 방해하지 않는다. 커피와 물, 음악이 만드는 작은 조각의 평화 속에서, 게으름도 무력감도 서서히 녹아내린다. 이렇게 내게 주어진 아주 소박한 여름의 피서는, 생각보다 더 달콤하고 낭만적이다.

관계대명사가 발달한 영어나 독일어와 달리 우리말로 쓰는 글은 한 문장씩 술술 풀어가야 합니다. 주어부터 술어까지 하나의 구조로 흘러가는 문장입니다. 보통의 글은 왼쪽부터 오른쪽으로 쓰이고 아래로 내려가면서 줄을 바꿉니다. 글을 읽는 시선도 다르지 않습니다. 왼쪽 위의 주어부터 오른쪽 아래의 술어까지 다 읽어야 의미가 통합니다. 이와 달리 영어 문장은 주어 다음에 곧바로 술어가 나와서 문장을 다 읽지 않아도 상황이나 동작이 빨리 파악됩니다. 뒤이어 앞의 상황이나 동작을 수식하는 말들이 주렁주렁 따라붙는 형식입니다. 그런 영어식 문장에 익숙하다 보면 한글 문장에도 긴 수식어를 아무 데나 붙이거나 복문처럼 만드는 의도가 발동하기 쉽습니다. 우리말은 끝까지 다 들어야 이해되는 기다림의 언어입니다. 그래서 문장을 길게 늘여서 쓰면 독자는 지루하게 느낍니다. 모두가 짧고 간결한 한글 문장을 선호하는 이유입니다. 생성형 AI를 이용해서 본문을 작성할 때도 문장을 간결하게 생성하도록 유도해야 합니다.

 **핵심 정리**

1 한번에 긴 글의 생성을 요청하지 말고 개요 항목에 따른 문단 단위로 글을 생성한다.

2 프롬프트에 문단 단위의 글 생성을 위한 주제, 독자, 의도 등을 반영하도록 지시한다.

3 본문에는 개요와 의도에 따른 문장들을 배치하여 체계적이고 논리적인 구조를 갖춘다.

4 본문을 이루는 각 문장은 하나씩의 의미를 담아 되도록 간결하게 작성한다.

전문가처럼 교정하기

스스로 글을 지어내든 AI를 통해 생성하든지 초고는 반드시 고쳐야 합니다. 맞춤법과 문법에 어긋난 표현을 먼저 교정하고, 문장을 읽기 쉽게 바꾸는 과정입니다. 어떤 글이든 고쳐 쓸수록 좋아집니다. 독자를 헤아리고 주제와 의도를 부각하기 위해서라도 초안을 꼼꼼히 교정해서 완성도를 높여야 더 좋은 글로 바뀝니다.

의심하기: 교정의 시작

'일필휘지一筆揮之'라는 말처럼 누구든 한번에 멋진 글쓰기를 희망합니다. 그러나 현실은 다릅니다. 영화에서 보면, 문학 작가들은 좋은 문장 하나를 위해 수많은 종이를 구겨 버리기도 합니다. 컴퓨터로 글을 작성하는 시대로 바뀌면서 이제는 구겨 버리는 종이 대신 삭제(Delete) 키가 자주 쓰입니다. 정성껏 세심하게 문장을 만들어도 어디서나 실수가 나올 수 있습니다. 글쓰기에 정답이 없듯이, 세상에 완벽한 문장은 없습니다. 다만 정답을 향해 나아가는 노력만 있을 뿐입니다. 좋은 문장으로 향하는 노력은 대부분 고쳐쓰기에서 나옵니다.

문장을 고쳐 써야 하는 이유는 분명합니다. 내가 쓴 글이 완벽하지 않기 때문입니다. 실수를 바로잡고 더 나은 표현으로 진화하기 위함입니다. 정확한 어휘로 바꿔야 할 때도 많습니다. 내가 쓴 글이 완전하지 않음을 끝까지 의심해야 합니다. 물론 AI로 생성한 글도 허술하기는 마찬가지입니다. 범죄자를 쫓는 수사관처럼 글의 오류를 집요하게 잡아내는 태도가 필요합니다. 의심이 들어야 다시 보고 고치는 과정으로 연결되기 때문입니다. 그 누구도 완벽한 글을 작성할 수 없다는 의심에서 교정校訂, correction이 시작됩니다. 교정 작업은 글쓴이 본인이 먼저 수행하는 일입니다. 교정이 안 된 글을 받아 들면 성의가 없다고 무시당하기 십상입니다.

글을 고치는 작업의 시작은 분명합니다. 먼저, 맞춤법과 문법의 오류를 바로잡아야 합니다. 주술 관계가 틀리지 않았는지 문장의 구조부터 시작해서 띄어쓰기까지 크고 작은 잘못을 교정해야 비로소 글이 제대로 읽힐 수 있습니다. 맞춤법이 엉망인 글을 참고 읽어줄 독자는 없습니다. 챗GPT와 같은 AI 챗봇도 종종 오류 섞인 문장을 생성합니다. 생성된 글을 가져와서 활용할 때 반드시 틀린 부분을 바로잡는 습관을 들여야 합니다. 한글이나 워드 같은 앱에서 맞춤법 기능을 켜두면 오류를 바로잡는 데에 도움이 됩니다. 화면의 글자들 아래에 빨갛거나 파란색의 줄이 그어져 있다면 교정 대상입니다. 가끔은 맞는 표현을 틀렸다고 표시하는 때도 있으니 한 번씩 더 확인해야 합니다. 교정은 AI가 완벽하게 해결하지 못하므로 오로지 글쓴이의 몫으로 남습니다.

포인트 | 문장 교정: 수동형 표현 고치기

우리말에는 수동형 표현이 없습니다. 그래서 한글 문장을 수동형으로 쓰면 어색해 보입니다. 일본어와 영어의 수동태 표현이 우리 글에 침투하면서 뜬금없는 수동형 표현을 자주 보게 됩니다. 글쓰기 과정에서 습관적으로 수동형 표현이 나온다면 능동형으로 고치는 것이 좋습니다. 다음의 예시에 주의해서 수동형 표현을 교정해 보세요.

잘못된 수동형 표현 예시

- **–되어지다**: '–되다'와 '–지다'의 수동 표현이 겹친 것입니다. '되어지다'와 같이 이중 수동형 표현은 잘못된 것이므로 중복된 '–지다'를 버리고 '–되다'로 수정합니다. 사실 '–되다'라는 표현도 수동형이라 우리말에는 잘 어울리지 않으므로 능동형인 '–하다'로 고치면 더 좋습니다(생각되어진다 → 생각된다 → 생각한다).

- **–되다**: 겸손한 의도에서 '이해됩니다'와 같은 수동형 표현을 쓰기도 합니다. 그러나 이해하는 주체의 행위이므로 '이해합니다'라고 표현하는 것이 적절합니다. '–되다'의 수동 표현은 되도록 피하고 '–하다'의 능동적인 문구로 고치면 문장이 더 살아납니다(이해되다 → 이해하다).

- **–혀지다**: '마네킹에 입혀진 옷'과 같이 "–이–/–히–/–리–/–기–/–지–/–되–" 등의 피동 표현은 이중으로 겹쳐 쓰면 안 됩니다(입혀진 → 입힌 → 입은).
'체온에 덥혀진 옷'도 틀린 말입니다(덥혀진 → 데워진 → 데운).
'먹혀진 음식'도 '먹힌 음식'으로 바꾸면서 더 나아가 '먹은 음식'이라는 능동형으로 고치면 자연스럽습니다.

- **–해주다**: 수동형 표현은 아니지만 최근 설명 문구 끝에 '무엇을 해주다'는 표현이 많이 나타납니다. "책상을 정리해 줍니다."라던가 "천천히 저어줍니다."와 같은 말은 누군가에게 서비스를 제공하는 표현이므로, 보통의 설명에서는 그냥 '–하다'라고 쓰면 간단합니다(책상을 정리해줍니다 → 책상을 정리하다).

불필요해서 주의해야 할 표현들

맞춤법과 문법의 오류를 바로잡은 다음에는 잘못된 표현이나 쓸데없는 문구를 찾아 고쳐야 합니다. 엄밀히 따지면 이런 것도 문법 오류의 일종입니다. 이중 수동 표현처럼 다들 잘못인 줄 모르고 습관으로 굳어진 말투도 많습니다. 교정 전문가는 항상 글을 간결하게 줄이고자 노력합니다. 그들이 어떤 문구나 표현을 눈여겨보는지 알면 따라서 적용해 볼 수 있습니다. 굳이 안 써도 되는 표현인데 일상적으로 남용하는 사례는 다음과 같습니다. 불필요한 글자를 덧붙이는 습관을 버리고, 구태의연한 표현을 간결하게 고치면 글이 더 좋아집니다.

- **-적**: 한자 명사 뒤에 접미사 '적'을 붙여서 형용사형을 만드는 잘못된 습관

  예 사회적 변화 → 사회 변화, 교육적 효과 → 교육 효과, 실무적 감각 → 실무 감각

- **-들**: 우리 말에서 자주 쓰지 않는 복수형 접미사 '들'을 붙여서 글을 복잡하게 표현하는 습관

  예 학생들의 소원들 → 학생의 소원, 다양한 그룹들 → 다양한 그룹

- **-의**: 앞의 명사 뒤에 조사 '의'를 붙여서 연결 관계를 만드는 습관

  예 문장의 교정 → 문장 교정, 학생회와의 협력 → 학생회와 협력, 현재까지의 성실한 공부 → 지금까지 성실한 공부

- **-것**: 서술어를 주어로 만들기 위해 의존명사 '것'을 붙이는 습관

  예 너를 좋아한다는 것에 대한 증거 → 너를 좋아하는 증거, 교육이라는 것을 정의하기 → 교육을 정의하기

적들의 것! 좋은 글을 망치는 적과 같은 네 가지 글자는 생각 없이 덧붙이게 되는 표현으로 자주 쓰면 좋지 않다고 교정 전문가들은 지적합니다. 물론 애매한 상황도 있습니다. 예를 들어, '그 시간에 집에 없었다는 것을 강조했지만 형사는 내 말을 믿지 않았다.'라는 문장은 중간에 있는 '것'을 빼도 의미가 똑같이 통합니다. '그 시간에 집에 없었다고 강조했지만, 형사는 내 말을 믿지 않았다.' 명사구처럼 보이게 만드는 '-는 것을' 굳이 써야 할 이유가 없는 문장입니다. 이처럼

한 글자라도 줄여서 간결하게 만들면 글은 더 좋아집니다.

보편적으로 자주 사용하는 서술형 표현 중에는 '–있다'를 주의해야 합니다. 원래 '있다'라는 말은 동작의 의미에서 동사로도 쓰이고 상태의 의미에서는 형용사로도 쓰이는 말입니다. 진행이나 지속을 의미하지 않는 상황에서 보조 동사 '있다'를 쓰면 이상한 표현이 됩니다. 예를 들어, '짜장면을 먹고 있다'라는 표현은 맞지만, '지금 자동차로 출발하고 있다'라는 말은 잘못된 표현입니다. 그냥 '지금 자동차로 출발한다'라고 해야 맞습니다. '비에 젖어 있는 마을 풍경'이라는 문구에서도 '있는'을 빼고 그냥 '비에 젖은 마을 풍경'이라고 간단히 하면 됩니다. '오후에 부서장 회의가 있을 예정입니다'라는 말도 이상합니다. 회의는 존재하는 것이 아니라 여는 것이기 때문에 '오후에 부서장 회의가 열립니다'라고 쓰는 것이 적절합니다. '너를 사랑함에 있어 나의 진실함은 영원하다'라는 문구의 '–에 있어'도 삭제하는 것이 옳습니다. 이렇게 '있다'라는 말을 여기저기 넣었는지 주의 깊게 확인해야 합니다.

'대하여'에서 '관하여'로

잘못된 표현은 아니지만 정확히 가려서 써야 하는 말도 있습니다. 일상적인 글쓰기에서 헷갈리는 표현 중 하나가 바로 '–에 대하여'가 맞는지 아니면 '–에 관하여'가 맞는지 문제입니다. '대하여'라는 말에는 앞의 대상에 대립하거나 상대하는 뉘앙스가 들어 있습니다. 어떤 대상을 삼아서 논한다는 취지에서 논문의 제목에 '–에 대한 고찰'과 같은 표현을 자주 씁니다. 물론 '서로에 대한 사랑을 확인했다'처럼 일상적인 문장에도 '–에 대한'을 쓰기도 합니다. 모두 잘못된 표현입니다. 연구의 대상을 고찰할 때는 '–에 관한 고찰'이라고 하고, '서로의 사랑을 확인했다'라고 교정하는 것이 좋습니다. 다툴 때를 빼고는 구태여 '–에 대한'이라며 대상을 삼았다는 것을 강조할 필요는 없습니다. 대상을 연구하거나 의미를 풀어갈 때는 '-에 관하여' 또는 '관해'라고 쓰면 됩니다. '대하여'가 '상대한다'라는 뜻이라면, '관하여'는 '관계한다'라는 뜻에 가깝습니다. 논문 제목이라면 '2022 개정 교육과정의 AI 성취 기준에 대하여'라고 쓰기보다는 '2022 개정 교육과정의 AI 성취 기준에 관하여'라고 한 글자만 바꾸면 해결됩니다.

문장에서 '-에 의해'나 '-것으로 인하여'라는 인과관계 표현에도 주의해야 합니다. 이 말도 명사 뒤에 붙여서 원인을 밝히는 것처럼 보이지만, 실질적으로 원인을 밝혀주지 못하는 때가 많습니다. 이때는 '원인에 따른 결과'라는 말투로 문장을 정확하게 재구성하면 됩니다. 예를 들어, '부주의로 인한 화재 사고'라는 문구를 '부주의에 따른 화재 사고'라고 고치면, 원인이 부주의함에 있다는 점을 분명하게 전달할 수 있습니다. 마찬가지로 '전력 과부하로 인한 정전 발생'이라는 문구는 '전력 과부하에 따른 정전 발생'으로 고치면 됩니다.

방향 표현 중에서 '-로부터'라는 출발 방향을 쓸 때도 주의해야 합니다. 우리말에서 '-로부터'라는 출발 의미의 조사는 되도록 안 쓰는 것이 낫습니다. '외계로부터 날아온 존재'라는 문구 대신 '외계에서 날아온 존재'라고 써야 자연스럽습니다. 다만 구체적인 출발점이 분명하다면 '서울시청으로부터 남대문까지의 거리'와 같이 써도 문제는 없겠습니다. 방향을 나타내는 조사 중에서 '-으로'와 '-에'도 정확히 구분해서 써야 합니다. '집에 가는 길'을 '집으로 가는 길'로 쓴다거나 '앞으로 가는 차' 대신 '앞에 가는 차'라고 쓰면 의미가 바뀝니다.

원인을 뜻할 때는 '바닷물로 젖은 방파제'가 아니라 '바닷물에 젖은 방파제'라고 써야 자연스럽습니다. 방향을 나타내는 격조사 '-에'와 목적의 격조사 '-을'도 헷갈리기 쉽습니다. '서울을 가는 비행기'가 아니라 '서울에 가는 비행기'가 맞습니다. '학원을 다니면 혼자 공부하기 어렵다'라고 쓰면 이상하지만, '학원에 다니면 혼자 공부하기 어렵다'라는 문장은 자연스럽습니다. 조사 '-에'나 '-을'을 빠뜨리고 문장을 지으면 의미 전달이 어렵게 될 수도 있습니다. 요즘 청소년이 자주 쓰는 말 가운데 '집에 가다'를 '집가다'라고 줄여 쓰는 표현도 이상하긴 합니다.

📖 포인트 │ 문장 교정: AI 어투 고치기

챗GPT와 같은 AI 챗봇으로 생성한 글에는 AI 특유의 어투 표현이 포함됩니다. 낡고 예스러운 표현도 많은데, 오래전에 쓰인 한글 자료를 학습에 사용한 흔적처럼 보이기도 합니다. AI 특유의 어투를 사투리로 지칭하기도 합니다. 이런 어투는 글을 직접 작성하지 않고 AI로 생성했다는 증거로도 쓰이므로 제출용 문서에는 주의가 필요합니다. 서로 다른 AI 챗봇으로 교차 교정해도 효과는 미미하므로 글쓴이가 직접 교정해야 합니다. AI의 대표적인 사투리 문구를 찾아 교정하는 방법을 살펴보겠습니다.

AI 사투리 예시

- **그럼에도 불구하고**: 앞의 이유를 감수하고 뒤의 결과를 내는 상황을 표현하기 위해서 옛날에 자주 쓰던 문구입니다. 요즘에는 한글 앱에서 '그럼에도 불구하고'를 입력하면 파란색 밑줄이 표시되고, 바꿀 말로 '그런데도'라는 표현을 추천합니다. 낡은 표현처럼 보여서 추천대로 교정하는 것이 좋습니다(그럼에도 불구하고 → 그런데도, 그렇지만).

- **이를 통하여**: 앞의 방법으로 뒤를 이루는 상황을 표현할 때 쓰는 문어체 어투입니다. 다소 무겁고 정치 연설 같은 표현처럼 보일 수 있으므로 편안한 글 유형에서는 다른 말로 바꾸는 것이 낫습니다(이를 통하여 → 그래서, 그러므로).

- **–에 대하여**: 앞의 문구에 대립하는 내용이 아니고 관련된 내용을 설명하는 상황이라면 '–에 관하여'로 바꾸는 편이 적절합니다. 도전이나 대결 구도를 표현할 때는 '–에 대하여'를 유지해도 됩니다(학습 효과에 대하여 → 학습 효과에 관하여).

- **–시키다**: 강요하는 상황이 아닌 때에도 '–시키다'라는 표현을 쓰면 적절하지 않습니다. 일상적으로 배달 주문할 때 '음식을 시킨다'라고 쓰기도 하지만, 행동이나 변화를 강요하지 않았을 때는 '–하다'라고 쓰는 것이 자연스럽습니다(세상을 변화시켰다 → 세상을 바꾸었다).

- **단순히 〜이(가) 아니라 –이다**: 사실이나 주장을 강조하기 위해서 AI 챗봇이 자

주 쓰는 문장 구성 방식입니다. AI 어투를 바꾸려면 '〜보다 —에 집중해야 한다' 라던가 '〜대신 —를 눈여겨 보아야 한다' 등의 표현으로 다양하게 고쳐 쓰는 것이 좋습니다.

간결하게: 교정은 글쓴이의 몫

지금까지 살펴본 교정 방법의 예시로 '대학생들의 영미 문학 세계로의 진입 장벽에 대한 고찰'이라는 논문 제목을 고쳐 보겠습니다. 우선 앞쪽에서 불필요한 복수형 어미 '—들'을 삭제하고, 뒤쪽에서 상대하는 '대한'을 관계하는 '관한'으로 고쳐야 합니다. 가운데 '세계로의'에서는 조사 '—로'와 '—의'가 연달아 쓰였는데, 하나만 남기거나 모두 지우는 것이 좋습니다. 교정 사항을 모두 적용하면 '대학생의 영미 문학 세계 진입 장벽에 관한 고찰'이라고 간결하게 정리할 수 있습니다. 궁극적으로는 의미가 유지되는 선에서 글자 수를 줄이는 것이 좋습니다. 글을 간결하게 쓰면 읽는 데 부담이 줄어듭니다. 쉬운 예로 명사 뒤에 '—을 하다'라고 붙여서 동사형을 만드는 습관이 있는데, 그냥 '—하다'라고 동사로 고치면 더 간결합니다.

AI가 생성한 글에도 불필요한 표현이 들어 있습니다. 앞의 예시로 한 번에 생성한 글 중에서 한 문단을 교정해 보겠습니다. 불필요한 복수형 '—들', 부자연스러운 '—에도 불구하고', 구태의연한 '—이를 통해' 등의 표현이 눈에 거슬립니다. 생성된 초안에서 부적절한 표현을 찾아 걷어내고 더 간결하게 전달하도록 교정합니다. 문단 첫 문장부터 '수많은 혁신가들'은 '많은 혁신가'로 고치고, 마지막 문장의 '이를 통해' 문구는 삭제해도 의미가 통합니다. 중간 부분에서 '핵심적인 역할을 한'이라는 어구는 쉽게 '크게 이바지한'으로 교정하면 청소년 대상의 독자 설정에 더 어울립니다.

초안(AI)

전기가 인류 문명을 바꾼 이래로, 수많은 혁신가들이 이 눈에 보이지 않는 힘을 통해 미래를 설계해 왔다. 그중에서도 토머스 에디슨과 일론 머스크는 각기 다른 시대를 살았음에도 불구하고, 전기를 발판으로 세상을 다시 쓰는 데 핵심적인 역할을 한 인물들이다. 두 사람은 발명가이자 기업가로서 전기를 단순한 에너지 이상의 것으로 바라보았고, 이를 통해 인류의 삶의 방식을 근본적으로 변화시켰다.

교정본(사용자)

전기가 인류 문명을 바꾼 후, 많은 혁신가는 눈에 보이지 않는 전기로 미래를 설계했다. 그중에서 토머스 에디슨과 일론 머스크는 서로 다른 시대를 살았지만, 전기를 매개로 세상의 역사를 다시 쓰는 데 크게 이바지한 인물이다. 두 사람은 발명가이자 기업가로서 전기를 단순한 에너지 이상의 것으로 바라보았고, 인류의 생존 방식을 근본적으로 변화시켰다.

AI가 생성한 글에는 마치 사투리처럼 낡고 진부한 표현이 들어 있습니다. 한글로 된 텍스트를 끌어모아 학습할 때 준비한 자료들 대부분이 오래된 것으로 추측됩니다. 그래서인지 생성하는 문장의 말투가 어른스럽거나 예전에 사용하던 문구가 나타납니다. 한글 맞춤법 규칙은 수시로 갱신됩니다. 바뀐 맞춤법 규정은 한글 같은 워드프로세서 앱의 최신 버전에 그대로 적용됩니다. 그 덕분에 과거에 쓰던 '그럼에도 불구하고'와 같은 낡은 표현은 피하라고 파란색 밑줄로 표시됩니다. 이럴 때는 간단하게 '–했지만'으로 고치면 글자 수도 줄고 표현도 간결해집니다. 교정의 가장 중요한 원칙은 간결하게 줄이는 것입니다.

 **포인트** | ## 문장 교정: 부적절한 결어 표현 고치기

문장을 끝맺는 결어 부분은 글의 힘을 살리고 죽일 정도로 중요합니다. 문장 결어에서 흔히 발생하는 실수를 바로잡으면 글이 간결해지고 힘이 살아납니다. 의미가 통하는 범위에서 글을 짧게 줄이면 됩니다. 부적절한 결어가 쓰인 문장을 교정하는 예시를 살펴보겠습니다.

부적절한 결어 표현 예시

- **–시켜주다**: 접미사 '–시키다'를 명사 뒤에 붙여서 동사를 만들 때 주의가 필요합니다. 보통 한자어 뒤에 '–시키다'를 붙이는 사례가 많은데, 그냥 동사를 쓸 때도 '–시키다'를 덧붙이는 사례가 많습니다. 게다가 '–시키다' 뒤에 '–주다'까지 붙이면 이중으로 시키는 일이 되므로 원래의 동사형으로 고치면 좋습니다(개선시켜주다 → 개선해주다 → 개선하다).
- **–가(이) 되다**: 하나의 동사형으로 마무리될 문장을 '주어+가(이) 되다' 형태로 늘여서 쓸 이유는 없습니다. 그냥 '–되다'로 쓰는 것이 간결합니다. 주어가 '–되다'로 끝나는 것도 자연스럽지 않습니다(이해가 되다 → 이해되다 → 이해하다).
- **–을(를) 하다**: '–가(이) 되다'와 마찬가지로 동사형으로 마무리될 문장을 '명사+을 하다'로 늘여서 쓰면 글이 지저분해집니다. 목적격 조사 '–을(를)을 빼고 바로 '–하다'로 정리하면 됩니다(사용을 하다 → 사용하다).
- **–(ㄹ)수 있다**: 가능성을 뜻하는 의도에서 문장을 '–수 있다'라고 마무리하는 사례가 있습니다. 긍정적인 맥락에서 가능성의 '–수 있다'라는 표현은 문제가 없지만, 여기저기에 '–수 있다'라고 쓰면 곤란합니다. 특히 부정적인 의미인데도 결어 부분에 능력을 뜻하듯 '–수 있다'라고 쓰면 이상합니다(사망할 수 있다 → 사망할지도 모른다).
- **–왔(었)던 것이었다**: 영어의 과거 완료형 표현을 우리말로 옮길 때 '–왔(었)던 것이었다'라고 이중 과거형으로 쓰는 사례가 보입니다. 우리말에는 과거 완료형이 없으므로 단순한 과거형으로 쓰는 것이 더 자연스럽습니다(어미는 몰래 젖을 먹여왔던 것이었다 → 어미는 몰래 젖을 먹였다).

  명사 앞에서 과거의 행위나 상태를 설명할 때는 과거형 대신 현재형을 쓰는 것이 더 자연스럽습니다(우리가 처음 만났던 카페 → 우리가 처음 만난 카페).

독이 든 성배, AI로 교정하기

글을 짓는 일도 어려운데, 초안을 교정하는 일은 더 까다롭습니다. 맞춤법과 문법 교정으로 시작해서 부적절한 표현을 간결하게 고쳐 쓰기도 쉽지는 않습니다. 그러다 보니 자신이 쓴 글을 AI 챗봇에 교정해 달라고 요청하는 사례도 늘고 있습니다. 만약 글쓰기에 도통 자신이 없고 AI로 생성하는 수준에도 미달한다면 글의 교정도 AI 챗봇에 맡길 수 있습니다. 다만 주의할 점은, AI의 어투로 바뀌면서 구태의연하고 낡은 말투가 자주 나타납니다. 나름대로 글을 개성적으로 잘 쓴 경우에는 오히려 문체를 망쳐 놓을 수도 있습니다. 그래서 AI 챗봇을 이용한 교정은 독이 든 사과와 같습니다.

글쓰기를 AI에 의존하는 사용자 비율이 가파르게 증가하고 있습니다. 글쓰기는 본래 인간의 지성과 창의성이 융합하는 고유한 영역이었습니다. 글을 읽어 보면 누가 썼는지 알아채는 이유도 사람마다 독특한 특징을 보이기 때문입니다. 그 사람 고유의 어투와 문체가 특징으로 남은 것입니다. 논리의 전개 방식과 주제의 강조 기법도 글의 저자마다 모두 다릅니다. 즐겨 쓰는 어휘는 두말할 나위 없습니다. 이런 특징들 때문에 저자를 알아채게 됩니다. 그런데 모두가 AI 챗봇으로 글을 생성하고 교정까지 맡겨서 글을 완성하는 시대가 된다면 어떤 문제가 발생할까요? 결국 글을 쓴 저자는 사라지고 텍스트만 남는 괴상한 현상이 발생할 것입니다.

AI를 통해 글의 주제와 방향을 제안받고, 그에 따라 개요를 산출해서 초안을 작성한 후 교정까지 맡긴다면 사용자의 몫은 간단한 '선택'과 '편집'만 남게 됩니다. 챗GPT와 같은 챗봇이 생성한 글을 복사해서 한글 앱에 붙여 넣고 그럴듯하게 문서로 포장해서 독자에게 전달한다면 원저자는 감춰지는 상황이 형성됩니다. 적어도 선택, 편집, 교정 정도는 글쓴이가 담당해야 합니다. 만약 교정을 AI에 의존하고 싶다면 본문은 적어도 사용자 본인이 작성해야 합니다. 주제와 개요,

글감 등을 제안받았다고 하더라도 글 대부분을 본인이 작성했다면 '저자성 authorship'에 문제는 없겠습니다. 만약 초안 작성과 마무리 교정까지 모두 AI에 맡겼다면 원작자에 대한 의문이 제기될 수 있으므로 문서 어딘가에는 'AI로 생성한 텍스트'라고 명시해야 오해가 없을 것입니다.

초안(AI)

전기가 인류 문명을 바꾼 이래로, 수많은 혁신가들이 이 눈에 보이지 않는 힘을 통해 미래를 설계해 왔다. 그중에서도 토머스 에디슨과 일론 머스크는 각기 다른 시대를 살았음에도 불구하고, 전기를 발판으로 세상을 다시 쓰는 데 핵심적인 역할을 한 인물들이다. 두 사람은 발명가이자 기업가로서 전기를 단순한 에너지 이상의 것으로 바라보았고, 이를 통해 인류의 삶의 방식을 근본적으로 변화시켰다.

교정본(AI)

전기가 인류 문명을 바꾼 이래로 수많은 혁신가들이 이 눈에 보이지 않는 힘을 통해 미래를 설계해 왔다. 그중에서도 토머스 에디슨과 일론 머스크는 각기 다른 시대를 살았음에도 불구하고, 전기를 발판으로 삼아 세상을 다시 쓰는 데 핵심적인 역할을 한 인물들이다. 두 사람은 발명가이자 기업가로서 전기를 단순한 에너지원 이상의 것으로 바라보았고, 이를 통해 인류의 삶의 방식을 근본적으로 변화시켰다.

챗GPT로 생성한 초안을 프롬프트에 그대로 입력하면서 한글 맞춤법에 맞춰 교정하고 문체를 자연스럽게 고쳐 달라고 다시 챗GPT에 요청해 보았습니다.

실망스럽게도 초안과 거의 똑같은 글을 그대로 생성합니다. 챗GPT가 작성한 초안을 구글 제미나이에서 교정해 봐도 결과는 그대로입니다. 부적절한 복수형 표현이나 구태의연한 어투 하나 바꾸지를 못합니다. AI 챗봇은 스스로 생성한 글을 더 낫게 교정할 여력이 없다는 의미입니다. 이럴 때는 프롬프트에 '교정 전문가'의 입장에서 검토해 달라고 요청하면 약간 개선됩니다. "다음 문단을 교정 전문가의 입장에서 검토하고, 낡고 상투적인 표현을 고쳐서 최신 한글 표기법에 맞게 다듬어 줘."라고 프롬프트에 요청한 결과를 초안과 비교하면 일부 문구가 더 낫게 수정된 것을 확인할 수 있습니다.

초안(AI)

전기가 인류 문명을 바꾼 이래로, 수많은 혁신가들이 이 눈에 보이지 않는 힘을 통해 미래를 설계해 왔다. 그중에서도 토머스 에디슨과 일론 머스크는 각기 다른 시대를 살았음에도 불구하고, 전기를 발판으로 세상을 다시 쓰는 데 핵심적인 역할을 한 인물들이다. 두 사람은 발명가이자 기업가로서 전기를 단순한 에너지 이상의 것으로 바라보았고, 이를 통해 인류의 삶의 방식을 근본적으로 변화시켰다.

교정본(교정 전문가 역할 부여 AI)

전기는 인류 문명을 근본적으로 변화시킨 이래, 수많은 혁신가들이 이 보이지 않는 에너지를 활용해 미래를 설계해 왔다. 특히 토머스 에디슨과 일론 머스크는 각기 다른 시대를 살았지만, 전기라는 공통의 기술을 바탕으로 세상의 흐름을 바꾸는 데 중추적 역할을 했다. 두 사람은 발명가이자 혁신적 기업가로서, 전기를 단순한 에너지원 이상의 가능성으로 인식하고 인류의 생활 방식을 본질적으로 바꿔놓았다.

이번에는 평범한 중학생이 작성한 글을 AI로 교정해 보겠습니다. 전체적으로 읽는 데에 부담은 없지만, 어색한 표현이 많은 글입니다.

초안(중학생)

가장 기억에 남는 물리학자는 뉴턴과 케플러이다. 케플러 이전의 사람들은 행성과 다른 천체들이 원형으로 공전한다고 생각했다. 왜냐하면 그 당시 사람들은 천체들이 신의 피조물이라고 생각하여 타원 궤도라는 것은 있을 수 없다고 하였기 때문이다. 그러나 케플러는 행성의 움직임을 관측하고 케플러 법칙을 세우며 우주와 관련된 역학에 큰 공을 세웠으며 후에 뉴턴이 케플러의 연구의 결실을 맺었다.

뉴턴이 기억에 남는 이유는 결국 책 후반에 나오는 어려운 은하들의 개념과 별들을 해석하는데 기본이 되는 중력에 관한 연구를 하였다. 또한 그의 연구 정신인 '연구에 쓰지 않는 시간은 모두 내다버린 시간과 같다.'에 감명받아 나 또한 공부를 더 열심히 해야겠다고 생각했다.

AI가 교정한 부분을 찾아보면, '왜냐하면', '-하였기 때문이다.', '공을 세웠다.', '결실을 맺었다.'와 같은 낡은 문구를 수정하고, 문장의 연결을 더 자연스럽게 다듬었습니다. '나 또한 공부를 더 열심히 해야겠다고 생각했다.'라는 마지막 문장은 '나도 앞으로 공부에 더욱 힘써야겠다고 다짐했다.'라고 전체를 교정했습니다. 이처럼 문장력이 부족하거나 개선할 여지가 많은 글은 챗GPT와 같은 AI 챗봇도 곧잘 교정합니다. 다만 교정된 결과에서 특유의 어투가 남지 않았는지 확인이 필요합니다. 교정을 요청할 때 문장 구조나 어휘 같은 특정 요소를 꼼꼼하게 확인해 달라고 구체적으로 지시하면 유용합니다.

교정본(AI)

가장 기억에 남는 물리학자는 뉴턴과 케플러이다. 케플러 이전의 사람들은 행성과 다른 천체들이 원형 궤도를 따라 공전한다고 생각했다. 당시 사람들은 천체가 신의 피조물이라고 여겨 타원 궤도는 있을 수 없다고 생각했기 때문이다. 그러나 케플러는 행성의 움직임을 관측하여 케플러 법칙을 세웠고, 이를 통해 우주와 관련된 역학에 큰 공헌을 했다. 이후 뉴턴이 케플러의 연구를 바탕으로 만유인력의 법칙을 완성하며, 우주에 대한 이해를 한층 넓혔다.

내가 뉴턴을 기억에 남는 인물로 꼽는 이유는, 책 후반부에서 등장하는 어려운 은하와 별들의 개념을 이해하는 데 그의 중력에 관한 연구가 기본이 되었기 때문이다. 또한 '연구에 쓰지 않는 시간은 모두 내다 버린 시간과 같다'는 뉴턴의 연구 정신에 감명받아, 나도 앞으로 공부에 더욱 힘써야겠다고 다짐했다.

핵심 정리

1 초안으로 작성한 글에서 맞춤법과 띄어쓰기, 문법 오류를 바로잡는다.

2 잘못된 수동 표현과 부적절한 문구, 어미와 조사 등을 점검하고 자연스럽게 교정한다.

3 AI 챗봇으로 생성한 글에서 구태의연하거나 부적절한 표현을 찾아서 간결하게 고친다.

4 교정을 AI에 맡기면 저자 고유의 문체가 사라지고 AI 어투로 바뀌니 주의해야 한다.

내 손으로 글 마무리하기

초안 작성 후 교정을 완료하면 글 전체를 검토해서 마무리하고 완성해야 합니다. 마무리 단계에서는 글의 주제와 의도가 계획에 맞게 잘 드러나는지 확인하고, 논리와 구조를 점검하고 나서 문체를 세부적으로 가다듬는 단계를 거치게 됩니다. 이렇게 완성한 글은 독자에게 전달될 준비를 마친 것입니다.

기승전결, 논리와 구조 확인

초안을 작성하고 기본적인 문법과 맞춤법을 교정한 다음에는 글의 흐름을 점검해야 합니다. 원래 의도한 주제가 잘 드러나는지 확인합니다. 만약 의도에 비해서 주제가 강조되지 못했다면 어느 부분에서 주제를 강하게 드러낼지 적절한 위치를 찾아야 합니다. 주제가 글의 앞부분에서 강조되면 두괄식이라고 하고, 뒤에서 강조하는 방식은 미괄식이라 합니다. 글의 도입부에서 흥미를 끌고 본문을 전개한 후에 결론 부분에서 주제를 부각하는 방식이 자연스럽기에 미괄식 구조를 더 자주 씁니다. 두괄식 구조는 주제를 먼저 강조하고 이유와 설명을 풀어가는 방식이어서 신속한 결론 제시가 중요할 때 씁니다. 결론이 앞에 오는 두괄식 구조는 다소 성급하거나 선정적으로 보일 수도 있습니다. 그래서 속보성이 중요한 뉴스 기사는 두괄식 구조를 채택합니다. 반면에 찬찬히 읽어도 되는 글 대부분은 미괄식 구조를 채택합니다.

기승전결起承轉結의 구조를 갖추는 구성도 미괄식 구조에 해당합니다. '일어날 기起'에 해당하는 도입부는 사건의 시작을 알리는 부분입니다. 영화나 소설 같은 픽션이라면 주요 등장인물이 나타나고 흥미를 끌 만한 일이 벌어집니다. 논픽션의 글이라면 배경과 이유를 자연스럽게 설명하면서 다음으로 안내하는 부분입니다. '탈 승承'에 걸맞는 전개 부분에서는 사건이 본격적으로 펼쳐지고 등장인물들의 상호 관계가 제시됩니다. 업무 문서에서는 현황을 설명하는 부분입니다. '구를 전轉'에 해당하는 갈등 부분에서는 사건이 확대되고 대립이 격화되어 흥미가 최고조로 올라가야 합니다. 업무 문서에서는 대안을 제시하는 부분입니다. 마지막으로 '맺을 결結'의 결론 부분에서는 갈등과 사건이 해결되어 상황이 종료되거나 정리되어야 합니다. 때에 따라서는 반전의 결과나 여운을 남기기도 합니다. 업무 문서에서는 기대 효과 항목에 해당합니다. 이런 4단 구조는 글을 구성하는 가장 기본적인 틀로 작용합니다.

보고서나 논문과 같은 학술 문서에서는 4단 구조 대신에 서론-본론-결론의 3단 구조를 적용합니다. 도입부에 해당하는 서론에서는 연구의 배경과 동기를 설명하면서 기술적인 연구 방법이나 한계를 언급합니다. 본론에서는 선행 연구를 분석하여 문제점을 도출하고, 연구 수행 결과를 제시하며 논점을 밝힙니다. 결론에서는 연구의 결과와 성과를 강조하고 한계와 기여도를 언급합니다. 이와 같은 3단 구조는 논설문에서도 채택할 수 있는데, 객관적이고 엄격한 논문 구조에 비해서 두괄식 구조처럼 자유롭게 구성해도 됩니다. 어느 유형의 글이든 3단 구조는 기존의 배경으로부터 이유를 찾고 행위의 타당성을 제시하여 독자를 설득하는 방식으로 전개됩니다. 논리 철학의 대표적인 전개 방식인 변증법도 정반합正反合의 3단 구조이고, AI의 글쓰기 방식도 서론-본론-결론의 3단 구조를 적용하고 있습니다.

업무에 쓰이는 기획안이나 공문서를 작성할 때는 문장의 유려함보다는 문제점과 해결 방안의 명확한 제시가 중요합니다. 문서 전체에 걸쳐 요약 형태의 '개조식 문장'으로 작성하는 이유도 신속 정확하게 메시지를 전달하기 위해서입니다. 기획안이나 변경안 같은 문서는 결정권자 또는 임원에게 사안의 내용이나 문제를 파악하도록 유도해서 옳은 결론을 내리는 데에 도움을 주는 글입니다. 업무 문서나 공문서에는 목적이 분명한 글쓰기를 요구합니다. 개인의 문체나 감상은 제외되고 서류 양식과 같은 형식 체계에도 충실해야 합니다. 따라서 전개 논리와 요점을 분명하게 정리하는 엄격한 구조가 필요합니다. 공문서 중에서도 개인적인 의견을 공식화하는 사유서나 이유서 같은 유형은 논설문처럼 설득력이 중요합니다. 업무 문서는 직장의 일을 시작하거나 정리할 때 쓰이는 글이므로 형식과 내용이 지정된 경우가 많습니다. 주변에서 미리 해당 예시를 찾아보고 작성에 참고합니다.

수미쌍관: 도입부와 맺음말 연결하기

직장의 업무 문서가 아닌 블로그 게시글이나 에세이 유형의 글은 구성이 자유롭습니다. 어떤 말부터 시작해도 글쓴이의 개성과 의미만 제대로 독자에게 전달되면 충분합니다. 만약 글의 구성을 더 짜임새 있게 다듬고자 한다면 도입부와 맺음말에 신경을 써야 합니다. 글의 시작 부분인 도입부는 독자를 글 전체로 이끄는 마중물 역할을 담당합니다. 도입부가 인상적이면서도 호소력이 있어야 독자는 호기심을 느끼고 글에 집중하기 시작합니다. 그러려면 도입부를 재미있게 시작하여 읽고 싶게 만들어야 합니다.

도입부가 인상적으로 보이려면 먼저 글쓴이의 감정이나 호소가 드러나야 합니다. 예를 들어, 글짓기의 고통에 관해 글을 쓴다고 가정하겠습니다. '글짓기는 나에게 어려운 일입니다. 매번 첫 문장을 시작하기 힘듭니다.'라고 설명하는 어투로 도입부를 시작하면 밋밋해서 독자의 호기심을 끌기 어렵습니다. 이때 감정을 더 강조해 봅니다. '나는 글짓기가 너무 힘들다. 글을 쓰려고 하면 머릿속이 뱅뱅 돌며 하얘진다. 첫 글자를 타이핑하는 손가락이 떨리다 못해 마비될 것 같다.' 이런 식으로 글쓴이의 감정이나 기호가 강조되면 독자의 관심을 끌 수 있습니다. 왜 그럴까? 한 번 생각하게 만드는 기법입니다.

진솔한 감정이 드러나는 도입부와 마찬가지로 글쓴이의 독특한 경험으로 글을 시작해도 좋습니다. 대부분의 독자는 저자를 잘 모르는 상태로 글을 읽고, 글을 통해서 저자를 조금씩 알아갑니다. 읽는 이의 호기심을 자극할 수 있는 독특한 경험이 있다면 도입부의 소재로 쓰기에 적합합니다. 남다른 경험이 아주 특별할 필요는 없습니다. 일상에서 경험하는 소소한 사건이나 이벤트도 글의 마중물로 적절합니다. 카페에서 마주친 로봇 같은 점원이라든가 화장실에 숨어서 몰래 온라인 쇼핑하는 가족의 엉뚱한 모습도 재미있는 소재가 될 수 있습니다. 도입부는 본문으로 이끌어가는 통로이자 표지판이므로 호기심이 생긴 독자를 데리고 들어갈 수 있으면 충분합니다. 물론 도입부에서 숨은 메시지를 추측하게 하는 단서를 하나쯤 던져 두면 본문과 맺음말로 연결하기 더 좋습니다. 영화의 도입부에서 흔히 '떡밥'을 놓아두는 것과 같습니다.

글의 마지막에 해당하는 맺음말 부분에서는 본문의 메시지를 확인하고 강조하는 것이 가장 중요합니다. 독자가 무슨 내용의 글을 읽었는지 정리하게 유도해서 의미를 강화하는 부분입니다. 맺음말이 어설프면 글이 용두사미^{龍頭蛇尾}가 됩니다. 도입부는 거창하였으나 결과가 어설프면 글의 인상을 망치게 됩니다. 결론에 해당하는 메시지를 강조할 때 독자에게 억지로 강요하는 느낌은 피해야 합니다. 자연스럽게 의도와 메시지를 전달하고 여운을 남기면서 글을 맺는 방식이 가장 이상적입니다. 자연스러운 여운을 만들기 위해서 도입부의 마중물 역할을 담당했던 소재를 다시 한번 환기해도 좋습니다. '수미쌍관首尾雙關 구성'은 도입부와 맺음말을 서로 연결해서 독자에게 글의 메시지를 강조하는 기법입니다. AI로 생성한 글을 교정할 때도 도입부와 맺음말을 관련지어 고치면 상투적인 글에 개성이 생겨날 것입니다.

주어는 어디에, 주술 관계 확인

글의 전체적인 구조까지 검토하고 나면 개별 문장에서 주술 관계를 확인해야 합니다. 모든 문장은 주어와 술어의 관계로 구성되며 서로 올바르게 대응해야 문장으로 기능할 수 있습니다. 의외로 많은 사람이 글쓰기 과정에서 주술 관계를 틀리기도 합니다. 생각이 앞선 나머지 문장 구조를 건너뛰는 문제가 발생하는 것입니다. 때로는 문장이 길어지면서 주술 관계가 흐려지기도 합니다. 이유가 무엇이든 주어와 술어의 대응 관계가 어색하거나 맞지 않는지 의심스럽다면 문장의 요소들을 분리하며 검토하는 것이 좋습니다. 하나의 주어에 하나의 술어가 대응하도록 맞추면 문장도 짧아져서 의미가 분명하게 드러나게 됩니다.

하나의 간단한 문장에 수식하는 어구가 비집고 들어가면서 문장 구조가 복잡해지기 시작합니다. 예를 들어, '나는 학교에 간다.'라는 간단한 문장에서 '날씨가 맑은 하늘 아래에'라는 부사구를 추가한다면 어디에 넣어야 할까요? '나는 날씨가 맑은 하늘 아래에 학교에 간다.'라고 주어 다음에 바로 추가하면 '나는'과 '날씨가' 중에서 어느 쪽이 주어인지 헷갈리게 됩니다. 주격 조사 '-는'과 '-가'가 연달아 배치되어서 생기는 문제입니다. 또 '아래에 학교에'처럼 장소의 조사 '-에'도 두 번 반복되는 문제가 발생합니다. 이럴 때는 주격 조사를 가진 부분을 서로 멀리 벌려 놓으면 해결됩니다. '날씨가 맑은 하늘 아래에 나는 학교에 간다.' 비슷한 조사끼리는 서로 다투기 쉬우므로 멀리 떼어 놓는 것이 좋습니다.

다른 해결책으로 주격 조사인 '-이/-가'는 연달아 쓰지 않고, 어느 한쪽을 '-은/-는'으로 교체합니다. 예를 들어, '신문 기자가 정치인이 뇌물을 수수하는 것을 포착하였다.'라고 쓰면, 문장 앞쪽 주어 부분에 '기자가'와 '정치인이' 연달아 배치되어 어색합니다. 앞에서 배운 원칙대로 '정치인이 뇌물을 수수하는 것을 신문 기자가 포착하였다.'처럼 두 개의 주어를 멀리 떼어 놓으면 자연스럽게 해결됩니다. 그런데 두 주어를 떼어놓기 어려울 때는 '신문 기자는 정치인이 뇌물을 수수하는 것을 포착하였다.'라고 한쪽 주격 조사를 바꾸면 됩니다. 주격 조사 '-이/가'의 주어 성격이 더 강하므로 강조할 주어에 '-이/가'를 붙이는 것이 좋습니다. 이 문장을 더 자연스럽게 다듬어 본다면, '신문 기자가 정치인의 뇌물 수수를 포착하였다.'라고 교정할 수 있습니다. 그러면 신문 기자의 역할이 더 강조됩니다. 만약 '신문 기자는 정치인의 뇌물 수수를 포착하였다.'라고 주격 조사를 바꾸면 기자의 역할이 축소되고 정치인의 사건이 중요하다는 뉘앙스로 바뀌게 됩니다.

우리말에서는 종종 주어가 생략되거나 숨어 있기도 합니다. 반드시 주어를 챙기는 인도-게르만 어족의 언어 습관과 차이가 큽니다. 물론 서구 언어에서도 주어를 생략하는 때가 가끔 있습니다만, 동사 변형에라도 주격이 반영됩니다. 그래서 한국어를 처음 배우는 서구권 외국인은 종종 주어를 찾아 헤매게 됩니다. 습관이 그렇다 하더라고 일상 대화가 아닌 글에서는 주어를 조금 더 신경 써서 챙겨야 합니다. 주어가 빠진 문장은 주인을 찾아 떠도는 경우가 많습니다. 예를 들어, '소비의 진작을 위해 지역 화폐를 활성화하도록 요구하였다.'라고 쓰면 주어가 없어서 누가 요구했는지 알 수가 없습니다. 지역 상인이 요구한 것인지, 정치인이 요구한 것인지 헷갈립니다. 이때 주어가 문장의 앞쪽에 들어가면 주어가 강조되고, 뒤쪽 술어 앞에 들어가면 행위가 강조됩니다. '지역 상인회는 소비의 진작을 위해 지역 화폐를 활성화하도록 요구하였다.'라는 문장과 '소비의 진작을 위해 지역 화폐를 활성화하도록 지역 상인회가 요구하였다.' 문장을 비교해 봅니다. 뒤의 문장에 강한 주격 조사 '가'를 붙였지만, 위치의 차이로 글의 뉘앙스는 지역 화폐의 활성화를 강조하는 것으로 전달됩니다. 이처럼 주어의 유무와 주격 조사의 종류, 위치에 따라 문장의 뉘앙스가 조금씩 변합니다.

시간에 쫓기며 급하게 작성하여 문장 구조나 주술 관계가 틀어진 글이 있다면 챗 GPT와 같은 AI 챗봇을 이용하여 문장 구조와 맞춤법 등을 점검받아 볼 수 있습니다. 비교적 공을 들인 글이라도 문장 요소의 순서나 서술 방식을 한번은 검토해야 합니다. 아직도 챗GPT나 제미나이 같은 AI 챗봇은 한글보다는 영어에 더 능통합니다만, 기본적인 실수를 잡아내는 능력은 그런대로 쓸 만합니다. AI를 통해 문장 구조와 맞춤법을 교정받더라도 한글과 같은 문서 작성 앱에 다시 붙여 넣고 맞춤법 검사를 실행하는 것이 좋습니다. 최신 버전의 챗GPT도 문단에 하나꼴로 맞춤법이나 띄어쓰기 오류를 범하는 편입니다.

어떤 글이든 교정할 여지는 있습니다. 다음 신문 기사 원문과 챗GPT로 교정한 결과를 비교해 보면 더 읽기 편한 구조의 글로 바뀐 것을 알 수 있습니다. 다만, 쉼표가 빠지거나 띄어쓰기가 잘못된 부분이 일부 보입니다. 유명 언론사 기자의 글도 이렇게 문장 구조를 변경하여 더 읽기 편하게 바꿀 여지가 있습니다. 글쓰기가 업이 아닌 일반인은 맞춤법부터 문장 구조까지 더 많은 교정이 필요할 것입니다. 다만, AI를 이용하여 교정할 때 '그럼에도 불구하고'와 같은 GPT 모델 특유의 어투는 사용자가 추가로 잡아내야 합니다.

기사 원문

22일 인천시와 이들 지자체에 따르면 지난해 8월 1000석 규모의 북부문화예술회관 유치를 둘러싼 유치 경쟁이 과열 양상을 보이자, 인천시는 직접 건립하거나 운영하지 않는다는 방침을 세웠다. 시는 '인천 북부지역 문화예술회관 건립 기본구상 및 타당성 조사 용역' 결과를 발표했는데 경제성이 떨어진다고 판단했다.

이에 따라 시는 북부문화예술회관을 직접 건립해 운영하지 않고 이들 구가 300~700석 규모 구립 문예회관 건립을 추진하면 건축비의 최대 50%를 지원하겠다는 입장을 보이고 있다. 시가 문예회관 건립이 필요하다고 판단한 지역은 계양구와 2026년 7월 신설될 검단구, 영종구 등 3곳이다.

하지만 시의 이런 방침에 따라 자체적으로 문예회관 건립을 추진하거나 기본 계획 등을 수립 중인 기초자치단체는 한 곳도 없는 것으로 나타났다.

지차체 입장에선 수백억 원에 이르는 건립비용이 부담일 수밖에 없다. 1000석 규모의 문예회관은 총사업비가 1100억 원 이상이 소요되는데, 시가 50%를 지원하더라도 나머지는 구가 부담해야 해 재정 부담이 크다. 계양구의 경우 재정자립도가 15% 수준이어서 큰 부담이 된다. 계양구는 구청장이 삭발을 감행하고 주민 16만명의 서명부를 제출하는 등 치열한 유치전을 벌였지만, 현재는 관련 사업이 잠정 중단된 상태다. 〈중략〉

챗GPT로 교정한 결과

22일 인천시와 해당 지자체들에 따르면, 지난해 8월 1,000석 규모의 북부문화예술회관 유치를 둘러싸고 경쟁이 과열 양상을 보이자 인천시는 문화예술회관을 직접 건립하거나 운영하지 않겠다는 방침을 세웠다. 시가 발표한 「인천 북부지역 문화예술회관 건립 기본구상 및 타당성 조사 용역」 결과, 경제성이 떨어지는 것으로 나타났기 때문이다.

이에 따라 인천시는 북부문화예술회관을 시가 직접 짓고 운영하는 대신, 각 구에서 300~700석 규모의 구립 문예회관을 건립할 경우 최대 50%의 건축비를 지원하겠다는 입장이다. 시는 문예회관 건립이 필요한 지역으로 계양구와 2026년 7월 신설될 검단구, 영종구 등 총 3곳을 선정했다.

하지만 이러한 인천시의 방침에도 불구하고, 자체적으로 구립 문예회관 건립을 추진하거나 기본계획 수립을 진행 중인 기초자치단체는 한 곳도 없는 실정이다.

지자체 입장에서는 수백억 원에 이르는 문예회관 건립 비용이 큰 부담일 수밖에 없다. 1,000석 규모의 문예회관을 건립할 경우 총사업비가 1,100억 원 이상 소요된다. 시가 건축비의 절반을 지원한다고 해도, 나머지 절반은 구가 부담해야 하므로 재정적 압박이 크다. 특히 계양구는 재정자립도가 약 15% 수준에 불과해 비용 부담이 더 클 수밖에 없다. 계양구는 앞서 북부문화예술회관 유치를 위해 구청장이 삭발까지 감행하고, 주민 16만 명의 서명을 받아 제출하는 등 치열한 유치전을 펼쳤지만, 현재는 관련 사업이 잠정 중단된 상태이다.

스타일 나게 문체 다듬기

글을 짓고 흐름을 만드는 작문 스타일을 '문체'라고 합니다. 글의 분위기와 표현 방법은 글쓴이의 고유한 특징으로 남습니다. 문체는 글 쓴 사람마다 다르고 서로 구분할 수 있으므로 지문과 같습니다. 소위 '김훈체'처럼 문학 대가의 문체는 아주 특징적이어서 누구나 알아볼 수 있습니다. 문체를 만드는 요소는 단어의 선택부터 문장의 길이까지 다양합니다. 어려운 단어를 골라 쓰면서 만연체의 문장이 길어지면 학자의 어려운 글로 보입니다. 짧은 문장에 공격적인 단어를 넣으면 사회운동가의 글처럼 여겨질 수 있습니다. 대화식의 부드러운 어투를 사용하면 선생님처럼 친근한 느낌을 줍니다. 문장이 간결하고 건조하면서 명사형으로 끝마치는 개조식 문체는 공직 사회에서 많이 사용합니다. 이처럼 문체는 사용 환경이나 독자에 따라 달리 적용해야 합니다.

글을 쓰기 시작할 때부터 문체를 의식하고 적용할 수 있습니다. 반대로 글을 다 작성한 후에 교정하면서 문체를 가다듬을 수도 있습니다. 어느 쪽이든 전체적으로 일관된 스타일을 적용하는 것은 글의 완성도를 높이는 작업이 됩니다. 문체의 결정은 글을 읽는 독자와 글의 목적에 따릅니다. 만약 어린이 대상의 이야기책에 들어갈 글이라면 짧고 쉬운 문체로 정리해야 합니다. 친근한 대화식 문장으로 구성해도 좋습니다. 세무서에 제출하는 이의신청서를 작성한다면 정확하면서도 호소력 있는 문체를 사용해야 합니다. 부과한 세금이 부당하다는 점을 조목조목 증명해야 할 것입니다. 메신저로 상사에게 의견을 묻는 글이라면 짧으면서도 필요한 정보가 다 들어가도록 압축된 문체가 유용합니다. 스타일을 낸다고 문장마다 문체가 달라지면 글이 조잡하고 어수선해 보일 수 있으므로 주의해야 합니다.

다음 작가들의 문체를 비교해 보면 각자의 특징이 분명하게 나타나는 것을 알 수 있습니다. 주어와 술어의 위치를 비롯하여 문장의 길이도 눈여겨볼 필요가 있습니다. 강원국 작가의 문체는 짧고 간결함이 특징입니다. 주어는 대체로 문장의 맨 앞에 있거나 생략되기도 하고, 호흡이 짧고 단정적이어서 글의 해독도 빨라야 합니다. 반면에 김훈 작가의 문체는 강건한 느낌을 주면서도 설명이 자세하게 전달됩니다. 문장의 앞에서는 전제나 조건을 들고, 주어는 중간 어딘가에 배치되어 뒷부분의 술어와 멀리 떨어뜨리지 않습니다. 한국어 문장에서는 주어와 술어의 거리가 멀어지면 해독이 어려워지기 때문입니다. 두 작가 모두 글쓰기의 대가들이어서 그런지 간결한 문체가 특징적입니다.

강원국체

스타일도 문제를 만든다. 대부분 조직에는 번개형과 엉덩이형이 있다. 번개형은 빨리 쓰는 걸 미덕으로 생각한다. 이들은 평소에 논다. 아니 노는 척한다. 머리는 복잡하고 분주하지만, 겉으로는 그까짓 것 마음만 먹으면 언제라도 쓸 수 있는 게 글이라고 생각한다. 앉아서 끙끙대는 건 치욕이라고 생각한다. 한편, 엉덩이형은 모자람을 인정하고 표방한다. 끙끙대는 게 부끄럽지 않다. 자료건 사람이건 의존하는 걸 당연하게 생각한다. 그러나 발전이 더디다. 〈중략〉

김훈체

고등학교에서 영어를 배울 때 나는 그 새로운 문법이 신기해서 문장을 외웠다. 조사 없이, 동사가 목적어를 직접 지배하는 논리구조의 탄탄함에 나는 매혹되었다. 조사를 눈여겨 읽지 않으면 한국어는 해독되지 않는다. 조사의 매개 없이, 단어와 단어의 배열로 이루어지는 문장은 명석하고 힘차 보였다. 초급 독일어를 배울 때 나는 그 논리적 완결성과 개념의 정확성에 놀랐다. 그때 나는 한국어 조사나 활용어미의 쓰임이 너무 모호하고 포괄적이며 때때로 비논리적이라고 생각했다. 〈중략〉

글쓰기에 최적화된 AI 챗봇을 이용해서 문체를 만들거나 변경할 수 있습니다. 초안의 문체가 어수선하면서도 밋밋하다면 프롬프트에 문체 정리를 요청해 봅니다. 프롬프트에서 문체의 특징과 예시를 들어주면 결과가 더 정확하게 바뀝니다. 예를 들어 산문체를 구어체로 바꿀 때는 '일상적인 구어체~에요.'라고 예시를 들면 됩니다. 반대로 정중한 이메일에 쓰는 문체는 예의를 갖춘 표현으로 바뀌어야 합니다. 어느 쪽이든 초안을 먼저 작성해 두고 맞춤법을 교정한 다음, AI 챗봇에 문체를 다듬어 달라고 요청하면 됩니다.

유시민체(원문)

글쓰기도 면역력이 있어야 잘할 수 있다. 우리는 못난 말과 글이 넘쳐나는 환경에서 산다. 책, 신문, 방송을 보면 병든 말과 글이 널려 있다. 면역력이 약한 사람은 책을 많이 읽을수록 문장이 더 나빠질 수도 있다. 반면 면역력이 센 사람은 글이 엉망인 책을 읽어도 거기에 물들지 않고 좋은 문장을 쓴다. 좋은 책을 많이 읽으면 못난 글과 나쁜 문장에 대한 면역력이 저절로 생긴다. 〈중략〉

챗GPT로 변경한 구어체 예시

글쓰기에도 면역력이 있어야 잘할 수 있어요. 우리 주변에는 못난 말과 글이 너무 많아요. 책이나 신문, 방송을 봐도 이상하고 어색한 문장들이 넘쳐나요. 글쓰기 면역력이 약한 사람은 책을 많이 읽을수록 오히려 문장이 나빠질 수도 있어요. 반대로, 면역력이 강한 사람은 문장이 엉망인 책을 읽어도 거기에 휩쓸리지 않고 좋은 문장을 써요. 좋은 책을 자주 읽다 보면, 자연스럽게 못난 글과 나쁜 문장을 알아보는 면역력이 생기게 돼요.

 **핵심 정리**

1 작성한 글을 교정하면서 문장의 논리 관계와 구조를 확인한다.

2 도입부와 맺음말의 소재를 서로 연결하면 글의 구조가 더 단단해진다.

3 문장에서 불필요한 문구를 줄이고, 주어와 술어의 관계가 일치하도록 점검한다.

4 독자를 고려하여 적절한 문체로 글을 다듬고, AI 어투가 남지 않도록 수정한다.

AI

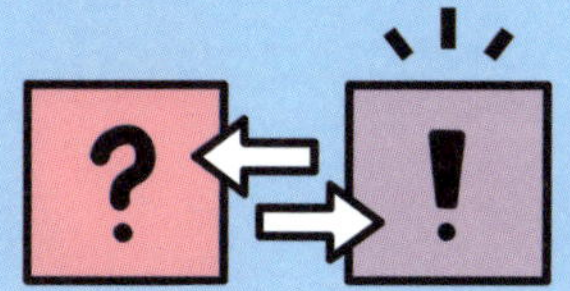

AI 활용 문서 작성

글쓰기의 전체 과정을 이해하는 것만큼 문서의 틀에 걸맞게 완성하는 일도 중요합니다.
글은 자유롭게 쓸 수 있지만, 문서는 성격과 유형에 알맞은 형식으로 작성해야 합니다.
업무와 용도에 따라 AI의 도움을 받아 완성도 높은 문서를 유형별로 작성하는 방법을
다양한 예시와 함께 살펴보겠습니다.

업무 능률을 높이는 문서 작성법

직장이나 회사의 업무는 대부분 문서 작업을 기본으로 합니다. 일상 업무에 사용하는 문서는 정확성과 객관성을 유지해야 하며, 이를 통해 조직의 신뢰와 효율성을 높일 수 있습니다. 다양한 유형의 업무용 글쓰기도 이제는 AI와 함께하면 보다 신속하고 효율적으로 대응할 수 있습니다.

한눈에 들어오는 기획안 작성하기

직장 업무에서 가장 중요한 두 가지 문서 유형은 기획안과 보고서입니다. 기획안 또는 기획서는 새로운 일을 시작하기 전에 계획과 방향을 정리한 문서로, 경영자나 관리자 등 의사결정을 내려야하는 사람에게 내용을 전달하는 역할을 합니다. 대부분의 결정권자는 바쁜 일정을 소화하며 수많은 문서를 검토합니다. 그렇기 때문에 직원이 올린 기획안을 짧은 시간 동안 빠르게 훑어보는 경우가 많습니다. 이런 상황에서는 기획안이 간결하고 핵심이 잘 드러나야 눈에 띕니다. 한때 '한 페이지 기획서'가 유행했던 이유도 바로 이 때문입니다. 복잡한 사안이라도 문제점과 해결 방안을 간결하게 정리해서 단계적인 추진 계획을 일목요연하게 제시하면 최고의 기획안이 됩니다.

기획안 작성 전에 문제에 대한 고민이나 대응 방안 도출이 먼저 필요한 이유입니다. 사전 고민이 없는 기획안은 빈약하고 뜬구름 같은 내용에 머물기 쉽습니다. 직장이든 개인 사유든 기획서를 작성할 때는 먼저 문서에 포함될 항목을 정리하고, 기획할 주제와 계획의 범위를 명확히 정해 두는 것이 좋습니다. 의욕이 지나쳐서 더 많은 범위를 포함하면 오히려 의사결정 과정에 오해를 일으키게 됩니다. 기획서에서 다룰 정확한 범위와 일정을 확인받은 후에 기획안 작성을 고민하는 것이 좋습니다.

다음으로 고민할 내용은 현재의 문제점 분석입니다. 대체로 기획서는 어떤 문제를 타개하기 위해 작성하고 회람하는 문서입니다. 해당 기획안이 필요한 이유를 생각하면 실마리가 풀리게 됩니다. 정확한 문제점 분석 위에 개선 방안이나 발전 계획을 설정할 수 있기 때문입니다. 대안을 완성하는 데에 필요한 비용과 일정 계획도 의사결정에 꼭 필요한 요소입니다. 이때 비용 대비 효과를 수치로 제시하면 더 효과적입니다. 실제로 시행할 때 투입되는 비용 대비 효과를 검토할 수 있는 구체적인 수치가 중요합니다.

기획안 작성에 AI를 활용한다면 기획서의 항목 구성, 내용의 전개, 타당성 검토 등의 과정에서 도움을 받을 수 있습니다. 예를 들어 'AI 활용 글쓰기'라는 책을 기획한다고 가정하고, 챗GPT에게 기획안의 목차를 제안해 달라고 요청해 보겠습니다. 다만 상투적인 결과가 나오지 않도록 프롬프트에는 책 발간의 목적과 의도를 넣어야 합니다.

 인공지능 활용 글쓰기 가이드 책을 발간하기 위해 기획 중이야. 기존 글쓰기 책과 차별화되어야 하고, 생성형 AI 활용 책들과도 구분되면 좋겠어. 출판사 기획자의 입장에서 필요한 기획안의 목차를 제안해 줘.

 출판사 기획자의 관점에서, 인공지능 활용 글쓰기 가이드북은 기존의 '글쓰기 이론서'나 단순한 'AI 툴 사용 설명서'와 달리, 실제 글쓰기 과정에서 AI를 전략적으로 활용하는 방법론과 철학을 담아야 차별화됩니다. 다음은 기획안 목차의 제안입니다.

〈인공지능 활용 글쓰기 가이드북 기획안 목차〉

1. 기획 의도 및 출간 방향

- 책의 목적: 왜 지금 'AI 글쓰기'인가?
- 기존 글쓰기 책과의 차별점
- 생성형 AI 관련 서적과의 차별화 전략
- 주요 독자층 설정(예 작가, 교사, 학생, 콘텐츠 크리에이터 등)

2. 독자 대상과 시장 분석

- 타깃 독자 분석
- AI 시대 글쓰기에 대한 수요 조사
- 유사 도서 현황 및 비교 분석

3. 주요 내용 구성(본문 개요)

제1부. 글쓰기와 인공지능의 만남

- 글쓰기의 본질은 무엇인가?
- 생성형 AI의 글쓰기 능력 이해하기
- 인간–기계 협업 시대의 글쓰기 변화

제2부. AI와 함께하는 글쓰기 실전 전략

- **아이디어 발상**: 창의력 도구로서의 AI
- **초안 작성**: 빠르게 뼈대를 세우기
- **문장 다듬기와 스타일 개선**: AI 피드백의 활용
- **장르별 전략**: 에세이, 기사, 기획서, SNS 글, 학술 글쓰기 등

제3부. 글쓰기 교육에서의 AI 활용

- 교실에서의 AI 글쓰기 지도

- AI를 통한 피드백과 평가

- 학생 창의성 vs AI 사용의 균형

제4부. 윤리적, 철학적 성찰

- AI 글쓰기의 한계와 오해

- 저작권, 표절, 오용의 경계

- 인간의 목소리는 어떻게 유지되는가?

4. 실습과 사례

- 실제 AI 활용 글쓰기 예시(Before & After 비교)

- 실습 프롬프트 모음집

- 독자 참여 워크시트(QR 코드나 온라인 연동 포함)

5. 부록 및 확장 콘텐츠 제안

- 주요 생성형 AI 툴 요약(챗GPT, Claude, Gemini 등)

- AI 글쓰기 가이드라인 요약표

- 독자 커뮤니티 운영 방안(예 온라인 포럼, 뉴스레터 등)

6. 편집 및 디자인 방향

- 시각적 구성 콘셉트(예 워크북 스타일, 마인드맵, 체크리스트 등)

- QR 코드 및 인터랙티브 요소 도입

7. 마케팅 및 확산 전략

- 독자 대상 체험형 특강 기획

- 교육기관 및 작문 수업 대상 제휴

- 콘텐츠 기반 유튜브/블로그 채널 연계

AI 챗봇이 제안한 기획안 목차는 그대로 사용하기보다 내용을 검토해 수정하는 과정이 필요합니다. 빠진 항목을 보완하고 불필요한 부분을 정리하면 자연스럽게 본문 작성으로 이어집니다. 목차 항목에서 강조할 부분과 간략히 넘어갈 부분을 구분하여 언급하고, 기획의 타깃과 분량을 제시하여 적합한 본문 생성을 유도합니다. 대규모 프로젝트가 아니라면 일반적인 기획안은 3페이지 이내로 간략히 구성하는 것이 적절합니다. 기획안은 경영진이나 관리자의 신속한 판단을 돕는 자료이므로 문체도 간략한 '개조식'으로 작성하는 것이 좋습니다. 만약 소요 예산이나 일정과 같이 실질적인 조건이나 데이터가 있다면 함께 제시하여 본문 내용 생성에 반영하도록 유도합니다.

 독자는 AI 이용을 막 시작한 학생과 일반 직장인, 교사 등을 대상으로 설정하고, 책 자체의 목차 예시는 간략히 해서 기획안 전체 내용을 생성해 줘. 분량은 3장 이내이면 좋겠어. 문체는 개조식 문장으로 작성해 줘.

 다음은 출판사 기획자의 시각에서 작성한 인공지능 활용 글쓰기 가이드북 기획안입니다. AI를 막 사용하기 시작한 일반 독자를 대상으로 하며, 책의 차별성과 실용성을 강조한 3장 이내 구성입니다.

인공지능 활용 글쓰기 가이드북 기획안

1. 기획 의도 및 출간 방향
- 인공지능의 일상화에 따라 누구나 글을 쓰는 방식이 변화하고 있음
- AI를 '대신 써주는 도구'가 아니라 '함께 쓰는 파트너'로 이해할 필요
- **기존 글쓰기 책**: 인간 중심 사고와 구조에 집중 → AI 사용법은 부재
- **기존 AI 책**: 기능 설명 위주, 글쓰기 맥락과 실제 활용법은 부족
- 이 책은 글쓰기의 실전 과정에 AI를 통합하는 새로운 글쓰기 전략 제시
- 단순 사용법을 넘어, 글쓰기의 철학과 판단력을 함께 키우는 안내서 지향

2. 대상 독자 및 시장 분석
- 주 대상 독자
  - AI를 막 사용하기 시작한 일반 직장인
  - 글쓰기 부담이 있는 대학생 및 일반 학습자

– 교육 현장에서 AI를 가르치고 싶은 교사 및 강사

- **독자들의 공통 니즈**

  – '어떻게 써야 할지' 막막한 상황에서 AI로 첫 발 내딛기

  – 생각은 있지만 표현이 어렵고 시간이 부족한 글쓰기 환경

  – AI가 써준 글을 단순 복사하지 않고 자기 글로 전환하고 싶은 욕구

- **시장 상황**

  – 생성형 AI 대중화로 실용형 안내서에 대한 수요 증가

  – '책을 읽고 바로 써보고 싶은' 실용서 트렌드와 부합

  – AI 글쓰기의 윤리와 판단력 강조 필요성도 증가 중

3. 주요 내용 구성

- **책 전체 목차 예시**(간략)

  1. AI와 함께 쓰는 시대

  2. 글쓰기의 본질과 변화

  3. 프롬프트로 시작하는 글

  4. 생각 정리부터 초안까지

  5. 문장 다듬기와 스타일 보완

  6. 장르별 AI 글쓰기 전략

  7. 교실과 직장에서의 AI 활용

  8. 나의 글, 나의 목소리

  9. 윤리와 저작권, 어떻게 다룰까

  10. 실습 프롬프트와 Before & After 사례

  ※ 각 장마다 실습, 질문, 체크리스트 수록

  ※ 예시 글과 AI 대화문 포함(직관적 이해 유도)

4. 차별성 및 경쟁력

- **실습 중심 구성**: '읽고 바로 써볼 수 있는' AI 글쓰기 연습책

- **개념과 실제를 연결**: 이론 → 사례 → 실습 → 점검의 흐름

- 교사, 학생, 직장인 등 다양한 독자군을 위한 맞춤 사례 제시

- AI 글쓰기의 윤리적 감수성까지 함께 다루는 균형 있는 구성

- AI가 써준 글을 그대로 베끼지 않고 '내 글'로 다듬는 방법 중점 소개

5. 활용과 확장 방향

- 독자 대상 온라인 실습 콘텐츠 제공(QR코드 연동)
- 학교 및 기업 연계 강의 교재로 활용 가능
- 독자 커뮤니티 운영으로 'AI 글쓰기 워크북' 지속 확장 가능성
- 후속 도서로 'AI 글쓰기 심화편', '학생용 AI 글쓰기 노트' 등 기획 여지

6. 마케팅 전략(요약)

- 독자 대상 온라인 글쓰기 챌린지 캠페인 운영
- SNS, 블로그, 유튜브 대상 프롬프트 콘텐츠 제공
- 출간 기념 무료 체험 특강(온라인) 기획
- 교사 및 교수 대상 교육용 도서 납품 제안

AI로 생성한 기획안의 항목 구성에 별다른 문제가 없다면 내용 교정을 시작합니다. 적절하지 않은 표현이나 맞춤법 오류를 먼저 수정하고 본문 항목 중에서 소제목이나 용어가 이상한 부분은 해당 업무에 적합하게 보완합니다. 특수한 상황을 제시하지 않는 한 AI는 일반적인 내용으로 생성하는 특성을 보입니다. 따라서 각자의 업무에 맞게 제목, 용어, 문구 등을 반드시 확인해야 합니다. 해당 프로젝트에 중요하지 않은 내용을 삭제하고 결정권자나 원청의 관심 사항을 추가하여 기획안을 완성합니다. AI를 통해 생성한 내용 그대로 사용하면 나중에 곤란한 상황이 발생할 소지가 있으므로, 반드시 마무리는 작성자 스스로 보완해야 합니다.

기획안 보완 결과

1. 기획 의도 및 출간 방향
- 생성형 인공지능의 일상화에 따라 글을 쓰는 방식이 변화하고 있음
- AI를 '대신 써주는 도구'가 아니라 '함께 쓰는 파트너'로 이해하는 것이 중요
- **기존 글쓰기 책**: 인간 중심 사고와 구조에 집중 → AI 사용법은 부재
- **기존 AI 책**: 기능 설명 위주, 글쓰기 맥락과 실제 활용법은 부족한 현실

- 글쓰기의 실전 과정에 AI를 통합하는 새로운 글쓰기 전략 제시의 필요성 대두
- 단순 사용법 나열을 지양하고 글쓰기 능력을 향상하도록 돕는 안내서 지향

2. 대상 독자 및 시장 분석

- 주 대상 독자
  - AI를 막 사용하기 시작한 일반 직장인
  - 글쓰기에 부담을 느끼는 대학생, 중고생
  - 교육 현장에서 AI를 활용해야 하는 교사 및 강사
- 독자들의 공통 니즈
  - '어떻게 써야 할지' 막막한 상황에서 AI와 함께 첫걸음 내딛기
  - 업무에 활용해야 하는데 요령과 시간이 부족한 글쓰기 여건 극복
  - AI가 생성한 글을 그대로 복사하지 않고 자기 글로 완성하려는 욕구 충족
- 시장 상황
  - 생성형 AI 대중화로 실용형 안내서 수요 증가 중
  - 책을 읽으면서 바로 활용하는 실용서 트렌드에 부합

3. 주요 내용 구성

- 목차 예시

  1. AI와 함께 쓰는 시대

  2. 글쓰기의 본질과 변화

  3. 생각 정리부터 초안까지

  4. 문장 다듬기와 스타일 보완

  5. 유형별 AI 글쓰기 노하우

  6. 나의 글로 완성하기

  ※ 각 장마다 실습, 요약, 팁 수록

  ※ 예시 글과 AI 대화문 포함(직관적 이해 유도)

4. 차별성 및 경쟁력

- 글쓰기 전체 과정에 관한 이해와 유형별 실습의 균형 구성
- 기존 AI 활용 문서작성 가이드북의 활용법 위주 한계성 타개
- 교사, 학생, 직장인 등 다양한 독자층을 위한 맞춤형 사례 제시
- AI가 써준 글을 그대로 베끼지 않고 '내 글'로 다듬는 방법 중점 소개

5. 활용과 확장 방향

- 독자 대상 온라인 실습 콘텐츠 제공(QR코드 연동)
- 학교, 기업, 커뮤니티 연계 강의 교재로 활용 가능
- 독자 커뮤니티 운영으로 'AI 글쓰기 워크북'으로 확장 가능성

6. 마케팅 전략

- 독자 대상 온라인 글쓰기 챌린지 이벤트 운영
- 독자 대상 프롬프트 콘텐츠 제공
- 독자 리뷰 이벤트 추진

▲ 업무 방향과 적합하게 보완한 기획안 예시

핵심 정리

1 업무 용도의 문서는 객관적이고 사실에 근거한 내용으로 지정된 양식에 작성한다.

2 기획안은 간결하게 작성하며 기획 의도와 목적이 서두에 강조되어야 한다.

3 기획안의 최종 독자를 설정하고 의사결정권자의 눈높이에 맞는 내용으로 정리한다.

4 생성형 AI로 초안을 작성할 때 기획 목적, 비용, 효과, 분량, 문체 등을 명확히 지시한다.

체계적인 보고서 작성하기

기획안이 프로젝트의 시작이라면, 보고서는 그 마무리를 의미합니다. 특정 사업이나 프로젝트의 결과를 정리할 때 보고서를 작성하는데, 대부분의 경우 보고서는 계획서와 한 쌍을 이룹니다. 따라서 보고서에는 기획안에 포함했던 목표와 예상 성과에 대한 실제 결과 자료가 들어가야 합니다. 보고서는 구성원들에게 성과를 전달하고 경영진이 후속 사업을 구상하는 데에 참고하는 자료가 됩니다. 보고서의 내용에 따라 사업 성과에 대한 평가가 달라질 수도 있습니다. 분기별 또는 수시로 작성되는 동향 보고서나 상황 보고서 역시 그 내

용에 따라 판단과 대응이 달라지므로 형식은 간결하고 내용은 정확해야 합니다.

체계적인 보고서 작성을 위해서 고려할 사항이 몇 가지 있습니다. 우선 보고서의 독자가 누구인지가 가장 중요합니다. 독자를 고려한 글쓰기는 보고서에도 적용됩니다. 일반적인 글은 독자에 따라 문체를 달리하는 정도에 불과하지만, 보고서는 독자에 따라 내용 전체가 바뀝니다. 최고경영진까지 회람되는 보고서라면 사업의 전체적 판단을 위한 추진 성과와 결과 데이터를 중심으로 간결하게 작성해야 합니다. 작성자의 주관적 의견이 들어가는 것은 바람직하지 않습니다. 판단은 어디까지나 독자, 즉 결정권자의 몫이기 때문입니다. 반면, 상급자나 중간관리자의 지시로 작성하는 상황 보고서라면 의도와 목적에 관련된 사항을 좀 더 구체적으로 기술할 수 있습니다. 내부 상황 보고서는 진척 현황을 점검하고 문제의 해결 방안을 모색하기 위한 문서이기 때문입니다.

실제 보고서를 작성할 때 도움이 되는 몇 가지 실무 팁이 있습니다. 먼저, 보고서 제목은 간결하고 핵심이 드러나게 정합니다. 예를 들어 '콘텐츠 개발 사업 결과 보고', 'AI 업계 동향 보고'처럼 목적을 중심으로 키워드를 구성하면 됩니다. 보고서 전체 제목 외에도 목차에 따른 소제목 붙이기에도 신경을 써야 합니다. 업무의 배경이나 발단부터 시작해서 향후 대응 방안까지 보고서 전체의 가독성을 높이고 논리적 흐름 강조하려면 큰 문단 단위로도 소제목을 붙이는 체계 정리가 필요합니다. 각 문단도 네댓 문장 이내로 간결하게 서술하고, 긴 문장의 만연체나 반복 표현은 자제해야 합니다. 상세하게 보고하겠다고 장황하게 설명하면 오히려 가독성을 떨어뜨리게 됩니다.

만약 수치와 데이터가 복잡한 내용을 다룬다면 숫자, 표, 도식화 이미지를 활용하는 것이 좋습니다. 이전과 이후의 결과를 한눈에 비교하기 쉽게 추진 상황과 결과를 시각화하면 독자의 이해에 도움이 됩니다. 보고받는 상사나 경영진이 항상 바쁘다는 점을 고려하면, 보고서의 주요 내용은 결론부터 제시하고 설명은 뒤에 붙이는 두괄식이 적절합니다. 보고서를 대충 훑다가 "그래서 결론은 뭔가요?"라고 상사가 질문했을 때 곧바로 대답할 수 있는 자료로 쓰여야 하기 때문입니다. 사실을 적시하는 데이터를 기반으로 보고서를 작성하기 때문에 작성자의 주관적인 의견은 자제하되, 필요한 경우에는 '~것으로 판단됨'과 같이 부수적인 의견임을 표기합니다. 의사결정에 중요하게 작용할 만한 항목에는 핵심 수치나 근거 자료의 출처를 덧붙여, 보고 내용이 사실에 근거하였음을 강조하는 것이 좋습니다.

AI 챗봇을 이용하여 보고서를 작성할 때도 작성 목적과 핵심 키워드를 미리 정해서 프롬프트에 입력해야 합니다. 보고서의 최종 독자와 기관 성격도 제시하고, 보고서에 들어갈 핵심적인 수치와 결괏값도 알려줘야 사실에 부합하는 보고서 내용을 생성할 수 있습니다. AI가 생성한 내용은 보고서 구성의 예시일 뿐입니다. 실제 보고서 형식에 맞춰 세부 내용을 검토하고, 문구나 수치를 실제 결과에 맞게 수정해야 합니다. 부적절한 부분은 과감히 삭제하고, 과업의 목적 또는 조직 내부에서 중요시하는 부분을 추가하면 맥락에 맞는 보고서로 완성할 수 있습니다.

이벤트 사업 결과 보고서 초안을 작성해 줘. 보고서의 주제는 신규 개발한 캐릭터 굿즈 홍보 이벤트 결과이고, 보고 대상은 경영진이며 업체는 공공기업으로 설정해 줘. 사업 규모는 3,000만 원이며, 보고서 분량은 3장 정도이고 개조식 문체로 정리하면 돼.

〈캐릭터 굿즈 홍보 이벤트 결과 보고〉

1. 사업 개요
- **사업명**: 캐릭터 굿즈 홍보 이벤트 운영
- **사업 기간**: 2025년 5월 1일 ~ 2025년 6월 15일(총 6주)
- **사업 예산**: 총 30,000,000원(VAT 포함)
- **담당 부서**: 대외홍보팀
- **주요 목적**: 신규 개발한 공공 캐릭터의 인지도 제고 및 시민 참여 유도

2. 추진 배경 및 목적
- 신규 캐릭터('에코랑') 론칭 이후 실질적인 시민 접점 강화 필요
- MZ세대를 중심으로 한 굿즈 마케팅 도입으로 브랜드 친화도 제고 기대

- 비대면 시대에 맞춘 온라인 기반 이벤트로 참여 저변 확대 유도

3. 주요 추진 내용

구분	내용
굿즈 제작	에코랑 캐릭터 기반 텀블러, 에코백, 스티커 등 총 3종 5,000세트 제작
이벤트 채널	인스타그램, 유튜브 커뮤니티, 홈페이지 배너 연동
참여 방식	미션 참여형 이벤트(퀴즈 참여 및 공유 이벤트)
홍보 방법	SNS 광고(타겟팅 기반), 지역 커뮤니티 제휴 게시물, 기관 홈페이지
이벤트 경품	굿즈 세트 4,000세트 배포 / 1,000세트 내부 활용(직원 교육 · 행사)

4. 성과 분석

4-1. 정량적 성과

항목	목표	실적	달성률
이벤트 참여자 수	10,000명	13,427명	134.3%
인스타그램 게시물 수	200,000건	278,000건	139.0%
유튜브 조회 수	100,000회	96,300회	96.3%
굿즈 소진율	100%	100%	100%

※ 전체 예산 집행률: 약 97.2%(세부 내역은 부록 참고)

4-2. 정성적 성과

- 캐릭터의 친근감, 공공성 강조된 메시지 전달에 긍정적 평가
- 기관 인지도 상승 및 ESG 실천 이미지 강화
- SNS 참여자 중 20대~30대 비중 72%로 MZ세대 타깃 도달 성공적
- 댓글 · 공유 중심 참여로 온라인 자발적 확산 유도

5. 문제점 및 개선 사항

항목	문제점	개선 방향
유튜브 조회 수	기대치 미달(96%)	영상 콘텐츠 분량 및 형식 간소화 필요
참여 후 설문 회수율	전체 참여자의 약 12%	이벤트 말미 설문 유도 UX 강화 필요
내부 굿즈 사용	일회성 행사 위주 활용	직원 대상 지속적 활용 방안(예 복지 이벤트) 강구

6. 향후 활용 및 제언

- 굿즈 중심 홍보는 '친숙한 공공브랜드' 이미지 형성에 효과적
- 캐릭터 활용 범위를 타 기관 협업, 교육 콘텐츠 등으로 확장 가능
- 이벤트 정례화 검토(분기별 온라인 참여 캠페인 제안)
- 굿즈 품목 다양화 및 친환경 소재 중심 재편 필요

부록 예산 집행 요약

항목	금액(원)	비율
굿즈 제작	18,000,000	60.0%
온라인 홍보	7,000,000	23.3%
이벤트 운영비	2,200,000	7.3%
인건비 및 기타	2,800,000	9.4%
합계	30,000,000	100%

 **핵심 정리**

1 보고서 작성은 객관적이고 사실에 근거한 내용으로 지정된 양식에 작성한다.

2 보고서의 작성 목적과 결과 활용을 염두에 두고 체계를 맞추어 내용을 구성한다.

3 AI 챗봇으로 생성한 글의 내용은 반드시 사실을 확인하고 실제 내용으로 보완해야 한다.

4 보고서는 개인 의견을 배제하면서 신속하고 정확하게 작성하는 것이 중요하다.

상황에 완벽한 업무 이메일 작성하기

기획안과 보고서 외에 업무에 자주 쓰는 문서의 형식으로는 이메일이 있습니다. 메신저와 SNS의 활용이 늘면서 이메일 사용 빈도는 다소 줄었지만, 아직도 많은 업무 연락은 이메일로 수행합니다. 구성원들에게 상세한 내용을 공지하거나 공식 행사를 안내할 때도 이메일이 쓰입니다. 다른 문서와

마찬가지로 이메일 작성도 일상적인 업무입니다. 익숙하지 않은 내용이나 새로운 거래처를 상대할 때는 문구와 표현에 신경을 쓰게 됩니다. 특히 격식을 갖춰야 하는 이메일은 토씨 하나까지 고려해서 작성해야 합니다. 기존의 이메일 자료를 예시로 참고하면 대부분의 사례를 해결할 수 있지만, 내용과 구성 모두 막막할 때는 AI를 활용하면 편리합니다.

모든 글이 그렇듯 이메일의 유형도 목적과 내용에 따라 구분합니다. 업무용 이메일에서는 보고, 협조 요청, 회의 안내, 거래처 연락 등이 가장 자주 쓰일 것입니다. 어떤 유형이든 발송하면 되돌릴 수 없기 때문에, 익숙한 형식의 이메일이더라도 내용 작성에 소홀하면 안 됩니다. 작성 과정에서는 발송 의도를 명확히 하고, 본문에 포함될 항목과 요소를 정리하는 것이 중요합니다. 예를 들어 외빈 초청 이메일이라면 시간과 장소, 행사 성격 등을 명확히 제시해야 합니다. 또한 수신인의 특성을 고려하여 문체도 지정하면 적절한 본문 생성에 도움이 됩니다. AI를 활용한 이메일 본문의 생성은 형식과 구성을 참고하는 초안이므로 세부 내용은 각자의 업무 목적과 맥락에 맞게 수정해야 합니다. 다음은 AI에게 학생을 대상으로 하는 공연 행사 초청 이메일 시안을 요청해보겠습니다.

 ○○대학에서 개최하는 재즈 공연에 재학생들을 초대하려고 해. 일시는 2026년 3월 25일 수요일 18시이고, 공연 제목은 'Hot & Cool', 출연 재즈 밴드는 김XX 쿼텟, 대표 연주곡은 'My Funny Valentine'이야. 공연 분위기는 진지하고 열정적일 것 같아. 대학생 대상으로 이메일 내용을 산뜻한 느낌으로 작성해 줘.

 **[대학생 대상 초청 이메일 시안]**

제목: 🎷 가을 저녁, 재즈로 힐링하세요! Hot & Cool 공연 초대

안녕하세요, ○○대학 재학생 여러분!

바쁜 일상 속에서 잠시 쉬어갈 수 있는 특별한 시간을 준비했습니다. 깊어가는 가을 저녁, 재즈의 매력을 가득 담은 무대 Hot & Cool 공연에 여러분을 초대합니다.

- **공연명**: Hot & Cool

- **일시**: 2026년 3월 25일(수) 오후 6시
- **장소**: ○○대학 △△홀
- **출연**: 김XX 쿼텟
- **대표 연주곡**: My Funny Valentine

재즈의 진지함과 열정을 동시에 느낄 수 있는 무대, 그리고 캠퍼스에서 친구들과 함께하는 멋진 저녁 시간을 놓치지 마세요!

🎫 **입장료**: 무료(선착순 입장)
👉 함께 듣고 싶은 친구들에게도 꼭 알려주세요.
여러분의 많은 관심과 참여를 기다립니다.

감사합니다.
○○대학 공연센터 드림

생성형 AI 챗봇은 대화 내용을 기억하기 때문에, 같은 내용도 메일 수신자 유형에 따라 서로 다른 버전으로 생성할 수 있습니다. 예를 들어 행사 초청 이메일의 경우, 대학생 대상과 국회의원 대상은 어투에서도 차이가 클 것입니다. 초청 대상에 따라 더 정중하고 격식을 갖춘 문체 또는 친근하고 호기심을 자극하는 문체로 조정할 수 있습니다. 학생들에게는 참석을 독려하는 내용이 중요하지만, 지역구 국회의원에게는 참석 여부 회신이 핵심으로 작용합니다. 정중한 문체 표현에서는 감사의 마음을 예의에 맞게 표현하는 문구가 필수적입니다. 이와 함께 초청 승낙이나 거절 의사를 전달받으면서 의전을 책임지는 담당자의 연락처도 빠뜨리지 말아야 합니다. 초청을 받았는데 어디로 가서 누구에게 문의해야 할지 모른다면 난감한 일이 벌어집니다. '누가, 언제, 어디서, 무엇을, 왜, 어떻게'라는 육하원칙은 공식 문서에도 적용됩니다. 그 예시로 대학 공연 행사에 정치인을 초청하는 이메일 작성을 챗GPT에 다시 요청해 보겠습니다.

 지역구 국회의원은 특별히 초청해야 해. 동일한 내용을 ○○의원님 대상으로 작성해 줘.

 네, 국회의원님께 드리는 특별 초청 이메일은 더 정중하고 격식을 갖춘 문체로 작성하는 것이 적절합니다. 아래와 같이 다듬어 보았습니다.

[국회의원 초청 이메일 시안]

제목: ○○대학 재즈 공연 Hot & Cool 초청의 말씀

존경하는 ○○ 국회의원님께.

안녕하십니까. 의원님의 노고와 헌신에 늘 깊은 감사의 마음을 드립니다.

○○대학에서는 지역 사회와 함께하는 문화예술 교류의 장으로서 재즈 공연 Hot & Cool을 마련하였습니다. 뜻깊은 자리를 더욱 빛내 주시기를 청하며 정중히 초청의 말씀을 드립니다.

- **공연명**: Hot & Cool
- **일시**: 2026년 3월 25일(수) 오후 6시
- **장소**: ○○대학 △△홀
- **출연**: 김XX 쿼텟
- **대표 연주곡**: My Funny Valentine

이번 공연은 진지하면서도 열정적인 연주로, 가을밤에 특별한 울림을 선사할 것입니다. 바쁘신 의정 활동 중에도 귀한 시간을 내주셔서 함께해 주신다면, 지역 문화 발전과 교류에도 큰 힘이 될 것입니다.

의원님의 참석 여부를 10월 15일까지 알려주시면 준비에 만전을 기하겠습니다.
다시 한번 의원님의 건승과 의정 활동의 무궁한 발전을 기원합니다.

감사합니다.

○○대학 드림

 **포인트** | 메일함 속의 AI 에이전트

구글은 2026년 상반기부터 지메일(Gmail)에 제미나이 기반 AI 서비스를 도입합니다.

이메일 작성을 돕는 기능은 물론 메일함 기반으로 업무 리스트(Todo list)를 생성하거나 사실 확인 질문를 주고 받으는 기능을 포함합니다. 구글 지메일을 시작으로 이메일 서비스에 AI 활용 기능이 경쟁적으로 도입될 것으로 보입니다.

▼ **[표 7]** 업무 상황에 따른 이메일 작성 요령

상황	작성 요령
보고 · 보고 요청	– 제목에 핵심 드러내기('○○ 결과 보고') – 구조: 개요 → 세부 → 결론 또는 요청 사항 – 수치 · 데이터 중심으로 첨부 자료 안내를 명확하게 제시
협조 · 요청	– 요청의 배경을 도입부에 설명 – 요청 내용 구체 · 기한 명시('○월 ○일까지') – 필수적인 자료와 양식 첨부 – 감사 인사 필수
초청 · 안내	– 제목에 행사명 포함('○○ 초청의 말씀') – 일시 · 장소 · 프로그램 등을 항목 구분점 또는 표에 정리 – 존칭 · 격식 문체 사용 – 회신 요청 기한 안내
회의 · 일정 안내	– 제목에 날짜 포함 ('○○회의 일정 안내') – 일시 · 장소 · 참석자 · 안건 간결히 정리 – 자료 첨부 및 사전 확인 사항 제시 – 참석 여부 회신 요청
외부 기관 · 고객 대상	– 존칭 · 격식 유지("귀사의 무궁한 발전을 기원합니다.") – 회사의 대표성을 고려한 문체 사용 – 유익한 제안이나 정정 안내 시 혜택 제시 – 모호한 표현을 피하고 명확히 서술
거절 · 불가 통보	– 감사의 표현으로 본문 시작 – 불가 사유를 객관적이고 간략히 설명 – 대안 제시 가능("다음 회의에서 꼭 의논드리겠습니다.") – 부드럽고 유화적으로 마무리
사과 · 해명	– 빠른 회신이 중요 – 오류나 잘못을 명확히 인정 – 개선책과 재발 방지 방안 제시 – 겸손한 맺음말("심려를 끼치게 되어 송구합니다.")

핵심 정리

1 이메일은 발송 후에 수정이나 회수가 안 되므로 신중하게 내용을 작성한다.

2 메일 수신인을 고려하여 문체를 설정하고 예의에 적절한 어투로 작성한다.

3 메일 내용 아래에 첨부 파일과 담당자 연락처를 빠트리지 않는지 확인해야 한다.

4 AI를 활용해서 이메일 초안을 생성할 때 키워드와 함께 수신인의 지위도 명시한다.

개조식 문체로 공문서 작성하기

공공기관에 관련된 문서를 받아보면 독특한 문서 형식을 마주치게 됩니다. 문서 상단에 커다란 돋움체 스타일의 제목이 달리고, 서술어가 빠진 문장들이 큰 글씨로 나열되어 있습니다. 말끝마다 '~ 강화', '~ 제고 요망' 등 강압적인 용어도 자주 보입니다. 일반적인 주어-목적어-술어 순서의 문장 서술 방식과 달리 명사형 어투로 나열하는 방식을 '개조식 문체^{箇條式文體}'라고 부릅니다. 예를 들어, "대학 도서관에 새로운 교육과정의 교과서를 신속하게 도입하기를 희망합니다."라는 문장은 "대학 도서관 내 개정 교육과정 교과서 신속 도입 요망"처럼 쓰입니다. 주어부터 서술어까지 구구절절 서술하지 않고, 요점만 빠르게 전달하기 위해서 명사형 단어들로 문장을 구성하는 방식입니다. 개조식 문체는 일제강점기 군사용 문서에서 유래했다가 군사정권을 거치면서 공공기관에 정착했습니다. 지금도 정부 기관과 협력하는 기업체에서 비슷한 문장 스타일을 사용합니다.

핵심 키워드로 요점만 나열하는 문장 구성은 뉴스 제목에서도 종종 발견됩니다. 신속하고 객관적으로 전달해야 하기 때문입니다. 공문서도 보고나 알림을 위해 작성하는 문서이므로 개조식 문체로 신속하고 정확하게 작성해야 합니다. 글의 내용도 객관적이고 사실에 충실해야 공공성이 유지됩니다. 성과를 포장할 수는 있으나 없는 일을 작성하면 곤란합니다. 의도를 품고 문서를 꾸미면 범죄가 됩니다. 공문서에 크든 작든 개인적인 의견이나 편향된 견해를 늘어놓으면 안 됩니다. 공공성과 객관성이 전제되어야 하는데, 개인의 편견이 작용하면 의사결정에 혼란을 주게 됩니다. 그래서 주어와 술어는 물론 조사나 보조사를 빼는 관습이 형성된 것입니다. 이처럼 한국어를 구성하는 특징적 요소를 모두 배제하면 남는 것은 명사 몇 개밖에 없습니다. 명사만으로 문장을 구성하면 의미 전달이 어려워, 가끔 '~로 인한'과 같은 표현을 추가하기도 합니다. 다른 문장 서술과 구분되는 개조식 문체의 특징은 다음과 같습니다.

- **간결성**: 주어 · 서술어 · 조사를 생략하고 핵심어만 나열('○○ 추진', '△△ 완료' 등)

- **비인칭성**: 개인 의견이나 감정 표현 금지, 조직과 사안을 중심으로 서술

- **항목화**: 번호, 글머리 표, 하이픈(–) 등을 활용하여 단계적으로 정리

- **객관성**: 사실 중심 기술, 장황한 수사적 표현 배제

서술식 문체 예시

○○ 시는 2025년 3월부터 12월까지 약 10개월간 도서관 환경 개선 사업을 추진합니다. 이번 사업은 노후된 시설로 인해 불편을 겪던 이용자들의 요구와 지역 학습 공간 현대화 필요성에 대응하기 위한 것입니다.

개선 사업의 주요 내용은 다음과 같습니다. 기존의 열람실을 개방형 학습공간으로 전환하고, 최신 자료를 활용할 수 있는 디지털 자료 열람실을 새롭게 마련합니다. 또한, 냉난방과 조명 시스템을 개선하여 쾌적한 학습 환경을 조성할 예정입니다.

이 사업을 통해 시민 여러분의 이용 만족도를 높이고, 나아가 지역 사회의 평생학습 활성화에도 기여할 것으로 기대합니다.

챗GPT로 변경한 개조식 문체 예시

- **사업명**: ○○시 도서관 환경 개선 사업
- **추진 배경**
  - 노후 시설로 인한 이용자 불편 증가
  - 지역 학습공간 현대화 요구 증대
- **주요 내용**
  - 개방형 학습공간 조성(열람실 → 오픈형 공간 전환)
  - 디지털 자료 열람실 신설
  - 냉난방 · 조명 시스템 개선
- **추진 일정**
  - 2025.03 ~ 2025.12(10개월간)
- **기대 효과**
  - 이용자 만족도 제고
  - 지역 사회 평생학습 활성화

▲ 서술식 문체와 개조식 문체의 비교

공공기관에서 작성하는 모든 글은 행정 시스템의 전자문서 체계로 처리됩니다. 공문서 양식도 사안별로 지정되어 있어서 작성자는 양식을 선택하고 본문 내용만 채워 넣으면 됩니다. 기관 내부적으로는 기안문[계획안], 시행문, 품의서, 협조문, 보고서 등이 주로 사용됩니다. 외부적으로는 시행문, 협조문, 안내문 등이 오갑니다. 공공기관들 사이에서는 행정 체계를 통해 공문을 발신하고, 담당 부서의 결재선을 따라 수신을 확인합니다. 공문서는 대부분 개조식 문체로 핵심만 요약해서 전달하지만, 외부 일반인을 대상으로 작성하는 안내문이나 보고서에는 서술식 문체를 쓰는 경우도 많습니다. 공공기관에서 자주 사용하는 공문서의 유형은 다음과 같습니다.

1. 공문

- **공문**: 기관 간 공식 의사소통 수단(협조공문, 회신공문, 통보문, 통지문, 확인서 등)

- **지시 · 훈령**: 상급기관이 하급기관에 업무를 지시(지침, 훈령, 예규, 고시, 지시문 등)

- **인허가 문서**: 민원 처리, 인허가, 승인서 등

2. 보고 · 계획 문서

- **업무보고서**: 추진 실적, 현황, 계획 등 보고 문서

- **계획서**: 사업계획, 연간계획, 중장기계획서 등

- **결산 · 성과 보고서**: 사업 결과 보고서, 평가 보고서

3. 회의 · 의사 결정 관련 문서

- **회의록**: 회의 주요 발언, 결론 기록

- **의결서(결의서)**: 위원회 · 이사회 결정 문서

- **협의 문서**: 회의에 상정되는 안건 자료

4. 내부 행정 문서

- **결재 문서**: 보고 – 결재 – 지시 과정을 거치는 기본 단위 문서

- **품의서**: 예산 집행, 출장, 구매 등 신청 및 승인

- **기안문**: 새로운 안건을 제안하는 문서

5. 규정 · 기준 문서

- **법령 · 조례 · 규칙**: 상위 규범성 문서

- **내규 · 시행세칙**: 기관 내부 운영 기준

- **업무 매뉴얼**: 조직 업무 지침

6. 대외 홍보 · 안내 문서

- **보도자료**: 언론 기관 배포용 기사 자료

- **안내문 · 공지문**: 민원 안내, 직원 공지 문서

- **홍보 책자 · 리플릿**: 정책 홍보용 자료

▲ 공문서의 종류와 유형

포인트 | 공무원의 글쓰기

'공무원은 문서로 일한다'라는 말이 있습니다. 법령과 규정에 따라 일하는 공무원들은 문서에 의존할 수밖에 없습니다. 문서로 규정되지 않은 일은 엄두를 내지 않기 때문에 때로는 '복지부동(伏地不動)'이라는 비난을 듣기도 합니다. 그만큼 공무원은 문서를 읽고 작성하는 데 많은 시간을 보냅니다. 공무원이 담당하는 대부분의 업무는 문서로 주고받게 됩니다. 작은 문구 하나 살 때도 품의서를 작성하고 십여 분 조퇴를 할 때도 근무상황신청서를 내야 합니다. 부서장이나 기관장의 업무 지시는 구두로 전달될 때도 있지만, 결과는 대부분 문서로 보고해야 합니다. 하루 종일 한글 프로그램 창을 열고 문서를 작성하는 일이 비일비재합니다. 그런 환경이다 보니 문서 작성 능력은 공무원이 갖추어야 할 첫 번째 덕목으로 꼽힙니다. 글쓰기가 불편하면 일도 힘들어집니다.

힘들지 않게 공문서를 작성하려면 요령이 필요합니다. 첫째, 기존 유사 사례를 찾아서 참고합니다. 공문 양식은 전국이 비슷하지만, 기관마다 문서를 작성하는 디테일에 차이가 있습니다. 선임자나 상급자의 문서를 살펴보면서 사안마다 상황마다 어떻게 문서 내용을 작성했는지 확인하는 것이 공직자 글쓰기의 첫걸음입니다. 둘째, 결재권자의 첨삭을 받아보는 방법입니다. 내가 쓴 글에 손을 대면 기분이 나쁘다는 편견은 버려야 성장할 수 있고, 경험자의 도움을 받는 것을 주저해서도 안 됩니다. 공문서는 개인의 창작물이 아니라 공공의 소유입니다. 문서는 공조직이 움직이는 기초 단위이고 기관의 결재 문서함에 보존 기한 내내 남게 되므로 글쓰기도 집단적인 작업이라고 생각하면 마음이 편해질 것입니다. 셋째, 문서 내용을 정확하게 뼈대부터 추려야 합니다. 공문서도 글쓰기의 방식과 절차를 따릅니다. 마찬가지로 글 작성의 목적과 최종 독자를 먼저 확인하고, 순서와 개요를 핵심어로 배치하면서 틀을 짜야 합니다. 세부 항목에 적합한 용어나 표현은 기존 문서에서 찾아 응용하면 대략적인 얼개를 갖출 수 있습니다.

글쓰기 자체에 익숙하지 않다면 공무원도 생성형 AI를 이용하여 문장을 작성할 수 있습니다. 기관마다 AI 관련 규정은 다르겠지만, 민감한 기관 정보나 개인정보를 프롬프트에 입력하지만 않으면 안전합니다. 특히 처음 접하는 사업이나 사안에 관해서는 AI의 도움을 통해서 관련 정보를 체계화하면 번잡하게 검색하는 것보다 훨씬 일이 간편해집니다. 거대 언어 모델 AI는 정보를 일목요연하게 정리하는 데에 능숙하기 때문입니다. 예상 효과나 기대 효과 같은 단락도 AI 챗봇이 잘 정리해 줍니다. 다만 공문서에 들어갈 내용은 반드시 사실 확인과 수치 정보의 검증 과정이 필요합니다. 공문서 작성의 마지막 단계에서는 빠진 항목이 없는지, 기관장이 관심을 가진 사안이나 정보가 잘 보이는지 확인합니다. 문서의 내용이 작성 목적에 맞는지 최종적으로 확인하고 결재선에 올리면 됩니다. 글쓰기 실력은 쓰다 보면 늘어 갑니다.

"우리는 디지털로 사회현안을 해결하고, 국가미래를 열어간다."

한국지능정보사회진흥원

수신 수신자 참조

(경유)

제목 2025 AI Challenge Season2 (AI 경진대회) 개최 홍보 협조 요청

1. 귀 기관의 무궁한 발전을 기원합니다.
2. 한국지능정보사회진흥원은 통합테스트베드와 AI를 활용하여 사회현안 해결 및 공공혁신을 위한 「2025 AI Challenge Season 2」를 개최합니다.
3. AI서비스 개발을 통한 사회현안 해결 및 공공혁신에 관심있는 산·학·연·관 전문가들이 대회에 참여할 수 있도록 홍보 협조 요청드립니다.

  가. 주　　제 : 민간·공공 디지털자원(데이터, 서비스API 등) 및 통합테스트베드를 활용하여 사회 문제 해결 및 AI산업 발전을 위한 아이디어 제안 및 AI서비스 개발

      ※ 통합테스트베드에서 제공하는 GPU 등 클라우드 자원, AI·SW 개발 지원 도구 무료 제공 및 AI·빅테크 기업의 멘토링 제공

  나. 참가 대상 : 학생, 벤처·스타트업, 시민 개발자 등 개발이 가능한 국민 누구나

  다. 대회 일정 : '25.8.19(화) ~ '25.11.20(목)

      ※ 참가 접수 및 기획서 접수 마감 : '25.9.5(금) 자정

  라. 대회 방식 : 멘토 기업이 접수된 기획서 중 총 10개 팀을 선정, 약 2개월간 코칭·멘토링 진행 및 애자일 방법론을 활용하여 AI 혁신서비스 개발

  마. 주최/주관 : 과학기술정보통신부 / 한국지능정보사회진흥원

  바. 시　　상 : 대상(장관상)/최우수상(NIA원장상)/우수상(기업대표상) 등 9점(시상금 2,600만 원)

      ※ 공공데이터를 활용한 우수작에 대하여 특별상 수상(중복수 상, 상금 100만 원)

  사. 접수 방법 : 홈페이지(https://contest.dpgtestbed.kr/)를를) 통한 기획서 접수/신청

  아. 협조 사항 : 대회 포스터(붙임자료) 기관 홈페이지 게시 등 홍보 요청

  자. 문　　의 : 한국지능정보사회진흥원 플랫폼혁신팀(053-***-****, ****, ****@nia.or.kr, ***@nia.or.kr), 경진대회 운영 사무국(02-****-****)

붙임 : 2025 AI Challenge Season2(AI 경진대회) 홍보 포스터 1부. 끝.

▲ 외부 기관의 협조를 요청하는 공문 예시

핵심 정리

1 공문서는 공적으로 행사하고 보존하므로 내용에 객관적인 사실만 다루어야 한다.

2 대부분의 공문서는 개조식문체를 사용하므로 문장을 간략히 표현하는 데에 유의한다.

3 공문서를 준비할 때 기존 문서 사례를 참고하고 지정한 양식에 맞추어 작성한다.

4 AI를 활용해서 공문서 초안을 작성할 때 키워드를 제시하고 정확한 수치를 확인한다.

눈길이 가는 보도자료 작성하기

직장이나 단체에서 작성하는 문서 유형 중에서 보도자료는 외부에 공개되는 글이므로 공들여 작성해야 합니다. 원칙적으로 기자들은 행사나 사건 현장을 직접 취재해야 하지만, 현실적으로 모든 현장을 방문하기 어렵기 때문에 보도자료를 자주 활용합니다. 보도자료의 작성 주체는 언론사가 아니라 행사 또는 사건에 관련된 기관과 기업, 단체이므로 홍보의 성격을 띄기 쉽습니다. 그렇지만 문서의 내용은 기자가 쉽게 기사로 활용할 수 있도록 기사체의 구성과 형식을 갖추어야 합니다. 본문은 두괄식으로 구성하고, 문장은 명확하고 간결하게 작성해야 기사 문체에 걸맞게 됩니다. 기관의 이미지와도 직결되므로, 보도자료는 대체로 홍보 부서에서 작성합니다.

보도자료 작성에는 몇 가지 기본 원칙을 따라야 합니다. 첫째, 행사나 사건의 내용을 사실 중심으로 작성해야 합니다. 사업 성과를 과시하기 위해 '국내 최고' 같은 과장된 표현은 자제하고, 광고 성격은 문구도 배제해야 합니다. 일방적인 광고 성격의 보도자료는 기사로 채택될 가능성이 작습니다. 둘째, 보도자료의 전체 분량은 한두 페이지 정도로 제한하고, 문장도 간결하게 작성해야 합니다. 간결하고 명료한 보도자료는 내용을 파악하기 쉽고 기사로 쓸지 판단하는 데에도 편리하기 때문입니다. 셋째, 기사로 바로 쓸 수 있는 구성을 갖추어야 합니다. 신문 기사를 유심히 보면, 내용 전체를 함축하는 제목에 이어 도입부에서 한두 문장으로 행사나 사건의 전모를 파악할 수 있습니다. 이어서 상세한 내용이 이어지는 순서로 작성된 기사가 많습니다. 이와 같은 구성과 문체를 '기사체'라고 부릅니다. 보도자료의 구성 요소는 다음과 같습니다.

---

1. 제목(Headline)

– 짧고 핵심적인 메시지로 축약(예 '○○대학교, 청소년을 위한 AI 교육 프로그램 개설')

– 보도할 가치를 강조하는 키워드 포함

2. 부제목(Subtitle, 선택사항)

– 제목을 보완하는 추가 설명 문구로 작성(예 '지역 사회를 위한 교육 기회 제공')

3. 리드(Lead, 첫 문단)

– **핵심 사실 요약:** '언제, 어디서, 누가, 무엇을, 왜, 어떻게'를 두어 문장으로 정리

– 기자들이 기사의 첫 부분으로 그대로 인용할 수 있도록 작성

4. 본문(Main Body)

– **배경 설명:** 사업이나 행사의 필요성과 의미 서술

– **세부 내용:** 일정, 주요 인물, 프로그램 구성, 수치 제시, 성과 자료 등

– **인용문:** 책임자나 대표자의 코멘트 삽입 → 기사 신뢰도와 전달력 강화

– **향후 계획:** 후속 일정, 기대 효과. 다음 행사 등

5. 기관 정보(Boilerplate)

– 기관 소개(연혁, 비전, 주요 역할 등) 간단히 기재

– 모든 보도자료에 공통으로 들어가는 소개 문구

6. 문의처(Contact)

– 담당 부서, 담당자 이름, 직위, 전화번호, 이메일

– 기자들이 추가 확인이나 인터뷰 요청 시 즉시 대응

---

7. 사진 자료
- 사업이나 행사 사진 첨부
- 기관장이 주인공이면 인물 정보 제공

▲ AI로 생성한 보도자료의 구성 요소 예시

담당 분야에 따라 차이는 있지만, 언론사 기자는 매일 수십 건의 보도자료를 받습니다. 바쁜 업무 중에 수시로 전달되는 보도자료를 꼼꼼하게 분석할 시간도 부족합니다. 그래서 기자의 눈길을 끄는 보도자료를 작성하는 것이 중요합니다. 수많은 보도자료 중에서 눈에 띄려면 제목과 첫 문장 즉, 리드 문장을 잘 뽑아야 합니다. 늘 바쁜 기자들은 먼저 제목만 흘깃 보고 다음 자료로 넘어갈 가능성이 높기 때문에, 제목을 인상적인 키워드로 구성하는 것이 중요합니다. 예를 들어, '○○대학교 청소년을 위한 AI 교육 프로그램 개설'이라는 평범한 제목 대신 '청소년을 위한 AI 세상, ○○대학교가 만든다'와 같이 역동적이고 생동감 있는 표현을 사용하면 더 눈길을 끕니다. 살아있는 표현과 능동적인 단어를 쓰는 것을 추천합니다. 그렇다고 지나치게 자극적인 표현은 도리어 유치한 느낌을 주기 쉬우니 주의가 필요합니다. 생성형 AI를 활용해 보도자료 초안을 생성할 때는 행사 명칭과 일정, 장소, 참여자 수, 기관장 코멘트 등을 다음과 같이 프롬프트로 제시하면 더 정확한 초안을 만들어 낼 수 있습니다.

보도자료 예시로 대학에서 지역 사회를 위해 개최한 재즈 공연의 결과 보도자료 예시를 작성해 줘. 공연 제목은 'Hot & Cool'이고, 일시는 2026년 3월 25일(수) 오후 6시, 출연자는 김XX 쿼텟, 대표 연주곡은 'My Funny Valentine'으로 설정해 줘. 관객 수는 약 300명이었고, 지역구 국회의원 최○○ 의원이 참석해서 '이처럼 좋은 문화예술 행사를 통해 지역과 대학이 상생하는 협력 관계를 강화하자.'라고 말했어.

[보도자료]
○○대학교, 지역 사회와 함께한 재즈 공연 'Hot & Cool' 성황리 개최

리드

○○대학교는 지난 3월 25일(수) 오후 6시 교내 ○○홀에서 개최한 재즈 공연 'Hot & Cool'을 약 300명의 지역 주민과 함께 성황리에 마쳤다. 이번 공연에는 김XX 쿼텟이 출연해 대표곡 'My Funny Valentine'을 비롯한 다채로운 무대를 선보였다.

본문

이번 공연은 ○○대학교가 지역 사회와 함께하는 문화예술 교류의 일환으로 기획된 행사로, 학생·교직원뿐 아니라 지역 주민과 예술 애호가들이 함께 참여해 큰 호응을 얻었다.

특히, 공연 현장에는 지역구 최00 국회의원이 참석하여 "이처럼 좋은 문화예술 행사를 통해 지역과 대학이 상생하는 협력 관계를 강화하자."라고 축사를 전해 눈길을 끌었다.

공연을 맡은 김XX 쿼텟은 수준 높은 연주로 관객들의 뜨거운 환호를 받았으며, 대표곡 'My Funny Valentine' 연주 장면에서는 객석의 몰입도가 절정에 달했다.

○○대학교 관계자는 "앞으로도 대학이 지역사회와 함께 문화를 공유하고, 예술적 감수성을 확산할 수 있는 다양한 프로그램을 마련해 나가겠다."고 밝혔다.

기관 소개

○○대학교는 19XX년 개교 이래 교육·연구뿐 아니라 지역 사회와 함께하는 문화예술 활동을 꾸준히 이어오고 있다. 대학 구성원과 지역 주민이 함께 소통하는 장을 마련하여, 지식과 문화가 지역 사회에 환원되는 '열린 대학'을 지향하고 있다.

문의처

- **담당 부서:** ○○대학교 대외협력처 홍보팀
- **담당자:** 홍길동 팀장
- **연락처:** 02-XXX-XXXX
- **이메일:** pr@xxxx.ac.kr(mailto:pr@xxxx.ac.kr)

핵심 정리

1 보도자료는 기자의 입장에서 기사화하기 편한 내용 구성으로 간결하게 작성한다.

2 본문은 두괄식으로 구성하고, 첫 리드 문장을 명확하면서도 인상적으로 작성해야 한다.

3 자료 내용에 살아있는 표현과 능동적인 단어를 쓰면 역동적인 느낌을 줄 수 있다.

4 AI로 보도자료 초안을 작성할 때 명칭, 일정, 장소, 숫자, 기관장 코멘트 등을 제시한다.

일목요연하게 회의록 작성하기

회사나 기관에서 신입 직원이 담당하게 되는 문서 작성의 유형 중 하나가 회의록입니다. 회의록은 기록물로 남기는 문서라서 작성 업무 자체가 다소 지루한 편입니다. 신입 직원에게는 회의 주제는 물론 참석자가 누가 누구인지도 제대로 파악하기 어려울 것입니다. 조직의 업무 분담과 주요 맥락을 알기 전이라면 회의 내용도 따라가기 힘듭니다. 회의 전 부서의 선임자에게 미리 문의하여 회의 주제를 일부라도 파악해 두면 회의록 작성의 부담을 덜 수 있습니다. 회의 과정에서 누가 어떤 발언을 했는지 꼼꼼하게 기록하는 일도 중요하지만, 회의의 흐름을 놓치지 않도록 신경 써야 합니다. 회의록은 속기록과 달리, 모든 대화를 일일이 다 받아쓰기보다는 주요 발언의 요지를 파악하고 요점을 기록하는 것이 중요합니다.

회의록 작성에는 몇 가지 원칙이 있습니다.

- **사실 그대로 기록**: 발언자의 의도를 왜곡하거나 주관적 해석을 넣지 않고 기록합니다.
  예를 들어, 언성을 높여 발언했더라도 "강력히 주장했다." 대신 "의견을 제시했다."라고 순화합니다.
  또한, "많은 반대가 있었다." 대신 "다수의 반대 의견이 제시됨."으로 객관화하여 서술합니다.

- **간결·명료하게 작성**: 불필요한 수식어나 부사는 생략하고 핵심만 기록합니다.
  문장에 수식어가 많아지면 주관적 표현으로 흐르기 쉽기 때문에 주의해야 합니다.

- **회의 흐름 구조화**: 회의 전반의 내용을 표나 항목 분류로 정리하면 확인과 검토에 편리합니다. 예를 들어, [안건ㆍ회의 내용ㆍ결정 사항ㆍ담당 부서ㆍ비고]와 같은 표 형식으로 구성할 수 있습니다. 회의록 구성에 자신이 없으면, AI를 활용하여 작성 예시를 확인할 수 있습니다.

- **회의 직후 신속 작성**: 회의록은 회의 직후 빠르게 정리해야 기록의 정확성과 기억의 신뢰성을 확보할 수 있습니다. 회의 종료 후 또는 이튿날 회의록 제출을 요구받는 경우가 많으므로, 미루지 않고 즉시 작성하는 것이 중요합니다.

회의에 앞서 챗GPT에게 회의록 작성에 필요한 구성 요소를 요청해 보겠습니다.

 기관의 부서장들이 참석하는 회의에 서기로 참석하게 되었는데, 회의록 작성에 필요한 구성 요소를 정리해서 설명해 줘.

1) 회의 개요
- 회의명, 일시, 장소
- 참석자(부서장 및 실무자 성명)
- 안건 목록(회의 목적 포함)

2) 회의 내용(안건별로 구분하여 정리)
- **발표ㆍ보고 요약**: 핵심 수치, 주요 배경, 결정 포인트
- **토의ㆍ논의 요약**: 찬반 의견, 쟁점 사항
- **결정 사항**: 합의된 내용, 후속 조치, 책임 부서, 완료 기한 등
- **보류 사항**: 추가 검토가 필요한 사안, 다음 회의 상정 여부

3) 회의 결론 및 후속 조치
- 사안별 담당자ㆍ부서 지정
- 실행 일정, 후속 점검 사항

4) 작성자 및 검토자 표기
- 작성자(서무 담당자)
- 확인자(회의 주재 부서장 또는 의장)

만약 회의에 녹음기나 녹음 앱의 사용을 허락받았다면 녹음 파일을 텍스트로 변환하는 서비스나 앱을 이용하면 편리합니다. 다만 회의록은 손기록과 달라서 내용을 요약하고 체계적으로 정리하는 작업이 꼭 필요합니다. 회의록을 작성하는 이유는 회의 내용을 통해 의사결정에 다다르기 위함입니다. 회의 내용을 객관적이고 일목요연하게 작성하여 결정권자가 참고하도록 제공하려는 목적이 가장 큽니다. 회의가 끝난 후에도 회의록은 기록물로 보관됩니다. 특히 정부, 지자체, 공공기관, 공인 단체 등의 회의록은 감사 대상이 될 가능성도 있으므로 작성 과정에서 오류나 누락, 편견 같은 부실 요소가 작용하면 안 됩니다. 회의록 작성 방법이 궁금할 때는 다음과 같이 생성형 AI를 통해 회의록 예시를 받아보면 도움이 됩니다.

내가 재직 중인 문화재단에서 창립 40주년 기념행사 준비를 위한 부서장 회의를 개최할 예정이야. 나는 서무 담당자로 참석해서 회의록을 작성해야 하는데, 참고할 수 있도록 회의록 예시를 생성해 줘. 참고 용도이므로 회의 시간과 참석자 등은 임의로 생성해도 돼.

○○시립문화재단 부서장 회의 회의록

- **회의명**: 제5차 부서장회의
- **일시**: 2025년 9월 10일(수) 10:00~11:30
- **장소**: 재단 본관 5층 대회의실
- **주재**: 김재현 이사장
- **작성자**: 이은지 주임(사무국)
- **참석자**: 기획홍보부, 공연사업부, 전시사업부, 경영지원부, 시설관리부 부서장 외 8명

---

1. 회의 목적
- 재단 창립 40주년 기념행사 준비 현황 점검 및 실행계획 논의

2. 사안별 토의 내용

안건 1. 기념행사 기본 방향(기획홍보부)

- **보고 내용**
  - **행사 일정**: 2026년 5월 15일(재단 창립일)
  - **주요 프로그램**: 기념식, 특별 공연, 사진·아카이브 전시, 지역 사회 참여 프로그램
  - **행사 슬로건 후보**: '문화로 잇는 40년, 미래를 여는 100년'
- **논의 사항**
  - 공연·전시 등 프로그램 간 중복 가능성 검토 필요
  - 예산 범위(약 10억 원) 내 실행 가능성 확보가 중요
- **결정 사항**
  - 슬로건은 추후 대외 홍보 효과를 고려해 최종 확정
  - 부서별 세부 실행계획 초안 제출(기한: 10월 5일)

안건 2. 특별 공연 준비(공연사업부)

- **보고 내용**
  - 국립 교향악단 초청 협의 중, 지역 청소년 합창단과 협연 추진
  - 공연 장소: 재단 대극장
- **논의 사항**
  - 외부 유명 아티스트 섭외 필요성 제기
  - 청소년 참여 확대 시 지역 사회 호응도 제고 가능
- **결정 사항**
  - 교향악단 협의 지속, 아티스트 섭외 여부는 가용 예산 확정 후 재논의

안건 3. 기념 전시 및 아카이브(전시사업부)

- **보고 내용**
  - 40년간 재단 주요 활동 자료·사진 전시
  - 디지털 아카이브 구축 병행 추진

- **논의 사항**
  - 전시 자료 확보와 저작권 검토 필요
- **결정 사항**
  - 아카이브 구축은 정보시스템팀과 협업 추진
  - 9월 말까지 전시 자료 수집 현황 보고

안건 4. 예산 및 지원(경영지원부)

- **보고 내용**
  - 총 예산 10억 원 중 현재 6억 원 확보
  - 나머지는 지방자치단체 지원금 및 협력업체 후원 유치 예정
- **논의 사항**
  - 기업 후원 시 홍보 권리 보장 범위 검토 필요
- **결정 사항**
  - 후원 유치 방안은 10월 회의에서 별도 보고

안건 5. 행사장 및 시설 관리(시설관리부)

- **보고 내용**
  - 대극장, 전시실, 야외 광장 사용 계획
  - 노후 시설 보수 필요(음향 장비, 조명)
- **논의 사항**
  - 행사 전까지 시설 개선 예산 반영 필요
- **결정 사항**
  - 11월까지 보수 계획 확정, 경영지원부와 협의

---

3. 종합 결론

- 각 부서는 10월 5일까지 세부 실행계획 초안 제출

- 10월 중 임시 회의 개최하여 예산 및 프로그램 최종 확정
- 기념 행사는 "지역 사회 참여와 재단 정체성 강화"를 핵심 가치로 추진

---

4. 차기 회의 일정

- **일시**: 2025년 10월 15일(수) 10:00
- **장소**: 본관 5층 대회의실
- **주요 안건**: 부서별 실행계획 검토, 예산안 확정

- **작성자**: ○○시립문화재단 사무국 이은지 (서명)
- **검토자**: ○○시립문화재단 기획홍보부장 박정훈 (서명)

 **핵심 정리**

1 회의록은 객관적이며 사실에 근거한 내용으로 지정된 양식에 간략하게 작성한다.

2 회의록에는 발언 사실만 요약하고 작성자의 주관적 해석이나 견해를 포함하면 안 된다.

3 회의의 전반적인 흐름을 표나 항목 분류와 같은 틀로 정리하면 추후 확인하기 편하다.

4 생성형 AI로 초안을 작성할 때 회의 목적, 비용, 수치, 주요 발언 등을 명확히 제시한다.

교육 활용 문서 작성하기

학교와 교육 현장에서도 수많은 문서를 작성하고 활용합니다. 교육자가 작성하는 문서는 수업과 행정 업무와 관련이 있고, 학생들은 보고서와 소개서 등 과제나 진학을 위한 문서를 작성하는 일이 많습니다. 교육 현장에서도 AI를 활용한 문서 작성은 도덕적 논쟁의 소지가 있으나, 실제 활용도는 크게 증가하는 추세입니다.

흐름을 갖춘 수업 교안 작성하기

교육자가 수업을 준비하면서 작성하는 문서로는 교안 또는 수업 지도안, 수업 자료, 활동지 등이 있습니다. 대학 교수는 주로 교안이나 강의 계획서를 작성하지만, 교사는 수업 지도안과 활동지를 작성하는 경우가 많습니다.

- **교안**: 수업의 목표와 전체적인 흐름을 설계하는 문서

- **수업 지도안**: 학생들의 학습 활동, 시간 배분, 자료 활용, 평가 방법까지 포함한 상세 문서

교사는 학생들이 학습할 내용에 몰입하고 체험할 수 있도록 다양한 학습 요소와 활동으로 수업을 구성합니다. 수업 지도안은 각 학교에서 자체적으로 사용하는 양식도 있고, 교과서 출판사나 교사 커뮤니티에서 자료를 공유하기도 합니다. 만약 수업 지도안의 내용 작성에 어려움을 느낀다면 생성형 AI의 프롬프트에 해당 단원을 제시하고 검색 기능을 통해 조사해서 작성해달라고 요청할 수 있습니다. AI로 생성한 내용은 교과서나 지도서와 대조하며 수정하고, 실제 현장에 맞는 방안을 추가해서 보완해야 합니다. 수업 교안과 지도안 작성 방법은 다음과 같습니다.

- **단원별 수업 구성**: 담당 과목의 단원별로 차시 수업을 구분하고, 각 차시의 목표와 학생 예상 반응을 토대로 학습 내용을 순차적으로 전개합니다.

- **학습 활동과 준비물 확인**: 수업에서 필요한 활동과 재료, 준비물을 미리 확인하면 원활한 수업 운영에 도움이 됩니다.

- **수업 전개 순서 계획**: 수업은 일반적으로 도입 → 전개 → 정리 순서로 진행합니다.
  도입 단계에서는 학습 목표를 제시하고, 이전 학습과 연결해 흥미와 필요성을 인식하도록 합니다.
  전개 단계에서는 시간을 적절히 배분해 학생들의 충분한 학습과 실습을 지원합니다.
  정리 단계에서는 배운 내용을 요약하고, 간단한 테스트나 문답으로 이해를 점검합니다.

- **평가 및 다음 단계 안내**: 수업 마지막에는 학생들의 성취도를 간단히 평가하고, 다음 과정을 안내하여 학습 관심과 동기를 유지하도록 유도합니다.

수업 교안의 구성 요소가 궁금할 때는 AI를 활용하여 항목별 내용을 받아 참고할 수 있습니다. 교안의 구성 요소를 파악한 다음, 단원의 내용을 AI 프롬프트에 제시하여 수업 교안의 예시를 생성해서 참고합니다.

▼ **[표 8]** AI로 생성한 수업 교안의 구성 요소

구분	내용	용도
단원명 / 차시	어떤 단원의 몇 차시 수업 인지(예 지구의 운동과 계절 변화/차시 2)	수업이 단원 전체에서 어디 위치하는지, 전후 맥락 파악에 중요
수업 목표	이번 차시를 통해 학생들이 배우고 할 수 있게 될 것(지식, 기능, 태도(예 '자전축의 기울기가 계절 변화에 미치는 영향 설명할 수 있다.' 등)	목표가 분명해야 수업 내용-활동-평가가 모두 연결됨
학습 내용	수업 시간에 다룰 개념, 내용, 사실, 원리 등(예 자전축 기울기, 햇빛 입사각, 낮 길이 변화)	수업 범위와 내용 정리해서 중복이나 빠진 것 없이 준비 가능
준비물/자료/매체	실험 도구, 모형, 그림, PPT, 손전등, 자, 활동지 등 어느 자료와 매체를 사용할지	시각적/체험적 자료가 있으면 이해도 높고 수업이 더 생생해짐
수업 과정	수업의 흐름 단계별(도입 → 전개 → 정리 등)로 각 단계에서 교사 활동과 학생 활동이 어떻게 전개될지 세부적으로 계획	수업이 체계적으로 진행되도록 하고, 학생 참여 유도, 시간 관리 가능
시간 배분	전체 수업 시간 중 각 단계(도입, 전개, 정리 등)에 얼마씩 소요될지	시간을 효율적으로 사용하고, 수업이 흐트러지지 않게 함
평가 방법	수업 중 그리고 수업 마무리 시 학생들이 목표를 얼마나 달성했는지 확인할 방법(형성평가, 질문, 활동지, 발표 등)	학생 이해도 파악, 교사 피드백 가능, 수업 개선에 자료됨
과제/심화 학습	수업 이후 학생들이 할 활동 또는 다음 수업과 연결된 학습 과제	학습의 연속성과 응용력 기르기 위함
유의 사항/예상 문제점	학생들이 헷갈릴 만한 부분, 잘못 이해할 가능성 있는 점, 도구 문제, 안전 문제 등 미리 고려할 것들	학생 이해 증진, 오류 예방, 수업 효율을 위해 필요

예시로 초등학교 5학년 실기 과목의 교안의 샘플을 첨부하고 표 형태로 제안 받아보겠습니다.

 초등학교 5학년 2학기 실과 과목의 로봇 관련 단원의 수업을 준비 중인데, 참고용 교안 샘플을 표 형태로 작성해 줘.

<table>
<tr><td colspan="2" align="center">○○초등학교 수업 교안</td></tr>
<tr><td>과목</td><td>5학년 2학기 실과</td></tr>
<tr><td>단원명</td><td>4. 기술 시스템 – 로봇의 기능과 구조</td></tr>
<tr><td>차시</td><td>1/2차시</td></tr>
<tr><td>대상</td><td>5학년 3반</td></tr>
<tr><td>시간</td><td>약 40분</td></tr>
<tr><td>학습 목표</td><td>1. 로봇이 어떤 구성 요소(센서, 제어장치, 구동장치 등)를 가졌는지 알 수 있다.
2. 센서가 어떤 역할을 하는지 설명하고, 간단한 센서 작동 실험을 통해 반응을 관찰할 수 있다.
3. 생활 속 로봇의 활용 예를 통해 로봇이 우리 삶을 어떻게 돕는지 생각해 볼 수 있다.</td></tr>
<tr><td>준비물</td><td>– 간단한 센서 키트 또는 로봇 키트(예 광센서, 거리 센서 포함)
– 배터리 또는 전원 공급장치
– 작은 모터 또는 구동 부품
– 컴퓨터 또는 태블릿(프로그램 제어 가능)
– 교과서, PPT 또는 그림 자료– 활동지</td></tr>
<tr><td>주요 개념</td><td>센서, 제어 장치(브레인), 구동 장치(모터 등), 입력–처리–출력 과정</td></tr>
</table>

교수–학습 활동			
단계	시간	교사 활동	학생 활동
도입	약 5분	– **질문**: "로봇이란 무엇일까?", "우리 주변에서 어떤 로봇을 본 적 있니?" – 그림 또는 영상으로 생활 속 로봇 사례 보여주기	학생들이 본 로봇 경험 나누기, 로봇의 모습/기능 간단히 이야기
전개 1 구성 요소 소개	약 10분	– **로봇의 기본 구성 요소 설명**: 센서, 제어장치, 구동 장치, 입력–처리–출력의 개념 설명 – 그림/모형/애니메이션 활용	학생들이 노트에 구성 요소 정리, 질문하기

전개 2 센서 실험 활동	약 15분	– 센서가 있는 간단한 키트를 준비하여 교사 시범 – 학생들이 직접 센서 활용 실험(예 광센서로 빛의 밝기에 따라 LED를 켜고 끄거나 거리 센서로 장애물 감지 실습) – 실험 중 관찰 및 기록 지도	학생들이 소그룹으로 센서 실험, 반응 기록, 비교 토의
정리 및 응용	약 5분	– 배운 내용 요약(센서, 구성 요소, 실험 결과) – **질문:** "센서 없이 로봇은 어떻게 될까?", "생활 속에서 센서 활용 아이디어는 무엇이 있을까?"	학생 발표 또는 의견 나누기
평가/심화 활동	약 5분	– **간단 평가:** "센서, 제어 장치, 출력 장치 중 ___은 ___ 역할을 한다." 등 빈칸 문제 – **숙제:** 생활에서 본 로봇 사례 찾아오고, 어떤 센서/부품이 있을지 스케치하고 설명해 보기	학생 평가 풀이, 숙제 안내

수업 교안을 담당 교과목과 학급 실정에 맞게 더 상세하게 풀어내면 수업 지도안으로 확장할 수 있습니다. 수업 지도안은 교과서 제공 출판사의 교육 허브나 커뮤니티에서 교사 인증을 통해 손쉽게 얻을 수 있습니다. 그러나 획일적인 내용을 학급 현실에 맞추어 수정할 필요가 있어서 아예 교사 스스로 작성하는 사례도 많습니다. 수업 지도안은 교수–학습 활동의 세부 단계가 내용의 중심이 되는데, 성취 기준에 맞추어 학생들의 평가 방법도 구체적으로 계획하여 기재합니다. 수업의 도입부에서는 학생들에게 새로운 학습 내용을 환기하고 관심을 유도하는 발문 내용을 배치합니다. 전개 부분에서는 교과 내용을 순차적으로 풀어가며 학생들의 참여와 성취를 유도합니다. 정리 부분에서는 학습한 내용을 상기시키고 핵심을 기억하도록 강조합니다. 평가 부분은 별도로 시간을 안배할 수 있지만, 전개 부분에 평가를 포함할 수도 있습니다. 어떤 순서이든 수업 내용과 방식에 적절한 평가 방식을 적용해야 합니다. 계획–진단–지도–형성–평가의 5단계 수

업 과정 모형을 적용하기도 합니다.

단원(차시)	5학년 1학기 1단원 Where Are You From?(1/6)
성취 기준	[6영01-02] 일상생활 속의 친숙한 주제에 관한 간단한 말이나 대화를 듣고 세부 정보를 파악할 수 있다. [6영02-07] 일상생활 속의 친숙한 주제에 관해 간단히 묻거나 답할 수 있다.

학습 목표	지식	출신 국가를 묻고 답하는 말을 듣고 이해할 수 있다.
	기능	출신 국가를 묻고 답하는 말을 듣고 이해하여 말할 수 있다.
	태도	친구들과 적극적으로 상호 작용하려는 태도를 지닌다.

핵심 역량	의사소통 역량, 자기 관리 역량
의사소통 기능 및 예시문	**출신 국가 묻고 답하기**: Where are you from? – I'm from France.

자료	교사	교사용 CD-ROM, PPT, 그림 카드
	학생	교과서

도입(5')	• Greetings 　T: Good morning, everyone! • Present the lesson objectives	
전개(30')	• Word Time [PPT] 　– Look at the PPT and learn the new words "from", "Brazil", "Canada", "China", and "the U.S." using pictures	A vocabulary
	• Pre-Listening 　– Look at the picture and guess what's happening 　　T: Open your books to page 10. 　　T: Who are they? 　　T: Where are they? 　　T: What are they doing?	
	• While-Listening 　– Listen to the dialog from the video clip 　– Ask the students to say what they heard 　　T: What did you hear from the dialog? 　– Listen to the dialog again and answer two questions 　　T: What is the name of the boy who moved in? 　　T:Where is Emily from?	P listening comprehension
	• Post-Listening 　– Listen and repeat the key expressions with the CD-ROM 　– Listen to the dialog and number each person. 　　T: Listen carefully and number each person.	A speaking, intonation, stress
	• Listen and Play 　– Play "Line Bingo" 　　T: Shuffle the picture cards and put them in a row in the middle of your desk. Ask your partners, "Where are you from?" They should answer "I'm from ＿＿＿." If that card is at either end of the row, you can turn it over. If not, you can't turn over the card. The team that turns over all the cards shouts, "Bingo!"	A listening comprehension
정리(5')	• Review 　– Practice the key expressions with friends 　　T: Stand up, everyone. Ask your friends "Where are you from?" They think of a country and answer.	

형성 평가	평가 문항	평가 방법
	출신 국가를 묻고 답하는 말을 듣고 이해할 수 있는가?	관찰 평가[수행 평가]
	출신 국가를 묻고 답하는 말을 듣고 이해하여 말할 수 있는가?	관찰 평가
	친구들과 적극적으로 상호 작용하려는 태도를 지니고 있는가?	관찰 평가

▲ 영어 과목의 수업 지도안 예시

수업 지도안이 교사의 수업 준비와 전개를 위한 문서라면, 활동지 또는 활용 자료는 학생들에게 제공하는 학습 자료입니다. 활동지는 학생들이 수업에서 학습한 내용을 확인하고 체험하는 방식으로 구성합니다. 따라서 활동지에는 수업 내용의 핵심을 질문하는 문제를 빈칸과 함께 제시할 수도 있고, 표본을 가위로 오리는 등 학생들이 적극적으로 실습 순서를 조직하도록 유도하는 단계가 포함될 수도 있습니다. 중학교 이상의 학령과 교과 내용에 따라서 활동지 대신 심화 학습 자료를 제작하여 배포하기도 합니다. 심화 학습 자료는 수업 내용의 요약을 포함하여 간단한 확인 문제 형태로 제공할 수 있습니다.

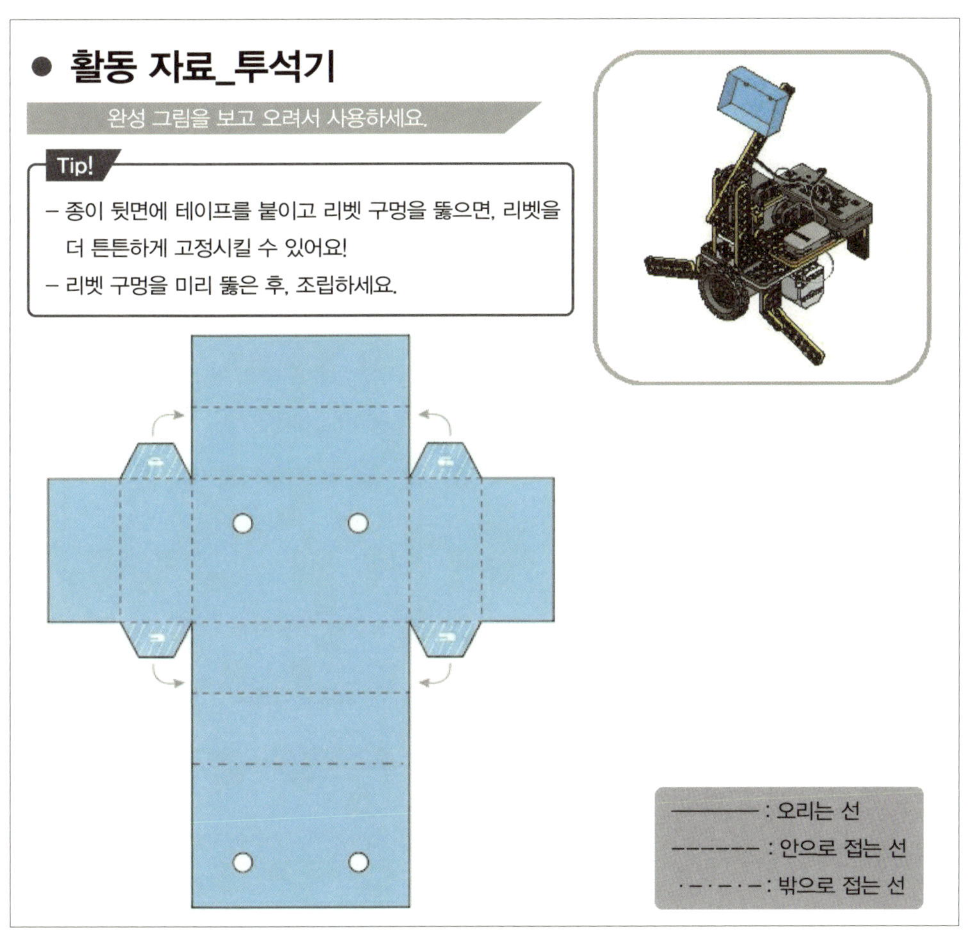

▲ 실과 과목의 로봇 응용 활동지 예시(출처: robotis.com/service/download)

수업 지도안과 활동지 외에 수업에서 학생들에게 제시하는 PPT와 동영상 같은 자료는 모두 '수업 자료'로 통칭합니다. 과거의 교실에서는 교사가 칠판에 판서하면 학생들이 공책에 그대로 베껴 적는 방식의 수업이 일반적이었습니다. 반면 요즘 교실에서는 전자칠판이나 대형 모니터 화면을 이용하여 학생들에게 다양한 학습 자료를 제공합니다. 수업 도입부에서는 학생들의 호기심을 유발하는 자료 영상을 보여주고, 이어서 PPT와 같은 슬라이드 자료로 수업 내용을 전개하는 방식이 자주 쓰입니다. 마이크로소프트 오피스 365의 코파일럿^{Copilot} 기능이 내장되어 파워포인트 앱에 내장되어 있어 필요한 내용을 쉽게 생성할 수 있습니다. 국내 현실에서는 마이크로소프트 오피스 앱보다 미리캔버스$^{miricanvas.com/ko}$, 망고보드$^{mangoboard.net/}$, 캔바$^{canva.com/ko_kr/}$와 같은 웹 기반의 저작 도구의 활용이 활발합니다. 이들 웹 환경에도 AI 생성 기능이 내장되어 필요한 내용과 디자인 요소를 즉시 생성하여 활용할 수 있습니다.

핵심 정리

1 수업 교안과 지도안은 단원의 학습 전개 방식을 지정된 양식에 간략히 작성한다.

2 수업 자료 공유 사이트와 커뮤니티의 자료를 참고하면 내용 작성에 도움이 된다.

3 수업 활동지와 심화 학습 자료는 학생들이 참여를 유도하도록 작성한다.

4 생성형 AI로 초안을 작성할 때 과목, 단원, 내용, 학생 특성 등을 정확히 제시한다.

인기 만점 강의 계획서 작성하기

일선 초중등 학교에서 수업 지도안을 자주 쓴다면, 대학의 수업이나 교육센터 등의 강좌를 준비하기 위해서는 강의 계획서를 작성해야 합니다. 강의 계획서는 수업 목표와 평가 방법, 주차별 계획 등으로 구성됩니다. 수강생들은 강의 계획서를 살펴보고 수강 여부를 결정합니다. 선택 과목이거나 경쟁 신청 방식에서는 눈길이 가는 강의 계획서를 작성해야 폐강되지 않고 살아남을 수 있습니다. 매 학기 동일한 강좌를 담당하더라도 학생들의 관심사와 사회적 흐름이 변하므로 강의 계획서는 매번 갱신할 필요가 있습니다. 수강생의 반응과 강의 평가 결과를 참고해 개선점을 찾고, 새로운 아이디어를 반영해야 합니다. 지난 학기 내용이 그대로 반복되는 강의 계획서라면 학생들의 관심을 얻기 어렵습니다.

수업을 위한 강의 계획서 작성을 준비할 때는 먼저 독자에 해당하는 수강생의 특성 분석부터 시작합니다. 교과목 명칭은 같아도 수강 대상이 대학 1학년 새내기인지, 평생교육원의 성인 학습자인지 나이와 유형에 따라서 수업 내용과 방식이 다릅니다. 대학원의 박사 과정 대상 수업이라면 수강생 숫자도 적어서 학생들이 주체가 되는 세미나 발표와 토론 위주로 강의 계획서 내용을 준비하게 됩니다. 수업 시간과 횟수도 강의 계획서 편성에 중요한 요건으로 작용합니다. 대학에서는 대개 15주 수업으로 강좌를 편성하므로 중간고사를 중심으로 도입부와 심화 과정을 나누어 진행하는 것으로 계획하면 편리합니다. 5주짜리 단기 강좌라면 수업의 호흡이 짧으므로 꼭 필요한 내용만 추려서 기간 내에 성취할 목표와 학습 진도를 제시해야 합니다. 이론 교과목이 아닌 실습 과목의 경우 수강생들의 성취와 난이도 조절이 중요합니다. 처음 담당하는 강의를 위해서 새로운 강의 계획서를 작성할 때 생성형 AI를 통해 초안을 받아 검토하면 도움이 됩니다. 이때 과목명, 수강 대상, 주차 편성 등을 프롬프트에 상세히 입력하면 더 구체적인 계획안을 얻을 수 있습니다. AI 챗봇은 강의 계획에 더불어 수강생과의 소통 방식이나 학습 동기 유발 전략까지 설명을 제공합니다.

평생교육원의 강사가 '영상 콘텐츠 제작' 수업을 담당하려고 준비 중이야. 10주차 2시간 수업이고 수강생들은 영상 제작의 경험이 없는 상태인데, 영상의 기본 원리와 역사부터 콘텐츠 실제 제작까지 다루는 강의 계획서를 생성해 줘. 영상 촬영과 편집 도구는 스마트폰으로 한정되어 있어. 수강생 대부분은 60대 이상의 시니어 계층임을 참고해.

「영상 콘텐츠 제작」 강의 계획서(10주차/주 2시간)

- **수업 대상**

평생교육원 수강생(대부분 60대 이상, 영상 제작 경험 없음)

- **수업 목표**

– 영상의 원리와 역사 이해

– 스마트폰을 활용한 영상 촬영 및 편집 기초 습득

– 일상과 경험을 담은 짧은 영상 콘텐츠 제작

- **주차별 계획**

1주차: 오리엔테이션 & 영상의 이해

– 강사 · 수강생 소개, 강의 목표 공유

– **영상의 기본 원리**: 빛, 연속된 이미지의 착시

– **영상의 역사**: 영화, TV, 디지털 영상의 흐름

– **활동**: 영화/드라마 속 장면 함께 감상, 영상의 매력 나누기

2주차: 영상 장르와 콘텐츠의 종류

– **영상의 유형**: 영화, 드라마, 다큐, 유튜브, 쇼츠

– 좋은 콘텐츠의 특징(스토리 · 메시지 · 공감)

– **활동**: 좋아하는 영상 콘텐츠 이야기 나누기

3주차: 스마트폰 촬영 기초

– **카메라 기본 기능**: 해상도, 초점, 밝기 조절

– 흔들림 방지, 구도 잡기, 빛 활용법

– **활동**: 짝 활동으로 10초 자기소개 영상 찍기

＿＿＿

〈중략〉

＿＿＿

7주차: 스마트폰 편집 기초

- 무료 앱(예 CapCut, VN, iMovie 등) 소개
- 자르기, 이어붙이기, 자막 · 음악 넣기
- **활동**: 10초 자기소개 영상 편집 완성

8주차: 영상 꾸미기와 전달력 강화

- 효과음, 배경음악, 화면 전환 효과
- 자막 넣는 방법과 가독성 팁
- **활동**: 나의 취미 소개 영상 꾸미기

9주차: 나만의 영상 제작 프로젝트

- 각자 주제 선택 후 촬영 · 편집
- 강사 · 동료와 함께 중간 점검
- **활동**: 미완성본 공유 & 피드백

10주차: 완성 영상 상영회 & 수료식

- 완성한 영상 발표 및 감상
- 서로 응원과 피드백 나누기
- 수료증 전달, 단체 기념 촬영

- **수업 운영 방법**
- **난이도 조절**: 짧고 간단한 과제를 통해 성취감 제공
- **반복 학습**: 촬영 → 편집 → 공유 과정을 매주 조금씩 확장
- **친근한 분위기**: 시니어 학습자의 경험과 이야기를 콘텐츠 소재로 활용
- **결과물**: 최종적으로 1~2분 분량의 개인 영상 콘텐츠 완성

강의 계획서는 수업의 일정표 기능에 머물지 않습니다. 오히려 학생들에게 강좌를 어필하는 제안서의 성격으로 바라보아야 합니다.

학생들에게 매력적이고 수강의 의욕이 생기도록 몇 가지 전략적인 요소도 챙겨서 작성하면 반응이 좋을 것입니다.

❶ 수강생 유형에 맞춰 강의를 설계합니다. 시니어 대상은 쉽고 즐겁게 참여할 수 있는 요소를 포함하고, 직장인은 실무와 업무 효율 중심으로 구성합니다.

❷ 학습 목표를 명확히 제시합니다. 수업을 통해 얻는 성과를 구체적으로 안내하면 학생들이 수강 필요성을 공감할 수 있습니다.

❸ 단계별 난이도로 학습 부담을 줄입니다. 처음부터 어려운 개념을 제시하지 않고, 작은 성취를 연속적으로 경험하도록 구성합니다.

❹ 스토리텔링과 키워드 중심 표현을 활용합니다. 딱딱한 학술 용어 대신 흥미로운 단어와 문장을 사용하고, 한 학기 수업이 하나의 이야기처럼 느껴지도록 구성합니다.

강의 계획서는 한 장의 문서로 수업의 과정을 소개하면서도 수강생들에게 확신을 주는 솔깃한 제안으로 보이면 인기 만점의 수업을 시작할 수 있습니다.

 **핵심 정리**

1 강의 계획서는 단순한 일정표가 아니라 학생들에게 수업을 제안하는 내용으로 작성한다.

2 수업 주차 편성과 수강생을 분석하여 목표와 효과가 분명하게 드러나도록 작성해야 한다.

3 학생 성취도를 고려하여 난이도를 조절하고 스토리텔링 요소를 적용하여 작성한다.

4 생성형 AI로 초안을 작성할 때 과목, 주차 편성, 과제, 학생 특성 등을 분명히 제시한다.

몰입도 최고! 수업 자료 작성하기

　　　　교수, 강사, 교사 등 교육 종사자의 업무 중에서 가장 큰 부분은 수업 자료 만들기입니다. 과거의 교실에서는 교과서가 전부였지만, 지금은 지도서부터 미디어 데이터까지 다양한 자료가 넘쳐납니다. 온라인에서 얻을 수 있는 자료는 많지만, 정작 중요한 것은 담당 수업의 수강생에게 적절한 자료로 만들고 편집하는 일입니다. 모든 수업 자료는 수업 시작 전에 충분한 시간을 들여서 준비하는 것이 원칙입니다. 처음 맡는 수업이나 특강이라면 미리 준비한 수업 자료로 사전 시뮬레이션을 하면서 시간과 전개 방식을 시험해 볼 수 있습니다. 때로는 자료가 시간에 비해 넘치거나 부족할 수도 있으므로, 보충 자료를 별도로 준비하는 습관이 필요합니다. 수업 중에도 학생들의 반응과 참여도를 관찰하며 내용을 유연하게 조정할 수 있어야 합니다.

챗GPT를 비롯한 생성형 AI 챗봇의 등장 이후, 교육 현장에서도 AI의 활용이 급증하고 있습니다. AI 서비스들의 기능이 경쟁적으로 확장되면서 수업 자료 만드는 데에도 작업의 품이 줄어들었습니다. 앞서 본 활동지도 수업 자료의 일부인데 거대 언어 모델LLM의 챗봇에는 수업 활동 내용생성에도 활용할 수 있습니다. 마이크로소프트 오피스 365의 코파일럿 플러스는 파워포인트 앱 안에서 직접 내용을 생성하는 기능을 제공합니다. 파워포인트를 시작하면서 '코파일럿을 사용하여 프레젠테이션 만들기'로 시작하면 프롬프트에 수업 과목과 단원 내용, 수강생 특성, 자료의 범위와 조건 등을 입력하면 그대로 생성됩니다. 아직은 기능이 완전하지 않기 때문에 생성된 내용을 확인하고, 자료의 문구와 세부 이미지 등을 보완해야 합니다. 문서든 수업 자료든 AI로 생성한 결과는 초안 수준에 불과합니다.

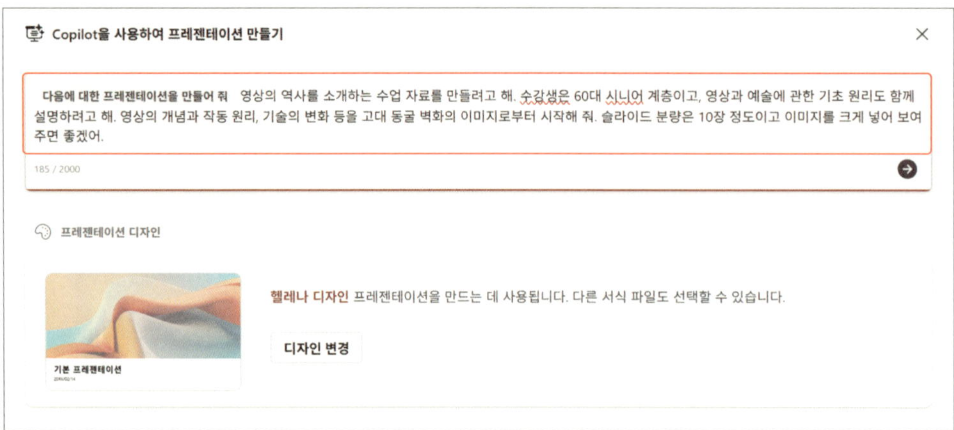

▲ 파워포인트에서 'Copilot으로 프레젠테이션 시작'을 선택한 후 프롬프트에 입력한 예시

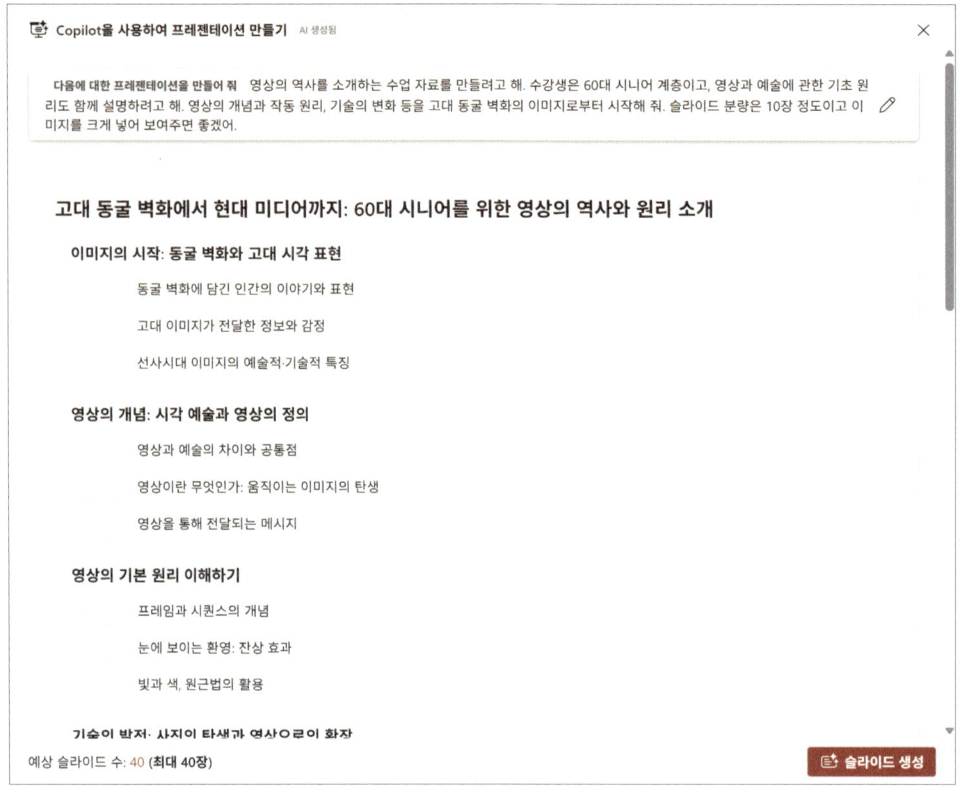

▲ 프롬프트 입력을 바탕으로 코파일럿이 생성한 슬라이드 개요 목록

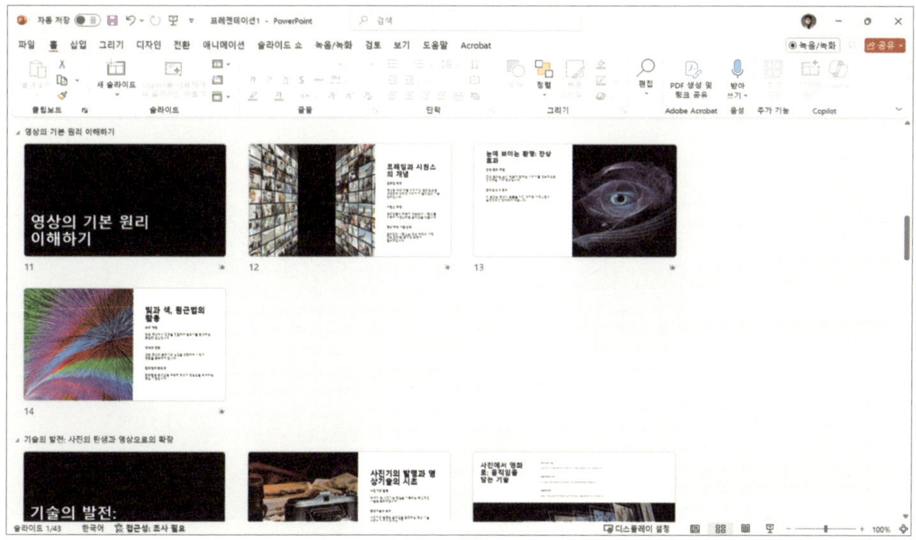

▲ 코파일럿이 생성한 개요를 바탕으로 생성한 슬라이드 내용

대학 강사와 교수들은 주로 파워포인트를 사용하지만, 초중등 교사와 강사들은 캔바, 미리캔버스, 망고보드 같은 웹 기반 저작 도구를 자주 활용합니다. 이들 도구는 AI 기능을 내장해 바로 자료 생성을 지원합니다. 어떤 도구나 서비스를 이용하든지 교육할 내용을 제대로 담아내는 것이 중요합니다. AI는 추론 능력은 뛰어나지만 창의력은 부족하므로, 학생들이 흥미를 느끼고 집중할 요소를 추가해야 합니다. 슬라이드와 활동지 하나까지 학생 관점에서 검토하는 것이 필요합니다. 자료는 교수자가 만들지만, 수요자는 학생이기 때문입니다.

 **핵심 정리**

1 수업 자료는 수업 전에 충분히 준비하고 수업 전개를 시뮬레이션하며 작성한다.

2 처음 담당하는 수업이나 특강에서는 보충 자료를 미리 준비해 두는 습관이 필요하다.

3 오피스 365 코파일럿으로 파워포인트에서 직접 수업 자료를 구조화하고 생성할 수 있다.

4 생성형 AI로 초안을 작성할 때 과목, 수업 내용, 과제, 학생 특성 등을 상세히 제시한다.

디테일이 정교한 생활기록부 작성하기

최근의 설문조사를 보면 교사가 AI를 활용해서 수업 자료를 만들고 생활기록부를 작성하는 것에 대해 부정적인 시선이 많습니다. 학생들은 자신의 학교 생활과 학업 평가가 교사의 정성스러운 분석과 개선을 바탕으로 이루어진다고 믿기 때문입니다. 그러나 업무의 과중함에 지쳐가는 교사의 처지에서는 당면한 업무를 먼저 생각하게 됩니다. 학생들은 교실에서 교사를 마주하는 시간이 전부이겠지만, 수업 외에 부과되는 교사의 업무는 상상을 초월할 정도입니다. 그중에서도 모든 학생의 생활기록부를 꼼꼼하게 작성하는 일은 쉽지가 않습니다. 문구 하나 표현 한 마디에 학생의 입시 결과에 영향을 줄 수 있기에 대충 써줄 수도 없습니다.

학생마다 다르게 세부적으로 작성해야 하는 생활기록부는 여러 가지 구성 요소로 이루어집니다. 학생의 인적 사항과 학적, 출결 사항은 객관적인 데이터로 입력합니다. 수상 경력과 자격증 등의 상벌 사항은 조금은 민감한 정보라서 증명이나 사실에 근거해서 작성합니다. 정작 시간이 소요되는 부분은 진로 활동, 동아리 활동, 창의적 체험활동, 교과 학습 세부 특성, 독서 활동, 행동 특성 및 종합 의견 등입니다. 이런 학생 활동과 발달 영역은 개인마다 편차가 크고 개별 특성을 파악해야만 작성할 수 있기 때문입니다. 학생들을 계속 관찰하고 분석해야 적절한 키워드 같은 언어적인 특성의 도출이 가능합니다. 사실 분석을 바탕으로 선별하는 정확한 표현과 정확한 어휘력이 필요한 일입니다. 경험이 풍부하거나 생기부 작성법을 오래 연마하면 어렵지 않겠지만, 바쁜 일과 중에 제대로 작성하기란 쉬운 일이 아닙니다. 그래서 생성형 AI의 도움이 필요한 일입니다.

우선 생활기록부의 각 항목에 해당하는 내용의 작성 방법을 숙지하여 작성을 준비합니다. 챗GPT와 같은 AI 챗봇을 자주 이용한다면 다른 사용자들이 이미 만들어 놓은 GPT 응용 모델을 사용해 볼 수 있습니다. 챗GPT 메인 화면의 왼쪽 [GPT 탐색] 메뉴를 클릭한 후, 검색 칸에 '생활기록부'를 입력하면 상당히 많은

GPT 버전을 마주하게 됩니다. 그중에서 가장 대화 수가 많은 버전을 선택하여 이용하면 별다른 시행착오를 겪지 않을 것입니다. 만약 타인이 훈련시킨 버전의 GPT를 그대로 사용하는 것이 불편하다면 스스로 프롬프트에 구체적으로 지시해서 생활기록부 항목의 초안을 작성할 수 있습니다. 우선 AI 챗봇의 프롬프트에 학교급을 알려주고 생활기록부 중에서 어떤 항목을 작성하는지 명시합니다. 학생의 특성을 표현하는 키워드를 여러 개 입력한 후 글자 수 또는 바이트 수치를 지정합니다. 키워드가 많고 구체적일수록 생성 결과도 적합하게 나옵니다.

여기서 한 가지 주의할 점은 이 책의 앞부분에서 본 것처럼 챗GPT 특유의 거추장스러운 표현과 어투를 배제해야 한다는 점입니다. 예를 들어, "중학교 교사의 입장에서 생활기록부를 작성하려고 해. 다음 키워드를 이용해서 1,300바이트 분량으로 문구를 생성해 줘. 다만 '또한', '첫째', '둘째' 같은 표현은 쓰지 말고, '~임.', '~함.' 등 개조식으로 문장을 종결해 줘. 행발, 학급회장, 학업성취도 매우 우수, 친구들에게 인기 높음, 교과 선생님들의 평판 우수."라고 입력하면 학생의 '행동 특성 및 종합 의견행발' 항목이 지정된 분량으로 생성됩니다. 그 생성 결과를 가장 인기 있는 GPT 버전과 비교하면 어떤 부분을 보완할지 가늠이 될 것입니다. AI 챗봇은 한글 띄어쓰기와 맞춤법에 익숙하지 않기에 매번 생성 결과를 검토하고 내용을 적합하게 수정해야 합니다.

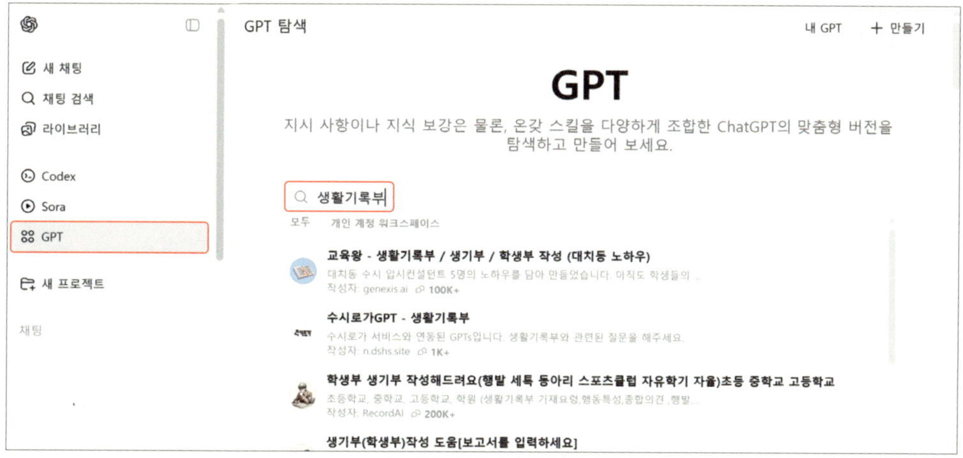

▲ 챗GPT 메뉴에서 [GPT 탐색]을 선택한 후 검색 칸에 '생활기록부'를 입력한 결과 예시

직접 프롬프트에 입력한 결과

 중학교 교사의 입장에서 생활기록부를 작성하려고 해. 다음 키워드를 이용해서 1,300바이트 분량으로 문구를 생성해 줘. 다만 '또한', '첫째', '둘째' 같은 표현은 쓰지 말고, '~임.', '~함.' 등 개조식으로 문장을 종결해 줘. 행발, 학급회장, 학업성취도 매우 우수, 친구들에게 인기 높음, 교과 선생님들의 평판 우수.

 학급회장으로서 책임감과 리더십을 발휘하여 학급 운영에 적극적으로 참여하였으며 학급 구성원 간 협력 분위기를 형성하는 데 기여함. 학교 행사 및 학급 활동에서 솔선수범하여 타의 모범이 되었으며 친구들 사이에서 신뢰와 존경을 받아 인기 높음. 원만한 대인관계로 친구들과의 소통이 활발하며 갈등 상황에서도 조정자 역할을 맡아 긍정적 해결을 이끌어 냄. 수업 시간에 집중력이 뛰어나고 과제를 성실히 수행하여 학업성취도가 매우 우수함. 모든 교과에서 고른 성취를 보이며 자기주도적 학습 태도가 확립되어 있음. 학습 내용을 깊이 탐구하고 정리하는 습관이 몸에 배어 있으며 발표와 토론에서 논리적이고 체계적인 사고를 드러냄. 탐구 과정에서 끈기와 열정을 보여 학급 전체의 학습 분위기를 향상시키는 역할을 함. 교과 선생님들의 평가에서 성실성과 학문적 태도를 높게 인정받아 평판이 우수함. 교사와의 관계에서 예의 바르고 겸손한 태도를 유지하여 모범적인 학생으로 평가받음. 학교생활 전반에서 규칙을 준수하고 책임감을 가지고 임하여 학급과 학교에 긍정적 영향을 미침. 봉사활동에 성실히 참여하며 배려심과 공동체 의식을 실천하여 학생으로서 바람직한 품성을 지님. 학업적 성취와 인성의 조화를 이룬 학생으로서 앞으로도 지속적인 발전 가능성이 높으며 학교생활 전반에 걸쳐 모범이 되는 인재로 성장할 잠재력이 큼.

GPT 생기부 버전 입력 결과

 행동 발달 사항, 1300바이트, 학급회장, 학업성취도 매우 우수, 친구들에게 인기 높음, 교과 선생님들께 신망이 높음.

 학급 회장으로서 학급 구성원 간의 협력과 단합을 이끄는 데 주도적인 소임을 다함. 학급 내 다양한 의견을 경청하고 이를 바탕으로 중재안을 마련하여 구성원 간의 이견을 조율함. 학급의 분위기를 긍정적으로 이끄는 소통 능력이 뛰어나며, 교사와 또래 간의 관계에서 신뢰를 형성하는 데 이바지함. 교과 학습에 대한 열의가 높아 모든 과목에서 학업성취도가 매우 우수함. 자기주도적 학습 태도를 기반으로 학습 계획을 철저히 수립하고 실행함. 특히 탐구적 사고력과 비판적 시각을 바탕으로 심화된 내용을 이해하려는 노력을 지속적으로 보이며, 발표 및 토론 수업에서의 참여도가 높아 학습 분위기 조성에 긍정적인 영향을 줌. 학교 행사 및 자율 활동에도 성실하게 임하며, 자발적으로 봉사활동에 참여하는 모습을 보여 공동체의식 함양에 이바지함. 또래 친구들과의 관계가 원만하고 친구들에게 신뢰와 인기를 얻으며, 도움을 필요로 하는 친구를 배려하는 따뜻한 마음을 표현함.

공감 능력이 뛰어나 또래 간의 갈등 상황에서도 중재자의 소임을 맡아 갈등을 원만히 해결하려는 모습이 인상적임. 교과 선생님들께 신뢰를 얻으며, 지도에 적극적으로 따르고 질문을 통해 수업의 질을 높이려는 모습이 돋보임. 학교생활 전반에서 자율성과 책임감을 바탕으로 모범적인 모습을 보이며, 공동체의 긍정적인 구성원으로 성장 가능성이 매우 높음.

 **핵심 정리**

1 생활기록부는 학생을 충분히 관찰하며 내용 키워드를 미리 준비하고 수시로 작성한다.

2 생활기록부의 각 항목에 해당하는 내용의 작성 방법을 숙지하여 작성을 준비한다.

3 챗GPT의 GPT 탐색 메뉴에서 '생활기록부'를 검색하여 작성에 활용할 수 있다.

4 생성형 AI로 초안을 작성할 때 항목, 키워드, 분량, 문체, 학생 특성을 상세히 제시한다.

분석부터 대안까지, 상담 보고서 작성하기

학생을 상담하는 일은 늘 조심스럽습니다. 교육자의 처지에서 학생의 마음을 상하게 할 요소는 없는지 살펴야하며, 학생의 이야기와 표정에 집중하다 보면 메모를 충분히 남기기 어려운 경우가 많습니다. 상담을 마친 뒤에는 상담 보고서를 작성해야 하는 과제가 남습니다. 성적이 하락하여 유급 위기에 처했든지 학교 폭력에 연루되었든지 학생의 상황과 문제를 탐문하고 이유를 밝혀서 개선 방안까지 보고서에 제시해야 합니다. 짧은 메모만으로 상담 내용을 재현하고 향후 대책까지 제안하려면 작문에 능숙해야 하는데, 문제점 분석을 기반으로 대안까지 제시하는 과정이라서 더 어렵습니다. 이때 학생이 겪는 문제와 상담 결과를 AI 챗봇의 프롬프트에 제시하여 상담 보고서 초안을 생성하면 보고서 내용의 틀을 잡을 수 있습니다. 다만, 학생의 구체적인 신상이나 개인 정보를 입력하면 윤리 규정에 어긋나니 주의해야 합니다.

 오늘 성적 미달 학생을 상담했는데, 상담 보고서를 작성해야 해. 해당 학생은 부모와의 불화로 학업에 몰두하기 힘들었다고 하는데, 집을 나와서 아르바이트로 생계를 유지하느라 수업을 소홀히 한 것 같아. 상담 결과, 앞으로는 학업에도 신경 쓰기로 했어. 이런 상황을 보고서로 정리해 줘. 문어체로 분량은 두 문단이면 좋겠어.

 해당 학생은 최근 성적이 미달하여 상담을 진행하였다. 상담 과정에서 학생은 부모와의 갈등으로 인해 안정적인 학업 환경을 유지하기 어려웠음을 호소하였다. 특히, 가정에서의 불화로 인해 집을 떠나 생활하게 되었고, 생계를 유지하기 위하여 아르바이트에 상당한 시간을 투입한 결과 수업 참여와 학업 성취가 소홀해진 것으로 파악되었다. 이러한 사정은 학생 개인의 학업 집중도 저하와 성적 부진의 주요 원인으로 확인되었다.

상담 결과, 학생은 현재 상황을 인식하고 앞으로 학업에도 보다 성실히 임할 것을 다짐하였다. 아르바이트와 학업을 병행하는 과정에서 발생할 수 있는 어려움에 대해서는 지도 교수 및 학교의 지원 체계를 적극 활용할 것을 권고하였다. 또한, 학업 관리와 생활 균형 유지를 위해 구체적인 계획을 수립하도록 지도하였으며, 추후 학업 성취도 향상을 위해 지속적인 관찰과 추가 상담이 필요할 것으로 판단된다.

문제의 원인 분석부터 향후 대응 방안까지 본문 초안을 생성하고 나면, 학생의 상황에 적절하게 내용을 다듬고 정해진 양식에 넣어 보고서를 완성할 수 있습니다. 기술의 변화에 민감한 학생들은 과제와 시험 준비에 AI를 섞어가면서 폭넓게 활용하고 있습니다. 교수와 교사들은 학생이 낸 과제에서 AI의 흔적을 찾아내고 평가에 반영하려고 시도합니다. 교육청이나 대학은 AI 교육 활용에 대한 가이드와 규제 기준을 내세우고 있습니다. 이런 갈등은 서로의 입장과 기대의 차이에서 발생하는 문제입니다. 앞으로 AI 의존도는 지금보다 훨씬 높아질 가능성이 큽니다. 예를 들어, AI 에이전트가 먼저 심리 검사나 기초 상담을 진행한 뒤, 그 결과를 바탕으로 상담 교사가 상담을 이어가는 방식으로 나아갈 수 있습니다. AI를 완전히 배제하고는 생활과 교육을 제대로 이어가기 어려운 시대가 다가오고 있습니다. 물론 인성의 분석이 담기는 상담 보고서는 결국 사람의 손으로 마무리해야 할 것입니다.

핵심 정리

1 상담 보고서는 학생과 면담을 통해 작성하므로 대화 내용을 메모하여 작성을 준비한다.

2 상담 보고서는 상담 목적과 사유, 학생 환경, 사유 분석, 향후 대책 순으로 작성한다.

3 생성형 AI로 초안을 작성할 때 개인 정보를 입력하지 말고 키워드들만 명확히 제시한다.

우등생 비법, 암기 카드 작성하기

학생이 과제나 보고서 작성에 생성형 AI를 활용하는 정도를 두고 교육청과 대학에서는 논란이 계속되고 있습니다. 외국에서도 AI의 활용 정도를 측정하는 기준을 마련해 교원들과 공유하고 있습니다. 예를 들어, 캐나다 교육부장관 협의회[CMEC]는 AI 사용 방식의 규제를 강조하며 학생의 개인 정보 보호와 데이터 보안을 강화하도록 주문하면서 교실에서 AI가 사용되는 방식을 규제할 필요가 있다고 주장합니다. 특히 공교육에서 AI 시스템을 책임감 있고 윤리적으로 사용하도록 촉구하고 있습니다. 실제 통계를 보면 생성형 AI를 사용하는 학생의 3분의 2 이상이 학습이나 지식의 유지 능력이 감소한다고 답했지만, 동시에 학교 과제의 질은 향상하게 되었다고 말합니다. 그래서 학교 교사나 교수들은 학생 과제의 평가에 부담이 늘어나고, 평가 자체에도 AI를 활용해야 하는지 고민하게 됩니다. 결국 AI를 이용해서 작성한 과제를 AI로 평가하는 모순도 발생하고 있습니다.

학생들의 학습과 지식 유지 상태가 떨어진다는 증언은 AI의 활용이 오히려 학생들의 교육에 방해가 되는 것은 아닌지 의문을 갖게 합니다. 물론 암기식 지식은 인공지능 시대에 필요 없다고 주장하는 전문가도 있습니다. 지식의 암기와 정리는 AI에 맡기고 학생은 창의력을 키우면 된다고 말입니다. 그런데 기본적인 지식 없이 새로운 창조가 가능할까요? 기존의 지적 체계를 기초적으로는 이해하고 정리해야 응용이나 융합과 같은 창의적 활동이 가능합니다. 그렇다면 이제는 학습과 지식 유지에 AI를 유용하게 활용하는 방법을 찾아야 합니다. 학교에서 배우는 새로운 개념과 지식의 체계를 나름대로 정리할 때 AI를 활용하면 도움이 됩니다.

암기 카드는 과거 독서 카드와 같은 작은 종이에 개념이나 공식을 적어 들고 다니며 암기하는 도구였습니다. 현재도 판매되고 있지만, 손에 들고다니며 공부하는 학생은 드뭅니다. 용어와 개념의 습득은 공부의 기초입니다. 초등학교에서 중학교로 올라가며 학생들이 가장 힘들어하는 이유는 낯선 개념어가 폭발적으로 증가한다는 점입니다. 교과서와 문제집의 설명은 아주 짧게 요약된 것이라 글자만 해독해서는 이해가 어렵습니다. 이해가 잘 되지 않는 내용을 억지로 달달 외워도 며칠 지나면 기억에서 사라집니다. 이럴 때는 암기 카드에 들어갈 내용을 생성형 AI로 미리 준비하고, 내용을 이해한 뒤 직접 손으로 적어 활용하면 머릿속에 오래 남습니다. 여러 조사에서도 스마트폰 화면보다 실제 글씨를 쓰고 보는 것이 학습에 더 효과적이라는 사실이 확인되었습니다. 암기 카드를 만들기 전에, 먼저 주요 개념과 세부 분류를 상세히 학습하여 먼저 이해하는 과정이 필요합니다.

암기 카드를 구성하는 요소는 과목과 상황에 따라 달라집니다. 수학 과목은 개념과 정리를 중심으로 간단한 공식과 예제 풀이를 함께 정리해서 눈에 익히는 방식이 적절합니다. 과학이나 사회과 같은 과목은 낯선 개념어가 많으므로 분류 체계에 맞춰서 개념어 위주로 뜻과 사례를 정리하는 방식이 좋습니다. 예를 들어, 중학교 과학 과목에서 등장하는 암석과 광물 단원을 보면, 우선 암석과 광물이 서로 어떤 관계인지 구분해야 합니다. 먼저 분류 체계를 이해하고 나서 암석의 정의와 유형, 이어서 광물의 정의와 유형 순으로 나아가면 됩니다. 교과서의 개념 설명이 짧거나 어렵다면 AI 챗봇을 활용해 내용을 만들어갈 수 있습니다. 먼저 용어의 뜻과 분류 체계에 대한 설명을 요청하고, 암기 카드 용도로 요약하여 직접 써서 외우면 됩니다. 다만 AI가 생성한 내용은 교과서와 비교하며 오류나 표현을 바로잡아야 합니다.

 중학교 학습을 위한 암기 카드 내용을 정리하고 싶어. 중학교 과학 과목의 암석과 광물 단원인데, 암석의 정의와 분류, 광물의 정의와 유형을 500자 정도로 정리해 줘. 문장은 개조식이고 암기를 위해 키워드 위주로 작성하면 좋겠어.

 **암석과 광물**

- **암석 정의**: 지각을 이루는 단단한 물질. 광물이 모여 형성됨.
- **암석 분류**
  - **화성암**: 마그마가 식어 굳은 암석.
    - 예 화강암, 현무암
  - **퇴적암**: 퇴적물이 쌓여 굳어진 암석.
    - 예 사암, 셰일
  - **변성암**: 기존 암석이 열 · 압력으로 변형된 암석.
    - 예 대리암, 편마암
- **광물 정의**: 자연적으로 생성된 무기물. 일정한 화학 조성 · 결정 구조 가짐. 암석의 기본 성분.
- **광물 유형**
  - **규산염 광물**: 산소+규소 포함. 지각의 주성분.
    - 예 석영, 장석, 흑운모
  - **비규산염 광물**: 규소 없음. 금속 원소 풍부.
    - 예 석회석(방해석), 자철석

 **핵심 정리**

1 학습 능력의 향상을 위해 개념과 사실을 요약하여 작성하는 암기 카드를 활용한다.

2 암기 카드에는 과목에 따라 단원, 주요 개념, 정의 분류, 예시 등을 간략히 정리한다.

3 암기 카드 작성 이전에 주요 개념과 세부 분류를 상세히 학습하여 먼저 이해해야 한다.

4 생성형 AI로 초안을 작성할 때 항목, 키워드, 분량, 문체, 사례 등을 명확히 제시한다.

논문 작성에 AI 활용하기

대학원 이상의 고학력을 가진 연구자가 생성형 AI를 활용해 논문을 작성하는 태도에 대해서 바로 얼마 전까지만 해도 비판적인 시각이 많았습니다. 사례 논문[References]을 스스로 생성하는 할루시네이션[Hallucination] 현상이 심해서 논문 작성에는 못 쓰겠다는 불만도 많았지만, 웹 검색 기능이 추가되면서 이런 문제는 거의 해결되었습니다. 한때 유행으로 지날 것처럼 보인 AI 열풍이 새로운 중심축으로 자리 잡으면서 이제는 유용한 기능은 활용하는 방향이 좋겠다는 분위기가 형성되고 있습니다. 앞서 살펴보았듯 거대 언어 모델[LLM] 기반의 생성형 AI 챗봇은 논리적인 글쓰기에 최적화된 상태로 출발했습니다. 다양한 유형의 글쓰기에 능통하지만, 진지한 질문을 던지면 항상 삼단논법 형식으로 답변하는 스타일은 학술 논문 초록의 논리적인 흐름과 유사합니다.

오픈 AI 사의 챗GPT Pro, Claude Sonnet, Perplexity Pro 등 다양한 유료 AI 서비스도 연구와 논문 작성에 체계적인 도움을 줍니다. 박사 과정 수준의 대학원생 몫은 충분히 한다는 의견이 많습니다. 국내 학회나 학술지의 논문 작성 과정에서도 생성형 AI의 조력은 충분한 수준입니다. 특히 해외 저널에 제출할 영어 논문 작성에 더 큰 장점을 발휘합니다. 영어 논문과 학술 데이터 학습량이 훨씬 많기 때문입니다. 저널 유형마다 서로 다른 스타일도 학습해서 잘 알고 있으므로, 어느 저널에 발표할 논문이라고만 알려주면 알아서 지정 스타일에 맞춰 정리해 줍니다. 논문 작성에 필요한 실험의 설계나 문제점 분석에도 유용한 의견을 제시하기 때문에 안 쓸 이유가 없는 것입니다. 게다가 논문 완성 후에는 심사위원[reviewer]의 관점에서 꼼꼼하게 분석하며 문제점을 조목조목 지적하기도 합니다.

논문 작성 과정에서 생성형 AI는 모든 단계마다 도움을 제공할 수 있습니다. 가장 먼저 논문 주제를 탐색하고 아이디어를 도출하는 과정에서 AI는 기존 자료를 조사하고 비교해서 논문에 적절한 아이디어인지 검토해 줍니다. AI 챗봇의 프롬프트에서 웹 검색을 활성화하고 조사를 요청하면 기존 논문을 검색하면서 유사 사례를 찾아줍니다. 물론 구글 스칼라^{Google Scholar}와 같은 검색 서비스에서 검색하면 더 많은 논문을 찾아볼 수도 있습니다만, 시간과 품이 훨씬 많이 듭니다. AI가 찾아 보여주는 사례 논문을 먼저 확인하고 유사 사례로 확장하는 방법이 더 편리합니다. 스스로 논문을 검색하면서 불현듯 떠오르는 아이디어나 통찰도 연구자에게는 중요합니다.

 연구 아이디어가 하나 있는데. 로봇 팔에 연결된 손(그리퍼)을 이용하여 붓으로 그림을 그리는 기능을 구현하고 싶어. 붓은 종이에 닿아서 자취를 남기는데, 속도의 변화와 누르는 강도의 변화를 구현하는 것이 핵심이지. 그림은 예술 표현이니까 획(스트로크)의 강약과 속도의 변화가 필요하거든. 이런 제어가 가능할까?

 완전히 가능합니다. 핵심은 하이브리드(위치 – 힘) 제어와 속도 프로파일링을 결합해, 붓이 종이에 닿은 뒤에는 면(紙) 법선 방향(Z)으로는 힘을 일정하게 유지하고, 평면(X – Y)으로는 목표 궤적을 원하는 속도 곡선대로 따라가게 만드는 것입니다. 아래처럼 설계하면 ROS 2에서 구현할 수 있어요.

구현 개요

- **하드웨어/구성**
  - 손(그리퍼) + 붓 지그(약간의 순응성(compliance) 스프링/고무 패드 권장)
  - 손목 6축 F/T 센서(또는 그리퍼 내 로드셀·촉각 센서) → 접촉/압력(법선힘) 측정
  - 평면 추정을 위한 보드/종이 고정 지그 + (선택) AprilTag/ArUco로 좌표 캘리브레이션
  - **컨트롤러**: 'ros2_control' + 'joint_trajectory_controller'(팔), 'effort_controllers' 혹은 'admittance_controller'(법선 힘 응답), MoveIt 2(경로 계획), RViz2(검증)

제어 전략(핵심)

- 접근 단계(Free – space)

– MoveIt 2로 시작점 상공 + Δ_z 위치로 이동

- **접촉 감지(Transition)**
  - **조건**: Z축 방향 힘 F_z가 임계치 F_{touch}를 넘으면 접촉으로 판단($F_z > F_{touch}$)

- **획 실행(Stroke – Hybrid Control)**
  - **Z축**: 목표 붓압 F_z^*를 유지($\dot{z} = K_a(F_z^* - F_z)$, 어드미턴스 제어 권장)
  - **(X – Y) 평면**: 미리 만든 스트로크 곡선을 속도 프로파일(예 S–curve, 베지어/스플라인의 호길이 파라미터화)로 추종.
  - **속도 – 압력 커플링(선택)**: 예술적 표현을 위해 구간별로 $F_z^*(t) = f(v(t))$를 함께 스케줄링.

- **리프트/전이(Lift & Move)**
  - 스트로크 종료 시 Z축으로 힘을 0으로 하며 붓을 들어 다음 스트로크 시작점으로 이동.

소프트웨어 노드 구조(예시)

- **'stroke_player'(본체)**: 스트로크 계획 파일(베지어/스플라인, 각 구간의 목표 속도 · 압력)을 읽어 시간 파라미터화 후 명령 생성
  - **입력**: '/stroke_plan'(yaml/json), '/paper_plane'(평면 추정 결과)
  - **출력**: '/cartesian_cmd'(목표 X – Y 궤적, 목표 법선힘 스케줄)
  - **기능**: 호길이 기반 재파라미터화(arc–length reparameterization), 속도 – 압력 스케줄링 $F_z^*(t) = f(v(t))$, 스트로크 상태 머신(Approach → Contact → Stroke → Lift)

- **'contact_monitor'**: F/T 센서 데이터 필터링 및 접촉 상태 판정
  - **입력**: '/wrench' (geometry_msgs/WrenchStamped)
  - **출력**: '/contact_state' (bool or enum)

———

〈중략〉

———

아키텍처 설계 원칙

– 힘 제어와 위치 제어의 명확한 분리(Hybrid control separation)

– 상태 머신 기반 단계 전이(Deterministic transition)

– **실시간성 확보**: 힘 제어 루프 ≥ 500Hz 권장

– 상위 노드와 하위 제어기 간 QoS 설정 신중히 구성(Reliable + Keep last)

———

시뮬레이션/검증

– Gazebo/Ignition/Webots/Isaac Sim 중 택 1.

– 접촉 힘 · 마찰 모델로 법선 힘 유지 동작 검증.

– '잉크 번짐'은 물리 시뮬레이터 기본만으론 한계 → 시뮬레이션에는 텍스처/셰이더로 근사, 실제는 종이에 그대로 구현

– RViz2에서 궤적 · 힘 로그를 그래프로 동시에 확인(rosbag 저장)

———

안전/실무 팁

– 힘 상한 · 하한, Z 이동 속도 상한, 경계(종이 테두리) 이탈 감시

– 붓 마모/젖음 상태에 따른 F_z^* 보정(스트로크 사이에 자동 보정 스텝)

– 그리퍼 파지력 일정화(붓 회전각 방지) & 약간의 수동 순응을 지그로 확보하면 안정적

———

필요하시면 위 구조를 패키지 뼈대(ROS 2, Humble/ Iron 기준) + 'launch'/'params.yaml' + 간단한 'MoveIt Servo' 설정까지 한번에 만들어 드릴게요. 원하는 로봇(예 UR, Franka, Doosan 등)과 시뮬레이터(Gazebo/Isaac 등)를 알려주시면 해당 모델 기준으로 템플릿을 바로 작성하겠습니다.

어느 정도 연구 주제가 잡히고 기존 사례가 정리되면 이어서 연구와 실험 모델을 설계하는 과정으로 넘어갑니다. AI 챗봇들은 이미 수많은 논문과 공개 보고서를 학습한 상태이므로 실험 모델을 제안하는 데에도 능숙합니다. 주제 도출에서 정리한 가설을 바탕으로 문헌 조사를 거치거나 물리적 실험을 준비할 때도 설계 모

형을 AI로부터 제안받아서 검토해 봅니다. 실험 방법이 타당하다면, 구체적인 절차와 분석 방법을 함께 논의하여 세부적인 실험 방안을 마련할 수 있습니다. 이 과정에서는 실용적인 실험 설계뿐만 아니라, 해당 내용을 논문의 일부로 미리 작성하도록 요청할 수도 있습니다. 실험 방법과 결과가 논문에 어떻게 담기는지 미리 확인하면 실험의 진행을 가늠하는 데에도 도움이 됩니다.

 앞서 연구 개요에서 제시한

"논문 구성 틀(제안)

Intro: 로봇–예술 교차 분야 동향, '속도 – 압력' 간 결합의 중요성

Related Work: 하이브리드 임피던스/어드미턴스, 로보틱 드로잉/캘리그래피/페인팅

System: 하드웨어, 제어, 스트로크 포맷, 캘리브레이션

Method: 요인 설계, 데이터셋, 지표(객관/주관), 통계 계획

Results: 정량/정성, 시각화(힘 – 속도 – 두께 히트맵, 선호 스케일)

Ablations: 위치 전용/힘 전용/동조 · 탈동조/잡음 주입

Discussion: 표현력 – 안정성 트레이드오프, 한계(잉크 유동 · 재료 변이)

Conclusion & Data/Code: 재현성 패키지 링크"

등의 항목에 관해서 SCI-E 논문 구성안을 조금 더 정리해 줘.

 말씀하신 구성을 SCI-E 저널 논문 투고 형식에 맞춰 좀 더 체계적으로 정리해 드리겠습니다. 일반적인 공학/로보틱스 분야 저널(예 《IEEE Transactions on Haptics》, 《International Journal of Social Robotics》, 《ACM TOMM》 등)을 기준으로 구성했습니다.

———

🗒 SCI-E 논문 구성안(정리본)

1. Introduction
– **배경**: 로봇의 예술적 활용(드로잉 · 페인팅 · 캘리그래피 등) 동향 소개
– **연구 간극**: 기존 연구는 궤적 제어나 모션 스타일링에 집중 → 압력 · 속도라는 물리적 변수를 예술 표현 차원에서 통합적으로 다룬 사례 부족

– **기여 요약:**

  1) 하이브리드 제어 기반 로봇–붓 시스템 설계

  2) 속도–압력 조합에 따른 획의 물리적 · 심미적 변화 정량화

  3) 주관적 평가(심미성)와 객관적 지표(두께 · 일관성)의 상관성 분석

---

2. Related Work

– **로보틱 드로잉/페인팅 연구:** HCI · 예술 프로젝트 사례

– **힘/임피던스 제어:** 하이브리드 임피던스 · 어드미턴스 제어의 원리 및 응용

– **예술적 평가 방법론:** 심미성 · 창의성 측정 지표, HRI 연구에서의 감성 평가 사례

– **차별점:** 본 연구는 실제 붓과 종이의 접촉 + 속도–압력 동조/탈동조 조작이라는
   새로운 매개변수에 초점을 맞춤

---

3. System Description

– **하드웨어:** UR5e / Franka Panda, 붓 어댑터, 종이 고정 지그, 상면 카메라

– **센서:** 내장 F/T 센서, 선택적 외부 보조 센서

– **소프트웨어:** ROS 2 기반, MoveIt Servo, Z축 어드미턴스 루프

– **스트로크 포맷:** 베지어/스플라인 경로, 속도 · 압력 프로파일 JSON 스키마

– **캘리브레이션:** 종이 평면 추정(AprilTag), 접촉 z_0 탐색, 붓 강성 측정

---

4. Methodology

– **실험 설계**

  1) **요인:** 제어 프로파일(기준/동조/탈동조), 속도 레벨, 붓 종류

  2) **반복:** 조건별 ≥10 획, ≥3일 세션

  3) **무작위화:** 라틴 스퀘어 설계

– **데이터셋:** 로봇 로그(힘 · 속도 · 위치), rosbag, 상면 이미지

– **지표 정의**

  1) **객관:** 두께 평균/분산, 획 연속성, 힘–속도 상관

  2) **주관:** 블라인드 심미성 평가(7점 척도, 페어와이즈 비교)

– **통계 계획:** 반복 측정 ANOVA / GLMM, 브래들리–테리 모델(선호 데이터)

5. Results

- **정량 결과**

    1) 힘–속도 프로파일별 두께 분산, 획 일관성

    2) 히트맵/타임시리즈 플롯(힘–속도–두께)

- **정성 결과**

    1) 평가자 선호도 분포

    2) 조건별 예시 이미지(실제 스트로크)

- **통계 검정**: H1/H2 가설 유의성 여부, 효과 크기

6. Ablation Studies

- 위치 전용 vs 힘 전용 vs 하이브리드 비교

- 동조형 vs 탈동조형 vs 잡음 주입

- 어드미턴스 게인 변화(안정성 vs 표현력)

7. Discussion

- **표현력–안정성 트레이드오프**: 힘 제어가 안정성을 저해할 수 있으나 표현력 확보 필요

- **예술성과 공학적 성능의 관계**: 주관적 평가와 객관 지표의 상관성 분석

- **한계**: 잉크 점도, 종이 재질, 붓 마모 등 환경적 요인 통제 한계

- **향후 연구**: 붓 대신 펜/마커, 3D 표면(캔버스), 인간 화가 모션 데이터 학습

8. Conclusion

- **핵심 성과 요약**: 하이브리드 제어로 로봇 붓글씨의 압력–속도 표현 가능성 입증

- **학문적 기여**: 로보틱 아트 · HRI 연구 교차 분야에 새로운 분석 틀 제안

- **실용적 기여**: 로봇 기반 예술, 교육, 재활(필기 훈련)까지 확장 가능

- **재현성**: ROS 2 패키지, 데이터셋, 분석 코드 공개 링크 제공

AI와의 협업을 통해 한 편의 논문 초안을 완성하고 난 후에는 내용을 전체적으로 점검합니다. 특히 용어와 논지가 일정하게 유지되고 있는지, 기여Contribution 내용은 명확하게 두드러지는지 확인합니다. 문제가 없다면 PDF 파일로 출력한 후 생성형 AI의 프롬프트에 첨부하고 해당 분야의 연구자 관점에서 논문을 검토해 달라고 요청합니다. 그러면 AI 챗봇은 문서 내용을 확인하고 전문가처럼 문제점을 지적합니다. 지적 사항에 대하여 본문의 어느 부분을 어떻게 수정·보완하면 좋을지 구체적인 제안을 요청하고, 보완할 내용을 반영합니다. 이처럼 논문의 기획부터 설계, 작성, 리뷰에 이르는 전 과정을 AI와 협업하면 훨씬 체계적이고 효율적인 결과를 얻을 수 있습니다. 특히 해외 저널 투고용 논문을 준비할 때는 외롭게 고군분투하는 것보다 훨씬 효율적으로 연구를 정교화할 수 있습니다.

 이 연구의 초록(Abstract)과 연구 배경(Background)도 영문으로 작성 가능할까? 모든 예술이 그렇듯이 붓 스트로크의 강약, 완급 조절이 예술적인 표현의 핵심이라는 점을 강조하고, 기존 사례들은 대체로 윤곽선의 구현 자체에 머물러서 움직이는 프린터와 같았다는 한계점도 언급해 줘.

 아래는 제안하신 연구 주제에 맞춘 Abstract와 연구 배경(Background) 초고입니다. 이후에 수정하거나 맞춤화하셔서 실제 원고에 사용하실 수 있게끔 영어 스타일로 작성했습니다.

Abstract

Brush stroke dynamics—namely, variations in pressure and velocity during brush-on-paper contact—are fundamental to artistic expression across painting, calligraphy, and sketching. However, most robotic 'drawing' systems to date behave like moving printers: they follow predefined paths, deliver uniform strokes, and seldom modulate force or speed dynamically in service of expressive nuance. In this paper, we present a hybrid control framework for a robotic arm equipped with a deformable brush and force/torque sensing, enabling precise manipulation of both speed and pressure during each stroke. We systematically vary speed - pressure temporal profiles to examine their effects on stroke thickness, continuity, and aesthetic impression. Through quantitative metrics (e.g. thickness variance, force - velocity correlation) and blinded human perceptual evaluation, our results show that coupled modulation of pressure and velocity significantly improves both visual richness and subjective ratings of expressiveness, compared to baseline constant-force or constant-speed strokes. These findings suggest that dynamic brush control constitutes a critical component of robotic artistry, offering a richer palette of expressive control for future human-robot art collaborations.

번역 **초록(Abstract)**

붓 스트로크의 역동성, 즉 붓과 종이가 접촉하는 동안 발생하는 압력과 속도의 변화는 회화, 서예, 스케치 등 모든 예술적 표현의 근간입니다. 그러나 현재까지 대부분의 로봇 "드로잉" 시스템은 이동하는 프린터처럼 작동합니다. 이들은 미리 정의된 경로를 따르고 균일한 스트로크를 출력하며, 예술적 뉘앙스를 위한 표현 수단으로 힘이나 속도를 동적으로 조절하는 경우는 드뭅니다. 본 논문에서는 변형 가능한 붓과 힘/토크 센싱 기능을 갖춘 로봇 팔을 위한 하이브리드 제어 프레임워크를 제안하며, 이를 통해 각 스트로크 중 속도와 압력 모두를 정밀하게 조절할 수 있도록 합니다. 우리는 속도-압력의 시간적 프로파일을 체계적으로 변화시켜 스트로크의 두께, 연속성 및 미적 인상에 미치는 영향을 조사합니다. 정량적 지표(예 두께 분산, 힘-속도 상관관계)와 블라인드 인간 지각 평가를 통해, 압력과 속도의 결합 조절이 기준이 되는 일정 힘 또는 일정 속도 스트로크에 비해 시각적 풍부함과 표현력에 대한 주관적 평점을 유의미하게 향상시킨다는 것을 보여줍니다. 이러한 발견은 동적인 붓 제어가 로봇 예술성의 핵심 구성 요소임을 시사하며, 향후 인간-로봇 예술 협업을 위한 더욱 풍부한 표현 제어의 가능성을 제공합니다.

Background

Artistic brush strokes are not merely lines drawn across a surface; they carry subtle cues of rhythm, emotion, and intention. In traditional painting and calligraphy, the variation in stroke pressure and the modulation of speed provide depth, texture, and expressive contrast. For example, a slow, heavy stroke may communicate weight or solemnity, while a light, swift stroke suggests liveliness or gesture. These qualities are often what distinguish compelling human art from mechanically reproduced images.

Robotic art systems have made impressive strides in reproducing images, outlines, or predefined trajectories. Systems like e-David utilize feedback loops to match the visual target, but even they typically keep brush pressure and speed largely uniform during each stroke, with variation achieved chiefly by switching brush types or altering path geometries rather than dynamically modulating force or speed intra-stroke. (Gülzow et al., 2018) Similarly, recent advancements such as event-based vision systems or differentiable stroke models improve trajectory fidelity or style mimicry, but still do not fully treat force and velocity as expressive, manipulable parameters. The result is that many robotic drawings, while precise in contour, resemble mechanical printing more than human artistry, lacking the subtle breath, fade, accent, or variation that make strokes expressive.

To address this gap, our work proposes a system in which both pressure and speed are jointly modulated over time during stroke execution, enabling expressive effects (e.g. thickening, tapering, accenting) and evaluating both objective physical stroke qualities and subjective aesthetic responses. By combining deformable brush tools, force feedback, hybrid control (position/ velocity in plane + force in normal direction), and human perceptual evaluation, we aim to push beyond purely outline-focused rendering toward robotic artistry that more closely parallels human expressive brushwork.

번역 연구 배경(Background)

예술적인 붓 스트로크는 단순히 표면에 그려진 선이 아닙니다. 그것은 리듬, 감정, 의도라는 미묘한 단서들을 담고 있습니다. 전통 회화와 서예에서 스트로크 압력의 변화와 속도의 조절은 깊이, 질감 및 표현의 대비를 제공합니다. 예를 들어, 느리고 무거운 스트로크는 무게감이나 엄숙함을 전달할 수 있는 반면, 가볍고 빠른 스트로크는 생동감이나 몸짓을 암시합니다. 이러한 특성들은 종종 설득력 있는 인간의 예술과 기계적으로 복제된 이미지를 구분 짓는 요소가 됩니다. 로봇 예술 시스템은 이미지, 윤곽선 또는 미리 정의된 궤적을 재현하는 데 인상적인 발전을 이루었습니다. e-David와 같은 시스템은 시각적 목표와 일치시키기 위해 피드백 루프를 활용하지만, 이조차도 대개 각 스트로크 동안 붓의 압력과 속도를 일정하게 유지하며, 변화는 스트로크 내의 힘이나 속도를 동적으로 조절하기보다 주로 붓의 종류를 바꾸거나 경로 기하학을 변경함으로써 달성됩니다(Gülzow et al., 2018). 최근 이벤트 기반

비전 시스템이나 미분 가능한 스트로크 모델과 같은 진보가 궤적의 정확도나 스타일 모방을 개선했지만, 여전히 힘과 속도를 표현 가능하고 조절 가능한 파라미터로 완전히 다루지는 못하고 있습니다. 그 결과, 많은 로봇 드로잉은 윤곽은 정교할지라도 스트로크를 표현력 있게 만드는 미묘한 호흡, 사라짐, 강조 또는 변화가 부족하여 인간의 예술성보다는 기계적인 인쇄에 더 가깝습니다. 이러한 격차를 해소하기 위해 본 연구는 스트로크 실행 중 압력과 속도가 시간에 따라 공동으로 조절되어 표현 효과(예 굵어지기, 가늘어지기, 강조하기)를 가능하게 하고, 객관적인 물리적 스트로크 품질과 주관적인 미적 반응을 모두 평가하는 시스템을 제안합니다. 변형 가능한 붓 도구, 힘 피드백, 하이브리드 제어(평면 내 위치/속도 + 법선 방향의 힘), 그리고 인간의 지각 평가를 결합함으로써, 우리는 순수하게 윤곽 중심의 렌더링을 넘어 인간의 표현력 있는 붓질과 더 가깝게 유사한 로봇 예술성을 지향합니다.

 포인트 ｜ 연구 논문, 한번에 통과하는 법

졸업 논문이나 연구 논문을 힘들게 작성하고 제출했는데 심사에 통과하지 못해서 자괴감과 괴로움을 겪는 경우가 많습니다. 심사위원들이 논문의 가치를 제대로 인정해 주지 않는다고 불만을 제가하기 전에 다음 몇 가지 중요한 사항을 잘 지켰는지 스스로 냉정하게 검토하고 보완해야 합니다.

첫째, 연구 방법과 과정의 타당성을 확보해야 합니다. 보통 논문을 심사할 때는 제목과 키워드, 초록을 먼저 꼼꼼하게 읽어서 대강의 구조를 파악하기 마련입니다. 그런데 아무리 제목이 멋지고 초록의 키워드를 잘 뽑았다고 해도 연구 방법과 과정이 타당하지 못하면 심사위원은 의구심을 가질 수밖에 없습니다. 서론 부분에서 연구의 배경도 타당하게 설정하고, 기존 연구의 한계를 명확하게 제시해서 자신의 연구가 어디에 쓸모가 있는지 드러내야 합니다. 연구 방법과 실험 모델, 데이터 취합, 분석의 방법 등 연구의 뼈대가 건실하게 갖춰져야 신뢰성을 얻을 수 있습니다. 자의적인 방법이나 취사선택이 조금이라도 보이면 의심의 눈초리를 피할 수 없습니다.

둘째, 연구자는 어떤 영역이나 부분에서 학문적으로 '기여(Contribution)'하는지 명확하게 제시해야 합니다. 가장 안타까운 경우는 연구를 열심히 수행하고 나서 기여 부분을 제대로 정리하지 못하는 논문을 마주할 때입니다. 논문 초록과 결론 부분에서 연구 성과를 기여와 연결하여 객관적이면서도 명확하게 제시해야 심사위원의 공감을 얻을 수 있습니다. 이것은 단순히 자기 자랑이나 과대포장이 아니라 저자 스스로 연구의 학술 가치를 객관적으로 인식하는지 보여주는 증거입니다.

셋째, 연구 분야의 학술 커뮤니티를 존중하는 태도를 보여야 합니다. 가장 흔한 실수는 특정 저널에 투고하면서 참고문헌(References)에 해당 학술지의 논문을 전혀 인용하지 않는 것입니다. 어느 분야든 학술지든 오래 일해온 연구자들과 학회 책임자들이 있습니다. 전통이 오랜 학술지일수록 축적된 논문이 많아서 인용할 부분도 꽤 있습니다. 이왕이면 투고하려는 학회와 학술지의 논문을 많이 인용해서 해당 학술 커뮤니티를 존중한다는 의사를 표시하면 좋은 인상을 주게 됩니다. 만약, 학위 논문이라면 당연히 지도 교수와 선배들의 논문을 모두 찾아보고 적절히 인용하면 학문의 연속성 측면에서도 바람직할 것입니다.

▲ 한국연구재단(NRF)에서 권고한 AI 도구 활용 표기 방식

 **핵심 정리**

1 논문 주제의 설정과 기존 연구의 분석 과정에서 웹 검색을 활성화하여 AI를 활용한다.

2 연구 주제와 배경 조사를 마치면 논문 개요 작성에 AI를 활용하여 전개한다.

3 학술지 스타일 적용부터 영문 초록 번역까지 AI 챗봇과 함께 정교화할 수 있다.

4 논문을 완성한 후 AI를 리뷰어로 활용하여 논문을 평가하고 보완 사항을 점검한다.

나만의 문서 작성하기

업무나 교육에 쓰이는 문서와 달리 개인 용도의 문서는 글쓰기 방식에 제한이 없습니다. SNS 게시글부터 제품 리뷰까지 공개적인 글쓰기는 누구나 읽을 수 있으므로 내용 구성과 공감 표현에 고민이 필요합니다. 자기소개서와 인사말은 용도와 독자를 고려해서 진솔한 감동을 전할 수 있도록 작성합니다.

공감을 부르는 SNS 글쓰기

블로그와 SNS는 모두 개인적인 경험과 생각을 정리하여 게시한다는 점에서 공통점이 있습니다. 사진과 영상 같은 미디어를 중심으로 글을 풀어가는 점도 유사합니다. 글의 양이 비교적 많은 블로그보다 SNS의 글쓰기는 더 짧고 직관적입니다. 블로그 글에는 경험 전체를 전달하는 글이 쓰인다면 SNS에는 현재의 기분이나 상태를 순간적으로 표현하는 통로로 쓰입니다. 인스타그램, 페이스북, X 등과 같은 SNS는 자체 앱 환경에서 스크롤 방식으로 노출되기 때문에 글도 단문 형식이 어울립니다. 이미지와 영상 위주의 SNS 피드에 긴 글을 올리면 읽기 힘들어집니다. 때로는 사진 몇 장만 게시할 뿐 글이 생략되기도 합니다. 그래서 SNS의 글은 이미지나 동영상에 연계된 짧은 코멘트에 머물기도 합니다. 짧은 글에 더해서 해시태그#와 이모티콘을 많이 씁니다.

SNS 게시글

📍 **국립중앙박물관 #전시추천**

오늘 만난 작품, 「반가사유상」 앞에서 한참을 서 있었어요. 고요하게 미소 짓는 얼굴이 참 따뜻했달까요. ✨

지나온 시간을 품은 듯한 그 눈빛이 마음을 위로해 주네요.

여러분은 국중박에 가면 어떤 작품 앞에서 가장 오래 머무시나요?😊

아래 댓글에 적어주세요.✍

#국립중앙박물관 #국중박 #반가사유상 #전시데이트 #서울가볼만한곳

블로그 게시글

국립중앙박물관에서 만난 반가사유상, 고요한 미소의 힘

며칠 전 국립중앙박물관을 찾았습니다. 다양한 전시실 가운데 특히 인상 깊었던 것은 삼국시대 불교조각실에 전시된 「반가사유상」이었습니다.

이 불상은 생각에 잠긴 듯 오른쪽 다리를 왼쪽 무릎에 올리고, 한 손으로 턱을 괸 채 미소 짓는 모습이 특징적입니다. 실제로 가까이 다가가면, 단순히 불교 신앙의 대상이 아니라 한 인간의 고뇌와 따뜻한 위로가 동시에 전해지는 듯한 느낌을 받게 됩니다.

전시실에는 조명과 배경이 작품의 곡선을 잘 드러낼 수 있도록 세심하게 배치되어 있어 관람 경험이 더욱 깊어졌습니다. 국립중앙박물관을 방문하신다면 이 작품 앞에서 잠시 시간을 멈춰보시길 권합니다.

▲ SNS와 블로그의 국립중앙박물관 방문 후기 비교 예시

SNS에 게시물을 올리면 방문객의 반응이 궁금해집니다. 누가 보고 갔는지, '좋아요'를 눌렀는지, 댓글은 달렸는지 확인하게 됩니다. 사람들의 반응을 이끌어내려면 멋진 사진과 글뿐 아니라 공감과 호응을 유도하는 전략이 필요합니다.

첫 문장은 강렬하게 감탄사나 질문형으로 시선을 끄는 방법이 유용합니다. 예를 들어 "오늘 서울 하늘, 믿기세요?"와 같이 질문으로 시작하면 궁금증을 유발하게 됩니다. 이때 빌딩 사이로 구름이 멋지게 걸린 사진 한 장을 함께 올리면 어울릴 것입니다. SNS 게시글들은 모바일 화면에서 빠르게 스크롤 하면서 '보는 글'이기 때문에 짧고 리듬감 있는 문장을 사용하는 것이 적절합니다. 특별한 이벤트가 없어도 "바람이 선선해서 그냥 걷고 싶던 날" 같은 표현으로 일상적 공감을 어필하면 반응이 나타납니다. 마지막 부분에는 "같이 가고 싶은 사람을 태그해 보세요!"처럼 청유형 문장을 배치해 참여를 유도합니다. 해시태그는 핵심 키워드 위주로 배열하고, 이모티콘은 과하지 않게 사용하는 것이 좋습니다.

짧은 글이라도 현실의 감정과 경험을 녹이면 충분히 공감을 얻을 수 있습니다. SNS 게시글 작성이 막막하거나 자신이 없을 때 AI 챗봇과 의논하며 준비할 수 있습니다. 프롬프트에 주제나 의도, 포함할 문구, 글의 분위기를 함께 제시하면 적절한 초안을 생성할 수 있습니다. 또한 필요한 해시태그도 함께 제안받을 수 있습니다. 방문객의 반응을 높이고 싶다면 "이 글에 공감하셨다면 '좋아요'를 눌러주세요."와 같은 가벼운 행동 유도[Call to Action] 문구를 덧붙입니다.

해질 무렵 서울 낙산 성곽길을 산책하며 노을과 풍경을 감상하는 이야기를 인스타그램에 사진과 함께 게시할 예정인데, 데이트 코스로 추천한다는 말을 포함해서 낭만적인 분위기로 작성해 줘.

〈인스타그램 최적화 게시글 예시〉

오늘 서울 하늘, 정말 그림 같았어요. 🏙️
낙산 성곽길 위로 번지는 노을빛에
도심이 한순간 낭만적인 영화 속 장면으로 변했답니다.

돌담길을 따라 걷다 보면,
함께 있는 사람이 더 특별하게 느껴져요. 💕
서울에서 데이트 코스를 찾으신다면,

이곳을 꼭 추천드려요!

👉 여러분은 누구랑 이 길을 걷고 싶으세요?

공감하신다면 🤎 눌러주세요!

#낙산성곽길 #서울노을 #데이트코스추천 #서울가볼만한곳 #노을맛집 #서울야경

#산책스타그램

 **핵심 정리**

1 SNS 게시글을 작성할 때는 개인의 진솔한 문장으로 방문자의 반응과 공감을 유도한다.

2 SNS 게시물은 스마트폰으로 빠르게 보게 되므로 간략하고 인상적으로 작성한다.

3 현재의 상태에 관하여 공감을 유도하거나 질문하는 문장을 짧고 리듬감 있게 사용한다.

4 AI를 활용하여 SNS 게시글을 작성할 때 문체 표현과 분위기를 강조하여 요청한다.

남다른 경험, 블로그 게시글 작성하기

스마트폰 기반의 다양한 SNS 플랫폼이 대세를 이루면서 블로그의 열기는 예전보다 한풀 꺾였습니다. 최근 네이버는 기존에 블로그 서비스를 SNS 피드 방식으로 개편할 예정이라고 발표했습니다. 불과 십여 년 전만 해도 블로그는 온라인에 자신의 소식이나 의견을 올리고 댓글을 통해 소통하는 유일한 포맷이었습니다. 개인이든 단체든 블로그에 게시하는 글의 유형은 여러 가지이고 스타일의 편차도 큽니다. 대중의 관심이 SNS 영상 시청으로 옮겨 가면서 블로그 글 대부분은 온전히 기록 용도로 남아 있습니다. 특별한 일상을 기록하거나 여행, 공연, 전시 등 이벤트를 방문한 기록을 블로그에 남기기도 합니다. 온라인에 기록으로 남기는 글이기 때문에 어떤 내용을 어디까지 공개하고 밝혀야 하는지 고민하는 사람도 많습니다. 개인의 기록이면서도 불특정 다수에게 공개된다는 점이 블로그의 특징이기 때문입니다.

AI를 활용해서 블로그 글을 작성하는 방식은 개인의 견해가 충분히 담기지 않을 수 있다는 점을 유의해야 합니다. 예를 들어, 국립중앙박물관을 방문하고 후기를 블로그에 게시할 예정이라면 방문 이전에 계획 단계부터 AI 챗봇과 의논하면 도움이 됩니다. 방문 전에 알아야 할 점은 무엇인지, 놓치면 안 되는 기획전이나 유물은 어떤 것이 있는지 사전 조사에 AI를 활용합니다. 이때 웹 검색 기능을 활성화하면 국립중앙박물관 사이트의 내용을 조사해서 방문 계획을 설정하는 데에도 활용할 수 있습니다. 더 나아가 블로그 게시글의 뼈대를 미리 잡아보고 글 작성을 위해 어떤 동선으로 움직일지 계획하는 내용으로도 참고합니다. 게시글이 감상문 형식이라면 내용에 적합한 이슈도 AI를 통해 도출할 수 있습니다. 기존의 웹 검색 후 직접 방문 방식과 비교하면 훨씬 더 체계적이고 스마트한 방법입니다.

지금 서울의 국립중앙박물관이 방문객들의 큰 관심을 끌고 있다고 해. 며칠 후에 박물관을 방문할 예정인데, 어떤 전시관을 눈여겨봐야 하고 놓치지 말아야 할 작품이 있다면 알려줘. 나중에 블로그에 감상문을 남길 예정이므로 블로그 게시글 형태로 작성 부탁해.

며칠 후 국립중앙박물관 방문 예정이라면, 지금 전시 중인 것들과 상설관의 명품 유물들을 중심으로 "놓치지 말아야 할 것들"을 아래처럼 블로그 스타일로 정리해 줄게. 방문 전에 이 안내를 보고 마음 준비하면 감상문 쓰는데 도움이 될 거야.

방문 전 생각하는 국립중앙박물관 여행 지침

– 박물관 관람 시간 충분히 잡기(상설전 + 추천 동선 + 현재 특별/테마전).

– 안내도와 유물 위치 파악해 두기. 놓치기 쉬운 유물들은 서로 떨어져 있을 수 있으니까 동선 생각해서 움직이는 게 효율적.

– 작품 앞에서는 잠시 머무르기. 사진 찍는 것보다는 보는 감각, 분위기, 디테일(질감, 색, 형태, 배치 등)에 집중해 보기를 추천해.

– 오늘 본 것들이 내 마음 속에 어떤 울림을 남길지 생각하면서 걸으면 좋을 듯.

———

지금 주목해야 할 전시들(특별전 · 테마전)
현재 박물관에서 전시 중인 특별전, 테마전 중 눈여겨봐야 할 것:

1. 각角진 백자 이야기
   - **장소**: 분청사기 · 백자실[국립중앙박물관]
   - **기간**: 2025–08–26 ～ 2026–06–21[국립중앙박물관]
   - **특징**: 백자가 가진 형태적 아름다움, 모양의 각(角)들이 어떠한 미감을 주는지, 백자의 유약, 입구나 받침 부분의 마무리, 두께감, 그리고 빛이 닿을 때의 반사 등이 중요함.
   - **놓치지 말아야 할 포인트**: 전통적인 백자 중에서도 각(角)진 구조나 장식이 있는 작품들의 대비, 그리고 백자와 분청사기의 재질 및 표면 처리 차이를 느낌으로 비교해 보는 것.

2. 두 발로 세계를 제패하다
   - **장소**: 상설전시관 2층 기증1실[국립중앙박물관]
   - **기간**: 2025–07–25 ～ 2025–12–28[국립중앙박물관]
   - **특징**: '두 발'이라는 제목에서 알 수 있듯, 인간 역사 또는 문화적 교류 · 이동 · 정복 등의 맥락을 통해 '발'이 지닌 상징성 혹은 현실성을 보여주는 테마가 있을 듯.
   - **놓치지 말아야 할 포인트**: 기증된 유물이거나 국내외 교류가 있었던 유물 중, 발(foot／걷는 것／이동)의 의미가 간접적으로 묻어 있는 것들. 작품 자체가 어느 문화권에서 왔는지, 제작 시기, 용도 등을 생각하며 보는 것.

———

상설 전시관 & 소장품 중 반드시 보는 유물들('명품 30선' 중심)
'명품 30선' 코스는 상설전시를 볼 때 길잡이 역할을 아주 잘해주는 동선이라 추천할게.
시간 넉넉하면 이 리스트 기반으로 한 바퀴 돌면 핵심 유물들은 거의 다 만날 수 있어.
아래 유물들은 특별히 블로그에 쓸만한 포인트가 많으니까 기억해 두면 좋아.

감상문을 위한 주제 & 질문 제안

블로그 감상문 쓸 때 아래 주제나 질문들을 염두에 두면 글 깊이가 더 좋아질 거야.

- 유물이 단순히 '과거의 물건'이 아니라, 만든 사람들의 삶, 생각, 기술, 미감이 어떻게 지금에도 울림을 주는가.
- 옛 사람들과 '시간'을 공유한다는 느낌. 유물이 겪었을 세월, 우리 문화의 변화, 보존 상태 등이 주는 시간적 감각.
- 겉으로 보이는 아름다움보다는 재료, 기술, 사용 흔적, 파손이나 수리 흔적 같은 디테일에서 드러나는 '인간의 흔적'.
- 박물관 공간 연출과 유물 간 배치(조명, 배경 색, 벽과의 거리 등)가 감상에 어떤 영향을 주는지. 어둠과 빛, 틈새 공간, 관람객의 시선 유도 등이 감성에 미치는 영향.
- 개인적으로 잔상이 오래 남는 유물 하나를 중심으로, "왜 그 작품이 내 안에 울림을 줬는가"를 파고들면 좋겠어.

AI를 활용한 사전 조사와 검토를 거쳐 순조롭게 방문을 마쳤다면 사진 자료와 함께 블로그 글 작성을 시작합니다. 스스로 글 전체를 구성할 수 있다면 문제가 없겠지만, 자신이 없을 때는 AI 챗봇에 도움을 청하면 됩니다. 프롬프트에 방문한 장소를 제시하고 어떤 인상을 받았는지 알려주면서 문체와 분위기를 지정하여 초안 작성을 부탁합니다. 생성된 글을 그대로 사용하지 않고 자신의 느낌을 충분히 반영해야 합니다. 특히 사진이나 동영상을 게시글에 포함하여 설명하는 사례가 많으므로, 전시 현장에서는 작품의 제목, 연도, 형식이 요약된 캡션을 한 장 더 촬영해 오는 것이 좋습니다. 어떤 행사인지 사진들만 봐도 전체 분위기를 짐작할 수 있습니다. AI 챗봇을 이용하여 생성한 초안을 바탕으로 개인적 소감과 특별한 체험을 추가하여 글을 완성해 나가면 글쓰기의 부담을 덜 수 있습니다.

 지난달에 일본 도쿄를 여행했어. 도쿄도겐다이미술관에서 사카모토 류이치 추모 전시를 관람한 이야기를 블로그 글로 작성하고 싶어. 음악과 시각 연출이 돋보이는 전시였고, 조용한 울림이 오래 남았던 방문이었다는 인상을 글에 담으려고 해. 웹 검색을 통해 구체적으로 초안을 작성해 줘.

 도쿄 현대미술관(Museum of Contemporary Art Tokyo, MOT)의 사카모토 류이치 회고전, 〈Seeing Sound, Hearing Time(音を視る、時を聴く)〉을 다녀온 경험을 바탕으로, 음악과 시각 연출이 조화를 이루며 조용한 울림을 오래 남긴 방문 인상을 살리는 블로그 글 초안을 아래처럼 구성해 봤어. 필요하면 개인적 감정이나 사진과 연결해서 더 디테일하게 바꿔도 좋아.

———

블로그 글 초안 '도쿄에서 만난 사카모토 류이치의 조용한 울림'

– **도입**: 여행과 만남의 순간

지난 초봄, 벚꽃이 서서히 녹아내리는 도쿄의 공기 속에서 나는 현대미술관 앞에 섰다. 따뜻한 햇살이 큐레이터가 손수 빚어낸 공간의 유리창을 통해 부드럽게 들어오고 있었고, 미술관의 크고 조용한 로비 안은 이미 기대와 설렘으로 살짝 떨고 있었다.

이곳에서 나는 사카모토 류이치(1952–2023)의 회고전, 〈Seeing Sound, Hearing Time〉을 마주했다.

전시 개요

– **전시명**: Ryuichi Sakamoto | Seeing Sound, Hearing Time(音を視る、時を聴く)
– **장소**: Museum of Contemporary Art Tokyo(MOT), 일본 도쿄(《도쿄위켄더》는 일본에서 가장 오래된 역사를 가진 영어 라이프스타일 매거진)
– **기간**: 2024년 12월 21일～2025년 3월 30일(《Tokyo Weekender》)
– **특징**: 대규모 설치 작품 중심, 듣는 음악(Sound), 공간(Space), 시간(Time)이라는 요소들이 복합적으로 교차하며 관람객이 소리와 시각, 그리고 유령처럼 남는 시간의 기억을 느끼게 만드는 구성.

주요 작품과 연출 인상

전시에는 여러 눈에 띄는 설치 작업들이 있었고, 특히 다음 작품들이 나에게 오래 남았다.

작품명	연출 요소	느낀 점
Time Time (2024, Shiro Takatani과의 협업)	화면 여러 개, 물이 있는 풀(Pool) 바닥에 반사되는 이미지, 빛과 소리의 중첩으로 시간의 흐름과 유령 같음, 꿈 속의 순간 같은 분위기.	시간이라는 게 끊임없이 흐르지만 동시에 멈추는 듯한 순간이 존재함을 느꼈다. 지나간 기억과 아직 오지 않은 시간 사이에서 숨을 고르는 듯한 기분.
Water state 1 (2013)	기상 데이터를 소리와 빛으로 환원, 떨어지는 물방울과 파문(Ripple)과 시각의 반응성(Interactivity)을 강조.	물방울 하나하나의 파문이 공간 전체의 공기와 나를 흔드는 듯했다. 자연의 미세한 변화가 내 마음 속 작은 진동을 일으킴.
Is Your Time (2017/2024)	2011년 대지진(쓰나미)으로 바다에 휩쓸린 피아노를 소재로, 자연의 힘과 인간의 나약함, 시간의 불가역성(Irreversibility)을 상징적으로 드러냄.	부서지고 떠도는 악기 하나가 지닌 서사(서사性)가 마음 깊이 다가왔다. 인간이 조성한 것들이 자연의 맥락 안에서는 얼마나 덧없고 가변적인가를 생각하게 됐다.
Life—Well Tokyo, Fog Sculpture #47662(2024)	미술관 정원(Garden)을 활용해 안개, 빛, 소리가 어우러지는 설치, 자연 환경과 인공 장치 사이의 경계 모호성 강조.	밖의 공기가 안으로 스며드는 듯한 느낌, 걸음을 멈추고 가만히 숨을 쉴 수밖에 없는 순간. 소리보다도 '없음'의 감각이 더 크게 울린다.

체험의 순간들: 소리와 시각, 그리고 시간의 교차

전시를 걷는 동안 나는 소리의 질감(Texture)을 느끼고, 빛과 그림자의 변화, 영상이 눈앞에서 사라지거나 반사됨, 공간이 확장되거나 압축되는 감각을 번갈아 경험했다. 많은 설치가 '잠시 머무르기(linger)'를 요구했는데, 그 머묾의 순간들이 쌓여서 전시 전체가 조용한 울림으로 내 마음 속에 잔잔하게 남았다.

또 한 가지 기억에 남는 것은, 군중(Crowd)의 존재였다. 전시는 인기가 많았고 주말에는 입장대기 시간이 길었다는 후기가 많다(《The Japan Times》).
하지만 혼잡함 속에서도 작품 하나하나가 주는 정적(靜的)이고 내면적인 경험이 꺾이지 않도록 조명과 음향 설계가 섬세했다는 점이 인상적이었다.

마음에 남은 울림

도쿄 여행 중 가장 기억에 오래 남는 순간. 전시관을 나올 때, 회색 하늘 아래 거리가 조용히 흔들리는 듯했다. 사카모토가 말하려 했던 소리와 시간의 관계, 그리고 인간과 자연 사이의 미묘한 균형이 내 안에 남은 '여운'으로 퍼졌다.

"음악이 들리는 것만으로 충분치 않을 때, 그것이 시각으로, 공간으로, 시간이 멈춘 듯한 침묵으로도 느껴질 수 있다"는 느낌이었다.

그리고 돌아보면, 이 전시는 단순한 회고전이 아니었다. — 사카모토 류이치가 남긴 '감각의 세계(Sensory world)'에 대한 초대였고, 그의 사라짐 이후에도 여전히 살아 숨 쉬는 예술의 가능성에 대한 증언이었다.

———

마무리 & 추천

이 전시는 사카모토 류이치의 음악 작품들만을 듣고 알던 이에게도, 설치 미술이나 시각 예술을 주로 즐기는 이에게도 새로운 광경을 열어 준다.

만약 기회가 있다면, 조용한 오후 시간, 미리 티켓을 예약하고(대기 시간을 피하기 위해), 작품 앞에서 천천히 서서 감각을 다독이는 마음으로 방문해 보길 추천한다.

 **핵심 정리**

1 블로그 게시글을 작성할 때는 개인의 경험이나 이벤트를 솔직한 내용을 표현한다.

2 게시물 작성 이전에 행사의 방문이나 이벤트 참여를 AI와 함께 의논하고 계획한다.

3 AI를 활용하여 게시글을 작성할 때 참여 과정, 인상적인 점, 문체, 분위기 등을 구체적으로 지정한다.

4 AI로 생성한 글을 그대로 사용하지 않고 자신의 느낌을 충분히 반영하도록 보완한다.

입시부터 입사까지, 자기소개서 작성하기

자기소개서는 개인이 작성하는 문서 중 가장 부담이 큰 유형입니다. 한 페이지 남짓한 글 하나가 입시나 입사에 큰 영향을 주기 때문입니다. 지원서와 이력서는 객관적인 정보를 담고 있어서 인성이나 가치관을 파악하기 어렵습니다. 그래서 매번 자기소개서를 요구합니다. 자기소개서는 살아온 과정 속 특별한 경험과 어려운 상황을 이겨낸 인성까지 서술하는 문서입니다. 다른 지원자들 중 나를 돋보이게 작성하려면 큰 노력이 필요합니다. 가장 중요한 점은 나를 뽑아달라고 설득력 있게 전달하는 내용입니다.

도입부는 인상적이고 강렬한 문장으로 시작하는 것이 좋습니다. 비슷한 수준의 자기소개서 속에서 첫 문장부터 눈길을 끈다면 참신하게 돋보일 것입니다. 다만 거창하고 유치한 표현을 쓰면 역효과를 불러오니 주의해야 합니다. "저는 과학으로 세상을 밝게 만들고 싶습니다."라고 쓴 중학생의 자기소개서를 읽기 시작한다면, 어린 학생이 긍정적인 꿈을 가지고 있다고 생각하게 됩니다. "저는 꼼꼼하면서도 적응이 빠르다는 말을 자주 듣습니다."라고 쓰인 한 문장에서 인사 담당자는 두어 가지 장점을 동시에 파악하게 됩니다. "저는 밝고 성실한 사람입니다." 같은 문장은 밋밋하지만, "제 별명은 문제 해결사입니다."라고 쓰면 관심을 끌 수 있습니다. 모호하거나 상투적인 표현보다는 구체적인 말로 자신을 묘사하는 것이 좋습니다.

자기소개의 도입부는 자신을 상징하는 인상적인 문장과 함께 구체적인 이유나 경험으로 시작하는 것이 적절합니다. 어린 시절 밤하늘을 바라보며 우주로 나갈 꿈을 꾸었다거나, 아르바이트 직장에서 고객을 대한 구체적인 경험을 예시하면 더 설득력 있게 자기소개를 풀어나갈 수 있습니다. 이어서 자신의 성장기를 통해 형성된 성격과 가치관을 설명합니다. "그 일을 계기로 새로운 도전을 두려워하지 않고 동료들과 협동하는 능력을 배웠습니다."라고 쓰면 성장하는 태도를 가진 사람으로 보이게 됩니다. 특별한 경험이나 사건은 발전의 전환점으로 인식될 수 있으므로 자세히 설명하는 것이 좋습니다. "대학 2학년 여름, 지역 아동센터 봉사하며 만난 한 학생이 제 진로를 바꾸어 놓았습니다.”라는 문장은 이후 전개를 궁금하게 만듭니다. 이처럼 구체적인 내용을 바탕으로 자신만의 차별성을 강조하면 준비된 인재로 돋보이게 됩니다. 다만 약점이나 한계를 언급해야 할 경우에는 반드시 긍정적인 방향으로 마무리하여 발전적인 인상을 주는 것이 좋습니다.

 **포인트** | ## 자기소개서의 구조

자기소개서는 보통 네 가지 요소로 구성하여 서술합니다.

1) 인사 및 간단한 소개: “저는 어떤 배경을 가진 누구입니다.”라고 소개.

2) 경험과 강점: 자신을 드러낼 수 있는 구체적인 사례와 장점 서술.

3) 배운 점과 가치관: 경험에서 무엇을 배웠는지, 특별한 성장 포인트를 제시.

4) 지원 동기와 포부: 앞으로 무엇을 하고 싶은지, 왜 이곳에 적합한 인재인지 강조.

생성형 AI를 활용해 자기소개서 초안을 작성할 때도 동일한 원칙을 적용하는 것이 좋습니다. 예시로 챗GPT에게 자기소개서 초안 작성을 요청해 보겠습니다.

 항공우주공학자를 꿈꾸는 중학생이 과학고 입시에 제출할 자기소개서를 예시해서 작성해 줘. 어린 시절 아빠와 함께 옥상에서 별을 보며 놀던 때 장래 희망을 정하게 되었고, 끈기 있게 공부하는 성격이야. 주변 친구들하고 잘 어울리면서 주도적으로 행동하곤 해. 글자 수는 500자이고, 존댓말로 쓰면 좋겠어. 첫 문장은 친근하고 인상적으로 표현해 줘.

 “아빠, 저는 우주에서 일하는 사람이 되고 싶어요!” 어린 시절 아버지와 함께 집 옥상에서 별을 바라보던 기억은 제게 잊을 수 없는 추억이자 장래의 방향을 정해 준 순간이었습니다. 반짝이는 별빛과 끝없이 펼쳐진 하늘을 보며 ‘언젠가 우주를 연구하는 사람이 되고 싶다’라는 꿈을 품게 되었고, 그 마음은 지금까지 변함없이 이어지고 있습니다. 저는 목표를 세우면 쉽게 포기하지 않고 끝까지 노력하는 성격입니다. 어려운

과학 문제를 마주쳤을 때도 포기하지 않고 다양한 방법으로 도전하며 답을 찾아가는 과정을 즐깁니다. 또한 친구들과의 협력을 소중히 여기며, 함께하는 활동 속에서 주도적으로 의견을 모으고 분위기를 이끌어 가는 역할을 자주 맡아 왔습니다. 이러한 경험은 제게 배려와 리더십의 중요성을 깨닫게 해주었습니다. 앞으로 과학고에서 심화된 학문을 탐구하며 항공우주공학자의 꿈에 한 걸음 더 다가가고 싶습니다.

자기소개서를 작성할 때 생성형 AI의 도움을 받는 것에 대해서 입학 또는 취업의 심사 담당자들은 부정적인 견해를 가지고 있습니다. "자기소개서를 왜 스스로 작성하지 않고 AI가 대신 써야 하느냐"라며, 지원자의 진정성과 능력을 신뢰하기 어렵다는 의견을 내놓기도 합니다. AI 챗봇을 일상적으로 이용하면서 자기소개서를 작성할 때도 적극적으로 활용하는 사람이 많습니다. 그러다 보니 심사 담당자들은 AI로 작성된 자기소개서를 가려내기 위해 노력하는 상황이 벌어지고 있습니다. 불과 몇 년 사이에 AI 없이 살기 어려운 현실이 펼쳐지고 있어서 이렇게 상충하는 현상이 나타납니다.

따라서 자기소개서를 작성할 때 AI를 이용한다면, 어디까지나 초안이자 샘플로 삼아야 합니다. 프롬프트에 구체적인 키워드와 에피소드, 성격 묘사, 글자 수 제한 등의 요소를 입력하여 정확한 샘플로 만들어서 참고하는 것이 좋습니다.

 **핵심 정리**

1 자기소개서의 도입부는 인상적이고 강렬한 문장으로 시작하는 것이 좋다.

2 모호하거나 상투적인 표현보다는 구체적인 문구로 자신을 묘사하는 것이 적절하다.

3 장점만 나열하지 말고 긍정적인 태도로 발전하는 인상을 주는 표현을 사용한다.

4 AI로 생성한 내용은 그대로 사용하지 말고 솔직하게 자신을 표현하도록 수정 보완한다.

마음을 울리는 인사말 작성하기

　　　　살아가다 보면 사람들에게 공식적으로 인사말을 전할 때가 있습니다. 친목회 회장으로 추천을 받아 수락할 때나 부모님 중 한 분의 장례를 마치고 삼가 인사를 전달하는 때도 오기 마련입니다. 일상에서 인사말을 듣거나 읽는 기회도 많습니다. 지자체 기관장의 취임 인사도 흔하고, 지역 축제에서는 귀빈으로 방문한 인사의 축사도 듣게 됩니다. 공직자가 인사말을 전할 때는 담당 직원이 대신 작성해 주는 경우가 많습니다. 개인이 인사말을 전해야 할 때는 난생처음이라 막막하게 느껴지고, 어떤 말부터 시작해야 할지 고민이 늘어납니다. 다른 사람의 사례를 참고하려고 살펴보면 저마다 엇비슷하면서도 다른 디테일을 발견하게 됩니다. 인사말에는 정답이 없기 때문입니다.

최근 생성형 AI의 확산으로 개인 인사말 작성에 AI를 활용하는 사례가 늘고 있습니다. 인사말을 잘 쓰려면 먼저 어떤 이유에서 누구에게 인사하는 상황인지 걸맞게 써야 합니다. 공식적인 인사라면 문서 형태로 격식 있는 표현을 사용하고, 친구나 지인들에게 쓰는 글이라면 친근한 표현으로 작성합니다. 인사말을 전하는 수단이 메신저인지 이메일인지에 따라서 톤과 내용이 조금 달라집니다. 다른 글에 비해서 인사말은 작성자 자신보다 읽는 상대방을 존중하고 감사하는 태도가 드러나야 좋습니다. 청중이나 독자를 고려해서 길게 늘어지지 않게 인사를 이어가야 지루한 분위기로 빠지는 것을 막을 수 있습니다.

인사말의 첫 문장에 긍정적인 어조를 담으면 분위기가 좋아집니다. "여러분께 기쁜 소식을 전합니다."라면서 명랑하게 시작하면 분위기를 밝게 끌어갈 수 있습니다. "새 학기를 맞아 설렘을 안고 이렇게 학생 여러분에게 글을 씁니다."와 같은 문장은 조금 상투적이지만, 시기와 계기를 밝히고 있으므로 듣기에 자연스럽습니다. 다만, "여러분의 지지에 감사하는 ○○○입니다."라며 조금 낯부끄러운 말을 쓰거나 "항상 건강과 행복을 기원합니다" 문장처럼 상투적인 표현은 크게 감동을 주기 어렵습니다. 밋밋하고 익숙한 표현 대신 따뜻한 정감을 전하는 문구를 쓰면 받는 사람도 진심을 느낄 수 있습니다.

 사진 동호회 회장으로 추대된 사람이 회원들에게 전하는 감사 인사말을 작성해 줘. 메신저로 보낼 예정이라서 글자 수는 500자 이내면 좋겠어. 가을이라는 시점도 고려하고, 되도록 친근하면서도 정중한 어투의 문장을 사용해 줘.

 안녕하세요, 회원 여러분.

먼저 부족한 저를 동호회 회장으로 믿고 추대해 주신 데 깊이 감사드립니다. 선선한 가을바람처럼 마음이 설레면서도 어깨가 무겁게 느껴집니다. 우리 모임이 그동안 함께 사진을 즐기며 좋은 추억을 쌓아온 것은 모두 회원님들의 열정과 따뜻한 마음 덕분이라 생각합니다. 앞으로는 서로의 작품을 격려하고 배우며, 즐거운 시간을 더 많이 나눌 수 있도록 최선을 다하겠습니다. 올가을 풍경처럼 빛나는 순간들을 함께 담아가길 바라며, 다시 한번 감사의 인사를 드립니다.

인사말 작성에 생성형 AI를 활용한다면 프롬프트에 인사말이 필요한 사유를 밝힙니다. 동호회 회장에 추대되었다거나 어머니 장례를 치렀다는 등 인사의 계기를 설정합니다. 이어서 인사말을 전하는 수단이 인쇄물, 이메일, 메신저 중 어느 것인지 지정해서 문장 구성의 틀을 정합니다. 인사말은 분량도 중요한데 너무 길지 않아야 받는 사람의 입장에서 부담이 적습니다. 마지막으로 독자를 설정해서 친근한 어투가 적절한지 정중한 문체가 필요한지 구분하여 지시합니다. 인사말이 생성되면 직접 검토하고 개인의 특징이 드러나는 용어와 표현으로 수정해야 합니다. 받는 사람들의 정서를 고려해 볼 때, 혹여 AI로 생성한 인사말 같다고 들통나면 오히려 신뢰가 깨질 것입니다. AI로 생성한 인사말은 초안이자 표본으로 삼아 참고하면서 직접 작성하는 것이 좋습니다.

 어머니의 장례를 치르고 나서 조문객들에게 보내는 답례 인사말을 작성해 줘. 바쁜 일정에도 참석해 주어서 고맙다는 인사로 시작해서 생전에 어머니와 함께한 기억으로 힘차게 살아가겠다는 다짐도 포함하면 좋겠어. 인사말의 어투는 최대한 정중하게 표현해 주기를 부탁해.

모바일 메신저 용도의 인사말

바쁘신 일정에도 불구하고 어머니의 마지막 길에 함께해 주셔서 깊이 감사드립니다. 따뜻한 위로와 정성으로 큰 힘이 되었습니다. 생전 어머니께서 보여주신 성실과 사랑을 마음 깊이 새기며, 그 뜻을 이어 힘차게 살아가겠습니다. 다시 한 번 감사드리며, 모든 분들의 건강과 평안을 기원드립니다.

이메일이나 인쇄물 용도의 인사말

삼가 인사드립니다.

바쁘신 일정에도 불구하고 고인의 마지막 길에 함께하시어 따뜻한 위로와 정성 어린 마음을 전해 주신 모든 분들께 깊은 감사를 드립니다. 갑작스러운 슬픔 속에서도 여러 조문객들의 따뜻한 말씀과 정성으로 큰 위안을 얻을 수 있었습니다.

생전의 어머니께서는 성실과 따뜻한 사랑으로 가정을 지켜 오셨으며, 이웃과도 정을 나누며 살아오셨습니다. 그 삶의 발자취는 남은 저희들에게도 귀한 가르침이 되었습니다. 저희는 어머니와 함께한 기억을 마음 깊이 간직하며, 그 뜻을 본받아 힘차게 살아가고자 합니다.

슬픔을 나누어 주시고 마음을 함께해 주신 모든 분들의 은혜에 다시 한 번 감사드리며, 가정마다 평안과 건강이 늘 함께하시기를 기원드립니다.

○○○ 배상

▲ 메신저와 이메일 용도로 생성한 조문 답례 인사말 비교 예시

 **핵심 정리**

1 인사말은 어떤 이유에서 누구에게 인사하는 상황인지 맥락에 맞게 작성해야 한다.

2 인사말에는 작성자 자신보다 읽는 상대방을 존중하고 감사하는 태도가 드러나야 한다.

3 상투적인 표현 대신 따뜻한 정감의 문구를 쓰면 받는 사람에게도 잘 전달된다.

4 AI로 생성한 글은 초안으로 참고하면서 스스로 직접 작성해야 한다.

공감 백배, 리뷰 쓰기

온라인 쇼핑이 대세를 이루면서 상품 구매 후 리뷰 작성하는 일도 자주 발생합니다. 쇼핑 플랫폼에 따라서는 리뷰 작성 수량과 반응을 근거로 리워드를 적립해 주는 사례도 많습니다. 리뷰 작성은 쇼핑뿐만 아니라 설명회, 전시회, 공연, 도서 구매 등 다양한 이벤트에서도 요청합니다. 리뷰를 잘 써서 보상을 받기도 하지만, 작성자 스스로 어떤 활동에 참여했는지 기록을 남기는 용도로도 쓰입니다. 생성형 AI를 활용하면 리뷰 초안이나 표본을 얻을 수 있습니다. 예를 들어, 노트북 구매 리뷰라면 다음과 같이 구성하면 효과적입니다.

- **첫인상 표현**: 개봉기나 외형을 구체적으로 묘사합니다. "제품을 받자마자 놀란 점은…"처럼 얇음, 컬러, 마감 등을 강조합니다.

- **사용 경험 구체화**: 게임, 문서 작업, 영상 시청 등 실제 활용 상황을 담습니다. "지하철 출퇴근 길에 들고 다니기 편했다."처럼 생활 장면을 넣으면 공감을 얻기 쉽습니다.

- **장점 강조**: 성능, 보안, 화면 품질 등 3가지 정도 핵심 장점을 간결하게 정리합니다.

- **아쉬운 점 제시**: 솔직하게 한두 가지 단점을 언급하면 신뢰도가 상승합니다. 다만 큰 단점이 아닌 개인적인 아쉬움 수준이 좋습니다.

- **추천 대상 제시**: "학생, 직장인, 게임을 즐기는 분들께 추천"처럼 사용자 유형을 명확히 제시합니다.

많은 리뷰 속에서 내 글이 돋보이려면 구체적 수치와 사실을 언급하고, 일인칭 경험 중심으로 표현하는 것이 중요합니다. 계속 장점만 나열하지 말고 약간의 아쉬움도 포함하면 솔직함이 드러납니다. 가능하다면 실제 사진이나 비교 컷을 첨부해 신뢰도를 높이면 더욱 효과적일 것입니다.

 쇼핑 플랫폼에서 물품을 구매하고 리뷰를 500자 정도로 작성하려고 해. 다른 소비자들의 공감과 유익함을 어필하면 좋겠어. 삼성 ○○○ 노트북 프로를 구매하고 첫 느낌과 사용 편의성을 다음 키워드로 강조하고 싶어. 가볍다, 얇다, 인공지능, 게임 가능, 16인치 큰 화면, 아몰레드 화면, 보안 우수.

 박스를 열고 처음 제품을 마주했을 때 가장 놀란 점은 무게와 두께였습니다. 16인치 대화면임에도 불구하고 가볍고 얇아 가방에 넣어도 부담이 없었고, 아몰레드 화면 덕분에 색감과 선명도가 뛰어나 영화나 사진 작업을 할 때 몰입감이 남다릅니다. 인공지능 기능이 기본 작업을 빠르게 처리해 주어 학업이나 업무 효율이 높아졌고, 보안 기능도 탁월해 안심하고 사용할 수 있었습니다. 얇은 두께라 성능이 부족할지 걱정했는데, 실제로는 발열 관리가 잘 되어 게임도 무리 없이 즐길 수 있었습니다. 다만 충전 어댑터가 생각보다 크다는 점은 아쉬웠지만 전체적인 만족도가 훨씬 큽니다. 학생이나 직장인처럼 이동이 잦은 분들, 또는 큰 화면과 선명한 디스플레이로 콘텐츠를 즐기고 싶은 분께 강력히 추천합니다.

 **핵심 정리**

1 리뷰 글은 실제 체험한 내용을 바탕으로 구체적으로 작성해야 한다.

2 리뷰는 첫인상, 특징, 체험 내용, 사소한 단점, 추천 대상 등의 순으로 구성한다.

3 리뷰는 다수가 작성하므로 구체적 수치와 사실 묘사, 소감의 진솔한 표현이 중요하다.

4 실제 촬영한 사진이나 비교 컷을 글에 포함하면 신뢰와 호응도를 크게 높일 수 있다.

텍스트는 힙하다! 서평 쓰기

일반적인 제품 리뷰와 달리 책을 읽고 작성하는 서평은 성찰적인 글쓰기가 필요한 영역입니다. 서평은 책을 소개하고 읽은 사람이 느낀 생각과 해석을 다른 독자와 공유하는 글쓰기이기 때문에 비평가적 시각도 중요합니다. 책은 단순한 상품이 아닙니다. 책에 담긴 주제와 내용을 분석해서 각자의 의미를 도출하는 글이 서평입니다. 책에 언급된 정보의 객관성과 해석의 주관성이 어우

러져 균형을 갖추어야 합니다. 그래서 저자의 주장을 요약하고 독자의 평가를 덧붙이는 방식으로 글을 씁니다. 책의 가치를 다른 독자에게 전달하면서 공감을 목적으로 서평을 작성하는 것입니다. 서평을 제대로 작성하려면 몇 가지의 구성 요소를 갖추어야 합니다.

- **기본 정보**: 책 제목, 저자, 출판사, 출간 연도와 함께 책의 배경, 유형, 목적을 간략히 소개합니다.

- **핵심 주제와 구조**: 줄거리 요약은 최소화하고, 책이 다루는 주제를 중심으로 설명합니다. "이 책은 ○○을 중심으로 △△을 설명한다."라고 간략하게 써도 됩니다.

- **인상적인 내용과 해석**: 기억에 남는 장면, 문장, 새로운 개념을 언급하며 개인적인 성찰과 해석을 덧붙입니다. 개인의 가치관이나 세계관 변화에 미친 영향을 솔직하고 진솔하게 서술합니다.

- **비판과 추천**: 책의 한계나 보완점을 지적하면서 추천하거나 활용하는 상황을 제안합니다.

서평에서 다른 독자나 심사위원의 공감을 끌어내는 방법은 그리 어렵지 않습니다. 일단 줄거리의 단순 요약보다는 자신만의 해석에 중심을 두어야 합니다. 다른 독자에게 공감을 얻으려면 자신만의 해석과 사유 흔적을 보여주는 것이 중요합니다. 본문을 막연히 언급하기보다는 "○○장에서 △△ 사례가 특히 마음에 와 닿았다."라면서 구체적인 사례를 제시합니다. 내용을 비판할 때도 "~을 더 보완하면 좋겠다."와 같이 부드럽게 제안하면 포용적인 인상을 줍니다. 가장 중요한 점으로, 저자의 말을 그대로 옮기기보다는 자신만의 언어로 표현하며 서술하는 태도를 유지해야 합니다.

생성형 AI를 활용할 때는 책 정보, 독서 소감, 키워드, 책의 특징과 분량, 작성 목적 등을 프롬프트에 정확히 입력하면 적절한 초안을 얻을 수 있습니다. 생성된 초안에서 실제 책의 내용과 어긋난 부분은 없는지 검토하고, 자신의 어투로 교정해야 합니다. 개인 독서록 성격의 서평이라면 기억에 남는 문장들을 메모해 두었다가 본문에 덧붙여서 추가할 수도 있습니다.

 토마스 만의 〈마의 산〉 서평을 하나 예시로 작성해 줘. 분량은 800자, 기억에 남는 문장은 "공포야말로 용기의 원천이다.", 키워드는 장편 소설, 기독교 전통 세계관과 민주주의 개인주의 세계관의 대립, 토론식 대화가 많음, 주인공의 인생 성찰 등.

 토마스 만의 장편 소설 〈마의 산〉은 단순한 휴양지 체험담이 아니라, 20세기 초 유럽의 지적·정신적 풍경을 압축해 놓은 거대한 사유의 장과도 같다. 주인공 한스 카스토르프가 요양원에서 머무르며 만나는 다양한 인물들은 각기 다른 사상과 가치관을 대변한다. 특히 기독교 전통 세계관을 지키려는 인물들과 민주주의 및 개인주의 세계관을 옹호하는 인물들의 대립은 소설 전체를 관통하는 긴장으로 작동한다. 토론식 대화가 장마다 이어지며, 독자는 마치 한 철학적 세미나에 참석한 듯한 경험을 하게 된다.

이 작품이 오늘날까지도 독자에게 울림을 주는 이유는, 사상적 논쟁을 단순히 추상적 언어로만 제시하지 않고, 그것을 주인공의 인생 성찰과 긴밀히 연결해 보여주기 때문이다. 한스는 타인의 의견 속에서 흔들리기도 하고, 스스로의 내면을 탐구하며 성장하기도 한다. 특히 "공포야말로 용기의 원천이다."라는 문장은 두려움 속에서 인간이 어떻게 자기 자신을 단련하고 진정한 용기를 발견하는지를 상징적으로 보여준다. 이는 단순한 요양 생활을 넘어 인류 보편의 문제로 확장되는 메시지다.

물론 방대한 대화와 느린 전개는 독자에게 인내를 요구한다. 그러나 이러한 구조 덕분에 소설은 짧은 흡입력보다는 오래 곱씹을 만한 사유를 남긴다. 〈마의 산〉은 시대의 이념 대립과 개인의 내적 성숙이 교차하는 거대한 무대이며, 그 속에서 우리는 지금도 여전히 유효한 질문 '어떻게 살아야 하는가'를 마주한다. 사색과 토론을 즐기는 독자라면 반드시 읽어볼 가치가 있는 작품이다.

 ## 핵심 정리

1 일반 리뷰와 달리 책을 읽고 작성하는 서평은 성찰적인 글쓰기가 필요한 영역이다.

2 서평에는 책에 언급된 정보의 객관성과 해석의 주관성이 서로 균형을 갖추어야 한다.

3 서평 작성에는 구체적 정보와 내용 구성, 소감의 진술한 표현이 중요하다.

4 서평 작성에 생성형 AI를 활용할 때 소감과 키워드, 기억에 남는 문장 등을 제시한다.

문서 작성을 위한 AI 활용 가이드

생성형 AI는 텍스트 생성뿐만 아니라 이미지, 영상, 3D 콘텐츠 등 여러 창작 영역에서 활용되고 있습니다. 이번 파트에서는 글쓰기와 문서 작성을 위해 다양한 AI 서비스를 필요한 용도에 최적화하여 실용적으로 활용하는 방법을 예시와 함께 설명합니다.

글쓰기에 챗GPT 최적화하기

생성형 AI 시장이 확장되면서 여러 가지 AI 서비스와 챗봇이 등장하고 경쟁하고 있지만, 챗GPT는 선두 주자답게 보편적인 글쓰기에 뛰어난 실력을 발휘합니다. 글쓰기와 문서 작성에 최적화된 나만의 챗GPT로 길들이는 방법을 살펴보겠습니다.

챗GPT에 역할 부여하기

챗GPT는 2022년 말 대중에게 공개된 이래 생성형 AI의 대표적인 모델로 알려졌고, 현재까지도 가장 많은 사용자가 이용하고 있는 챗봇 서비스를 제공 중입니다. 특히 스마트폰 앱을 통한 자연스러운 음성 대화 기능으로도 큰 인기를 끌었습니다. 남녀노소를 가리지 않고 누구나 다 사용하는 챗GPT를 글쓰기에 최적화하기 위해서 길들이는 가장 첫 단계는 역할을 부여하면서 글의 생성을 유도하는 방법입니다. 가장 쉬우면서도 효과는 막강합니다. 물론 한

동안 챗GPT는 사용자의 요청에 부합하는 말만 늘어놓는 아첨꾼으로 불리면서 제대로 된 평가를 받지 못하기도 했습니다. 그런데 이런 부정적인 평가는 한편으로 사용자의 활용 방법이 미흡하다는 방증이기도 합니다. AI 챗봇은 사용자의 요청에 충실하게 반응하도록 훈련되었기 때문입니다. 결국 생성 결과의 품질은 사용자가 길들이기 나름입니다.

챗GPT의 글 생성 수준을 높이고, 글쓰기에 효과적으로 활용하기 위해서는 전문가 수준의 작가처럼 길들이면 됩니다. 필요할 때마다 글쓰기 작가이자 교정 전문가이며 나만의 코치로 각기 적합한 역할을 부여하면 상황에 맞는 응답을 제공합니다. 길들이기 방법은 간단합니다. 프롬프트에 글 작성을 요청하면서 '너는 인기 있는 신문 칼럼 작가야. 다음 소재로 두 문단의 글을 작성해 줘….'라고 필요한 역할을 추가하는 것으로 시작합니다. 글쓰기에 관련된 역할은 무척 다양합니다. 작가, 기획자, 연구원, 교사, 서무 직원, 학생 등 사용자가 어떤 상황과 조건에서 글이나 문서를 작성해야 하는지 챗GPT에 알려줘야 맥락을 이해하고 적절한 답변을 생성할 수 있습니다. 물론 작가의 글이 항상 정답인 것은 아닙니다. 에세이를 쓰는 작가의 문체와 회의록을 작성하는 직원의 글 스타일은 전혀 다릅니다. 따라서 글의 목적에 따라 정확한 역할을 지정하는 것이 중요합니다. 다음 두 가지 예시를 비교해 보면, 동일한 요청에 대하여 역할을 부여한 글의 품질이 더 우수하고 설득력 있는 결과가 나타난다는 점을 알 수 있습니다.

역할 부여 없이 생성한 글

가짜 뉴스의 사회적 문제에 대해 두 문단의 글을 작성해 줘.

가짜 뉴스는 사실처럼 포장된 거짓 정보로, 사회 전반에 심각한 문제를 일으킨다. 정치적으로는 여론을 조작하고 선거 결과에 영향을 미치며, 사회적으로는 특정 집단에 대한 혐오와 갈등을 조장한다. 특히 SNS를 통해 빠르게 확산되면서 많은 사람들이 검증되지 않은 정보를 사실로 믿게 되고, 이는 사회적 불신을 키우는 결과로 이어진다. 언론과 정부, 전문가에 대한 신뢰가 무너지면 사회의 의사 결정 과정 전반이 왜곡될 위험이 커진다.

또한 가짜 뉴스는 개인의 삶에도 직접적인 피해를 준다. 특정 인물이나 기업에 대한 허위 정보는 명예 훼손과 경제적 손실을 초래할 수 있고, 건강과 안전에 관한 잘못된 정보는 생명에까지 위협이 된다.

이러한 문제를 막기 위해서는 미디어 리터러시 교육을 강화하고, 정보의 출처를 비판적으로 살피는 습관이 필요하다. 기술적으로도 플랫폼의 책임을 높이고, 허위 정보를 신속히 차단하는 시스템을 갖추는 것이 중요하다. 결국 가짜 뉴스에 대한 사회적 대응은 개인, 언론, 정부 모두의 협력이 필요하다.

역할을 부여해서 생성한 글

너는 인기 있는 신문 칼럼 작가야. 가짜 뉴스의 사회적 문제에 대해 두 문단의 글을 작성해 줘.

가짜 뉴스는 단순한 거짓말이 아니다. 그것은 사실과 허구의 경계를 교묘히 흐려놓아 사람들의 판단을 흔들고, 사회 전체를 불안정하게 만드는 파괴력을 지닌다. 특히 SNS 시대에 들어서면서 클릭 한 번으로 퍼져나가는 속도는 기존 언론의 검증 절차를 무색하게 만들었고, 그 결과 허위 정보가 여론을 지배하는 일도 낯설지 않다. 정치적 이해관계에 따라 조작된 뉴스는 선거 결과를 뒤흔들고, 특정 집단에 대한 혐오를 부추기며, 공동체 내부의 신뢰를 서서히 무너뜨린다. 진실이 설 자리를 잃으면 민주주의의 근간도 흔들릴 수밖에 없다.

문제는 가짜 뉴스가 단지 '잘못된 정보' 수준에 머물지 않는다는 데 있다. 그것은 사람들의 감정을 자극하고 분노를 키워 이성적 판단을 마비시키며, 때로는 이웃 간의 갈등과 사회적 분열로까지 번진다. 특정 기업이나 개인이 허위 보도로 돌이킬 수 없는 피해를 입는 사례도 적지 않다. 진실을 가리는 안개 속에서 우리가 할 수 있는 일은 분명하다. 정보의 출처를 의심하고, 다각도로 사실을 확인하며, 비판적 사고를 일상의 습관으로 삼는 것이다. 가짜 뉴스의 위협을 막는 최선의 방어선은 결국 깨어 있는 시민 한 사람 한 사람이다.

가짜 뉴스의 문제에 대해 역할을 부여하지 않고 생성한 글은 일반적이고 상투적인 문장을 나열합니다. 챗GPT 특유의 어투도 그대로 남아 있어서 누가 봐도 AI 챗봇이 생성한 글 같다는 인식을 주기 쉽습니다. 반면에 '신문 칼럼 작가'로 역할을 부여한 결과는 문체부터 사뭇 다릅니다. 글의 도입 부분부터 '가짜 뉴스는 단순한 거짓말이 아니다.'라며 도전적인 정의를 내리면서 서술을 시작합니다. 문장 하나하나에 힘이 실리고 전문가로서 독자를 설득하려는 노력이 드러납니다. 마지막 문장도 '가짜 뉴스의 위협을 막는 최선의 방어선은 결국 깨어 있는 시민 한 사람 한 사람이다.'라며 독자의 각성과 참여를 촉구합니다. 칼럼 작가의 비판적 의식과 문체가 적용된 결과입니다. 그런데 역할을 부여하지 않고 생성된 글은 가짜 뉴스가 무엇인지 알려주는 안내문처럼 보여서 의도와 핵심이 무엇인지 잘 드러나지 않습니다.

역할을 바꾸어 15세 중학생이 이 문제에 대해 생각하는 바를 작성하라고 하면 문체와 내용이 다음 예시처럼 크게 바뀝니다. 이와 같은 역할 부여는 챗GPT뿐만 아니라 어떤 종류의 AI 챗봇이든 글을 생성할 때 가장 먼저 프롬프트에 적용할 수 있는 방법입니다.

> **15세 중학생의 역할을 부여하여 생성한 글**
>
> 요즘 인터넷과 SNS를 보면 정말 많은 정보가 쏟아지는데, 그중에는 진짜처럼 보이지만 사실은 거짓인 가짜 뉴스가 많다는 걸 느낀다. 이런 가짜 뉴스는 사람들을 속여 잘못된 생각을 하게 만들고, 서로 싸우게 만들기도 한다. 예를 들어 누군가를 나쁘게 보이게 하려고 꾸며낸 소식이 퍼지면 그 사람은 아무 잘못이 없어도 욕을 먹고, 친구들 사이에서도 불신이 생길 수 있다. 처음에는 작은 거짓말 같아 보여도 점점 커져서 사회 전체에 영향을 주는 게 무섭다고 생각한다.
>
> 나는 우리가 가짜 뉴스에 속지 않으려면 스스로 생각하는 힘을 키우는 게 중요하다고 생각한다. 제목만 보고 믿지 말고, 여러 곳에서 정보를 확인하고, 믿을 만한 출처인지 살펴보는 습관을 들여야 한다. 또 친구들과도 이런 문제를 이야기하면서 서로 조심할 수 있도록 하는 것도 필요하다. 진짜와 가짜를 구별하는 눈을 가지는 건 지금 시대를 살아가는 우리에게 꼭 필요한 능력이라고 느낀다.

그다음으로, 글쓰기에 자신이 없는 사람이 AI 활용 과정에서 가장 효과적인 방법은 교정 과정에 도움을 받는 것입니다. 초안이든 최종안이든 글을 다 작성하고 나면 교정 전문가의 역할을 부여하면서 검토해달라고 AI 챗봇에 요청하면 됩니다. 이왕이면 조금 더 구체적으로 '주요 일간지 편집국장'이라든가 '글쓰기 수업 교수'라고 역할을 부여하면 더 꼼꼼하고 전문적으로 점검을 받을 수 있습니다. 어느 정도 글쓰기에 자신이 있는 경우에도 프롬프트에 글 또는 문서 파일을 첨부하면서 보완점이나 문제점을 알려달라고 요청하여 검토를 받아보면 도움이 됩니다. 글의 교정은 더 완벽하게 문서를 완성해 나가는 필수적인 과정입니다. 내가 작성한 글을 독자의 시각에서 객관적으로 검토해야 합니다.

필요한 스타일로 챗GPT 길들이기

챗GPT에 역할을 부여하는 방법은 쉽지만, 복잡한 조건에서는 역할 부여만으로는 다소 부족해 보일 수도 있습니다. 칼럼 작가라고 역할을 부여하면 남다른 시각과 문체를 강조해야 합니다. 학생들의 생활기록부를 입력하는 교사라고 역할을 지정할 때는 글자 수와 문구 표현을 더 강조할 필요가 있습니다. 이렇게 역할 부여와 더불어 세부적인 특성 요소를 지정하면 더 적합한 결과를 생성해 냅니다. 글 작성의 세부 요소 지정에는 주제, 의도, 독자, 맥락 등 글의 내용에 관련된 특징이 중요하다는 점을 앞에서 강조했습니다. 더 상세하게 챗GPT 특유의 어투를 피한다거가 특정 문구나 단어를 배제하는 특성까지 지정할 수 있습니다. 쉽게 생각하자면, 마치 어린 학생에게 설명하듯 해야 할 것과 하지 말아야 할 것을 구분해서 가르쳐 주는 방법입니다. 나의 스타일에 챗GPT의 디테일을 맞추는 길들이기 과정입니다.

챗GPT를 글쓰기 용도로 사용자의 의도에 맞춰서 길들이는 방식은 AI를 일반적으로 활용하는 접근에서 더 심화하여 의도대로 통제하며 활용하는 방법의 단계로 나아가는 것을 의미합니다. 이때 '길들이기'란 기존의 AI 모델 자체를 재학습시키는 과정이 아니라, 프롬프트를 통해 사용자의 의도와 규칙을 챗GPT에 학습시키는 방법입니다. 사용자가 일관된 조건이나 규칙, 스타일을 반복적으로 제시하면, 챗GPT는 주어진 패턴에 맞춰 결과를 생성하게 됩니다. 이와 같은 길들이기 과정에서 가장 중요한 점은 명확하고 구체적인 지시를 전달하는 방법입니다. 일반적으로 많이 사용하는 길들이기 방법은 다음과 같습니다.

● **금지어(배제할 단어) 지정하기**: 특정 단어나 표현을 쓰지 않도록 조건을 설정하면 문체를 정돈하는 데 유용합니다. 예를 들어, "글을 작성할 때 '또한', '그리고', '그럼에도 불구하고'와 같은 단어는 절대 사용하지 말아 줘."라고 요구하면 됩니다. 챗GPT가 자주 쓰는 습관적인 어투를 줄이고 문장 표현을 다양화하는 데 활용할 수 있습니다.

- **필수 표현(지정어) 지정하기**: 앞의 금지어와 반대로 반드시 포함해야 할 어휘를 지정하면 글의 의도와 일관성을 유지할 수 있습니다. 예를 들어, "글에 반드시 '지속 가능성', '전환점', '통찰'을 각각 한 번 이상 포함해 줘."라고 지정하면 특정 어휘군을 문맥에 맞게 포함해서 생성합니다.

- **문체 설정하기**: 원하는 문체를 설정하면 챗GPT가 문장 구조와 어조를 학습해서 구현합니다. 예를 들어, 종결어미를 '~다', '~습니다', '~요' 등으로 지정할 수 있고, 구어체 또는 문어체, 서술식 아니면 개조식 문체를 설정해주면 됩니다. 이때 문장의 길이도 지정하면 더 확실한 문체를 형성하는데, 문장당 20자 이하, 단락당 3문장 등으로 한정하는 방식입니다. 예를 들어, "모든 문장을 개조식으로 쓰고, 종결어미는 '~함.'으로 끝내 줘."라고 지정하면 공문서 문체로 작성할 때 유용합니다.

- **스타일 금지/권장 제시하기**: 글의 스타일이나 어투와 관련하여 금지/권장 조건을 제시해 주면, 생성된 글의 품질을 일정하게 유지할 수 있습니다. 예를 들어, "수강 소감에 상투적 표현(예 '눈부신 발전', '무궁한 영광')은 사용하지 말고, 구체적인 감사의 마음을 위주로 작성해 줘."라고 지정하면, AI가 흔히 쓰는 상투적인 어투를 걸러내면서 초안의 수준을 향상할 수 있습니다.

- **나만의 프롬프트 템플릿 만들기**: 자주 작성하는 문서 스타일을 미리 일목요연하게 설정해서 한 번에 제시하면 스타일 훈련이 빨라집니다. 미리 계획한 템플릿에 근거한 프롬프트를 예시하자면 다음과 같습니다. "너는 신문 칼럼니스트야. 중학생과 학부모 독자를 대상으로 '도전의 가치'에 대한 칼럼을 500자 내외로 작성해 줘. 문체는 문어체이며 모든 문장은 '~다.'로 끝내. '또한', '그리고', '때문에', '불구하고'는 사용하지 말고, '변화', '도전', '성찰'이라는 단어를 반드시 포함해 줘."

▼ [표 9] 스타일 훈련을 위한 프롬프트 템플릿 예시

항목	용도	예시
역할	챗GPT의 역할 부여	신문 칼럼니스트
글의 목적	글 작성의 목적과 의도 전달	독자를 설득하는 칼럼
어조/문체	글의 어투와 문체 지정	문어체, '~다'체, 설명문 스타일
대상 독자	글을 읽는 독자 설정	중학생과 학부모
금지어	문장에 포함하지 말아야 할 단어들	또한, 그리고, 불구하고, 때문에
필수어	글에 꼭 포함해야 할 단어들	변화, 도전, 성찰
분량	생성할 글의 분량 지정	500자 내외

소량 데이터 학습과 반복 개선 기법

사용자가 생성형 AI 챗봇을 의도에 적합하게 길들이는 방법 중에서 유용한 기법은 소량 데이터(Few-shot Learning) 학습과 반복 개선(Iterative Refinement)이 있습니다. 둘 다 사용자의 데이터와 습관을 학습하게 만들어서 맞춤형 스타일로 길들이는 방법입니다.

1. **소량 데이터 학습(Few-shot Learning)**: 소량 데이터 학습은 적은 수의 예시만으로 AI가 완성 상태와 작업 스타일을 학습하고 수행하도록 하는 기법입니다. 프롬프트 안에 예시와 기준을 포함하거나 원하는 출력 형식을 명확히 제시하여 분류된 반응을 생성하게 만드는 방법입니다. 문서 작성의 목적에서는 사용자가 작성했던 문서 파일을 여러 편 첨부하여 고유의 스타일을 학습하게 유도할 수 있습니다. AI 챗봇이 사용자의 의도를 분명히 이해하도록 예시의 기준은 명확하고 폭넓게 제공할 필요가 있습니다.

- **Zero-shot**: 예시 없이 지시만으로 작업 수행(예 "다음 텍스트를 긍정/부정으로 분류해 줘." → 예시 없이 바로 분류 시작됨.)
- **One-shot**: 1개의 예시 제공(예 "이 제품 정말 좋아요!" → 긍정. 다음을 분류해 줘: "배송 속도가 너무 느려요.")
- **Few-shot**: 여러 개(보통 3~10개)의 예시 제공

  예시1: "맛있어요!" → 긍정

  예시2: "별로예요" → 부정

  예시3: "괜찮네요" → 중립

  과제: "다시 주문할게요."

2. **반복 개선(Iterative Refinement)**: 점진적으로 답변 품질을 개선해 나가는 대화형 프로세스입니다. 예를 들어, 1차 시도로 글의 초안을 생성했다면, "더 전문적인 톤으로 바꿔 줘."라고 피드백을 제공합니다. 개선된 2차 버전의 글을 검토하고, "구체적인 수치 추가"라는 보완점을 제시합니다. 그러면 3차 버전으로 최종 완성본을 얻게 되는 과정입니다. AI 챗봇이 생성한 결과가 마음에 들지 않더라도 한 번에 모든 것을

바꾸려 하지 말고, 단계적으로 향상하게 유도합니다. 이 과정에서 사용자의 피드백이 중요한데, 지시 내용은 구체적이고 분명해야 합니다. 예를 들어, 그냥 "더 좋게 다듬어 줘."라기보다는 **"2개 문단을 3개 문장으로 요약하고, 전문 용어는 쉽게 풀어서 설명해 줘."**라고 상세하게 지시해야 합니다. 예를 들어, 마케팅을 위한 문구 도출이 목적이라면 1차로 "우리 제품을 구매하세요." 정도의 초안을 얻고 나서 "구매자의 혜택 중심으로 수정해 줘."라고 피드백을 제공합니다. 그러면 2차 버전으로 "50% 할인 받고 구매하세요."라는 문장을 생성합니다. 이어서 "감성적 접근 추가"라고 지시하면 "당신의 일상을 바꿀 특별한 기회, 지금 50% 할인"과 같이 개선된 응답을 받게 됩니다. 구조 → 내용 → 스타일 순서로 점진적 개선을 유도하는 방식입니다.

이 두 기법은 별도의 모델 학습 과정이 없어도 생성형 AI를 특정 사용자나 업무에 맞게 최적화할 수 있는 강력한 방법입니다. 두 기법을 함께 사용할 때 시너지 효과를 얻을 수 있습니다. 먼저 소량 데이터 학습 기법으로 방향을 설정하면서 원하는 스타일이나 형식의 예시를 제공하고 나서 반복 개선 기법으로 세부적인 표현을 다듬어 가며 완성하면 더 효율적입니다.

챗GPT 캔버스 기능 활용하기

챗GPT에서 본격적으로 문서를 작성할 계획이라면 캔버스^{Canvas} 기능을 활용할 수 있습니다. 캔버스 기능에 접근하면 한 번에 글을 생성하는 방식에서 벗어나 함께 쓰고 다듬는 협업 도구로도 활용할 수 있습니다. 캔버스는 챗GPT 안에서 문서나 코드를 공동으로 편집하고 교정하는 공간입니다. 일반적인 채팅이 한 번의 질문에 대응하는 응답을 주고 받는 방식이라면, 캔버스는 글을 생성하고 편집하면서 지속적으로 보완하는 협업적 글쓰기 환경이라고 할 수 있습니다. 매번 적용해야 하는 규칙이 있거나 반복적으로 유사한 글을 만들어

낼 때 이용하면 편리합니다. 챗GPT의 캔버스 기능에 접근하는 방법을 살펴보겠습니다.

1 웹 브라우저에 'chatgpt.com'을 입력하고 챗GPT에 접속하여 로그인합니다. 프롬프트 입력 창에 '파일 추가 및 기타' 아이콘(+)를 클릭하고 [...더보기] → [캔버스]를 선택합니다.

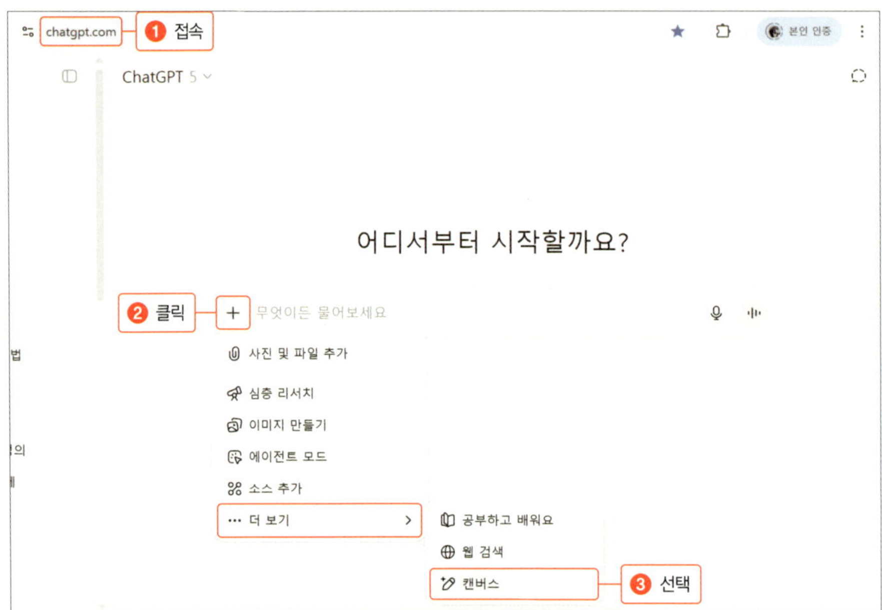

2 프롬프트 입력 창에 '글쓰기 또는 코딩하세요' 문구가 표시되고 아래 캔버스 아이콘이 파란색으로 활성화됩니다. 글쓰기와 코딩 용도로 캔버스를 활용할 수 있습니다.

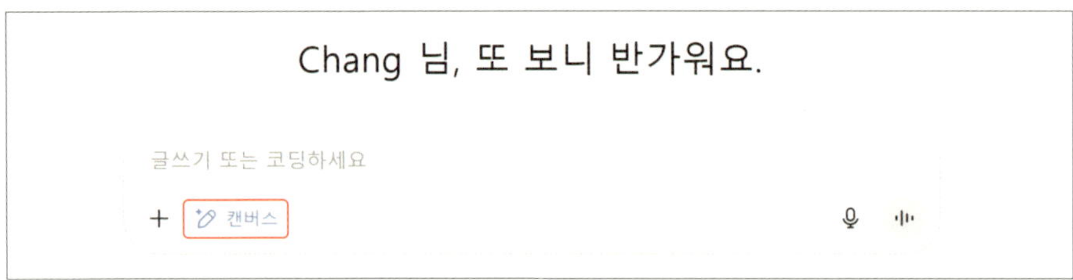

TIP : 프롬프트로 캔버스 기능 활성화하기

프롬프트 입력 창에 "캔버스를 사용해서 글쓰기 연습을 시작할래." 또는 "새 문서 만들기"를 입력해도 캔버스 기능을 활용할 수 있습니다.

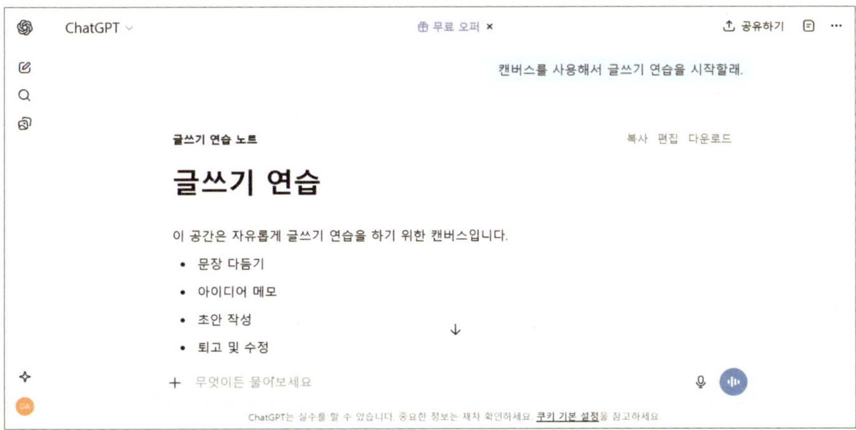

3   프롬프트 입력 창에 작성할 문서의 규칙을 정하겠습니다. 예를 들어, "모든 문장은 존댓말로 작성할 것, '또한', '그리고'는 금지어, '전환점', '성찰', '변화'는 반드시 한 번 이상 포함, 분량은 400자 내외, 대상은 중학생, 주제는 슬기로운 중학생 시기 보내기, 학생들이 큰 어려움 없이 중학교 시절을 보내게 하려는 의도임."이라고 상세하게 입력해 보겠습니다.

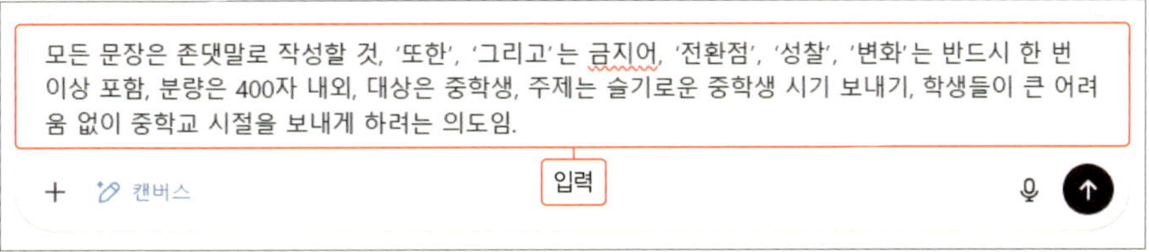

4 생성된 초안의 내용이 흡족하다면 일부 표현만 다듬어 보겠습니다. [편집]을 클릭합니다.

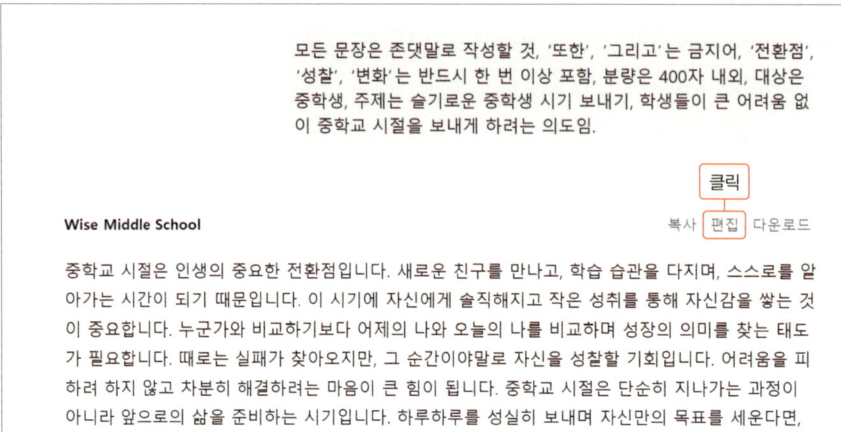

5 현재까지의 대화는 왼쪽으로 축소되고, 오른쪽에는 편집 화면이 나타납니다. 고칠 단어나 문구를 직접 타이핑하여 수정합니다.

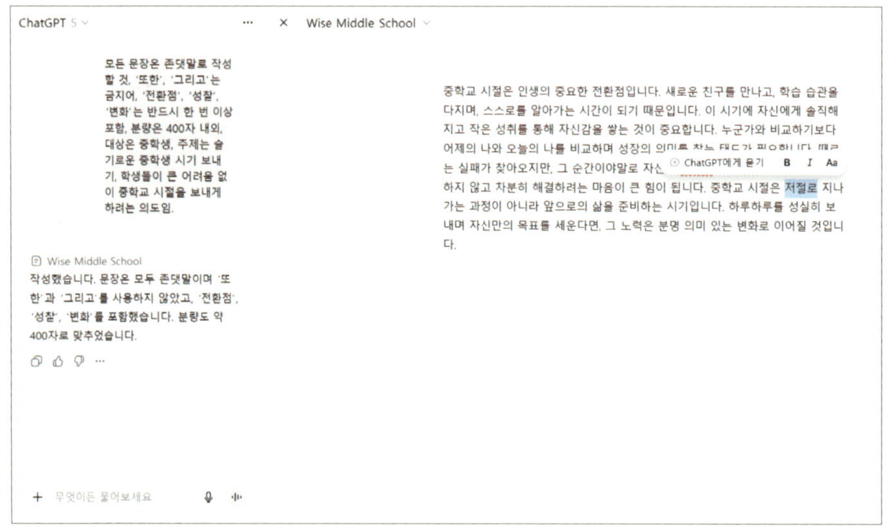

6   직접 수정한 글을 바탕으로 다시 문체의 변경이나 보완을 요청할 수 있습니다. 문장이 딱딱하게 느껴지지 않도록 일부 문장은 '~요.'로 끝나도록 수정하기 위해 왼쪽 하단 프롬프트 입력 창에 다음과 같이 요청하겠습니다. 잠시 후 수정된 글을 보면 모든 문장이 '~요.'로 변경되었습니다.

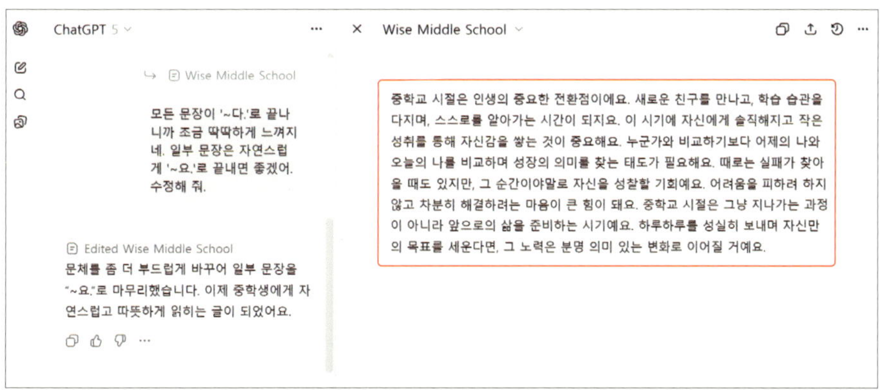

7   수정 의도와 다르므로 프롬프트에 다시 정정을 요구합니다. "아니 일부 문장은 '~다.'로 유지해도 된다는 의미였어. '~요.'와 '~다.'로 끝나는 문장을 적절히 섞어서 써 줘."라고 입력하면 의도에 맞게 다시 수정해 줍니다.

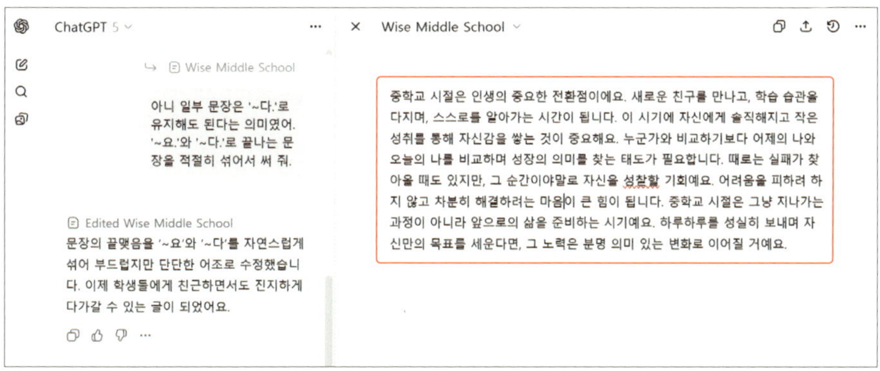

이와 같은 과정으로 캔버스에서 한 편의 글 또는 문서를 챗GPT와 함께 의논하며 완성해 나갈 수 있습니다. 캔버스의 가장 큰 특징은 텍스트 편집기와 같은 환경에서 부분 수정과 보완 작업이 편리하다는 점입니다. 특정 문단만 다시 쓰도록 지정하거나 이전 버전과 이후를 비교해서 어떤 글이 더 설득력 있는지 분석해 달라고 할 수도 있습니다. 글쓰기를 배우는 과정이라면 수정된 이유를 챗GPT에 설명하도록 요구하여 전후를 비교하면서 학습 효과를 높일 수도 있습니다. 마치 동료와 함께 공동으로 문서를 작성하는 것처럼 챗GPT와 함께 의논하며 편집하고 다시 생성해 보면서 글을 다듬어 가는 방식입니다. 문서 작성을 위한 시간 여유가 있는 상황에서 높은 품질의 글로 진화시키면서 사용자의 의도를 충분히 반영할 수 있는 환경입니다.

맞춤형 GPT 활용하기

용도에 적합한 스타일로 챗GPT를 훈련해서 사용하다 보면 특정 설정에 적합한 형태로 계속 사용할 수 없을까 의문이 들기도 합니다. 다른 사용자가 만들어서 공개한 맞춤형[custom] GPT를 검색해서 사용해 보면서 추가로 기능을 보완하면 좋겠다는 생각이 들 때도 있습니다. 물론 다른 사용자가 만든 맞춤형 GPT를 직접 수정[edit]할 수는 없지만, 그 GPT의 아이디어나 설정 방식을 참고해서 나만의 GPT를 새로 만드는 것은 가능합니다. 지금부터는 필요한 용도에 부합하는 맞춤형 GPT를 검색하고 기능을 활용하는 방법을 살펴보겠습니다.

TIP : GPT 탐색 활성화하기

챗GPT에서 GPT 탐색을 처음 사용하는 경우, 사이드바에 [GPT] 탭이 활성화되지 않은 경우도 있습니다. 이 때 웹 브라우저에 'chatgpt.com/gpts'를 입력하여 GPT 탐색을 실행하면 됩니다.

1 챗GPT 웹 페이지의 왼쪽 사이드바에 [GPT] 탭을 확인해보면 맞춤형 GPT를 찾을 수 있는 [GPT 탐색]이 있습니다. 클릭하여 탐색 페이지로 이동합니다.

2 GPT 탐색 화면으로 바뀌고 아래에는 인기 GPT가 카테고리별로 나열되고 가운데 'GPT 검색' 칸이 나타납니다. 오른쪽 상단에는 [내 GPT], [+ 만들기] 버튼이 배치되어 있습니다.

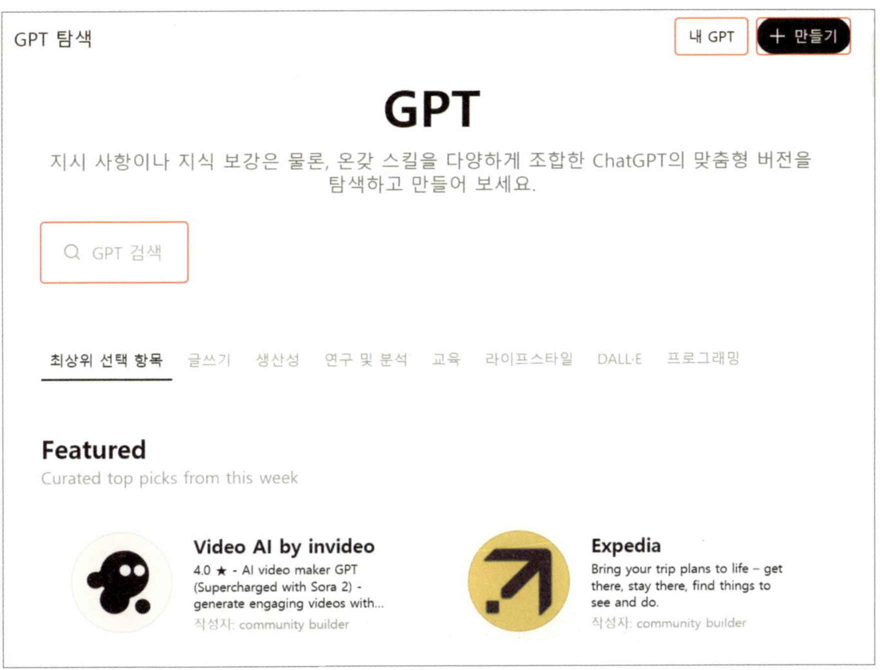

3 GPT 검색 칸에 필요한 용도의 키워드를 입력합니다. 예제에서는 '글쓰기 코치'를 입력하고 Enter 키를 누릅니다.

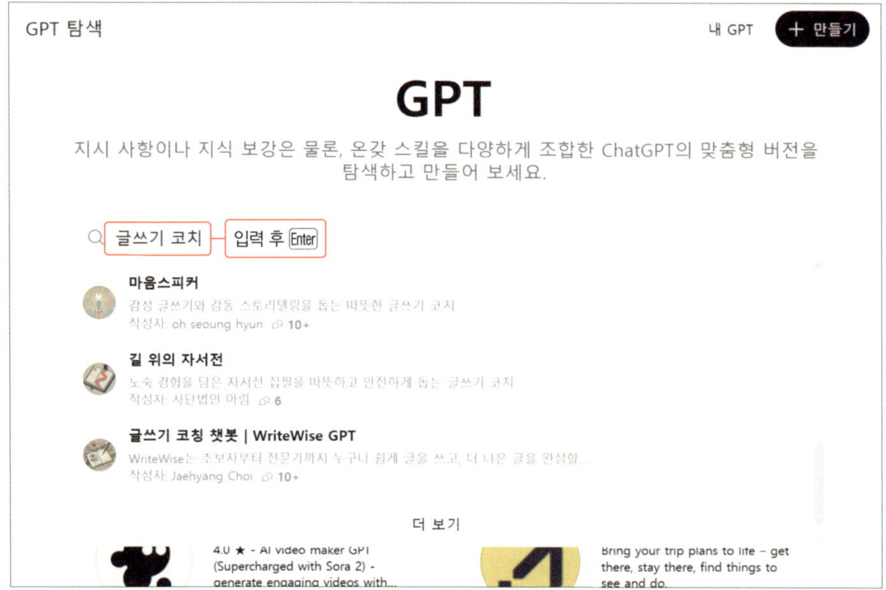

4 목록에서 GPT 명칭과 함께 사용자 수치를 참고하여 적절한 GPT를 선정합니다. 예제에서는 '창의적 글쓰기 코치'를 선택했습니다. 화면 중앙에 해당 GPT의 상세 정보가 나타나면 [채팅 시작] 버튼을 클릭합니다.

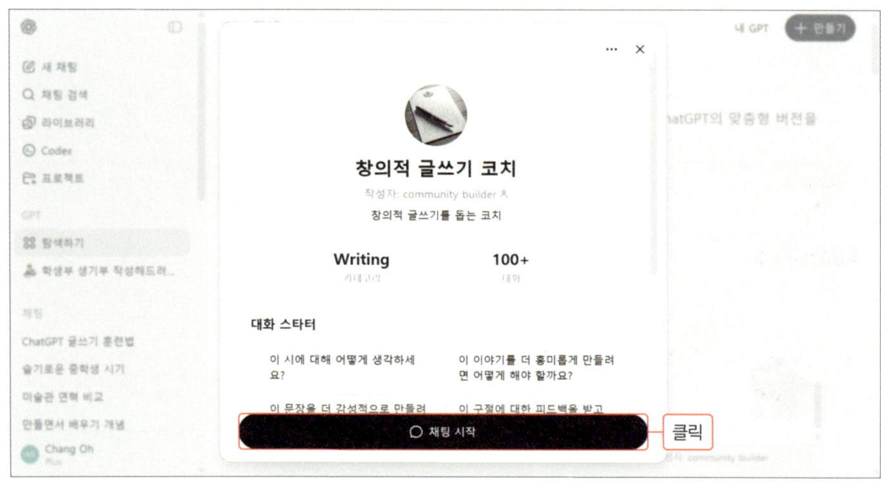

5 선택한 맞춤형 GPT의 프롬프트 칸에 보완이 필요한 글을 붙여 넣고 문제점을 도출해 달라고 입력한 다음, '제출' 아이콘(⬆)을 클릭합니다.

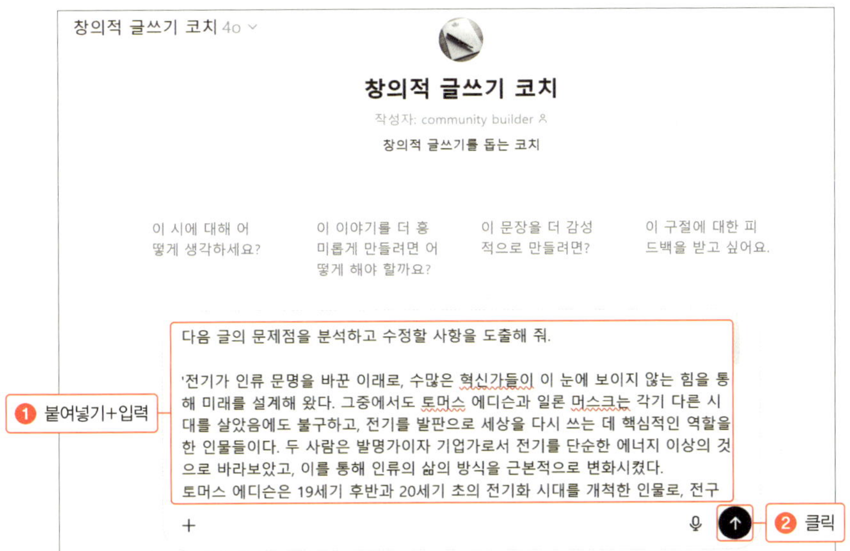

6 글쓰기 코치 GPT의 분석 결과를 바탕으로 본문을 수정하거나 아니면 수정본을 생성해 달라고 요청할 수 있습니다. 예제에서는 수정된 완성본을 생성해 달라고 입력한 다음, '제출' 아이콘(⬆)을 클릭합니다.

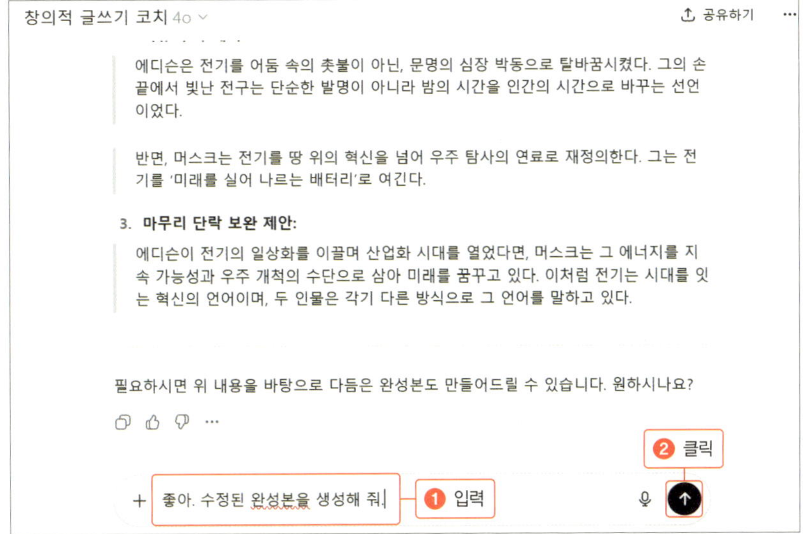

7   맞춤형 GPT가 수정한 완성본을 확인합니다. 예제에서는 논설문과 같은 스타일로 적용하고자 다음의 프롬프트를 입력하고 Enter 키를 누릅니다. 글의 의도나 목적, 용도, 독자를 지정하여 요청하면 더욱 적절한 결과를 얻을 수 있습니다.

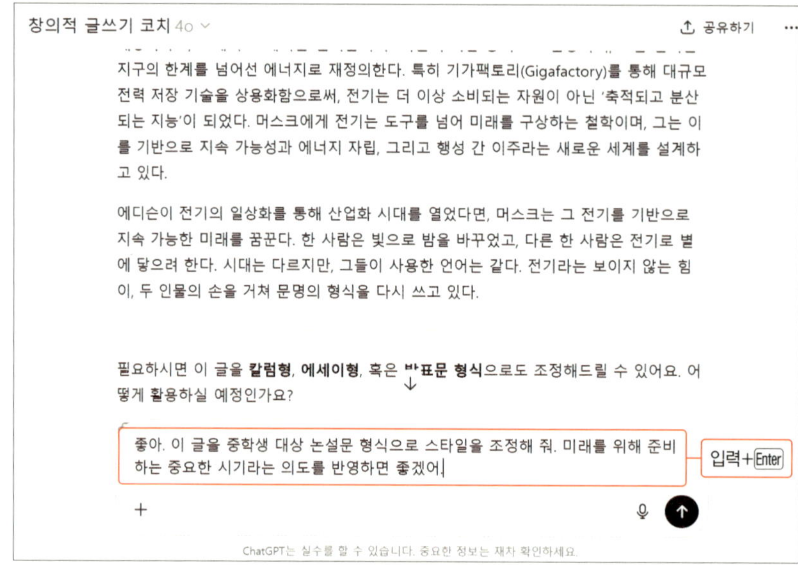

8   사용자의 요청을 반영하여 생성된 결과를 살펴보면 원래 글과 큰 차이가 나타납니다. 주제의 강조는 물론 어투와 뉘앙스도 적절하게 수정되었습니다.

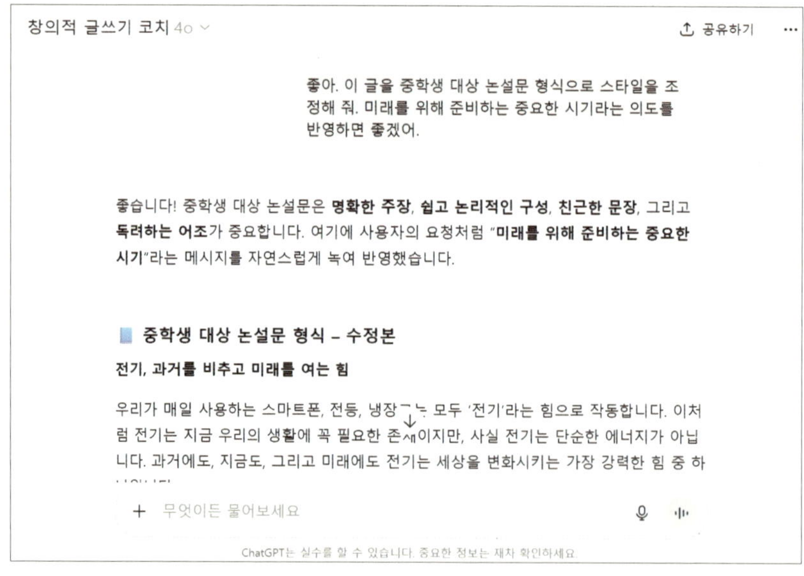

9 프롬프트에 수정된 내용을 원문과 비교해 달라고 요청하면 다음과 같이 한 눈에 보기 쉽게 정리해 줍니다. 글쓰기 요령 중에서 독자를 달리할 때 적용해야 할 문체와 내용 구성, 어휘와 어투, 의도와 목적의 변화를 반영한 결과입니다.

 최초의 원본과 이 수정본을 비교해 줘. 어떤 점이 바뀌었는지 설명도 부탁해.

 좋습니다! 아래는 최초 원본과 중학생 대상 논설문 수정본을 형식, 문체, 내용 구성, 어휘 선택, 목적성 측면에서 비교하고, 어떤 점이 어떻게 바뀌었는지를 구체적으로 설명한 분석입니다.

📊 비교 요약

항목	원본	수정본(중학생 대상 논설문)	변화 요약
형식	설명적, 비교 중심의 인문학적 산문	주장과 논거 중심의 논설문	형식이 설명문 → 논설문으로 변화
문체	중후하고 분석적인 문체	친근하고 직설적인 문체	대상 독자(성인 → 청소년)에 맞춰 어조와 문장이 단순화됨
내용 구성	에디슨–머스크 비교를 통한 문명의 흐름 설명	전기의 중요성을 주장하고 두 인물의 사례로 설득	사례 소개가 '근거'로 기능하며 설득력 강화
어휘 선택	'실용적 기술', '전기를 철학으로 여긴다', '문명의 형식을 다시 쓰다' 등 추상적 표현	'스마트폰', '전등', '미래를 준비해야 하는 시대', '꿈을 가진 사람들' 등 구체적이고 쉬운 표현	어휘 난이도 조절로 접근성 향상
목적성	전기와 인물들의 역사적 의미 조망	전기를 통해 미래 준비의 중요성을 전달	주제 의식이 '지식 전달' → '태도 변화'로 이동

🔍 구체적 변화 설명

1. 형식과 구조의 변화

- 원본은 성인 독자나 일반 대중을 위한 칼럼 또는 교양 서술문 형식입니다. 개념 설명과 인물 비교에 중점을 둔 구조이죠.

- 수정본은 논설문 형식을 채택하여, 주장을 제시하고 그것을 뒷받침하는 논거(에디슨과 머스크의 사례)를 제시합니다.
- 도입–본론–결론 구조가 명확하여 중학생 독자가 이해하기 쉽습니다.

2. 문체와 어휘의 변화

- 원본에서는 '철학', '산업의 토대', '문명의 형식을 다시 쓰다' 등 성숙한 어휘와 추상적인 표현이 많았습니다.
- 수정본에서는 '우리가 매일 사용하는 스마트폰', '미래를 준비하는 시기', '꿈을 가진 사람들'처럼 일상적이고 구체적인 표현이 많아 중학생이 쉽게 공감할 수 있습니다.
- **주어의 대상도 변화**: "그들은 이렇게 했다." → "우리도 할 수 있다."로 독자의 적극적 참여를 유도합니다.

3. 내용과 의도의 변화

- 원본의 초점은 "전기를 매개로 한 두 인물의 역사적 업적과 문명의 발전 흐름"입니다.
- 수정본의 초점은 "중학생 독자가 전기를 비롯한 과학기술에 관심을 갖고 미래를 준비해야 한다는 동기 부여"입니다.
- 즉, 설명형에서 행동 촉구형으로 변모했습니다.

4. 비유와 메시지 강화

- 원본은 은유적 표현이 있지만 성인 독자 중심의 상징적 비유가 많습니다.
- 수정본에서는 "어두운 세상에 빛을 선물했다.", "전기로 별에 닿으려 한다." 등의 시각적이고 감성적인 이미지가 추가되어 독자의 감정을 자극합니다.

✅ 총평

- 원본은 성인 독자용으로 지식 중심의 설명에 강점을 지니고 있었고, 수정본은 청소년 독자의 눈높이에 맞춰 전기의 중요성과 미래 준비의 필요성을 설득력 있게 전달합니다.
- 전체적으로 문장 구성, 어휘 선택, 내용 방향이 독자에 맞게 적절히 조정되어 훨씬 실용적이고 효과적인 글로 발전했습니다.

10 원래의 글과 수정된 글을 나란히 비교해 보면 사용자가 요청한 그대로 더 알기 쉽고 친근한 문체로 변경된 것을 확인할 수 있습니다.

원문	캔버스 기능으로 수정된 버전
전기가 인류 문명을 바꾼 이래로, 수많은 혁신가들이 이 눈에 보이지 않는 힘을 통해 미래를 설계해 왔다. 그중에서도 토머스 에디슨과 일론 머스크는 각기 다른 시대를 살았음에도 불구하고, 전기를 발판으로 세상을 다시 쓰는 데 핵심적인 역할을 한 인물들이다. 두 사람은 발명가이자 기업가로서 전기를 단순한 에너지 이상의 것으로 바라보았고, 이를 통해 인류의 삶의 방식을 근본적으로 변화시켰다.	우리가 매일 사용하는 스마트폰, 전등, 냉장고는 모두 '전기'라는 힘으로 작동합니다. 이처럼 전기는 지금 우리의 생활에 꼭 필요한 존재이지만, 사실 전기는 단순한 에너지가 아닙니다. 과거에도, 지금도, 그리고 미래에도 전기는 세상을 변화시키는 가장 강력한 힘 중 하나입니다.
토머스 에디슨은 19세기 후반과 20세기 초의 전기화 시대를 개척한 인물로, 전구와 직류 전력 시스템을 통해 세상을 밝히는 데 혁혁한 공을 세웠다. 그의 발명은 단지 기술에 그치지 않고, 대중의 생활 양식을 바꾸는 첫걸음이 되었다. 에디슨은 '실용적 기술'이라는 철학을 통해 전기를 삶 속으로 끌어들였고, 이를 기반으로 전기산업의 토대를 마련했다.	전기가 인류 문명을 바꾼 순간, 그 중심에는 항상 위대한 발명가들이 있었습니다. 대표적인 인물로는 토머스 에디슨과 일론 머스크가 있습니다. 이 두 사람은 서로 다른 시대를 살았지만, 공통적으로 전기를 통해 인류의 삶을 바꾸었습니다.
한편, 일론 머스크는 21세기 전기 혁명을 이끄는 대표 주자로서, 테슬라와 스페이스 X 등 다양한 분야에서 전기를 미래 기술의 심장으로 사용해 왔다. 그는 지속 가능성과 에너지 전환을 핵심 가치로 삼으며, 전기를 단지 소비하는 것이 아니라 저장하고, 분산하고, 우주로까지 확장하는 개념으로 확장시켰다. 전기를 도구가 아닌 철학으로 여긴다는 점에서, 머스크는 에디슨과 궤를 같이하면서도 더 넓은 스케일에서 인류의 미래를 설계하고 있다. 전기가 인류 문명을 바꾼 이래로, 수많은 혁신가들이 이 눈에 보이지 않는 힘을 통해 미래를 설계해 왔다.	먼저 토머스 에디슨은 19세기 후반, 어두운 세상에 빛을 선물한 인물입니다. 그가 만든 전구와 직류 전력 시스템은 단지 불을 밝히는 데 그치지 않고, 사람들의 생활 패턴을 완전히 바꾸어 놓았습니다. 전기는 그의 손을 거쳐 처음으로 사람들의 일상 속으로 들어왔고, 그는 '실용적인 기술'을 통해 전기산업의 기반을 마련했습니다.
… 〈중략〉	그로부터 100년이 넘는 시간이 흐른 지금, 일론 머스크는 전기를 가지고 다시 한 번 세상을 바꾸고 있습니다. 그는 전기차를 만든 테슬라를 통해 지구 환경을 생각하고, 우주 탐사를 하는 스페이스 X를 통해 전기를 미래 기술의 중심에 놓았습니다. 전기를 저장하고, 나누고, 우주까지 사용하는 그의 생각은 전기를 하나의 '철학'으로 바라보게 만듭니다.
	… 〈중략〉

나만의 GPT 만들기

다른 사용자들이 공개한 맞춤형 GPT는 목적에 따라 세부 기능을 학습했기 때문에 검색을 적절히 하면 원하는 용도의 GPT를 찾을 수 있습니다. 만약 원하는 용도의 GPT를 찾을 수 없거나 그 기능이 만족스럽지 않을 때는 나만의 GPT를 만들어 사용하면 됩니다. 앞서 살펴본 챗GPT를 길들이는 방법과 유사하기 때문에, 누구나 어렵지 않게 맞춤형 GPT를 만들 수 있습니다. 나에게 필요한 용도의 글쓰기 GPT를 만들어 보겠습니다.

1 웹 브라우저에 'chatgpt.com/'를 입력하고 챗GPT에 로그인합니다. 왼쪽 사이드바에서 [탐색하기] 또는 [GPT 탐색]을 클릭합니다.

TIP : GPT 만들기

GPT를 만드는 기능은 유료 구독자 (ChatGPT Plus 이상)에 한해 이용 가능합니다.

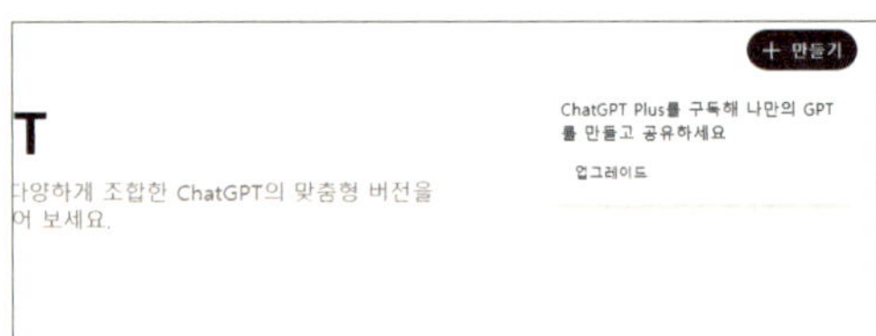

2   GPT 탐색 페이지의 오른쪽 상단 [+ 만들기] 버튼을 클릭합니다.

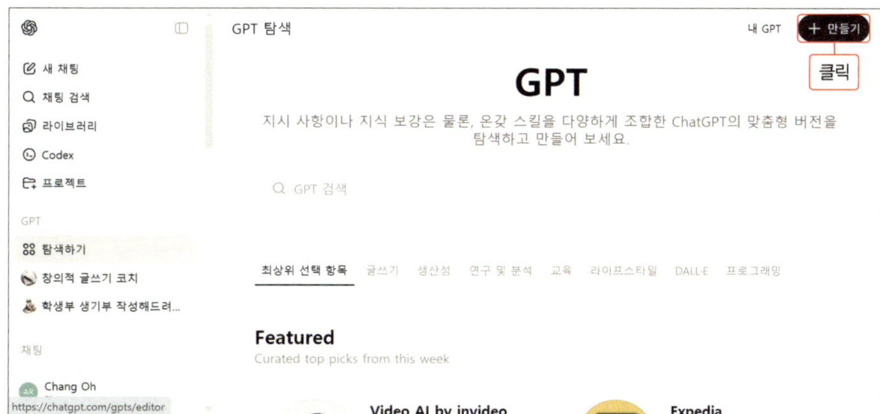

3   새 GPT 페이지로 전환되면 왼쪽 [만들기] 탭을 선택하고 프롬프트 입력 창에 만들고자 하는
    GPT에 관한 설명을 입력할 수 있습니다.

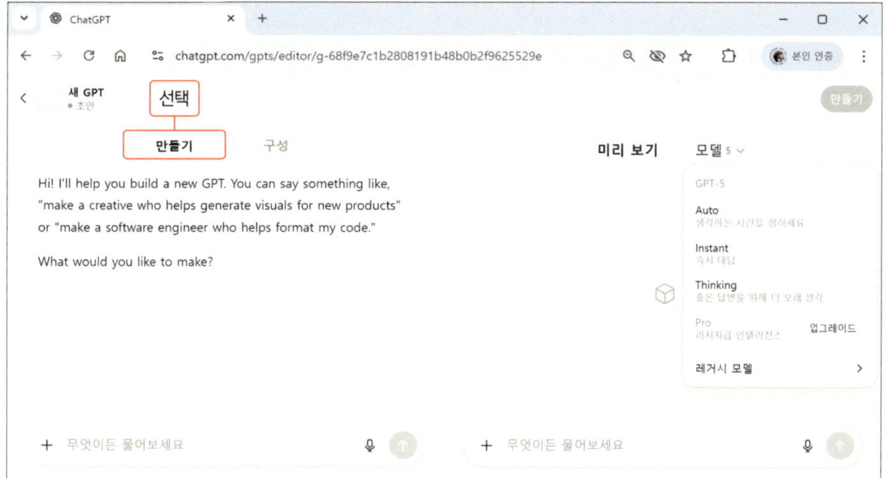

 **TIP : GPT 모델 설정**

오른쪽 '미리보기' 칼럼의 상단에서 원하는 GPT 모델을 미리 지정할 수 있습니다.

4   만들고자 하는 GPT의 기능 요소에 관해 구체적으로 계획해 보았다면, 왼쪽 [구성] 탭을 선택하여 세부 사항을 지정할 수 있습니다. 이름과 설명 항목에 다음과 같이 입력합니다.

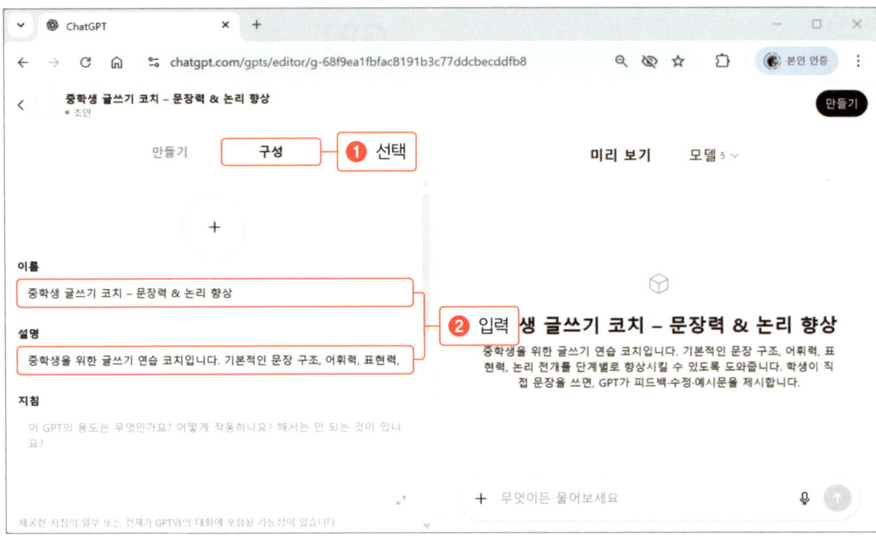

5   지침 항목에는 구체적인 기능 요소(사양서)를 입력합니다. GPT의 개설 목적, 기본 규칙, 피드백이나 상호작용 형식, 금지와 반드시 포함 내용, 기능 설정, 어투와 스타일(문체) 등 기능 요소의 지침이 상세할수록 결과에 구체적으로 반영됩니다.

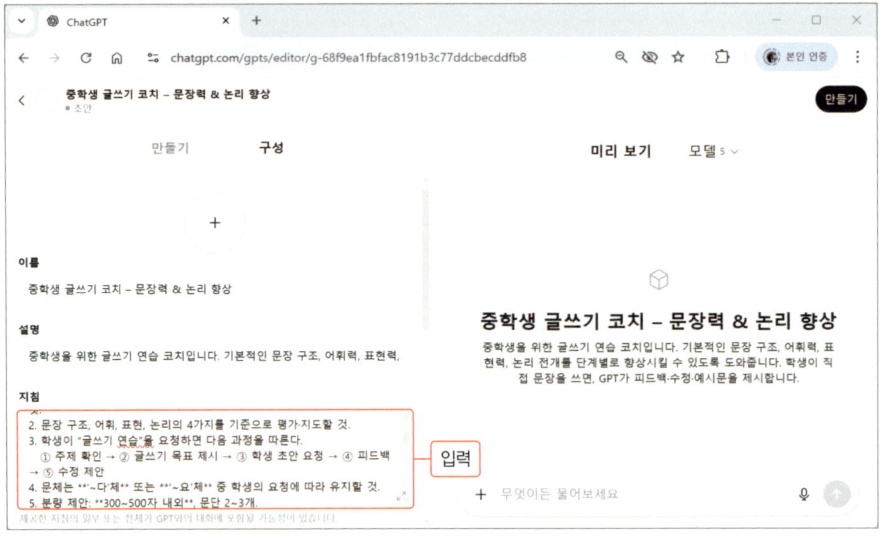

6 스크롤하여 아래 대화 스타터 항목에 프롬프트 입력을 유도하는 문장 예시를 입력합니다. 오른쪽 미리 보기에서 페이지의 구성을 살펴볼 수 있습니다.

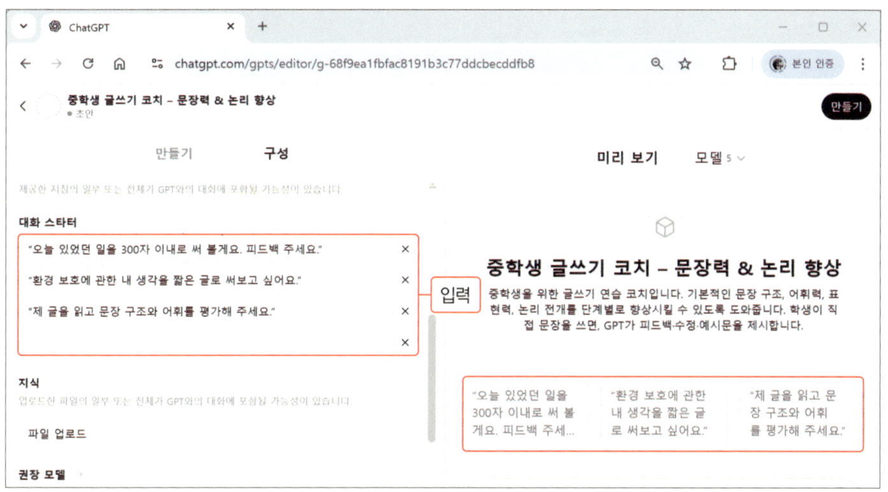

7 아래 지식 항목은 세부 지침이나 가이드가 담긴 사양서 문서 파일을 첨부할 수 있으며, 권장 모델 항목에서 챗GPT 모델을 지정할 수 있습니다. 기본 설정은 '권장 모델 없음 – 사용자가 선호하는 모델을 사용합니다'입니다.

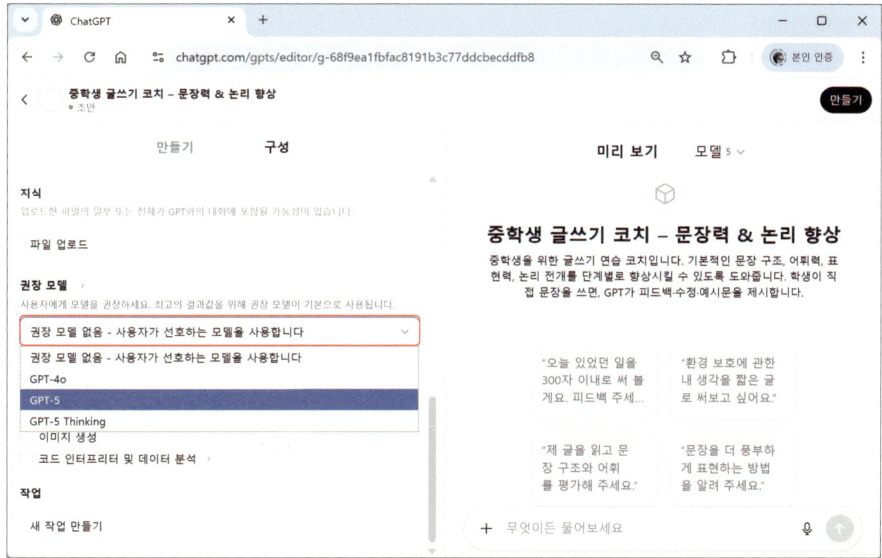

8   마지막으로 기능항목은 필요한 요소와 불필요한 요소를 체크 박스로 선택할 수 있습니다. 예제에서는 '웹 검색'과 '캔버스'를 선택하고, 오른쪽 상단에 [만들기] 버튼을 클릭합니다.

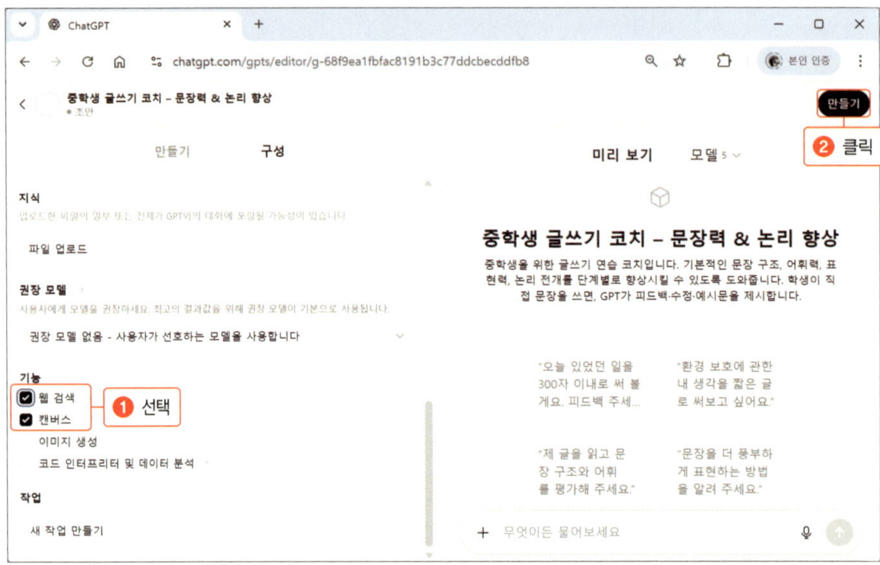

9   GPT 공유 옵션창이 뜨면 공유 대상을 지정할 수 있습니다. 만 13세 이하의 학생들이 사용자에 포함된다면 공개가 제한되므로 기본 설정인 '나만 보기'를 선택합니다. 오른쪽 하단의 [저장] 버튼을 클릭합니다.

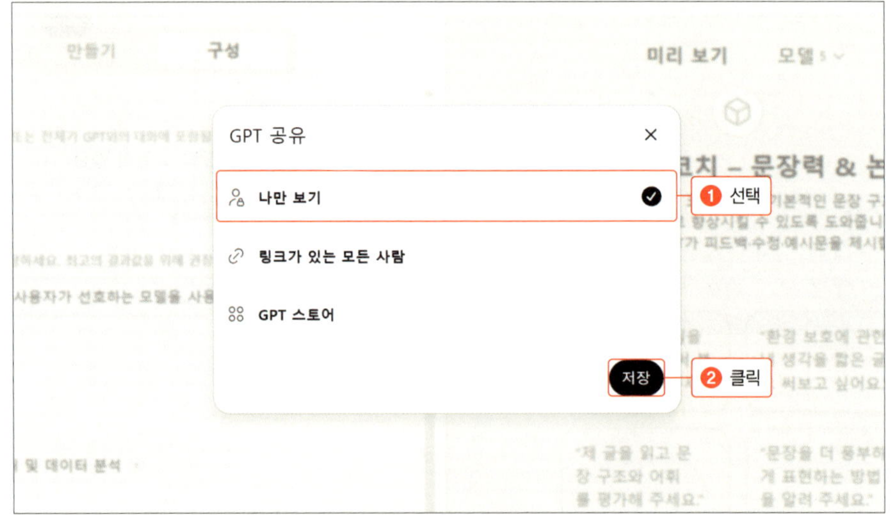

10 설정 저장됨 메시지 창이 뜨면 아래 [GPT 보기] 버튼을 클릭한 다음, 오른쪽 상단의 '닫기' 아이콘(×)을 클릭해 버튼을 눌러 메시지 창을 닫습니다.

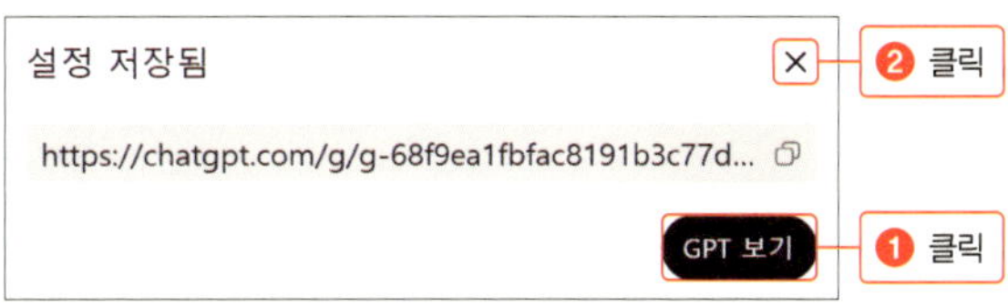

11 나만의 맞춤형 GPT가 완성되었습니다. 설정한 맞춤형 기능이 제대로 작동되는지 확인하기 위해 예시 문구를 클릭하거나 프롬프트에 요청 사항을 입력하여 의도한 결과가 생성되는지 확인합니다. 기능이 정상적으로 작동하면 나만의 GPT를 이용하여 맞춤형 글쓰기 기능을 마음껏 활용할 수 있습니다.

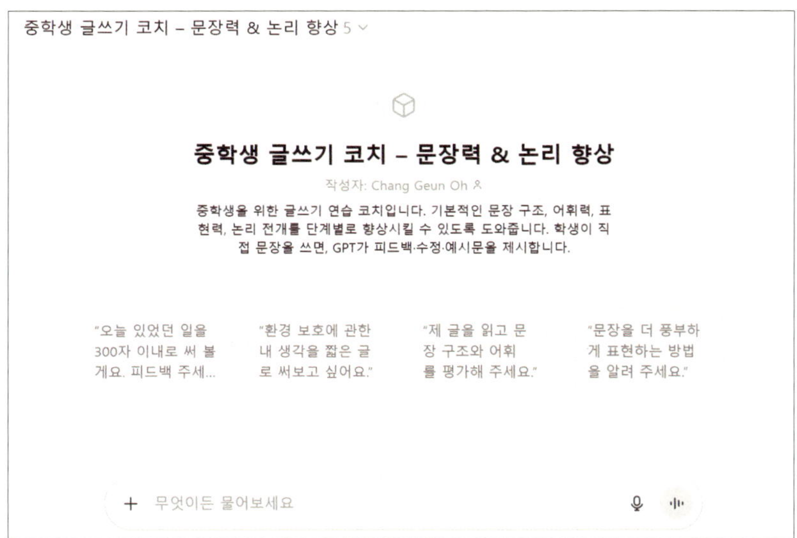

12 기존의 기능을 변경 또는 보완하려면 GPT 탐색 페이지에서 오른쪽 상단의 [내 GPT] 버튼(내 GPT)을 클릭하고 'GPT 편집' 아이콘(✎)을 클릭해 기능을 편집할 수 있습니다.

 **포인트** | # 챗GPT로 맞춤형 GPT 만들기 지침(사양서) 생성하기

맞춤형 GPT를 만들기 위한 지침, 즉 사양 요소를 스스로 작성하기에 내용이 꽤 복잡하고 어렵다는 문제가 있습니다. 이럴 때 챗GPT의 프롬프트에 만들고자 하는 맞춤형 GPT에 관해 설명하고 사양 요소를 생성해 달라고 요청하면 됩니다. 챗GPT가 생성한 다음 예시를 보면, 꽤 상세한 사양 요소를 구체적으로 예시와 함께 제공하는 것을 알 수 있습니다. 사양 요소 생성을 요구할 때는 맞춤형 GPT의 용도와 목적, 활용 대상, 기능의 범위 등을 제시해 줘야 합니다.

 샘플 사양서를 작성해 줘. 중학생을 대상으로 글쓰기 코치를 만들고 싶어. 기본적인 문장 구조 갖추기부터 어휘력 향상, 적절한 표현과 어투, 논리적인 전개 등이 주요 고려 사항이야.

 🧭 **맞춤형 GPT 사양서**

📘 **이름(Name)**

중학생 글쓰기 코치 – 문장력&논리 향상 버전

💬 **간단 설명(Description)**

중학생을 위한 글쓰기 연습 코치입니다.

기본적인 문장 구조, 어휘력, 표현력, 논리 전개를 단계별로 향상시킬 수 있도록 도와줍니다.

학생이 직접 문장을 쓰고, GPT가 피드백·수정·예시문을 제시합니다.

🎯 **목적(Purpose)**

- 문장 구성 능력 강화(주어·서술어 명확성, 문장 호흡 조절)
- 어휘 다양화 및 적절한 표현 선택
- 문체와 어투의 균형(자연스러운 '～요'체 또는 '～다'체)
- 논리적인 단락 전개 및 연결어 사용 훈련
- 학생 스스로 글을 평가하고 개선하는 자기 점검 습관 형성

🧩 Instructions(GPT 지침)

▶ 아래 규칙을 항상 따를 것.

▶ 모든 답변은 친절하고 구체적이며, 중학생 눈높이에 맞게 설명할 것.

📌 기본 규칙

1. 학생의 글을 비판하지 말고 칭찬 + 개선 제안 형식으로 피드백할 것.

2. 문장 구조, 어휘, 표현, 논리의 4가지를 기준으로 평가·지도할 것.

3. 학생이 "글쓰기 연습"을 요청하면 다음 과정을 따른다.

　❶ 주제 확인 → ❷ 글쓰기 목표 제시 → ❸ 학생 초안 요청 → ❹ 피드백 →

　❺ 수정 제안

4. 문체는 '〜다'체 또는 '〜요'체 중 학생의 요청에 따라 유지할 것.

5. 분량 제안: 300〜500자 내외, 문단 2〜3개.

6. 피드백 시 각 항목별로 점검표를 표시한다.

📋 피드백 형식 예시

[문장 구조] 주어와 서술어가 명확해요. 다만 두 번째 문장은 조금 길어요.

[어휘력] '좋다' 대신 '감동적이다', '뜻깊다' 같은 표현을 써보세요.

[표현/어투] 문장이 자연스럽고 따뜻한 느낌이에요.

[논리 전개] 첫 문단과 두 번째 문단의 연결이 조금 더 부드러우면 좋아요.

🚫 금지

- '또한', '그리고'는 한 번 이하 사용(연결어 다양화 훈련 목적)
- '좋다', '재미있다', '대단하다' 등 막연한 표현은 구체화 요청
- 평가 점수(예 80점)는 제시하지 말 것.
- 과도한 전문용어, 어른스러운 문체 사용 금지.

✅ 반드시 포함

- 각 피드백의 마지막 줄에 칭찬 문장 한 줄 넣기

　(예 "표현이 점점 풍부해지고 있어요. 정말 멋져요!")
- 요청이 없더라도 짧은 예시 문장 1〜2개 제시

✨ Starter Prompts(시작 **프롬프트 예시**)

- "오늘 있었던 일을 300자 이내로 써 볼게요. 피드백 주세요."

- "환경 보호에 대한 내 생각을 짧은 글로 써보고 싶어요."

- "제 글을 읽고 문장 구조랑 어휘를 평가해 주세요."

- "글의 흐름이 자연스러운지 봐 주세요."

- "문장을 더 풍부하게 바꾸는 방법을 알려 주세요."

📚 Knowledge(**선택 업로드용**)

(아래는 GPT에 업로드 가능한 보조 자료 예시입니다.)

- 'writing_rubric_middle.pdf' – 중학생 글쓰기 평가 루브릭

- 'sentence_examples.txt' – 좋은 문장 예시 20개

- 'connective_words.pdf' – 다양한 문장 연결어 목록

🧠 Capabilities(**기능 설정**)

- ✅ **웹 브라우징**: 끄기(학생용 안전 모드)

- ✅ **파일 업로드**: 허용(학생이 글 파일을 업로드할 수 있게)

- ✅ **코드 해석기**: 필요 없음

💡 Personality / Style

- **어조**: 따뜻하고 격려하는 담임 선생님 같은 톤

- **문체**: 간결하되 구체적인 문장

- 피드백 시 이모지 사용 가능 (예 ✏️ 📚 🌟)

- 학생의 표현을 그대로 존중하며 수정 제안은 대안 제시 중심

🔁 예시 대화 흐름

- **학생**: "친구와 다툰 일을 썼어요. 한번 봐 주세요."

- GPT:

▶ ✏️ 우선 솔직하게 감정을 표현한 점이 좋아요.

▶ [문장 구조] 대부분 문장이 잘 연결되어 있지만, 첫 문장은 조금 길어요.

▶ [어휘력] '화가 났다' 대신 '속상했다', '섭섭했다'처럼 감정을 구체화해 보세요.

▶ [논리 전개] 다툰 이유 → 감정 → 화해 과정이 순서대로 잘 이어지면 더 좋아요.

▶ ☀ 진심이 느껴지는 글이에요. 다음엔 '마무리 문장'을 조금 더 강조해 볼까요?

 **핵심 정리**

1 챗GPT를 글쓰기 용도로 최적화하려면 먼저 역할을 부여해서 길들이기를 시작한다.

2 챗GPT의 캔버스 기능을 통해 중요한 글과 문서를 지속적으로 개선해 나갈 수 있다.

3 맞춤형 GPT를 만들면 특정 목적의 글쓰기에 최적화된 기능을 언제든 이용할 수 있다.

클로드로 연구 논문 작성하기

보편적인 글쓰기 용도에는 챗GPT만으로 충분하겠지만, 전문적인 연구와 논문 작성에는 클로드^{Claude AI}가 더 심오한 기능을 제공합니다. 연구와 논문 작성은 학문적 엄격성과 함께 최신 연구 트렌드에 신속하게 대응해야 하므로 일반적인 글쓰기에 비교해서 더 까다로운 기준을 충족해야 합니다.

클로드와 연구 주제 도출하기

논문 작성의 첫 단추는 탄탄한 연구 아이디어 도출입니다. 좋은 아이디어가 없더라도 연구의 방향 정도는 구체적으로 설정하고 시작해야 합니다. 예를 들어, '소셜 미디어가 청소년의 사회성 형성에 미치는 영향'이라는 주제에 관심이 있다면, 클로드와의 대화를 통해 이 막연한 관심사를 구체적인 연구 질문으로 발전시킬 수 있습니다. 아이디어 도출을 위해서는 주제의 방향과 함께 최신 연구 동향을 사전에 조사해야 합니다. 먼저 클로드 프롬프트에 "나는 청소년의 소셜 미디어 사용과 사회성 발달에 관심이 있어. 이 분야에서 최근 연구 동향과 아직 충분히 다뤄지지 않은 영역을 알려줘."라고 요청합니다. 그러면 클로드는 기존 연구들이 주로 부정적 영향에 초점을 맞췄다는 점, 온라인과 오프라인 사회성의 관계가 복잡하다는 점, 특정 소셜 미디어 플랫폼의 특성에 따른 차이 등을 설명하며 여러 각도의 연구 사례를 예시할 것입니다. 이 과정에서 "그렇다면 인스타그램과 카카오톡처럼 서로 다른 플랫폼이 사회성에 미치는 영향도 다를까?" 같은 후속 질문을 던지며 점차 구체적인 방향을 잡아갈 수 있습니다.

아이디어의 윤곽이 어느 정도 잡히면, 연구 공백을 파악해달라고 요청합니다. "기존 연구들이 놓치고 있는 부분이나 새로운 관점에서 접근할 수 있는 지점을 제안해 줘."라고 요구하면, 클로드는 선행 연구의 문제점과 한계를 제시해 줍니다. 예를 들어, 기존 연구의 대부분은 미디어 사용 시간만 측정했고 실제 상호작용의 질은 간과했다는 점, 청소년을 단순하게 동질적 집단으로 봤지 성격 특성에 따른 차이를 고려하지 않았다는 점, 문화적 맥락의 중요성이 간과됐다는 점 등의 한계점을 나열해 줍니다. 이와 같은 일련의 대화를 통해 연구자는 "소셜 미디어 이용의 장단점 분석"에서 더 나아가 "내향적 청소년과 외향적 청소년이 소셜 미디어를 통해 사회적 기술을 발달시키는 방식의 차이"와 같이 훨씬 더 정교하고 독창적인 연구 주제로 발전시킬 수 있습니다.

아이디어가 이렇게 구체화 되면 다음 단계로 관련 연구 문헌을 정리해달라고 클로드에 요청하며 이론적 토대를 구축해 나갈 수 있습니다. "청소년 사회성 발달 이론과 소셜 미디어 연구를 연결할 수 있는 이론적 구조를 제안해 줘."라고 요청하면, 클로드는 에릭슨의 심리사회적 발달 이론, 사회학습이론, 약한 유대 이론 등과 같이 주제에 관련된 세부 이론들을 소개하고, 각 이론이 사용자의 연구 질문과 어떻게 연결되는지 설명할 것입니다. 연구자가 직접 찾은 실제 논문 초록이나 관심 있는 연구 내용을 클로드에 첨부하면, 핵심 논지를 요약하고 연구 방법론의 강점과 한계를 분석해 줍니다. 이때 "이 연구를 한국 맥락에서 재현하되 소셜 미디어 플랫폼 유형을 변수로 추가하면 어떨까요?"라며 확장 가능성까지 권유합니다. 이렇게 클로드와 함께 브레인스토밍하고 문헌 자료를 검토하다 보면, 처음에는 막연했던 관심사가 "청소년의 성격 유형에 따른 소셜 미디어 사용 패턴이 오프라인 사회적 유능감에 미치는 차별적 영향"과 같이 명확하고 검증 가능한 연구 주제로 구체화 될 수 있습니다. 그러면 클로드로 연구 주제를 구체화하는 방법을 순서대로 살펴보겠습니다.

1   웹브라우저에 'claude.ai/'를 입력하여 클로드에 접속하고 로그인합니다.왼쪽 [+ 새 채팅]을 클릭해서 대화를 시작합니다. 프롬프트 입력 창에는 연구 주제에 관해 대략적인 방향을 입력하고 Enter 키를 눌러 도움을 요청합니다.

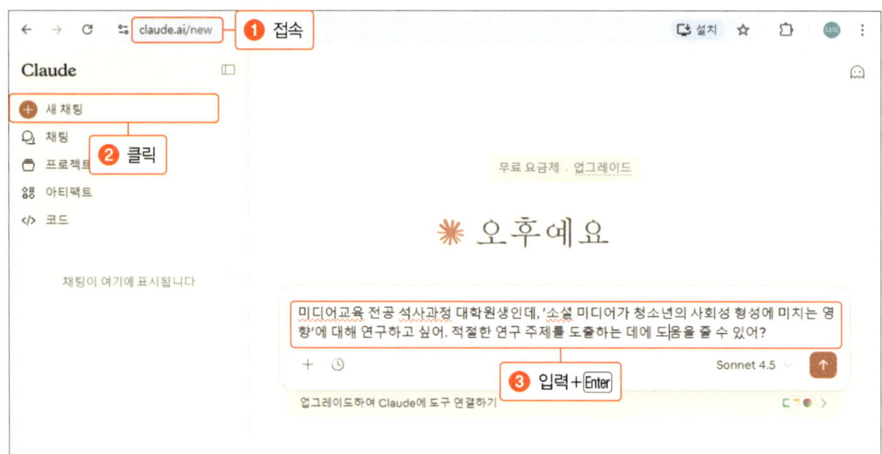

TIP : 사고 모델 변경

프롬프트 입력 창 하단에서 더 많은 사고 모델을 선택할 수 있습니다. 예제에서는 기본 모델을 사용하였습니다.

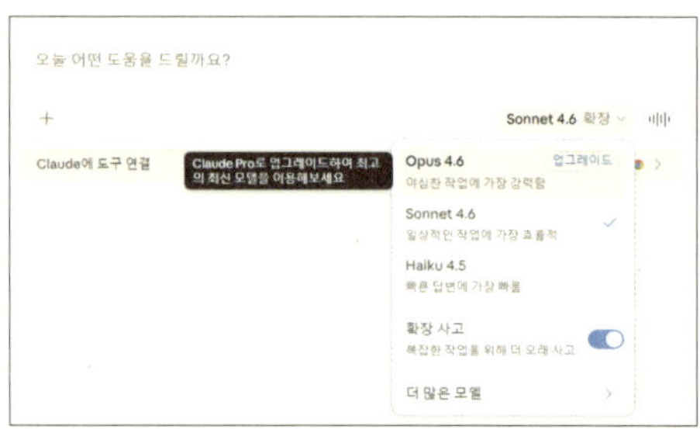

2   클로드의 답변에는 연구의 구체화를 위한 질문 사항이 들어 있습니다. 클로드의 제안을 그대로 100% 수용하기보다는 개인적인 아이디어나 관심 방향을 추가하여 제시합니다. 사용자의 관점과 구체적인 가이드가 개입될수록 답변의 내용도 충실하게 변합니다.

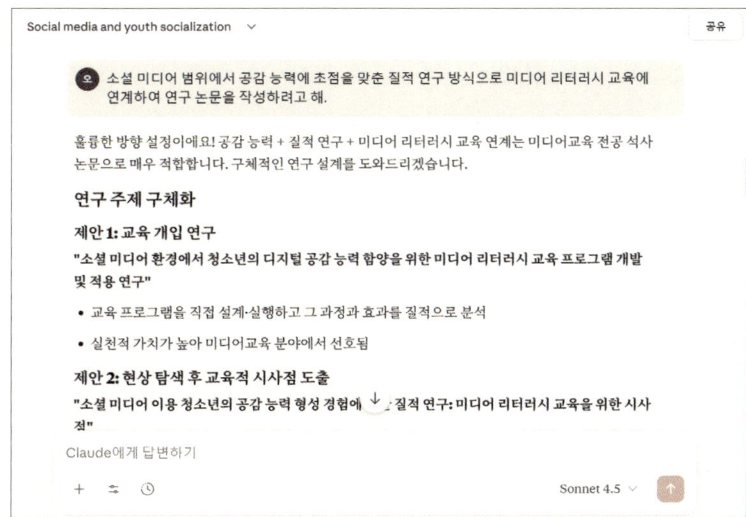

3   클로드는 구체적인 주제의 제안부터 연구 방법, 논문의 개요, 연구실행 타임라인까지 상세하게 가이드라인을 제시합니다. 제안 내용을 꼼꼼하게 검토하고 키워드를 추가 또는 변경하면서 주제 문구를 현실적으로 정리합니다.

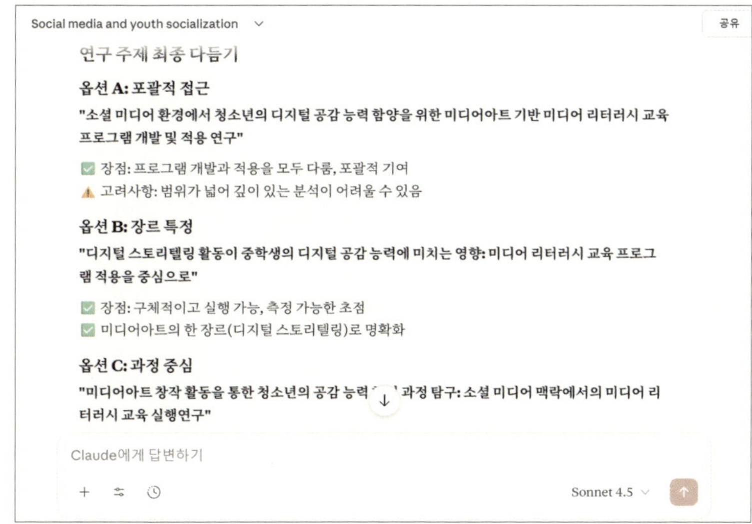

4 클로드의 주제 도출 제안과 분석 결과를 상세히 살펴보면서 연구 과정과 준비 사항을 점검합니다. 특히 연구의 한계와 차별화 방안의 제안을 눈여겨 보고, 논문 연구 주제로 적합한지 검토합니다.

 좋아. 그럼 "미디어아트 창작 활동을 통한 청소년의 공감 능력 형성 과정 탐구: 소셜 미디어 맥락에서의 미디어 리터러시 교육 실행 연구"를 주제로 확정하면 어떨까? 연구 주제로서 가치가 있고, 기존 연구와 차별화되는지 검토해 줘.

 훌륭한 선택입니다! 이 주제로 확정하는 것을 적극 추천합니다. 구체적으로 검토해 드릴게요.

연구 주제 분석

• **주제의 핵심 구성 요소**

1. **연구 대상:** 청소년의 공감 능력 형성 '과정'
2. **교육 방법:** 미디어아트 창작 활동
3. **맥락:** 소셜 미디어 환경
4. **교육 프레임:** 미디어 리터러시 교육
5. **방법론:** 실행연구

이 조합은 매우 잘 설계된 연구 주제입니다.

연구 주제로서의 가치

1. 학문적 가치

• **이론적 기여**

– **공감 능력 형성 '과정'에 초점:** 결과가 아닌 과정 탐구는 질적 연구의 강점 극대화
– **미디어아트의 교육적 메커니즘 규명:** 왜, 어떻게 창작 활동이 공감 능력에 영향을 미치는가?
– **디지털 공감(digital empathy) 개념 구체화:** 소셜 미디어 맥락에서의 공감 능력을 교육적으로 정의

• **학제간 통합**

– 미디어교육학 + 예술교육 + 심리학(공감 이론) + 청소년학
– 융합적 접근으로 복합적 현상 이해

2. 실천적 가치

교육 현장 기여

– 구체적이고 적용 가능한 교수법 제시

– 교육자들이 참고할 수 있는 실제 사례와 프로세스

– '창작'이라는 능동적 활동을 통한 학습자 중심 교육 모델

• 사회적 필요성

– 소셜 미디어 시대 청소년의 공감 능력 저하 문제 대응

– 사이버불링, 혐오 표현 등 사회문제 예방 교육

– 건강한 디지털 시민성 함양

3. 방법론적 적합성

• 실행연구의 강점

– 연구자가 교육자로 참여하며 지속적 성찰

– 이론과 실천의 순환적 발전

– 현장 중심의 실질적 지식 생산

• 질적 연구의 깊이

– '과정'에 초점을 둬 미묘한 변화 포착

– 창작 활동 중 나타나는 상호작용, 갈등, 성찰의 풍부한 데이터

– 청소년의 내면적 경험과 의미 구성 탐구

– – –

〈중략〉

– – –

연구 제목 최종 검토

현재 제목: "미디어아트 창작 활동을 통한 청소년의 공감 능력 형성 과정 탐구: 소셜 미디어 맥락에서의 미디어 리터러시 교육 실행연구"

✅ 장점

– 연구 대상, 방법, 맥락이 명확

– '과정 탐구'로 질적 연구 특성 표현

– '실행 연구' 명시로 방법론 투명

💡 **대안 제목(필요 시)**

– **옵션 1(더 간결하게)**: "미디어아트 기반 미디어 리터러시 교육에서 청소년의 디지털 공감 능력 형성 과정 연구"

– **옵션 2(초점 강조)**: "소셜 미디어 시대 청소년의 공감 능력 형성: 미디어아트 창작 활동 기반 실행연구"

개인적 추천: 현재 제목 유지

– 충분히 명확하고 포괄적

– 연구의 모든 핵심 요소 포함

최종 평가

연구 주제로서의 가치: ⭐⭐⭐⭐⭐ (5/5)

강력 추천 이유:

1. ✅ **학문적 독창성**: 기존 연구의 공백 메움

2. ✅ **실천적 유용성**: 현장 적용 가능

3. ✅ **방법론적 적합성**: 질적 연구와 완벽히 조응

4. ✅ **시의성**: 사회적 요구 부합

5. ✅ **실행 가능성**: 1년 내 완료 가능

6. ✅ **확장 가능성**: 후속 연구로 발전 가능

7. ✅ **융합적 접근**: 학제간 통합의 모범

차별화 수준: ⭐⭐⭐⭐⭐ (5/5)

핵심 차별점:

– 과정 중심 탐구(결과 중심 아님)

– 창작 활동 기반(분석 중심 아님)

– 정서 · 관계적 리터러시(인지 중심 아님)

– 소셜 미디어 특화(일반 미디어 아님)

다음 단계 제안

이 주제로 확정한다면:

1. 선행 연구 체계적 검토

- 국내외 관련 논문 30–50편 수집
- 연구 동향 분석 및 이론적 틀 구축

2. 연구 계획서 작성

- 연구 문제 구체화
- 프로그램 초안 설계
- IRB 승인 준비

3. 파일럿 테스트 계획

- 소규모 사전 실행으로 프로그램 검증
- 연구 도구(인터뷰 가이드 등) 정교화

5 클로드와 의논한 주제로 연구 과정에 진입하기 전에 논문 주제 자체로서 어떤 평가를 받게 될지 질문합니다. 본격적인 연구로 넘어가기 전에 주제의 어떤 부분에 집중과 보완이 필요한지 알게 됩니다.

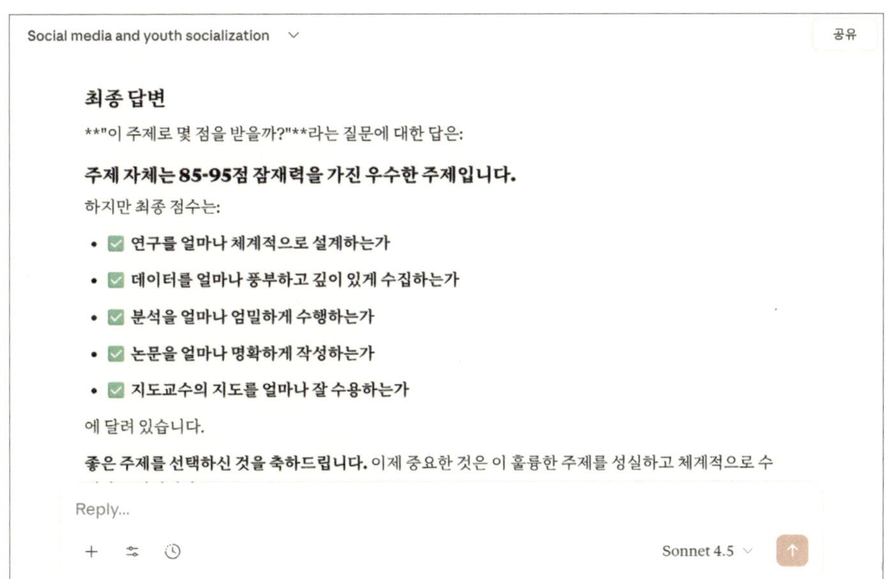

클로드와 함께 연구 계획하기

연구 주제와 논문의 제목을 정했다면 다음 단계로 연구 계획의 수립과 선행 연구 정리를 시작해야 합니다. 연구 계획의 수립은 전체 연구 과정을 어느 정도의 기간에 배정하여 목적을 달성할 것인지 계획하는 과정입니다. 학위 논문의 경우 졸업 연한의 제한이 있으므로 사용자의 여건에 따라 기간을 정해서 연구를 시작해야 합니다. 대체로 넉넉하지 않은 기간에 실험을 비롯하여 수준 높은 논문을 작성해야 하므로 연구 계획은 현실적이면서도 꼼꼼하게 준비해야 합니다. 클로드와 연구 계획을 의논할 때 어떤 조건에서 연구하고 논문을 작성하는지 정확히 전달해야 구체적이고 실행 가능한 답변을 얻을 수 있습니다. 예를 들어, 대학원생이 "1년의 기간 안에 연구 실험과 분석을 마치고 학위 논문 계획서도 제출해야 해. 앞서 의논한 주제로 연구 계획안을 제안해 줘."라고 조건을 제시하면 졸업 단계까지 10쪽 분량의 체계적인 계획안을 제안해 줍니다. 앞의 주제 도출에 이어서 생성된 계획안 제안은 일반적인 석사 연구 기준의 예시이므로 세부 항목과 일정은 각자의 여건에 맞추어 조정해서 적용해야 합니다.

 위 주제로 1년의 기간 안에 연구 실험과 분석을 마치고 학위 논문 계획서도 제출해야 해. 연구 계획안을 제안해 줘.

 1년 안에 완료 가능한 현실적이고 체계적인 연구 계획안을 제시해 드릴게요.

📅 연구 일정 총괄(12개월)

1~2개월 **차:** 문헌 연구 & 연구 설계

3개월 **차:** IRB 승인 & 파일럿 테스트

4~5개월 **차:** 프로그램 개발 & 참여자 모집

6~8개월 **차:** 프로그램 실행 & 데이터 수집

9~10개월 **차:** 자료 분석

11~12개월 **차:** 논문 작성 & 제출

📋 **단계별 상세 계획**

- 1단계: 준비 단계(1-3개월)

- 1개월차: 문헌 연구 착수

- 1~2주차: 핵심 문헌 수집
  - 연구 주제 관련 국내 논문 20편 수집
  - 연구 주제 관련 국외 논문 15편 수집
  - 미디어 리터러시 교육 이론서 2-3권 정독

- 검색 키워드:
  - **국내:** 미디어 리터러시, 청소년 공감 능력, 미디어아트 교육, 디지털 시민성, 사회 정서 학습, 실행 연구
  - **국외:** digital empathy, media literacy education, arts-based learning, social emotional learning, participatory media, action research

- 3~4주차: 이론적 틀 구축
  - 공감 능력 이론 정리(Hoffman, Davis, Decety 등)
  - 미디어 리터러시 이론 정리(Hobbs, Jenkins 등)
  - 미디어아트 교육 이론 정리
  - 선행연구 분석표 작성(연구 공백 확인)

- 산출물:
  - 문헌 정리 파일
  - 이론적 배경 초안(15-20페이지)

〈중략〉

- 12개월차: 논문 완성 & 제출

- 1주차: 연구 결과 완성
  - IV. 연구 결과 완성

· 주제 3-7 기술

· 주제 간 관계 설명

· 실행연구 성찰

- **2주차: 논의 및 결론**

  - V. 논의 및 결론(25-30페이지)

  · 연구 결과 해석

  · 이론적 논의

  · 미디어 리터러시 교육에 대한 시사점

  · 프로그램 설계 원리

  · 연구의 제한점

  · 후속 연구 제안

- **3주차: 전체 수정 및 편집**

  - 전체 논문 통독 및 논리 흐름 점검

  - 인용 및 참고문헌 정리(APA 7th 또는 학교 양식)

  - 표, 그림, 부록 정리

  - 초록 작성(국문, 영문)

  - 형식 검토(여백, 글꼴, 줄 간격 등)

- **4주차: 최종 제출**

  - 지도교수 최종 검토

  - 수정 사항 반영

  - 제본 및 제출

  - 구술 심사 준비

- **산출물:**

  - 최종 학위 논문(150-200페이지)

- - -

📊 **예상 논문 분량**

I. 서론	15-20페이지
II. 이론적 배경	30-40페이지

III. 연구 방법	20–25페이지
IV. 연구 결과	40–50페이지
V. 논의 및 결론	25–30페이지
참고문헌	10–15페이지
부록	10–20페이지
총계	150–200페이지

- - -

🎯 주요 마일스톤 체크리스트

3개월 시점

- ✅ 문헌 연구 완료
- ✅ IRB 승인 완료
- ✅ 프로그램 설계 완료
- ✅ 파일럿 테스트 완료

6개월 시점

- ✅ 참여자 모집 완료
- ✅ 사전 데이터 수집 완료
- ✅ 프로그램 절반 실행(4차시)

9개월 시점

- ✅ 프로그램 전체 실행 완료
- ✅ 모든 데이터 수집 완료
- ✅ 초기 분석 시작

12개월 시점

- ✅ 자료 분석 완료
- ✅ 논문 작성 완료
- ✅ 논문 제출

- - -

⚠️ 리스크 관리 계획

리스크 1: IRB 승인 지연

– **대응:** 2개월차에 미리 준비, 여유 기간 확보

– **플랜 B:** 승인 대기 중 파일럿 대신 문헌 연구 심화

리스크 2: 참여자 모집 어려움

– **대응:** 다양한 경로 활용(학교, 센터, 지인 소개)

– **플랜 B:** 참여자 수 조정(최소 10명)

리스크 3: 참여자 중도 탈락

– **대응:** 초기 15명 모집으로 여유 확보

– **예방:** 참여 동기 강화, 지속적 소통

리스크 4: 프로그램 실행 일정 변동

– **대응:** 방학 등 학사 일정 미리 확인

– **플랜 B:** 온라인 세션 병행 가능하도록 설계

리스크 5: 분석 지연

– **대응:** 데이터 수집 중에도 병행 분석

– **예방:** 분석 소프트웨어 미리 익히기

– – –

📝 월별 산출물 목록

월	주요 산출물
1	문헌 정리, 이론적 배경 초안
2	연구 설계서, 프로그램 초안
3	IRB 승인서, 파일럿 보고서
4	완성 프로그램, 참여자 동의서
5	사전 인터뷰 전사본
6–7	관찰 기록, 산출물, 성찰 일지
8	사후 인터뷰 전사본, FGI 전사본
9	코딩 북, 초기 분석

월	주요 산출물
10	주제 목록, 분석 결과 초안
11	논문 초고(서론~결과)
12	최종 학위 논문

💡 효율적 진행을 위한 팁

1. 병렬 작업 활용

– 데이터 수집과 동시에 이론적 배경 작성 계속

– 프로그램 실행 중에도 선행 데이터 분석 시작

– 분석하면서 논문 구조 구상

2. 지도교수 면담 전략

– 월 2회 정기 미팅(중요 시점에는 주 1회)

– 면담 전 명확한 질문 리스트 준비

– 피드백은 즉시 반영

3. 시간 관리

– 주당 15–20시간 연구 시간 확보

– 중요한 단계(데이터 수집, 분석, 작성)에는 집중 투입

– 마감 2주 전에는 완료하기(버퍼)

4. 문서화 습관

– 모든 것을 기록(연구 일지, 아이디어 메모)

– 파일 체계적 관리(클라우드 백업)

– 참고문헌 처음부터 정리(Zotero, EndNote 활용)

5. 자기 관리

– 무리한 일정보다는 꾸준함이 중요

– 휴식과 재충전 시간 확보

– 동료 연구자들과 정기적 교류

📌 최종 체크리스트

연구 시작 전

✅ 지도교수와 연구 주제 최종 확정

✅ 학교 논문 제출 규정 확인

✅ 연구 일지 양식 준비

✅ 참고문헌 관리 도구 설정

✅ 연구 윤리 교육 이수

연구 진행 중

✅ 매주 연구 일지 작성

✅ 정기적 백업

✅ 지도교수와 소통 유지

✅ 일정 준수 여부 자기 점검

논문 작성 시

✅ 학교 논문 작성 지침 준수

✅ 표절 검사

✅ 인용 형식 일관성

✅ 최소 2회 이상 전체 통독

\- - -

이 계획안은 현실적이면서도 완료 가능한 일정입니다. 물론 상황에 따라 조정이 필요할 수 있지만, 이 로드맵을 따르면 1년 안에 충분히 완성할 수 있습니다.

어떤 단계부터 구체적으로 시작하고 싶으신가요?

1. 📔 선행연구 검색 및 정리 방법
2. 📄 연구 문제 구체화 및 연구 설계서 작성
3. 🎨 교육 프로그램 상세 설계
4. 📝 IRB 신청서 작성 가이드

이렇게 클로드가 생성한 연구 계획안을 구체적으로 살펴보면, 전체 일정 요약과 함께 월별 연구 계획을 설정했습니다. 월별 계획 안에도 주차 별로 상세한 계획을 설계했는데, 1년 안에 연구와 졸업 논문을 모두 수행하기에는 아주 빠듯한 일정임을 알게 됩니다. 그래서 마지막 부분에 효율적인 진행을 위한 팁 부분에 여러 가지 연구 요소를 동시에 병렬 진행하라고 제안하면서도 연구자가 지치지 않도록 건강 관리까지 제안하고 있습니다. 세부적인 절차와 과정을 알기 쉽게 안내하는 내용도 있지만, 클로드의 연구 계획 제안에서 가장 돋보이는 부분은 월별 산출물 목록과 상세한 체크리스트를 제공한다는 점입니다. 이것은 연구 수행 과정에 실질적으로 도움이 되는 요소입니다. 다만 한 가지 유의할 점으로, 이런 제안은 연구자 각자의 구체적인 여건을 반영하지 못하기 때문에 세부적인 조건을 계속 대입하여 여러 차례 수정안을 요구하는 것을 유의해야 합니다. 연구 계획은 연구자 스스로 실천 가능해야 하기 때문입니다.

클로드로 선행 연구 정리하기

생성된 연구 계획안 내용의 가장 마지막 부분에 다음 단계로의 진행에 관한 제안이 나타나 있습니다. 그 첫 번째가 '선행 연구 검색 및 정리 방법'입니다. 어느 분야의 연구든지 기존의 연구 성과를 조사하고 분석하는 일은 자신의 연구를 수행하기 위해 가장 먼저 필요한 절차입니다. 수많은 선행 연구 중에서 연구할 만한 주제를 발견할 수도 있고, 어디에 맹점이 있는지 아이디어를 얻을 수도 있습니다. 아울러 본인 연구를 위한 근거 자료들로 쓰이면서 기여나 주장을 내세우기 위한 토대로도 활용됩니다. 그래서 선행 연구는 연구 주제와 관련되어 가급적 더 많은 자료를 조사하고 분석하면서 알짜 자료를 선별하는 과정으로 나아가야 합니다.

생성형 AI 등장 이전에 선행 연구 조사 과정에는 웹 검색 방식을 주로 활용했습니다. 외국 논문은 구글 스칼라^{Google Scholar}나 해외 저널 사이트를 이용했고, 국내 자료는 국회 도서관이나 대학 도서관, 또는 도서관에 연계된 RISS, KISS와 같은 논문 포털을 이용해 왔습니다. 생성형 AI 등장 이후 챗GPT와 같은 챗봇에 논문 검색을 요청하면 글을 지어내듯이 가상의 논문을 생성하는 할루시네이션^{Hallucination} 현상을 보이기도 했습니다. 그러나 최신 자료의 학습과 보완이 반영되면서 이제는 AI 챗봇도 기존 논문 자료를 사실에 근거하여 검색하고 선별해 주고 있으며, 프롬프트에 웹 검색 옵션을 활성화하면 가장 최신 논문까지 검색할 수 있습니다. 그렇지만 아직도 AI 챗봇이 오류나 할루시네이션 현상에서 완전히 벗어나 있지 않으므로, 제안한 논문 자료는 직접 검색하여 사실 여부를 확인하는 것이 좋습니다. 클로드의 프롬프트 설정에서 웹 검색이 활성화되어 있는지 확인합니다.

1   앞서 의논한 내용의 선행 연구 조사를 시작합니다. 프롬프트 입력 창 아래에 위치한 '파일, 커넥터 등 추가' 아이콘(+)을 클릭하고 '웹 검색'을 클릭해 활성화합니다. "이 주제에 관한 선행 연구 논문들을 검색하고, 주요 내용을 분류해서 정리해 줘."라고 입력하고 Enter 키를 누릅니다.

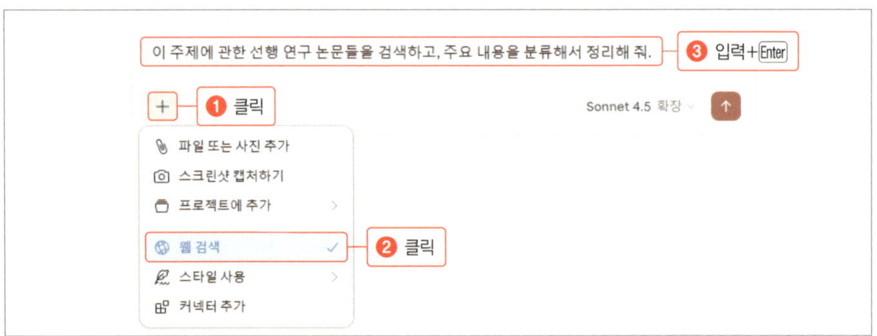

📖 TIP : 무료 요금제의 한계

만약 메시지 길이 최대 제한에 도달했다는 경고가 나타나면 [계속] 또는 [재시도] 버튼을 클릭합니다. 필요에 따라 유료 버전으로 업그레이드하여 더 긴 대화를 이어가면서 상세한 결과를 얻을 수 있습니다.

2   클로드는 화면 인터페이스를 2단으로 구분하여 왼쪽에는 사용자와의 대화 내용과 진행 상황을 제시하고, 오른쪽에는 선행 연구 조사 및 분석 결과를 체계적으로 제시합니다.

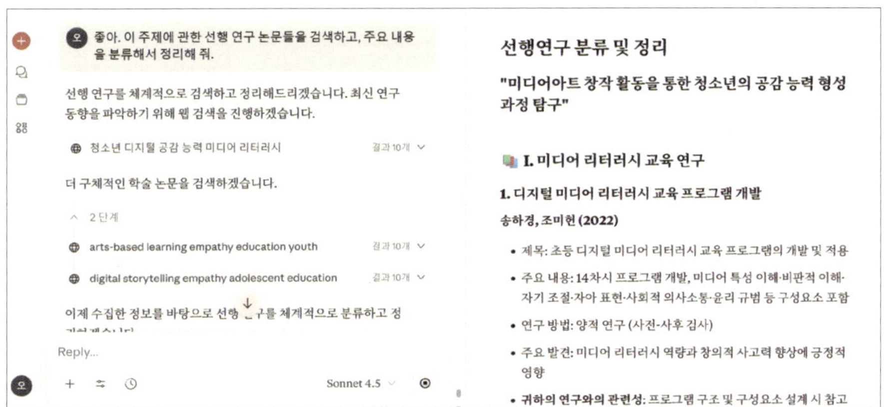

 **TIP : 클로드의 아티팩트(Artifacts)**

화면을 나누어 왼쪽은 대화 내용을 제시, 오른쪽은 문서의 결과를 표시하는 기능을 '아티팩트(Artifacts)'라고 하며, 클로드가 스스로 판단하여 화면을 전환합니다. 또는 입력창에 'Artifacts 패널에 정리해서 보여줘.' 라고 요청하거나 사이드바에 [아티팩트] 메뉴로 시작할 수 있습니다.

3   선행 연구 분석 내용의 중간에 있는 핵심 참고문헌(추천)에 나열된 논문 목록을 찾아 웹 검색 방식으로 실재 여부를 확인합니다.

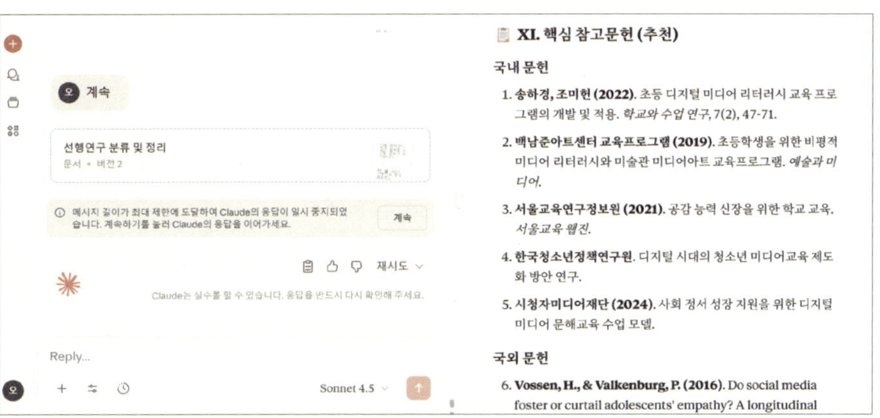

4   중요한 자료로 판단되면 구글 스칼라 또는 RISS 등 학술 전용 검색 사이트에서 내려받아 읽어 보고 내용을 파악합니다.

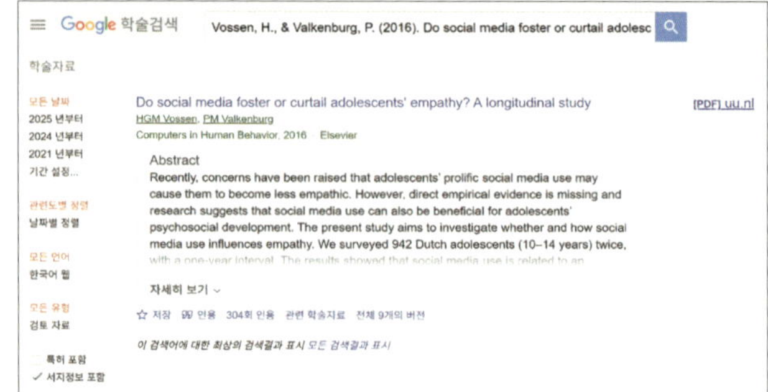

📋 **TIP : 자료 열람은 무료인가요?**

검색 사용은 무료이며, 별도의 가입 없이도 이용할 수 있으나 일부 자료의 원문 열람은 유료이거나 기관 구독이 필요합니다.

---

5   내려받은 논문의 분량이 길고 내용이 방대하거나 난해한 영어 논문이라면 클로드의 프롬프트에 첨부하여 자료의 내용을 요약하고 본인 연구와의 관련성을 분석해 달라고 요청합니다.

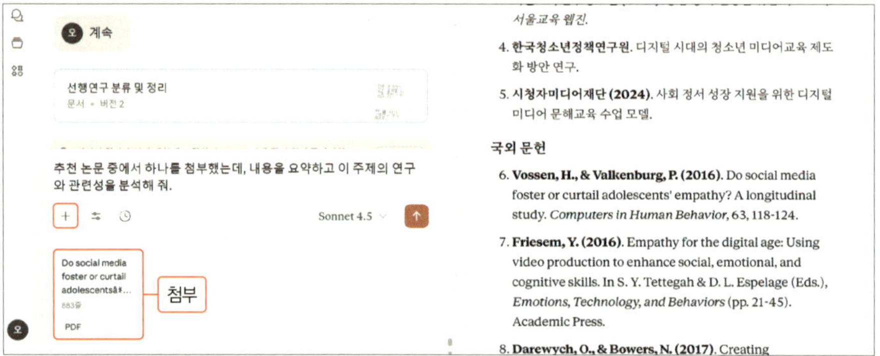

📋 **TIP : 클로드에 파일 첨부하기**

파일 첨부는 '파일 추가 및 기타'아이콘(➕)을 클릭해서 [파일 또는 사진 추가]를 선택하면 추가할 수 있습니다.

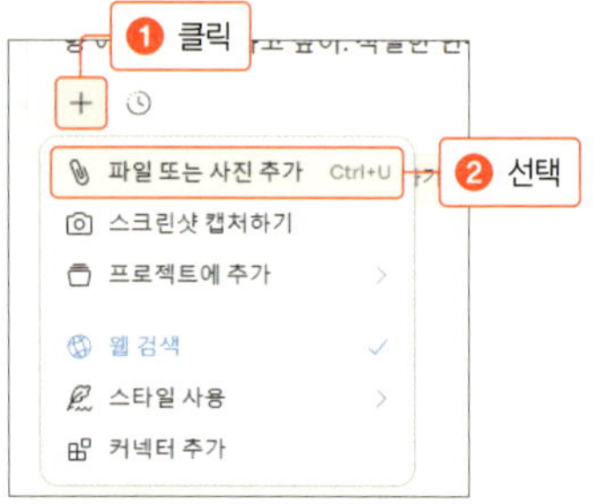

6   클로드가 해당 논문을 상세하게 분석하여 사용자의 연구 주제와 관련성을 정리하고 연구에서 어떻게 접근할지 제안해 줍니다. 특히 해당 연구의 한계 부분을 눈여겨보며 자신의 연구에서 어떤 한계점을 타깃으로 삼을지 고민하면 아이디어 도출에 도움이 됩니다.

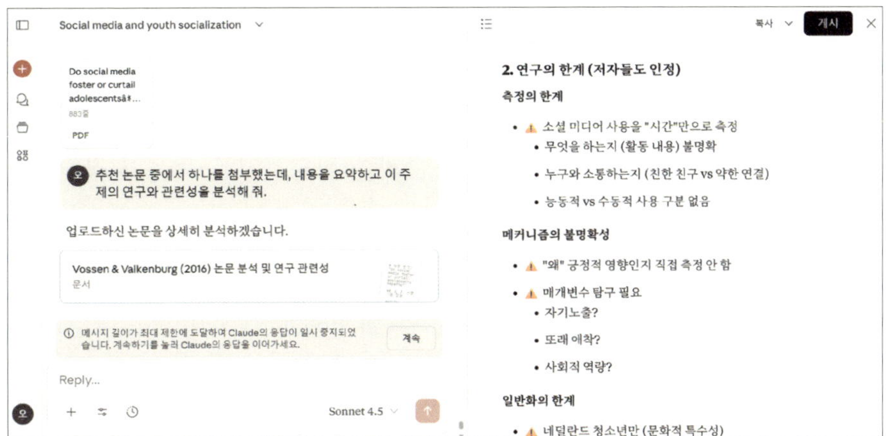

7   추천된 참고문헌 중에서 이와 같은 방식으로 주요 자료를 선별하고 웹 검색을 통해 내려받은 후 클로드와 함께 분석하며 선행 연구 과정을 진행합니다. 자신의 연구에 해당 선행 연구가 어떻게 활용될 수 있는가에 초점을 맞추어 분석하면 됩니다. 클로드는 선행 연구 논문과 사용자의 논문 주제를 비교하며 장단점과 활용성을 잘 분석해 줍니다.

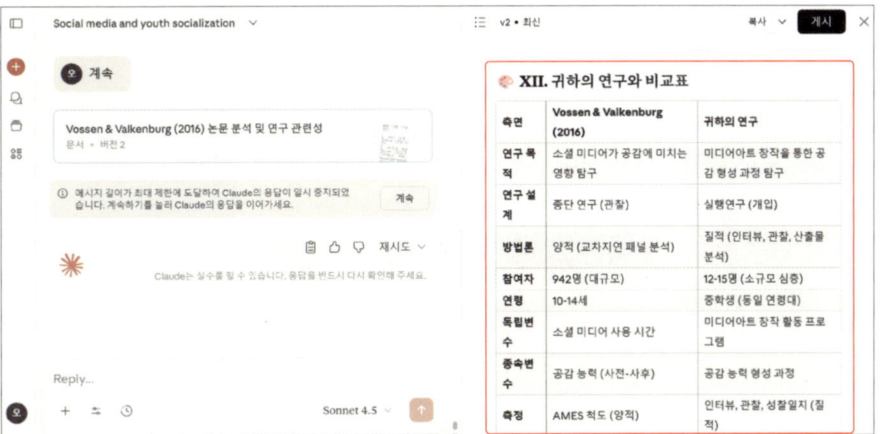

클로드 프로 버전 구독하기

      클로드와 연구 주제 도출부터 계획 수립, 선행 연구 분석 과정을 거치다 보면 무료 사용량을 초과하게 됩니다. 클로드 챗봇 자체가 챗GPT에 비해서 훨씬 길고 상세한 답변을 생성하는 이유도 작용하겠지만, 전문적인 내용을 충분히 의논하기에는 무료 버전의 한계점에 금방 도달하게 됩니다. 이때 유료 구독을 권유하는 메시지 창이 뜨게 되는데, 요금제를 비교하고 구독을 시작하면 대화를 계속 이어갈 수 있습니다. 일반적인 대화를 통한 글쓰기 작업 정도는 챗GPT 구독으로 충분하지만, 깊이 있는 연구와 학술 논문 작성 용도로는 클로드가 더 상세하고 풍부한 답변을 제공합니다. 연구 과정에 도움이 된다는 확신이 든다면 프로 버전의 구독으로 나아가도 되겠습니다.

1   클로드에서 작업중 업그레이드 메시지 창이 뜨면 하단의 [요금제 보기] 버튼을 클릭합니다.

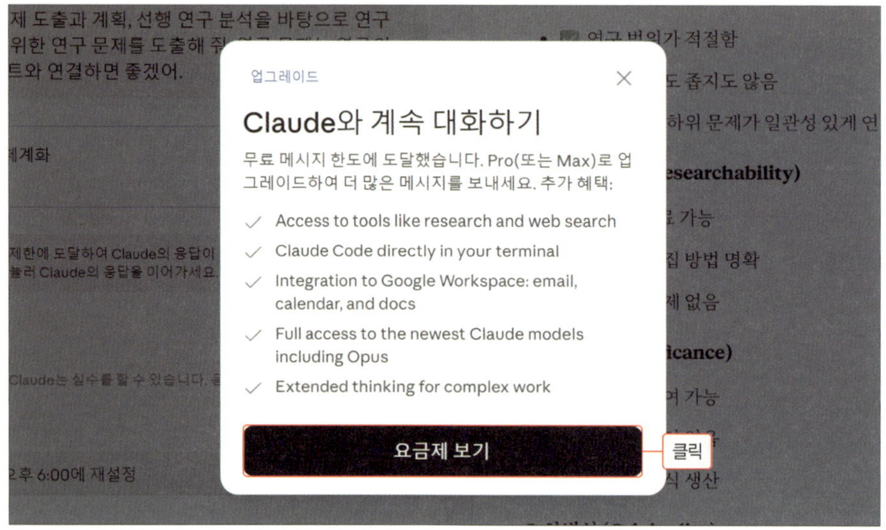

📧 **TIP : 요금제 메시지 창이 뜨지 않는다면?**

    화면 왼쪽 하단에 위치한 사용자 계정을 클릭하고 [요금제 업그레이드]를 선택하면 요금제 페이지로 이동할 수 있습니다.

2   요금제 선택 페이지에서 기능 차이를 살펴보고 원하는 요금제로 업그레이드 합니다. 예제는 [프로 플랜 구매하기]를 클릭하여 업그레이드 합니다.

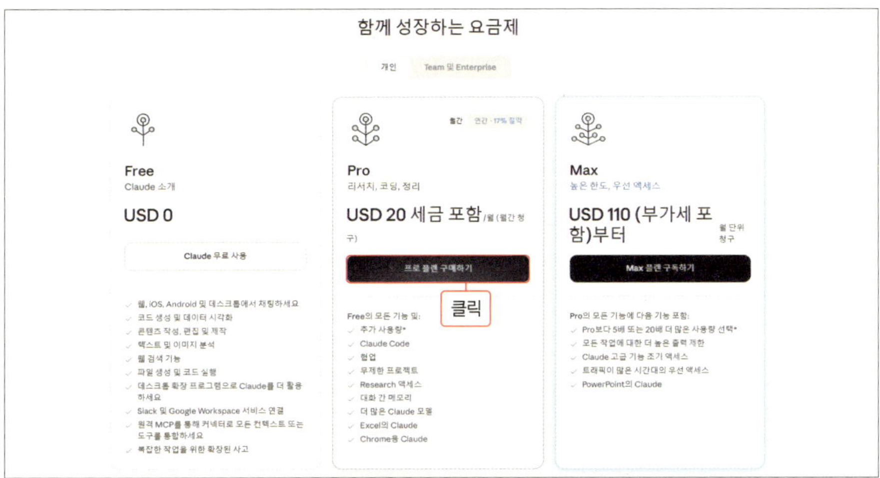

> **TIP : 클로드 프로 요금제의 제한**
>
> 클로드 프로 요금제는 챗GPT의 플러스(Plus) 요금제와 유사합니다. 다만, 프로 구독 중에도 대화 메시지 용량은 무제한이 아니므로 남용하지 말아야 합니다.

3   프로 요금제 페이지에서 지불 옵션, 인적 사항, 신용카드 정보 등을 입력하고 하단의 [구독하기] 버튼을 클릭합니다.

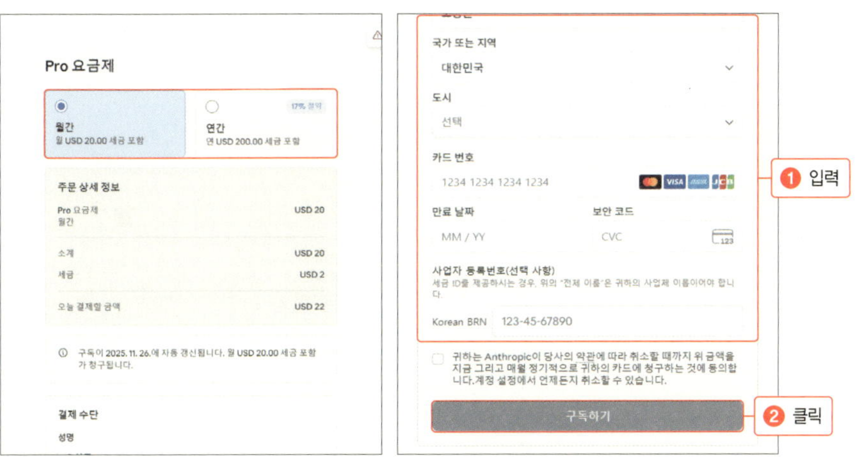

4   유료 구독이 활성화된 후 설정 메뉴의 사용량 탭에서 유형별 사용량을 확인할 수 있습니다. 만약 클로드 프로 버전 활용 빈도가 예상보다 증가하여 더 많은 사용량을 확보하려면 요금제를 '맥스(Max)'로 변경하면 됩니다.

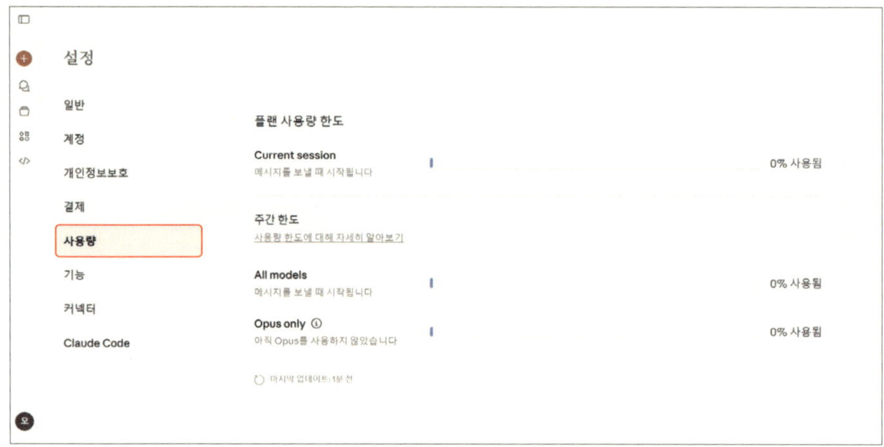

5   기존 세션 사용량이 초과되어 '새 채팅'으로 다시 시작해야 한다면 이전의 논의 내용을 기억하지 못하기 때문에 갑자기 일반적인 답변을 생성하게 됩니다. 이런 상황에서는 이전 답변 내용 중에서 주요 내용을 복사하여 워드(.docx) 또는 PDF 문서로 저장하고, 새로운 채팅의 프롬프트에 첨부하여 대화의 연속성을 유도할 수 있습니다.

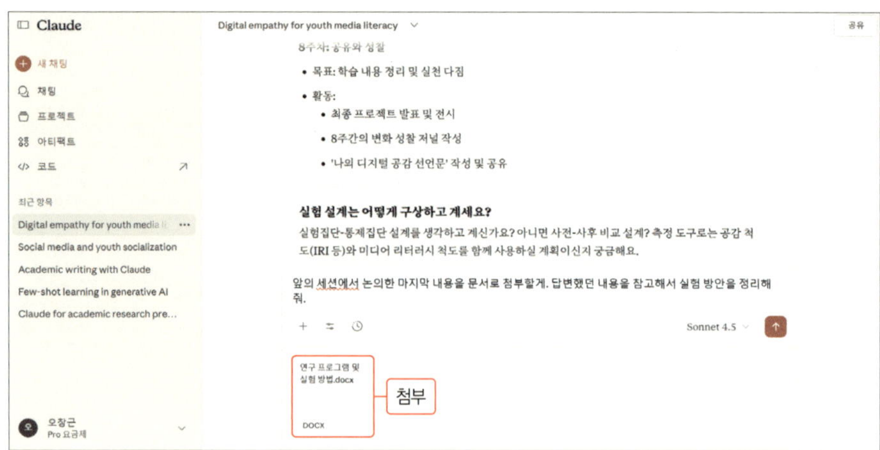

클로드와 함께 연구 문제 구체화하기

선행 연구의 분석을 어느 정도 마치면 먼저 정했던 주제에 연결하여 연구 아이디어를 구체화하면서 연구할 문제를 도출해야 합니다. 앞의 연구 주제 도출 과정에서는 연구의 가치를 중심으로 분석하였고, 연구 계획안 제안에서는 일정 계획을 중심으로 연구 과정을 설계했습니다. 연구 문제의 구체화는 연구 주제를 실제 연구 과정으로 이끄는 학술적인 질문과 이슈를 정리하는 과정입니다. 연구 문제를 정확하게 정의해야 연구 과정과 결과에 문제가 발생하지 않습니다. 문제를 제대로 정의하지 못하면 연구 과정에서 혼란과 장애를 겪을 가능성이 큽니다. 클로드는 연구 문제의 정의, 분류, 비교, 방법 제안에 능숙합니다.

1 연구 주제와 계획안을 검토하고 선행 연구 분석을 거친 후에는 연구 문제를 도출해야 합니다. 기존 대화의 맥락을 유지하면서 클로드의 프롬프트에 연구 문제 도출을 요청합니다. 생성된 답변의 길이가 길어서 한도에 도달하면 [계속] 버튼을 클릭하여 이어서 생성하도록 명령합니다.

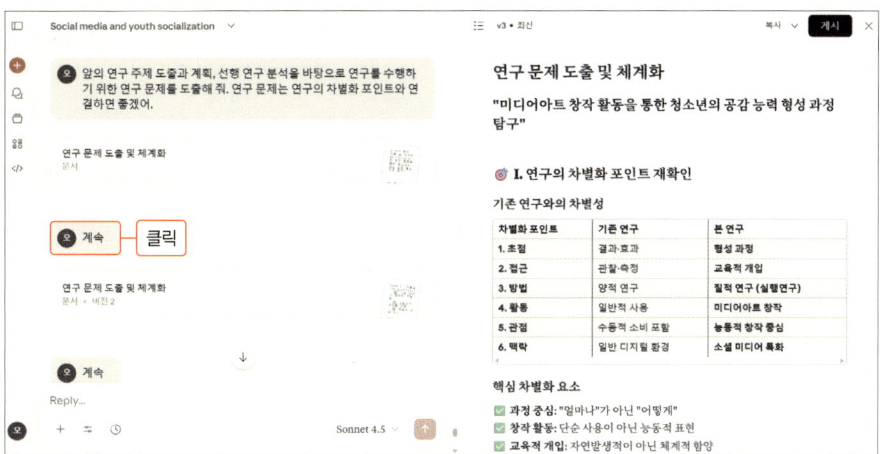

차별화 포인트	기존 연구	본 연구
1. 초점	결과·효과	형성 과정
2. 접근	관찰·측정	교육적 개입
3. 방법	양적 연구	질적 연구 (실행연구)
4. 활동	일반적 사용	미디어아트 창작
5. 관점	수동적 소비 포함	능동적 창작 중심
6. 맥락	일반 디지털 환경	소셜 미디어 특화

2   연구 문제 내용을 검토하면서 이해가 어렵거나 의문이 드는 사항은 곧바로 질문합니다. 비교적 단순한 확인 질문이라면 사용량을 절약하기 위해 "간단히 답변해 줘."라고 요청합니다.

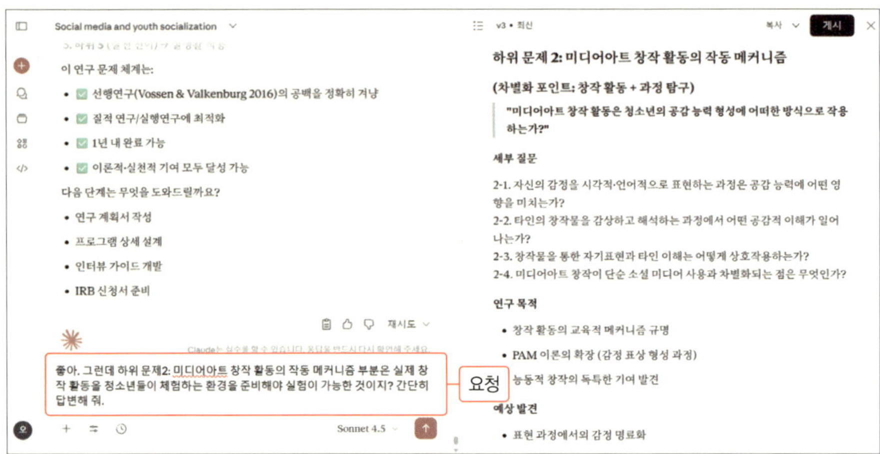

3   연구 실험에 필요한 질문에 대하여 클로드는 연구 주제 도출과 계획안에서 언급했던 "8차시 교육 프로그램 실행"과 같은 구체적인 예시 부분을 다시 제시합니다. 클로드가 모든 연구를 대행하지 못하기 때문에 실제 실험과 자료 취득은 연구자 스스로 계획하고 준비해야 합니다.

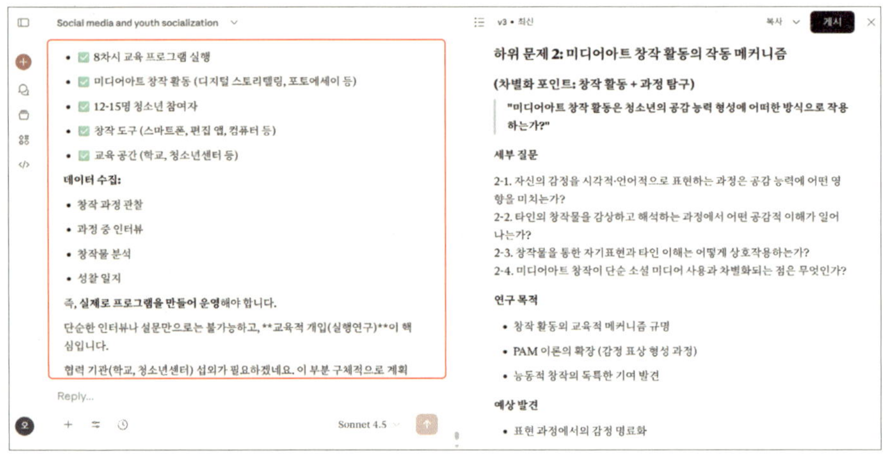

4   이와 같은 과정으로 연구 문제의 도출과 실험 방법으로의 연결을 확인하고 나면, 답변의 마지막 부분에서 다음 단계 과정을 확인하고 요청할 내용을 정리합니다. 연구 문제 도출에 무리가 없다면 인쇄용 버전 내용을 복사하여 워드나 한글에 붙여 넣고 문서화하여 세부적으로 확인합니다.

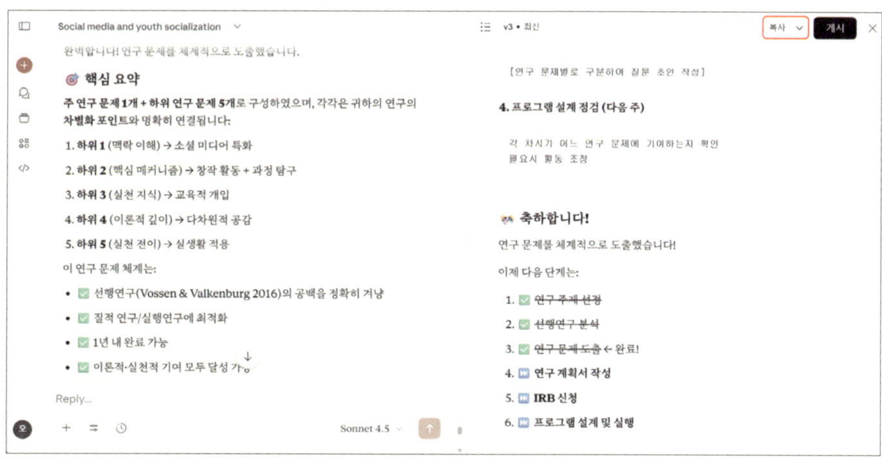

클로드와 함께 실험 설계하고 준비하기

연구 주제부터 선행 연구 분석, 연구 문제의 도출까지 순조롭게 진행했다면 다음 순서로 연구 실험의 설계와 실행 방안을 준비해야 합니다. 이 과정은 연구의 성격과 유형에 따라 방식이 크게 달라질 수 있습니다만, 연구 초심자에게는 가장 어려운 부분이기도 합니다. 연구 방법을 결정하기 어렵고 과정의 설계에 자신이 없을 때는 클로드에 도움을 요청하면 상세한 방법을 제시해 줍니다. 연구 주제의 도출부터 선행 연구 자료의 분석을 마쳤기 때문에 클로드는 실질적인 연구 방법을 제안해 줍니다. 다만, 연구자의 환경과 여건에 따라 가능한 연구 방법과 불가능한 실험 조건을 구분할 필요가 있습니다.

1   클로드에 그동안 의논해 온 주제에 따른 연구 프로그램과 실험 방법 설계를 제안해 달라고 요청해 보았습니다.

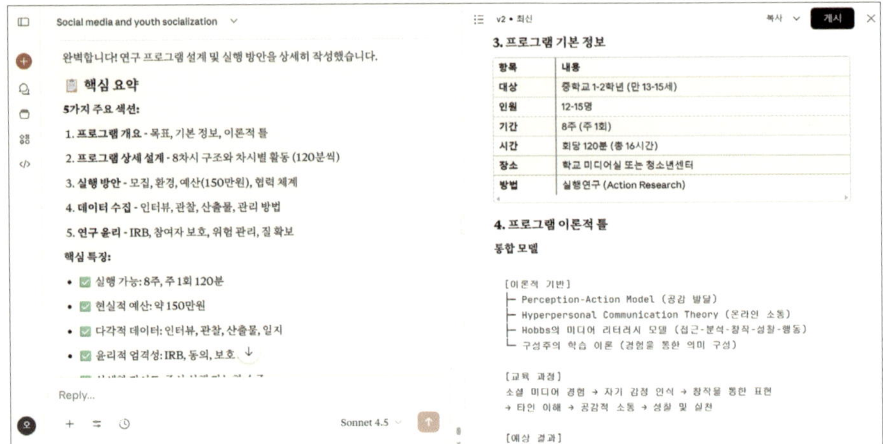

2   연구 프로그램과 실험 방법 중에서 연구자 스스로 추가하거나 제외할 내용이 있다면 클로드에 제시합니다. 특히 실험과 조사에 필요한 과정과 도구를 확인합니다.

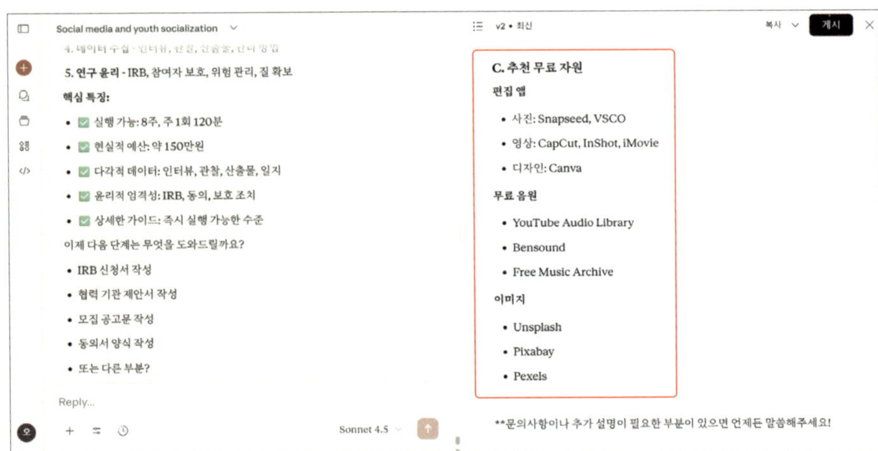

3   클로드 프로 버전에서는 연구 방법을 정리한 내용을 문서로 작성해 달라고 요청하여 편집과 수정 가능한 워드 문서로 내려받을 수 있습니다. 클로드의 연구 방법 제안이 담긴 문서를 근거로 검토 과정을 거쳐 연구 절차를 지도교수와 의논합니다.

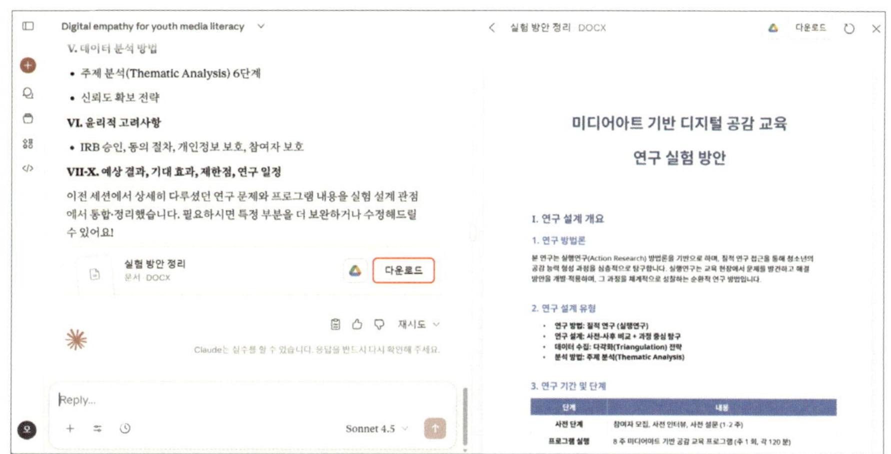

클로드와 연구 논문 초안 작성하기

연구 주제 아이디어의 도출부터 가치 평가 과정을 통해 주제 문안을 확정했습니다. 이어서 예시로 1년 기간에 석사 학위를 청구하는 연구 계획안을 논의하였고, 연구 진행을 위해 선행 연구 조사와 분석을 마쳤습니다. 실제 연구 진행을 위해 연구 프로그램과 실험 방법에 관해서도 상세하게 검토했습니다. 연구자는 실제 실험을 수행하면서 사용자 조사 데이터를 확보해야 합니다. 이렇게 실험과 조사를 마쳤다면 데이터 분석 과정을 거쳐 학회 또는 학술지 논문 작성 단계로 진입할 수 있습니다. 논문 작성의 경험이 없는 상황이거나 논문 작성 일정이 촉박하다면 클로드를 통해 예시 논문을 함께 작성해 가면서 연구의 전체 과정을 빠르게 진행할 수 있습니다. 다만, 대화 세션의 길이에 제한이 있기 때문에 클로드의 '새 채팅'을 열어서 그동안의 성과를 정리한 문서를 첨부하고 논문 준비 상황을 설명하면서 새 채팅으로 시작하는 것이 좋습니다.

1 학회 논문 작성의 가장 첫 단계로 그동안의 논의 과정에서 정리한 자료를 워드 문서로 첨부하여 논문 초록의 제안을 요청합니다. 이때 논문 초록의 글자 수는 제한되어 있으므로 정확하게 제시하여 글자 수에 맞게 생성하도록 유도합니다.

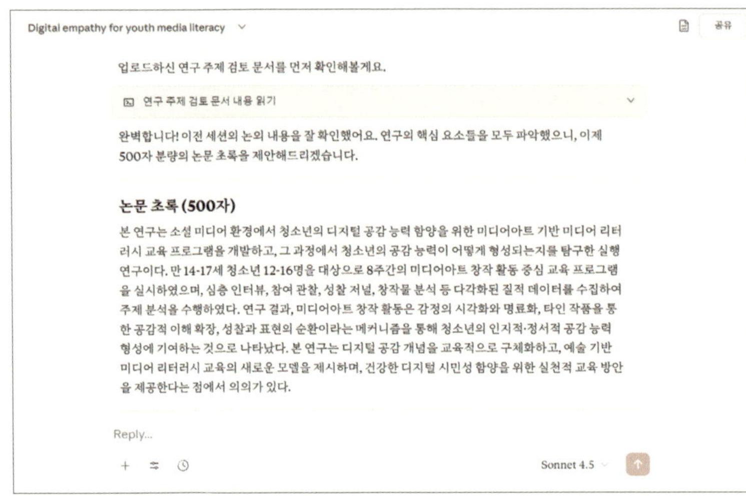

2 논문 초록을 읽어 보고, 추가할 키워드나 핵심 연구 사항을 제시하여 보완을 요청합니다. 글자 수도 공백을 포함하여 지정된 범위 이내로 정리를 요구하면 됩니다. 예를 들어, "한글 초록은 공백 포함 500자 이내이어야 하고, 공감 능력을 또래 집단에서 형성한다는 문구를 포함해서 다시 정리해 줘."라고 지시합니다.

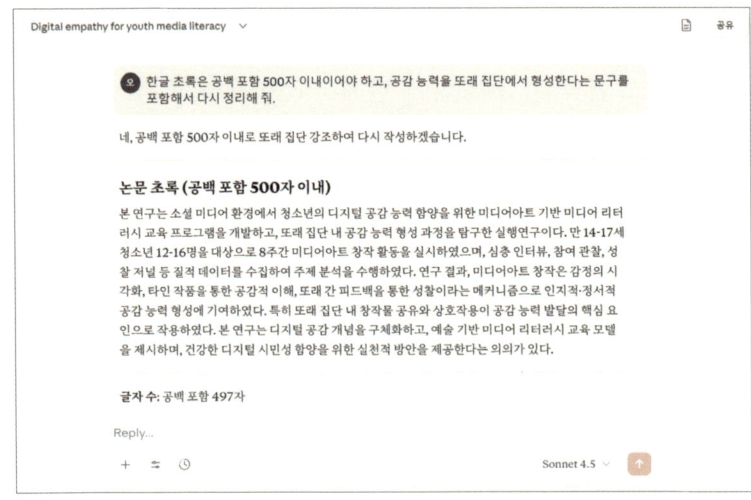

3 보완된 초록에 문제가 없다면 이번에는 논문의 목차로 전개합니다. 현재의 초록과 앞서 논의한 연구 주제 검토, 선행 연구 분석, 연구 실험 방법 등을 반영해 달라고 요청하고 클로드가 제안한 목차 예시를 살펴보며 분량과 연구 핵심의 배치가 적절한지 검토합니다.

좋아. 이제는 앞서 첨부한 문서 자료와 초록을 바탕으로 논문의 목차를 제안해 줘. 석사 졸업 요건으로 학회 논문이 필요한데, 10쪽 분량으로 투고해야 해.

10쪽 분량의 학회 논문 목차를 제안해 드리겠습니다. 석사 학위논문과 달리 간결하면서도 핵심 내용을 담아야 하므로, 다음과 같이 구성하는 것을 추천합니다.

———

학회 논문 목차(10쪽 분량)

제목: 소셜 미디어 환경에서 청소년의 디지털 공감 능력 함양을 위한 미디어아트 기반 미디어 리터러시 교육 프로그램 개발 및 적용 연구

———

초록(0.5쪽)

– 한글 초록(500자 이내)

– **주제어**: 디지털 공감, 미디어 리터러시, 미디어아트, 청소년 교육, 실행연구

———

I. 서론(1.5쪽)

1.1 연구의 배경 및 필요성

– 소셜 미디어 시대 청소년의 공감 능력 이슈

– 기존 미디어 리터러시 교육의 한계

– 미디어아트 창작 활동의 교육적 가능성

1.2 연구 목적 및 연구 문제

– 연구 목적

– 주요 연구 문제(주 연구 문제 1개 + 하위 문제 2–3개만 선별)

———

〈중략〉

참고문헌(0.5쪽)

페이지 배분 요약

– **초록**: 0.5쪽

– **I. 서론**: 1.5쪽

– **II. 이론적 배경**: 1.5쪽

– **III. 연구 방법**: 2쪽

– **IV. 연구 결과**: 3쪽 ← 가장 중요

– **V. 논의 및 결론**: 1.5쪽

– **참고문헌**: 0.5쪽

– **총 10쪽**

작성 팁

간결화 전략

1. **선행연구:** 핵심만 추려서 표로 정리

2. **연구 방법:** 프로그램 구성을 표로 간결하게 제시

3. **연구 결과:** 대표적 인용문 2–3개만 선별, 주제별로 명확히 구분

4. **이론적 배경:** 본 연구와 직접 관련된 이론만 핵심 위주로

강조할 부분

– 연구 결과(IV)에 가장 많은 분량 할당(3쪽)

– 또래 집단 내 공감 형성 과정을 독립된 절로 구성

– 실천적 시사점을 명확히 제시

이 구조로 작성하면 학회 논문 요건을 충족하면서도 연구의 핵심을 효과적으로 전달할 수 있습니다!

4   초록과 목차의 검토를 마치면 'I. 서론' 부분의 초안을 준비합니다. 서론에서는 연구의 목적과 의의가 강조되어야 합니다. 기존의 논의를 클로드에 상기시키면서 목차의 기준처럼 글의 분량을 1.5쪽으로 제한해 달라고 요청합니다.

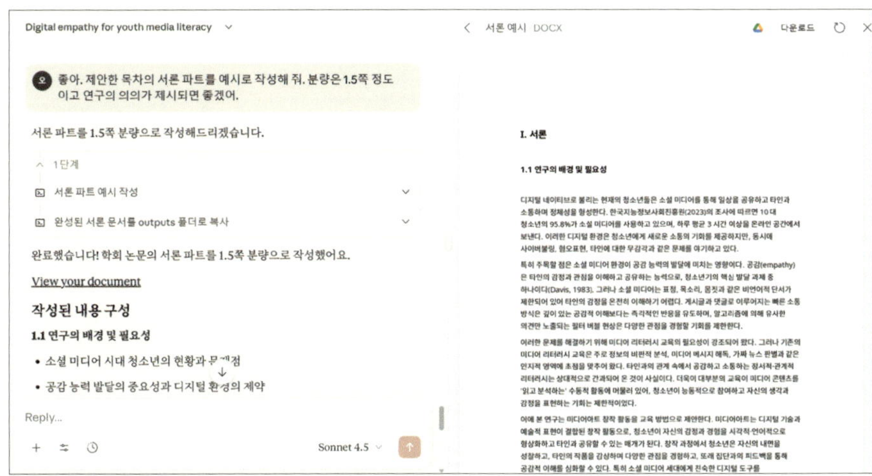

5   클로드는 답변을 요청보다 길고 상세하게 생성하는 문제가 있습니다. 서론 부분도 1.5쪽을 넘어서 2.5쪽 정도 분량으로 생성되었으므로, 다시 내용을 간추려서 1.5쪽에 맞춰 달라고 요청합니다.

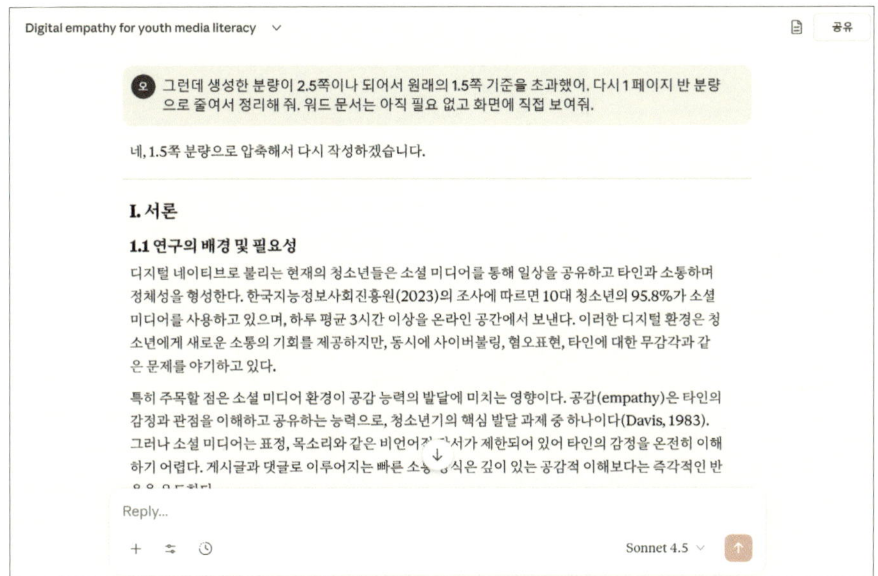

6 지정된 분량으로 생성된 서론 부분을 확인하고 수정할 사항이 없으면 다음 순서인 'Ⅱ. 이론적 배경'으로 넘어갑니다. 연구의 배경 부분에서는 선행 연구 분석을 포함하므로 이전의 선행 연구 분석 자료를 첨부하면 이론적 배경의 내용 정리에 도움이 됩니다.

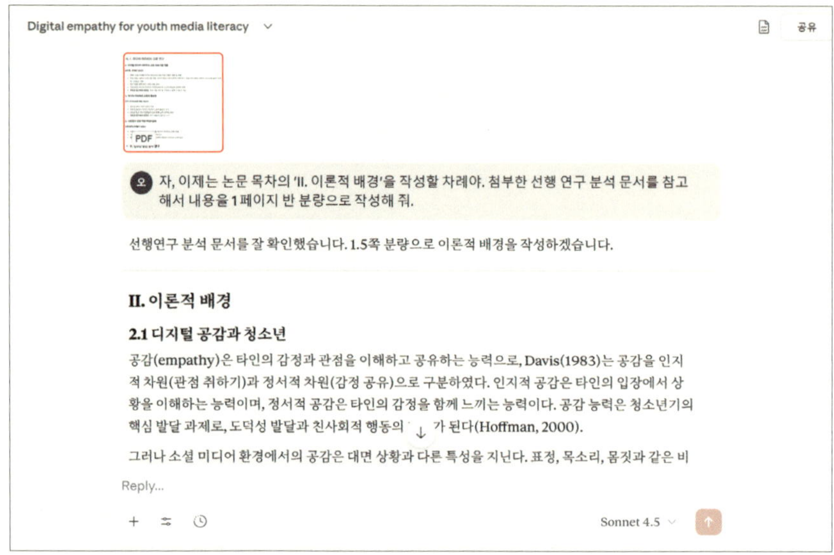

7 연구 배경의 내용을 검토하고 수정할 사항이 발견되면 보완을 요청합니다. 예제처럼 별다른 문제가 없다면 'Ⅲ. 연구 방법' 부분을 2쪽 분량으로 작성할 것을 요청합니다.

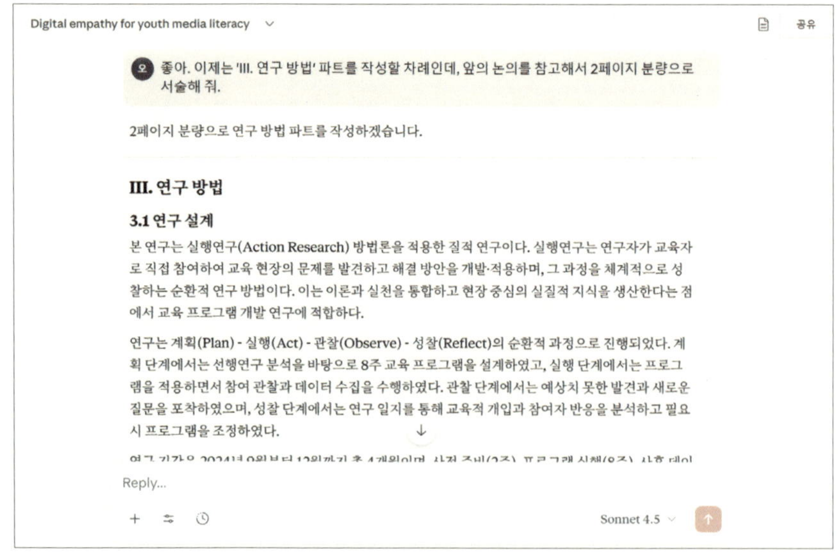

8 연구 논문 목차의 다음 순서는 'IV. 연구 결과'입니다. 연구자가 연구 방법에 서술한 내용을 토대로 실제 실험과 데이터 분석을 거쳐 내용을 작성해야 하는 부분이므로 클로드에 요청할 때는 논문 작성을 위한 예시로 내용을 생성해 달라고 요청합니다.

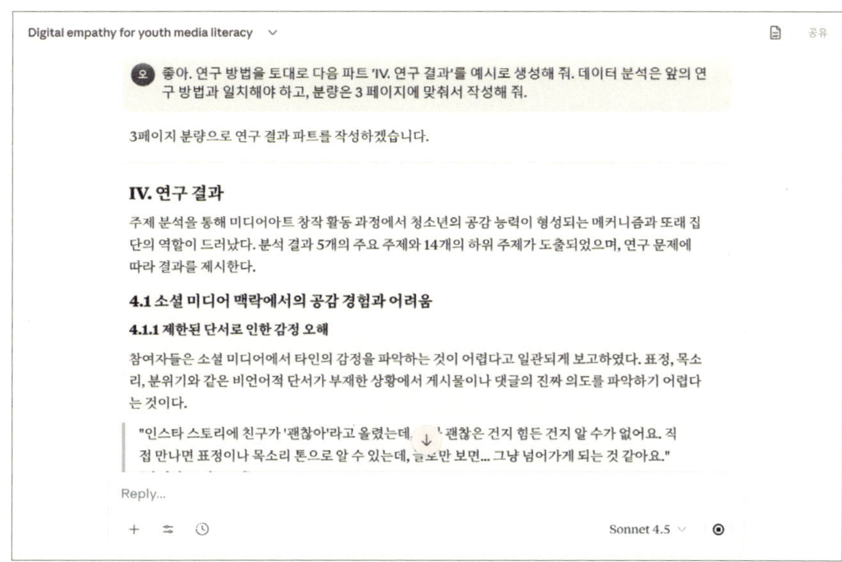

9 논문 본문의 마지막 파트는 'V. 논의 및 결론' 부분입니다. 앞의 내용을 토대로 1.5쪽 분량의 범위에서 논의를 전개하고 결론을 예시로 작성해 달라고 요청합니다.

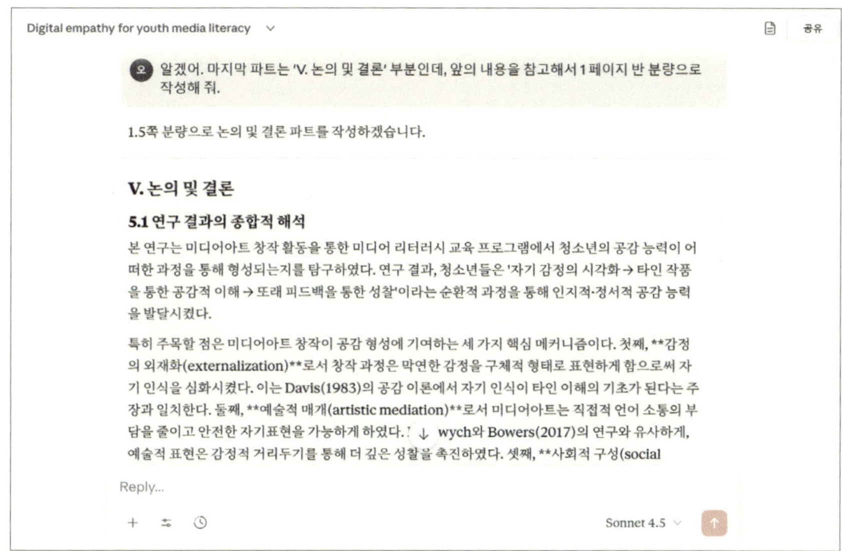

10 이제 논문 마지막 순서인 '참고문헌'의 정리를 클로드에 요청합니다. 참고문헌의 정리 방식은 학회 또는 학술지마다 기준이 다르므로 사전에 양식을 확인하고 서지 포맷을 제시하며 정리를 요청해야 합니다.

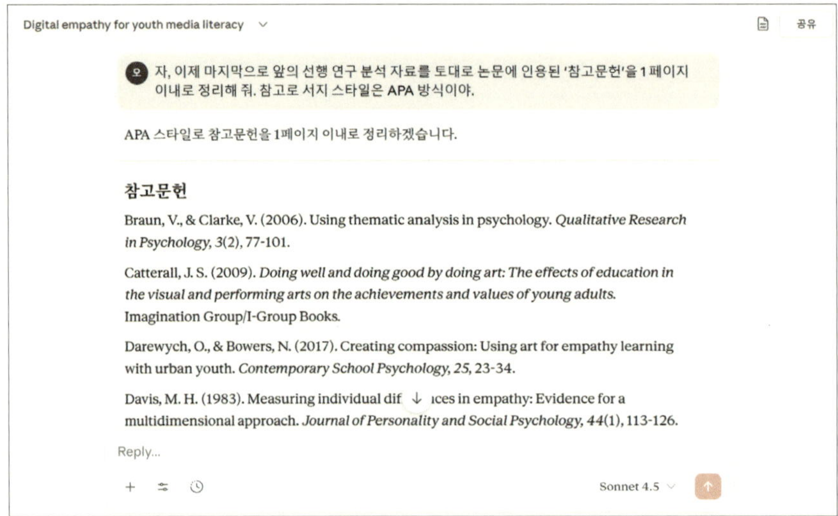

11 클로드 프로 버전에서는 부분별로 생성한 논문 내용을 하나의 워드 문서에 담아 정리해 달라고 요청할 수 있습니다. 논문 초안을 내려받아서 종합적으로 검토하고 실제 실험과 논문 작성에 필요한 예시로 참고하면 됩니다. 실제 논문에는 실험과 조사 결과를 도식화한 그래프, 도표, 다이어그램, 사진 자료 등이 추가되어야 합니다.

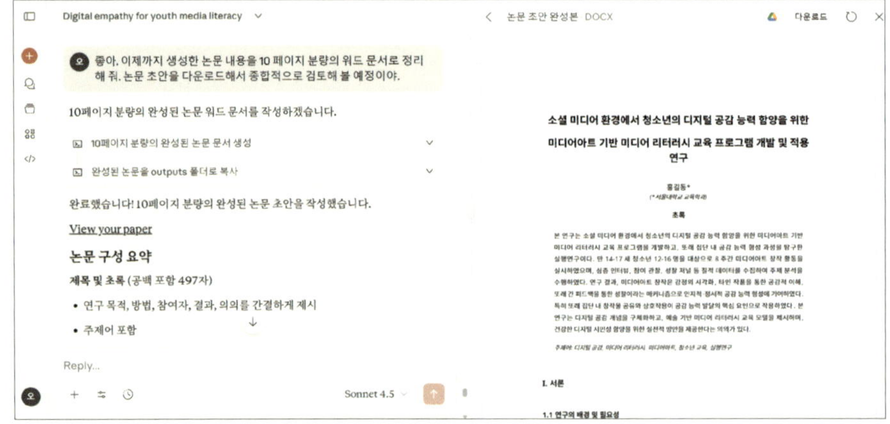

12 준비된 논문을 관련 학회에 투고하면 어떤 평가를 받게 될지 클로드에 논문 분석과 평가를 요청하고 보완할 점을 정리해 달라고 부탁합니다. 그러면 클로드는 현재 논문의 수준이 '수정 후 재심' 결과 정도로 예측된다면서 마치 지도 교수처럼 논문의 한계점과 개선 방안을 구체적으로 제안합니다.

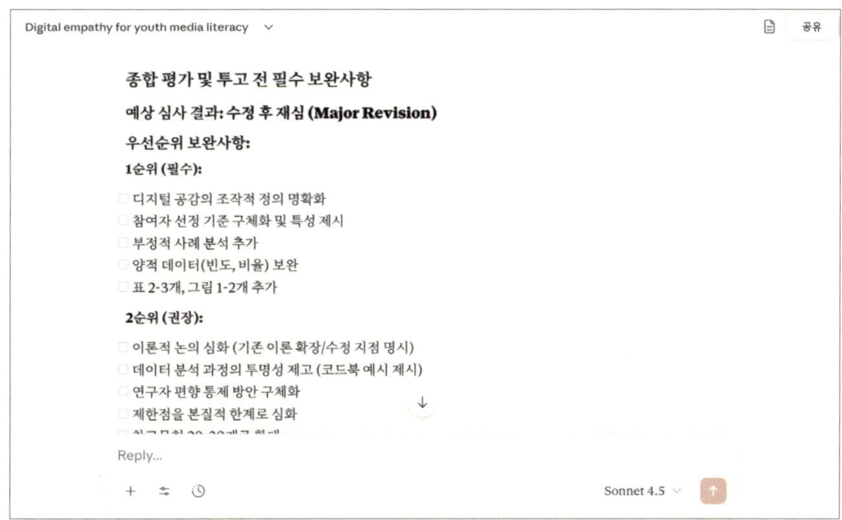

🗨️ TIP : 연구 표절 방지 시스템의 검출 문제

클로드가 생성한 내용은 ZeroGPT와 같은 AI 표절 방지 체계에서 검출률이 높은 편이므로 연구 논문 제출을 위해서는 반드시 내용을 확인하고 연구자의 문체로 모두 수정해야 합니다.

포인트 | 클로드의 연구와 심층 사고 모드 활성화

클로드의 프롬프트 옵션 중에서 연구 옵션과 심층 사고 모드를 활성화하면 더 심층적인 사고와 분석 내용을 제공합니다. 다만, 사용량의 한계에 더 빨리 도달할 우려가 있으니 필요할 때만 활성화해서 이용하는 것이 좋습니다.

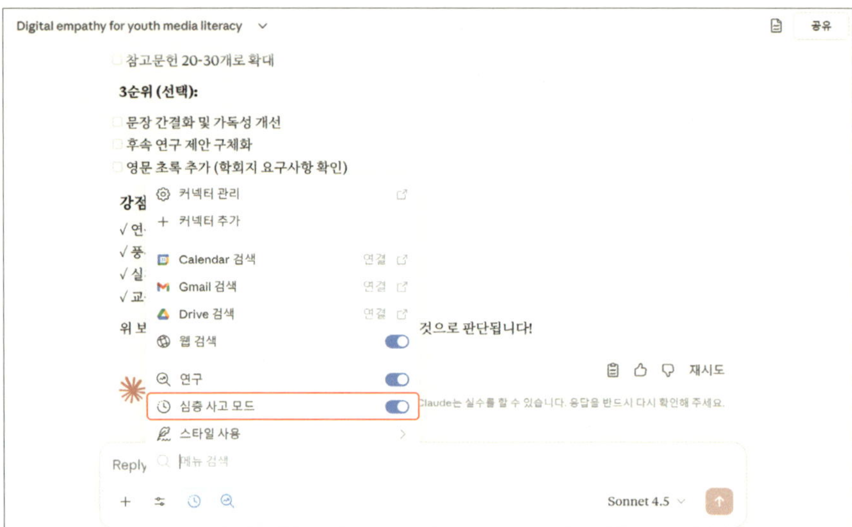

 **핵심 정리**

1 연구 아이디어 도출부터 주제 설정, 연구 방법까지 클로드와 의논하면 상세한 답변을 얻는다.

2 논문의 초록과 목차를 바탕으로 각 부분별로 본문을 생성하여 실제 작성에 참고한다.

3 논문 작성 후 클로드에 평가를 요청하면 보완점을 구체적으로 제안받을 수 있다.

한컴독스로 문서 양식 작성하기

한글 문서는 국내 공공기관과 업계에서 주로 사용하는 문서 포맷입니다. 표와 그림 같은 스타일 요소를 규격화한 양식 문서를 편집하기 편리해서 대부분의 공문서도 한글 포맷으로 작성하고 결재합니다. 설치형 한컴 오피스 앱과 달리 온라인 한컴독스 환경에서는 AI 생성 기능을 제공합니다.

한컴독스 시작하기

전 세계의 오피스 앱 환경을 독점하고 있는 마이크로소프트 워드와 달리 한글과컴퓨터의 한글 환경은 국내의 문서 작성 도구를 독점하고 있습니다. 특히 공공기관의 공문서 양식은 한글 기반의 포맷으로만 제공되기 때문에 공공기관과 협력하는 기업, 학교, 단체 등도 한글 문서 양식의 작성을 요구받게 됩니다. 그만큼 표와 그림, 글상자, 머리말과 꼬리말 등의 스타일 요소로 작성된 한글 양식의 문서는 일상에서 자주 쓰이므로 제대로 파악하고 작성해야 합니다. 챗GPT나 클로드와 같은 외국계 AI 챗봇은 아직 한글 문서 포맷을 지원하지 않습니다. 따라서 한글 문서를 AI와 함께 작성하려면 온라인 한컴독스 환경에서 접근해야 합니다. 한컴독스는 구독형 오피스 환경이며, AI 생성 기능은 매달 3,000 크레딧 한도 내에서 활용할 수 있습니다.

1 웹 브라우저에 'hancomdocs.com/ko/'를 입력하여 한컴독스에 접속합니다. 한컴독스를 이용하기 위해 '로그인'을 클릭합니다.

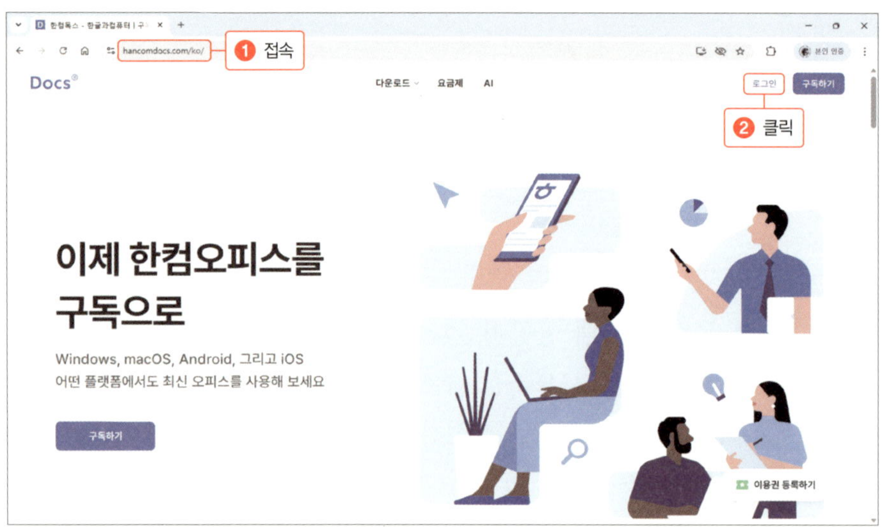

TIP : 한컴독스 구독하기

한컴독스 구독을 시작하려면 [구독하기] 버튼을 클릭하여 곧바로 구독 페이지로 이동할 수 있습니다. 개인 사용자는 '개인용' 상자의 [시작하기] 버튼을 클릭합니다. 장기적으로 사용할 계획인 경우, 화면 가운데 지불 간격을 '12개월'로 선택하면 연간 구독으로 요금이 일부 할인됩니다.

2 한글과컴퓨터 계정 로그인 페이지로 연결되면, '계정 만들기'를 클릭하여 사용자 정보와 결제 정보를 입력하여 구독을 시작합니다. 하단을 살펴보면 다른 소셜 계정으로도 이용할 수 있습니다.

3 한컴독스 홈 화면이 나타나고 환영 메시지가 표시됩니다. 한컴독스를 처음 사용하는 사용자는 [시작하기]에서 '초보자를 위한 가이드'와 '한컴독스 AI로 무엇을 할 수 있나요?' 등의 안내문을 살펴봅니다.

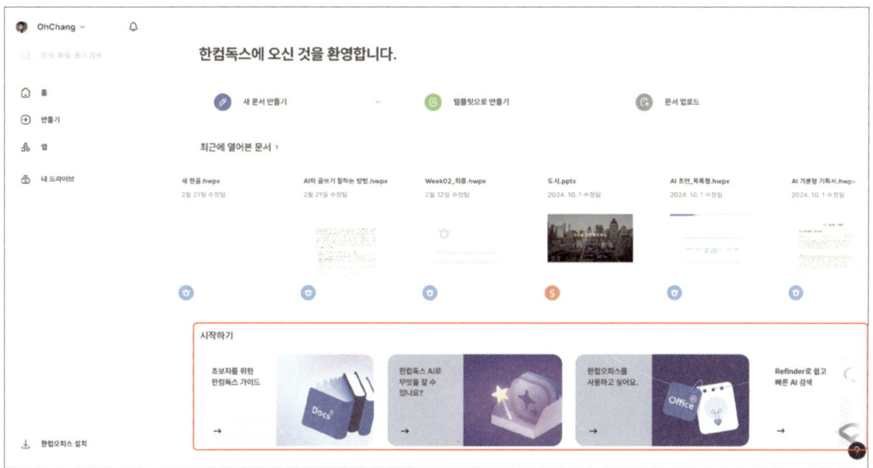

'한컴독스 AI로 무엇을 할 수 있나요?'를 클릭하면 한컴독스의 AI 기능 전반에 관한 소개 탭이 표시됩니다. 다른 동료 사용자와 함께 문서를 편집하면서 AI 생성 기능도 활용할 수 있다는 등의 소개 내용이 보입니다.

4 다시 홈으로 돌아와서 왼쪽 상단에 위치한 사용자 이름을 클릭하면 현재의 AI 크레딧 사용량을 팝업으로 확인할 수 있습니다. 매달 3,000 크레딧의 한도 내에서 생성 기능을 이용할 수 있습니다.

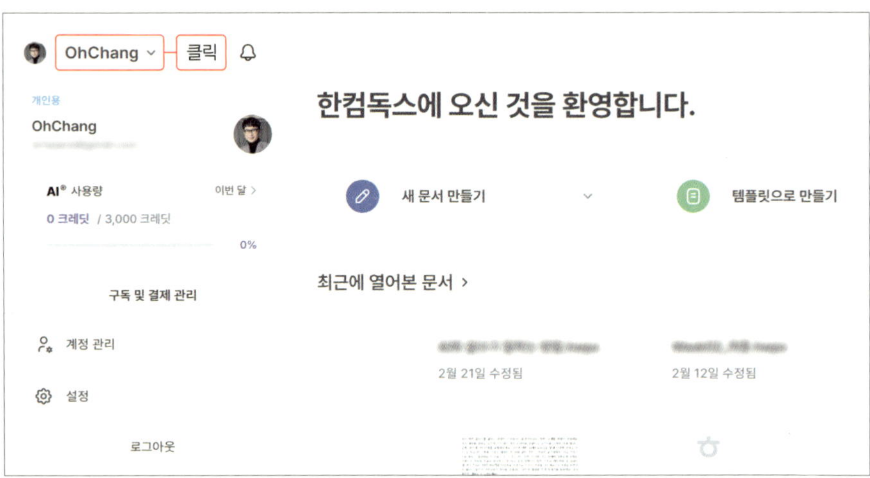

AI 크레딧은 매월 1일 3,000 크레딧이 정기 지급되며 AI 기능을 사용할 때마다 AI 크레딧이 차감됩니다. 기능별 소진되는 크레딧 기준은 다음과 같습니다.

기능명	소모 크레딧	기능명	소모 크레딧
문장 생성	10	초안 작성	10
초안 작성(서식)	최대 60	목차 생성	10
이미지 생성	20	이어 쓰기	10
문체 변경	10	맞춤법 검사	10
번역	10	요약	10
표 데이터 생성	20	일상대화	10

한컴독스로 문서 양식 작성하기

한컴독스 환경에서는 워드 프로세서인 한글, 스프레드시트 작업용 한셀, 프레젠테이션 저작 도구 한쇼, 오피스 호환 워드 프로세서로 한워드 등의 도구를 제공합니다. 컴퓨터 설치 형태의 앱 환경과 달리 온라인에서 필요한 용도에 따라 자유롭게 문서를 작성할 수 있습니다. 컴퓨터 앱의 오류를 피할 수 있고, 컴퓨터나 스마트 패드, 스마트폰 등 기기의 종류에 상관없이 문서 작업의 연속성을 보장하기 때문에 안전하고 편리합니다. 현재까지 한글 포맷에서의 AI 생성 기능은 온라인 한컴독스 환경에서만 제공하므로 AI 기능이 필요한 사용자에게는 이점이 큽니다. 특히 복잡한 표 구성이 포함된 양식의 문서는 한컴독스에서 시작하는 편이 좋습니다.

1 한컴독스 화면 왼쪽 [만들기] 메뉴를 클릭하여 만들기 페이지로 전환합니다. '템플릿으로 만들기'에서 [AI] 탭을 선택합니다.

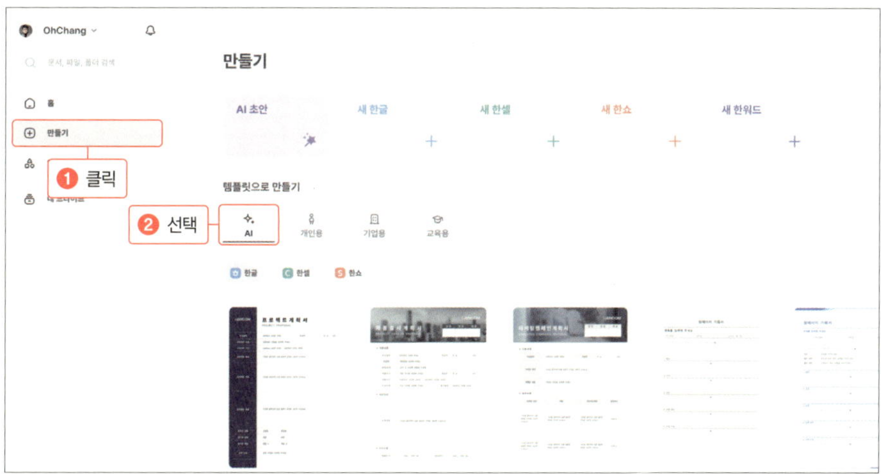

 **TIP : 제 화면에서는 [AI] 탭이 보이지 않아요!**

사용중인 계정이 무료계정인지 유료계정인지 확인하세요. 한컴독스의 AI 기능은 유료 구독 계정만 사용할 수 있습니다.

2   화면을 스크롤하여 필요한 양식을 찾습니다. 예제에서는 '현황 보고서'를 선택합니다.

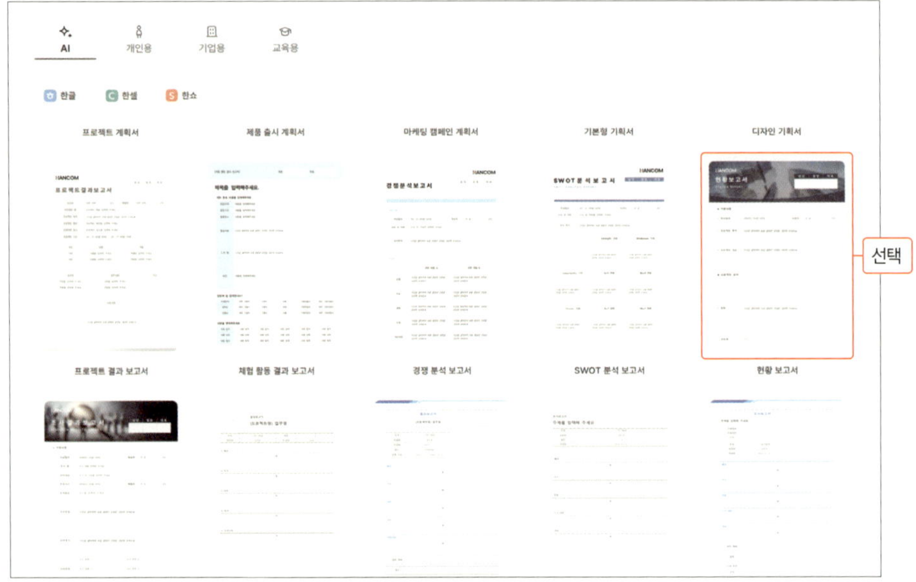

3   한컴독스 한글 환경에서 현황 보고서 문서가 표시되고 '서식 마법사' 설정 창이 나타납니다. 현황을 분석할 대상과 목적을 입력하면 AI가 생성해 줍니다.

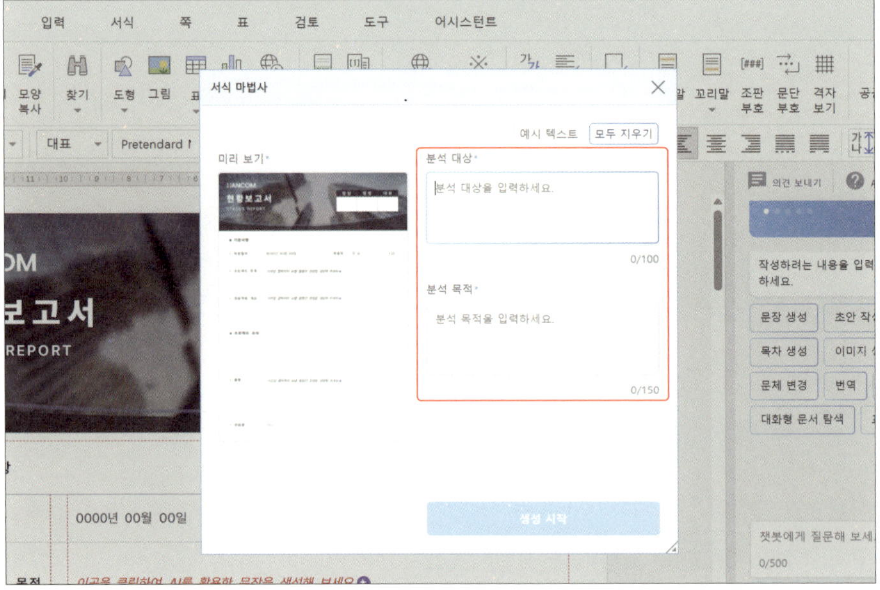

4   분석 대상에 '한국의 생성형 AI 서비스 업체 현황'을, 분석 목적에는 '국내 생성형 AI 서비스 업체의 기술 수준 파악, 서비스 이용자 추세 파악, 외국 빅테크 업체와의 격차 이해 등'과 같이 입력합니다. 입력을 마치면 아래의 [생성 시작] 버튼을 클릭합니다.

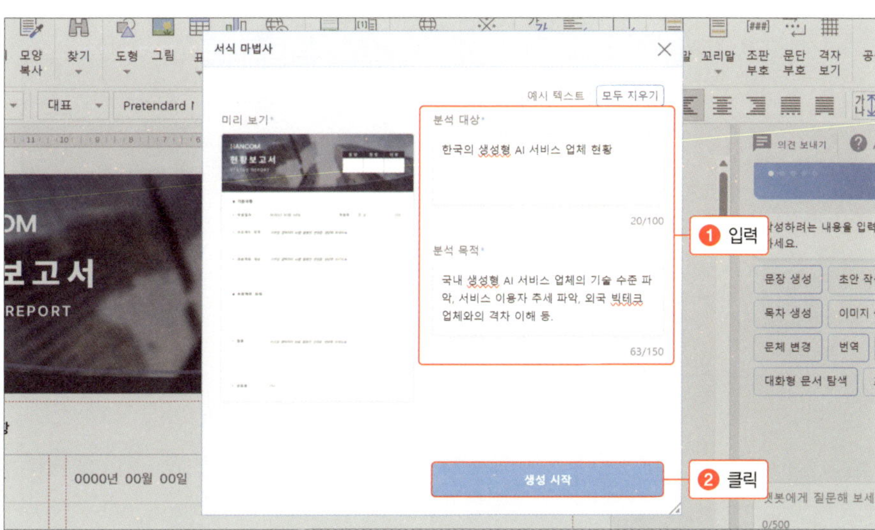

5   한컴독스의 현황 보고서 문서 편집 화면으로 전환되면서 오른쪽 화면에 생성 과정이 표시되고, 왼쪽 화면은 보고서에 내용이 입력된 것을 확인할 수 있습니다.

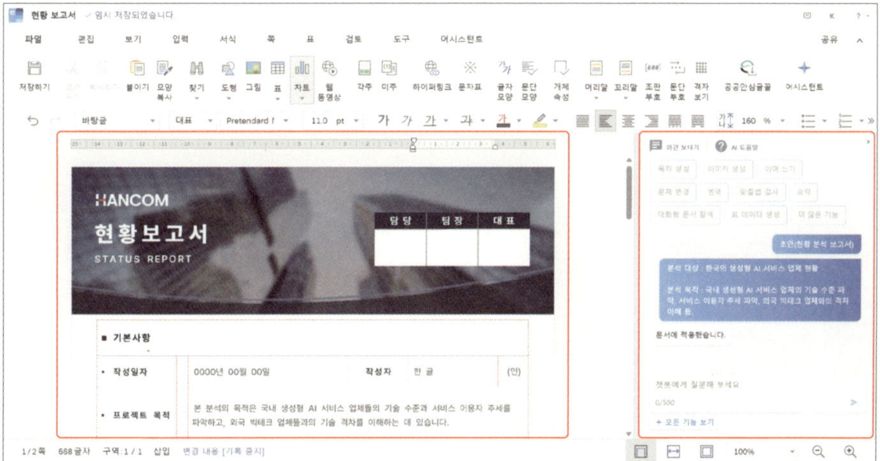

6　생성된 양식 문서에 들어가 있는 그래프 도표는 입력한 값이 없어 예시로 채워진 상태입니다. 오른쪽 AI 프롬프트 화면에서 생성 예시 중 [표 데이터 생성]을 클릭하고 비교 데이터의 생성 명령을 입력한 후 [생성 시작] 버튼을 클릭합니다.

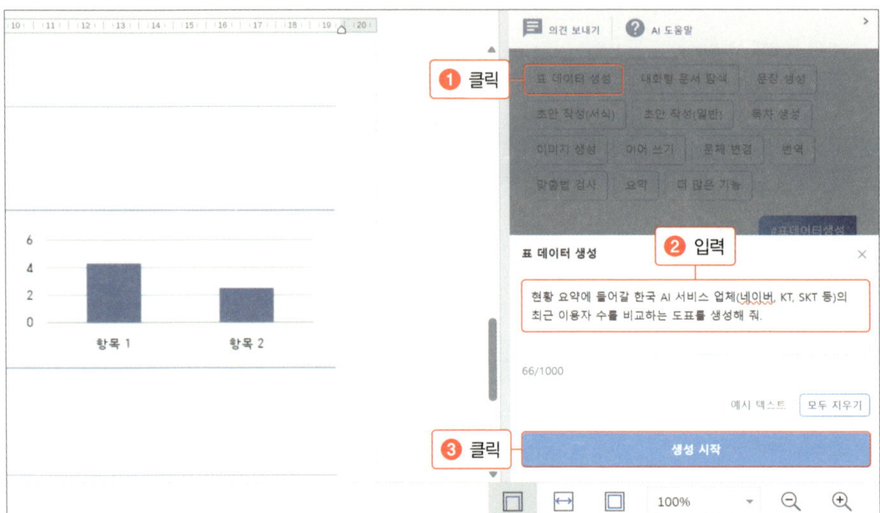

7　오른쪽 화면에 사용자 수를 정리한 표가 생성되면, 왼쪽 문서에서 표가 들어갈 부분에 마우스 커서를 위치시키고 '문서에 적용' 아이콘(T)을 클릭하여 복사합니다.

8　현황 요약표 안에 데이터 표를 삽입하는 것이므로 '셀 안에 표로 넣기'를 선택하고 [붙이기] 버튼을 클릭합니다.

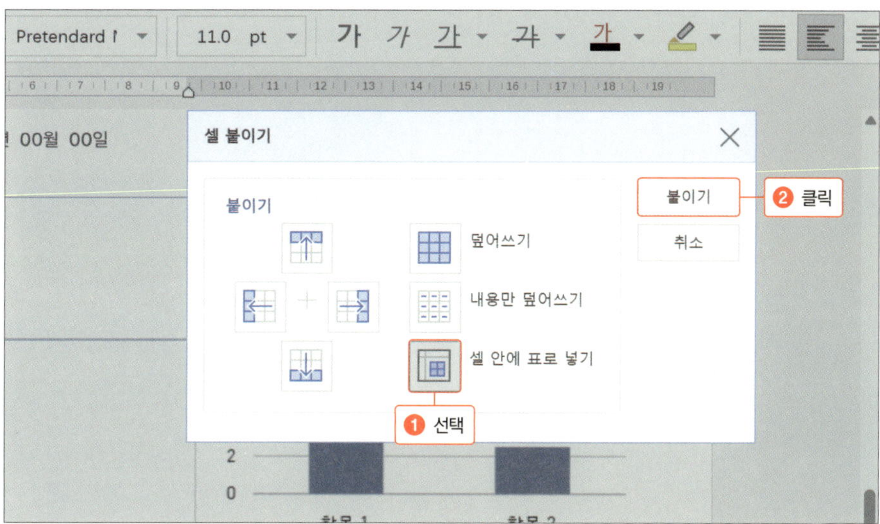

9　현황 보고서의 현황 요약표 안에 생성한 표가 셀 형식으로 삽입되었습니다. 이와 같은 방식으로 추가할 내용을 생성해서 '붙이기' 하면서 내용을 보완하면 됩니다.

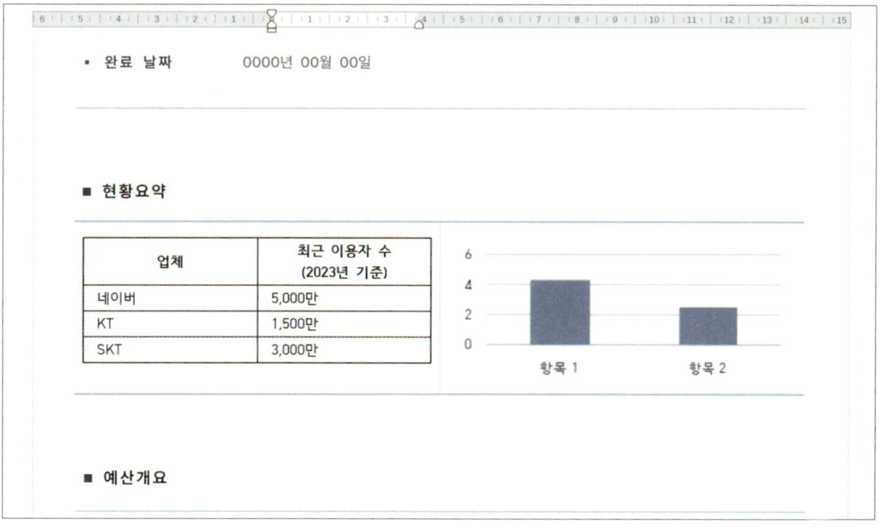

업체	최근 이용자 수 (2023년 기준)
네이버	5,000만
KT	1,500만
SKT	3,000만

10 이번에는 표 안에 들어갈 이미지를 생성해 보겠습니다. 오른쪽 AI 프롬프트 위쪽 [이미지 생성]을 클릭한 다음, 프롬프트란에 '한국의 회사에서 생성형 AI 사용자들이 컴퓨터 화면을 보면서 토의하는 모습을 사실적인 스타일로 생성해 줘.'라고 입력하고 [생성 시작] 버튼을 클릭합니다.

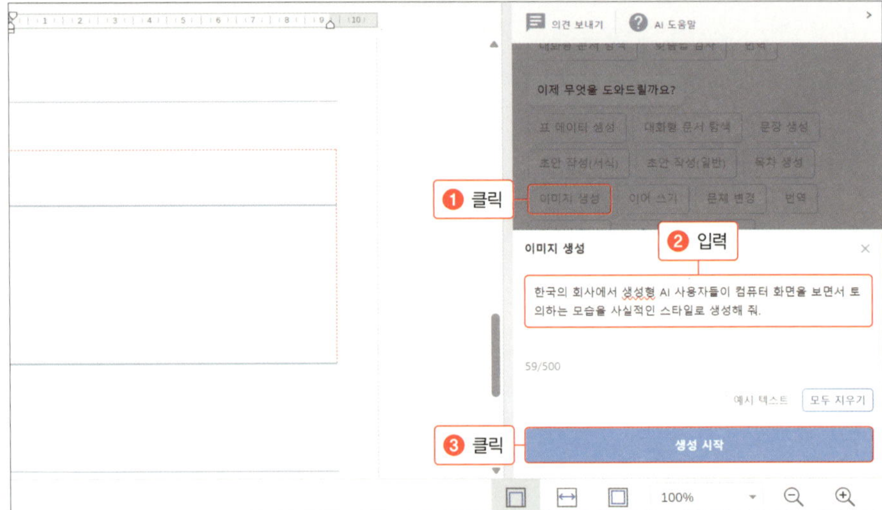

11 이미지가 들어갈 공간에 마우스 커서를 위치시키고 생성이 완료되면 이미지 하단 '문서에 적용' 아이콘(T↓)을 클릭합니다.

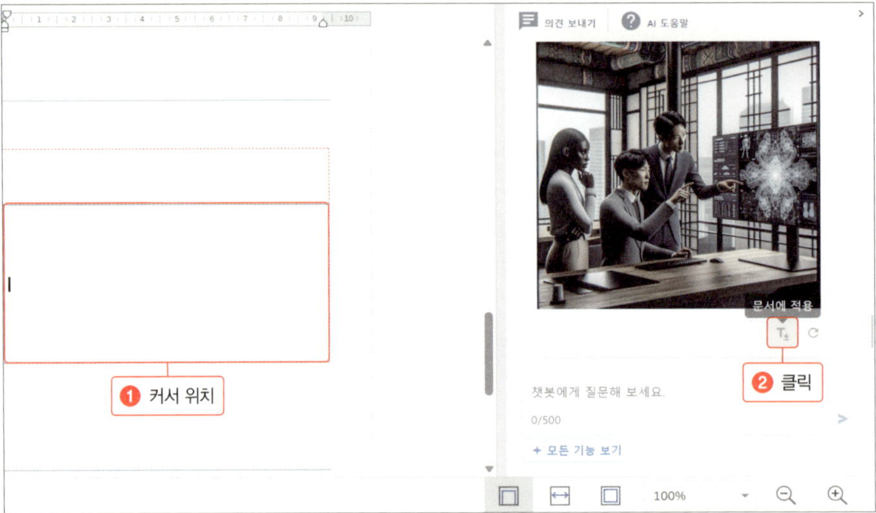

12 이미지 요소의 적용이 완료되면, 나머지 항목을 입력하고 편집해서 문서 작성을 마무리합니다.

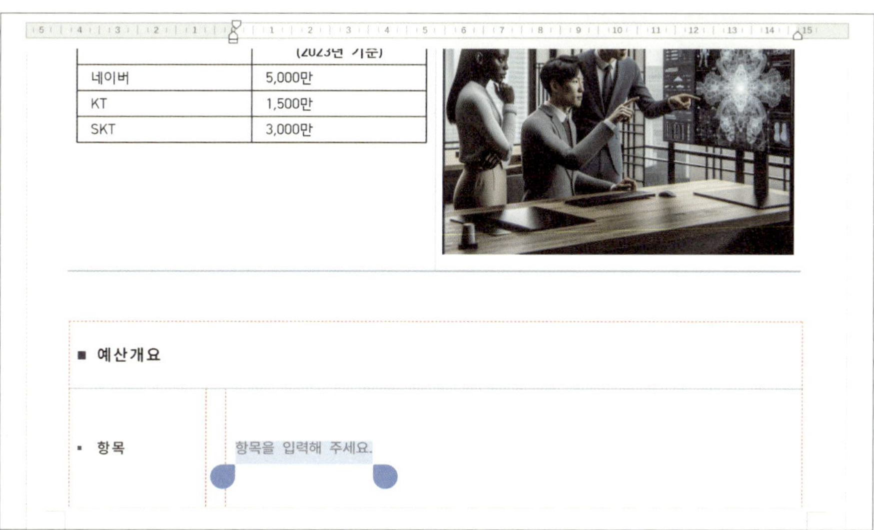

13 문서 작성이 완료되면 상단 메뉴에서 [저장하기]를 클릭해서 문서 저장을 완료합니다.

14 편집한 문서를 다른 사용자와 공유하거나 컴퓨터 앱에서 편집하기 위해서는 [파일] → [다운로드]를 실행하여 컴퓨터에 한글 문서 파일을 저장합니다.

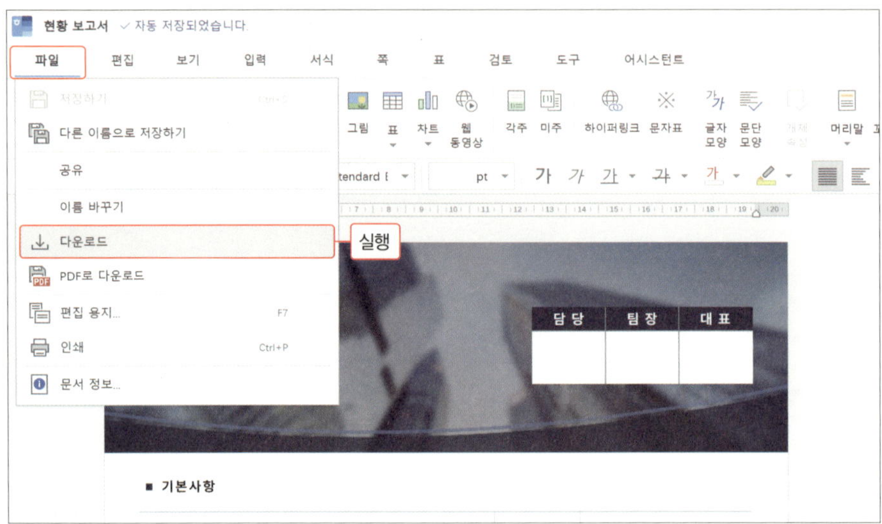

 **TIP : 한컴독스의 생성형 AI 이용 크레딧**

한컴독스는 작업 중에 차감 크레딧이 표시되지 않으므로, 생성 후 내역 페이지에서 확인해야 합니다. 차감 기록 확인은 한컴독스 홈에서 사용자 프로필을 클릭하고 [설정] → [구독 및 결제] → [AI 크레딧 내역]에서 확인할 수 있습니다.

핵심 정리

1 한글과컴퓨터 한글 앱은 행정 양식과 표 등이 포함된 공문서 용도로 많이 쓰인다.

2 한컴독스는 온라인 기반 오피스 환경으로 구독을 통해서 한글 등을 이용할 수 있다.

3 한컴독스에서는 생성형 AI 기능을 제공하며 생성한 요소를 문서에 바로 적용할 수 있다.

코파일럿으로 발표 자료 만들기

코파일럿Copilot은 OpenAI의 챗GPT와 Dall-E를 기반으로 마이크로소프트에서 윈도우 11 운영체제에 내장해 지원하는 AI 자동화 서비스입니다. 마이크로소프트는 코파일럿 서비스를 오피스 제품군에도 적용하여 다양한 생성형 AI 기능을 제공하고 있습니다.

마이크로소프트 365 코파일럿 시작하기

마이크로소프트 365 구독 서비스는 오피스 환경에 내장된 코파일럿을 통해 워드나 파워포인트 같은 앱 인터페이스에서 필요한 요소를 바로 생성하여 문서에 적용하는 기능을 지원합니다. 코파일럿 서비스 개시 초기에는 오피스 내장 코파일럿을 이용하기 위해 추가로 구독료를 지불해야 했는데, 최근에는 마이크로소프트 365 구독 프로그램에 포함했기 때문에 추가 비용 없이 코파일럿의 기능을 오피스 앱에서 자유롭게 이용할 수 있습니다. 다만, 개인 구독자도 코파일럿 사용량에는 제한이 있습니다. 일반 사용자라면 '퍼스널Personal' 옵션으로도 충분하지만, AI를 더 많이 쓰는 상황이라면 '프리미엄Premium'으로 구독해야 안심할 수 있습니다. 마이크로소프트 365 구독에는 코파일럿 기능뿐만 아니라 대용량 원드라이브, 오피스 앱 설치 권한, 이미지와 비디오 편집기 등이 제공됩니다.

1   웹 브라우저에서 '코파일럿 구독' 또는 'www.microsoft.com/ko-kr/microsoft-365-copilot/pricing/individuals'을 입력하여 구독 페이지를 살펴보고, 원하는 옵션의 [지금 구입하기] 버튼을 클릭합니다.

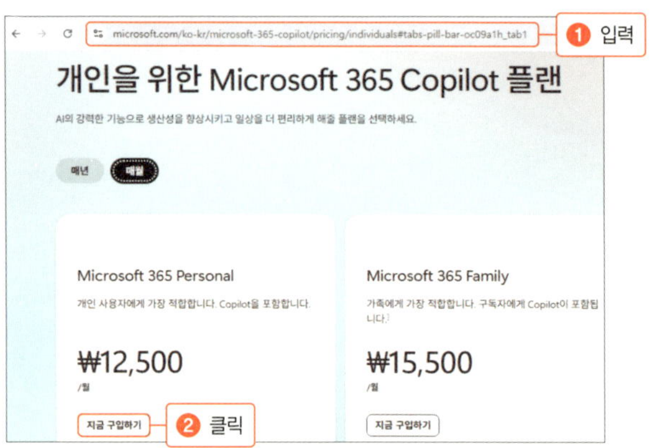

2   마이크로소프트 계정에 로그인하여 구독 절차를 완료합니다. 계정이 없다면 '계정 만들기'를 클릭하여 계정을 생성한 후 구독을 진행합니다.

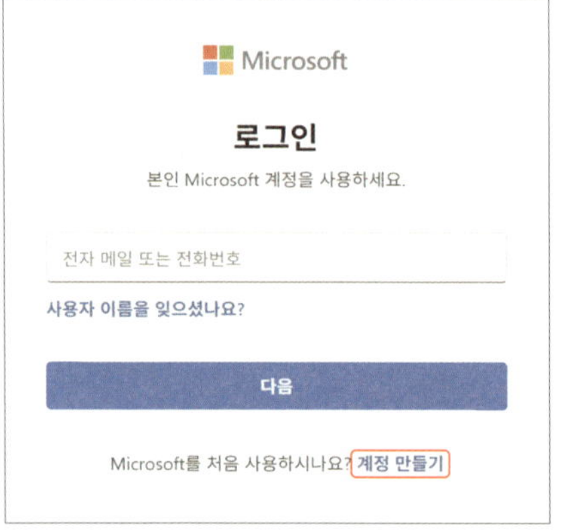

TIP : Microsoft Copilot과 Microsoft 365 Copilot의 차이

- **Microsoft Copilot**: 일반용 AI 어시스턴트로, 대화형 AI 챗으로서 질문 답변, 글쓰기 · 요약 · 브레인스토밍 지원 등을 제공합니다.
- **Microsoft 365 Copilot**: 생산성 강화형 AI 도구로, Microsoft 365(Office) 앱과 기업/조직 작업을 위해 설계되어 있습니다.

3 구독 신청 절차를 완료하면 M365 Copilot 페이지에서 코파일럿 챗봇과의 대화 프롬프트가 준비됩니다. 프롬프트 입력 창 아래에는 코파일럿과 협업하는 예시가 나열되며 '자세히 보기'를 클릭하면 더 많은 예시를 확인할 수 있습니다.

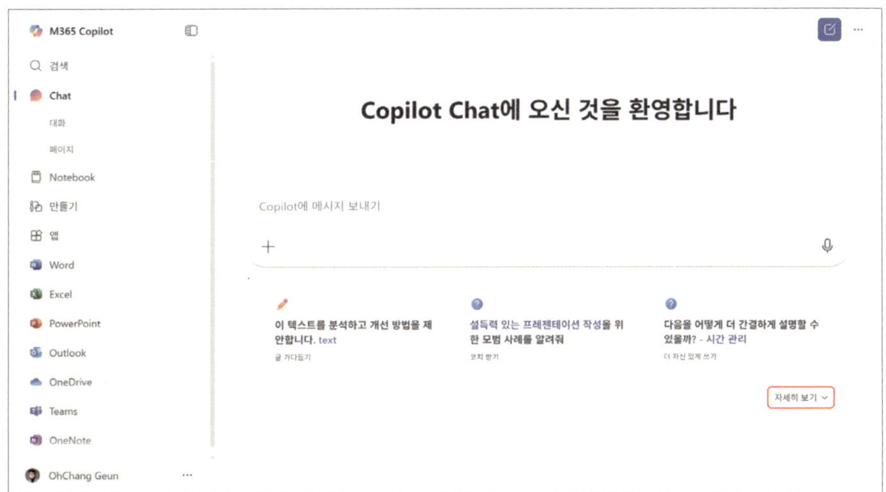

4 예시 중에서 하나를 선택하여 프롬프트를 작성할 수도 있고, 직접 필요한 내용을 입력해 요청할 수 있습니다. 예제에서는 다음과 같이 입력하고 Enter 키를 눌러 요청합니다.

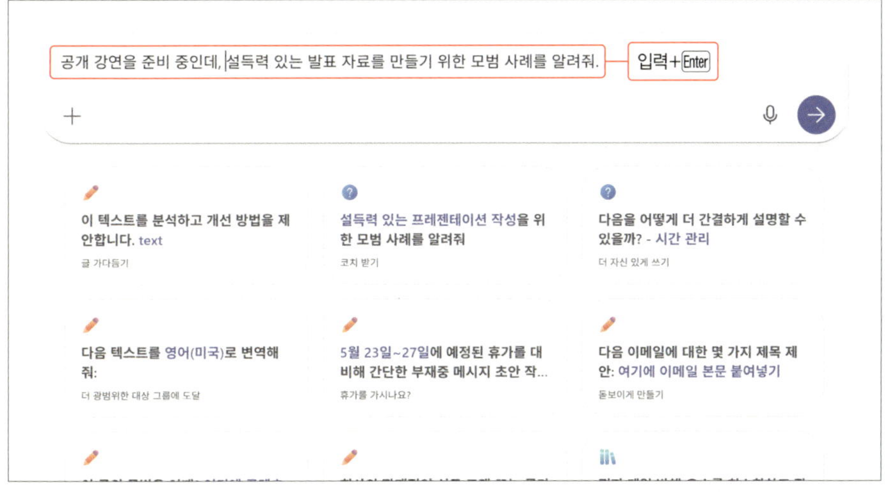

5   코파일럿의 답변 방식은 요청하는 내용과 스타일에 따라 달라지는데, 일반적인 조언 형식은 챗 GPT의 답변 방식과 유사합니다.

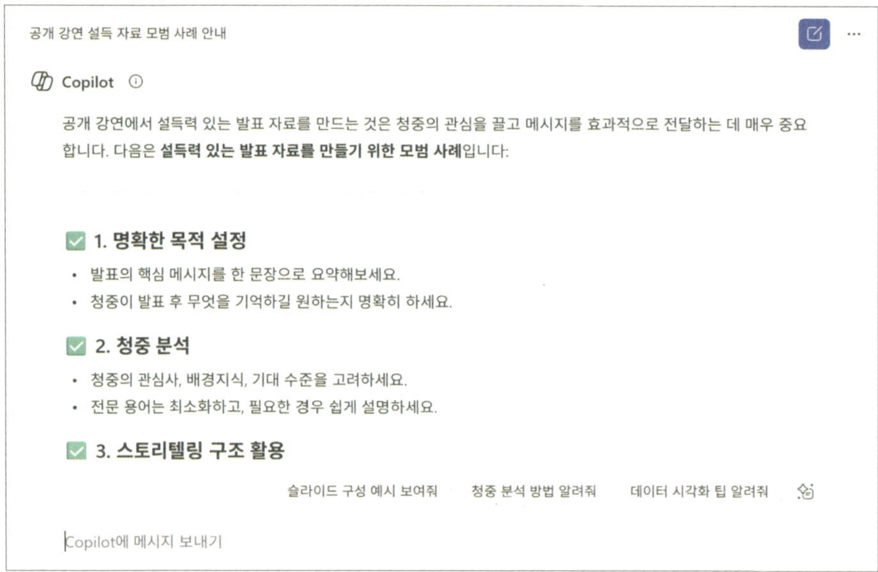

6   PPT를 이용한 발표 자료를 웹 페이지에서 바로 만들고자 할 때는 왼쪽 도구 메뉴 중에서 파워포인트(PowerPoint)를 클릭합니다.

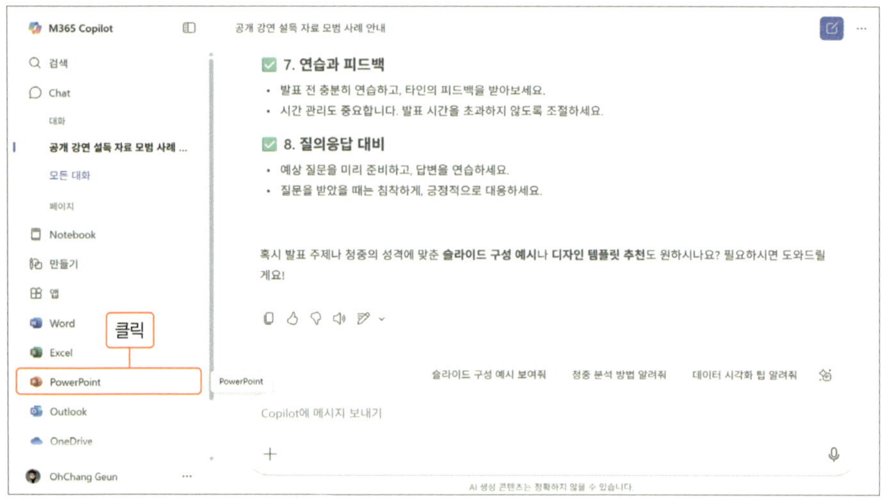

7 웹 브라우저에 파워포인트 작업이 가능한 새로운 탭이 열립니다. 상단에는 기존에 작업하던 파워포인트 파일이 표시되고, 그 아래 '서식 파일을 사용하여 만들기' 항목이 보입니다.

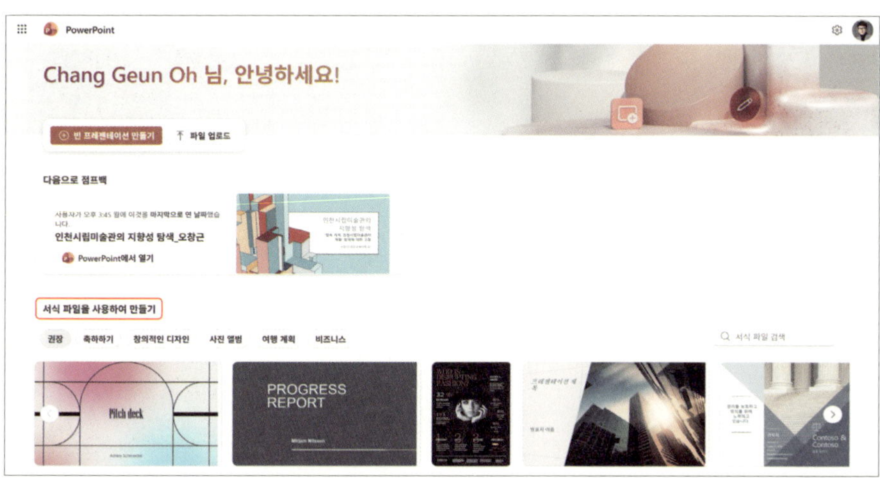

TIP : 파워포인트로 바로 연결이 안돼요.

만약 자동으로 로그인되지 않는다면 [로그인] 버튼을 클릭하여 접속합니다.

8 서식 예시 중에서 하나를 선택하고 마우스를 위치시키면 나타나는 [편집] 버튼을 클릭합니다.

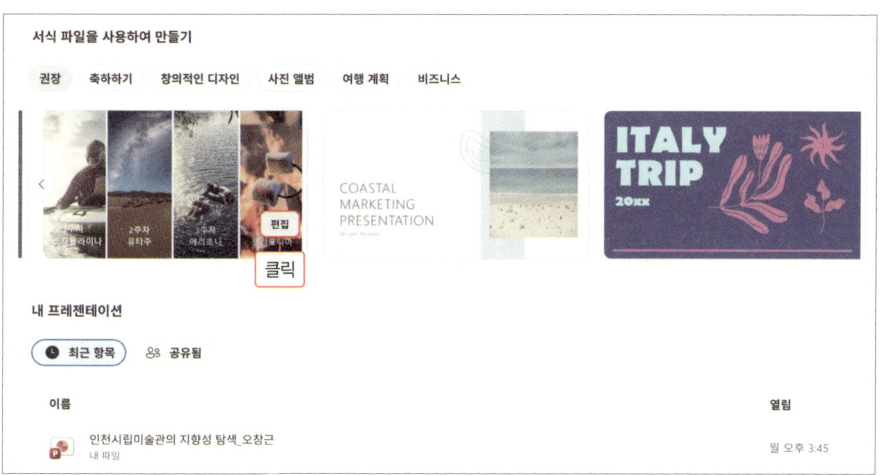

9   코파일럿의 AI 기능을 사용하기 위한 메시지 창에서 [시작] 버튼을 클릭합니다.

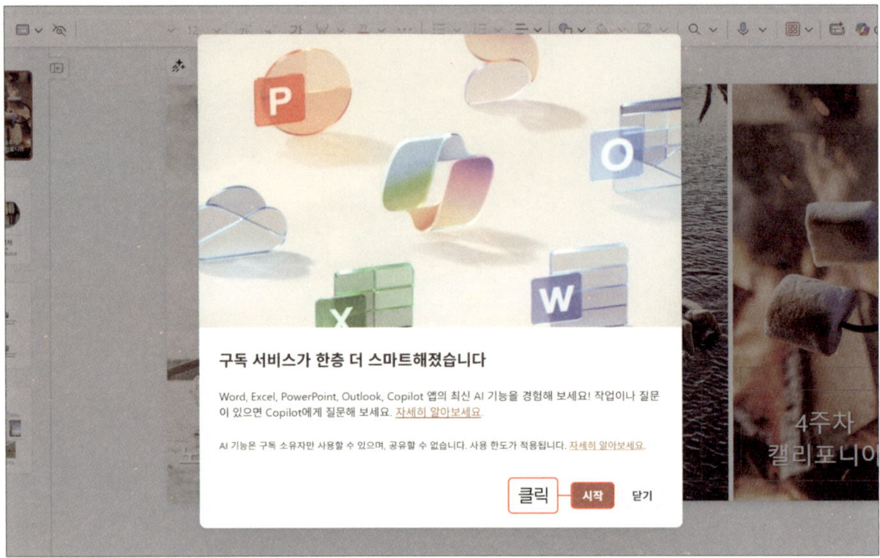

10   파워포인트 편집 화면이 시작되면 오른쪽 화면 코파일럿 프롬프트에 슬라이드 구성 사진과 텍스트 내용의 교체를 요청해 봅니다.

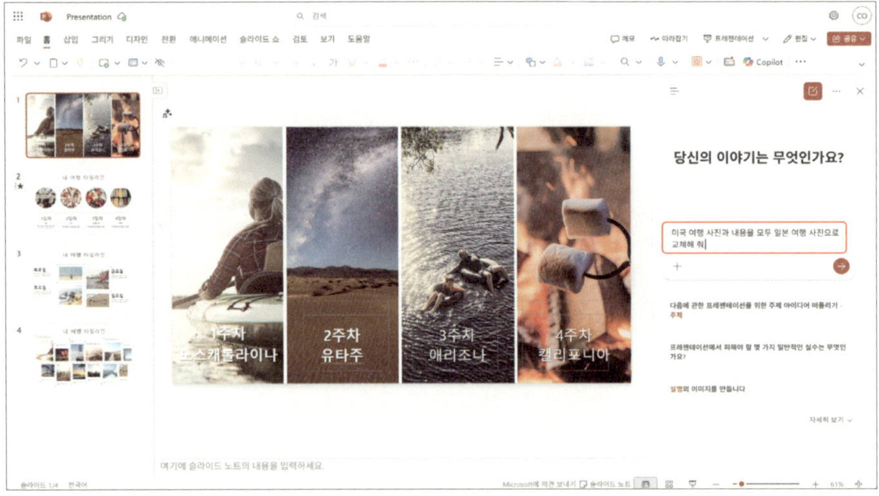

11 현재 코파일럿은 내용과 사진의 교체 기능을 지원하지 않는다는 답변이 표시됩니다. 대신 이미지 검색 또는 공유 사이트에서 이미지를 내려받아 직접 편집하는 방법을 소개합니다.

12 파워포인트에서 코파일럿의 도움으로 작업 가능한 항목을 확인합니다.

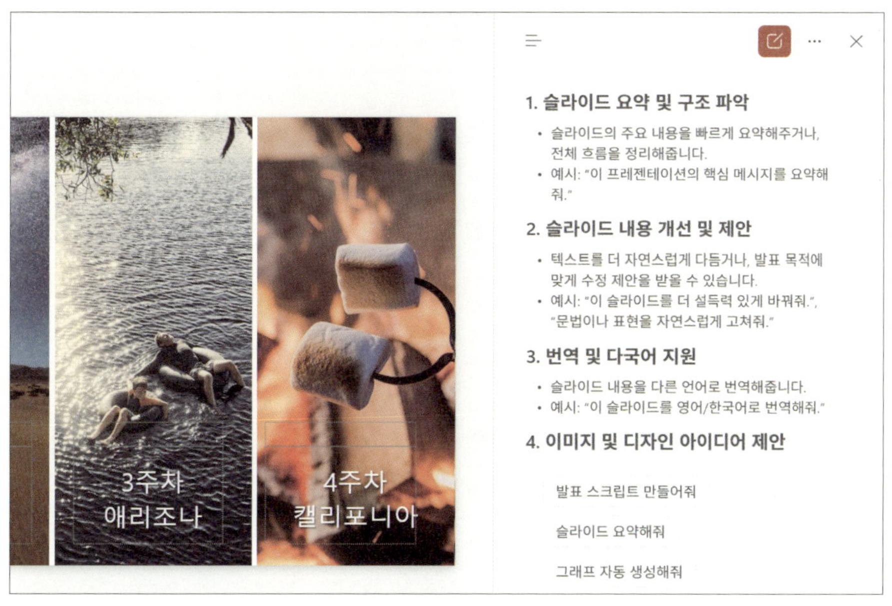

 **포인트** | # 마이크로소프트 365 코파일럿의 파워포인트의 활용

코파일럿(Copilot)은 슬라이드의 초기 구성이나 아이디어 생성에는 도움을 주지만, 파워포인트 파일을 직접 수정하거나 이미지를 실제로 교체하는 등 능동적인 편집 작업은 아직 원활히 지원하지 않습니다.

그대신, 어떤 이미지나 텍스트가 적합한지 제안하고, 사용자가 이를 파워포인트에서 직접 적용할 수 있도록 가이드 역할을 수행합니다. 기존 슬라이드 내용을 요약하거나 개요를 정리하는 등 텍스트 기반 생성 기능은 비교적 안정적으로 작동합니다.

다음은 현재 코파일럿이 파워포인트에서 지원하는 주요 기능을 정리한 내용입니다.

1. 슬라이드 내용 요약 및 정리

− 선택한 슬라이드의 핵심 내용을 요약하여 간결하게 정리

− 복잡한 문장을 이해하기 쉬운 구조로 재구성

2. 슬라이드 디자인 및 구성 제안

− 레이아웃, 색상, 이미지 배치 등 디자인 아이디어 제안

− 발표 목적에 맞는 슬라이드 구조(여행 일정, 비교표, 타임라인 등) 추천

3. 콘텐츠 아이디어 및 예시 제공

− 여행, 음식, 행사 등 다양한 주제에 맞는 제목, 소제목, 설명문 작성

− 특정 국가, 도시, 테마에 맞는 콘텐츠 방향 제안

4. 이미지 추천 및 활용 방법 안내

− 슬라이드에 어울리는 무료 이미지 사이트 안내

− 적합한 이미지 유형 추천

− 이미지 삽입 · 교체 · 편집을 위한 단계별 설명 제공

5. 슬라이드 발표 원고 작성

− 슬라이드 내용을 바탕으로 발표 대본이나 설명문 작성

6. 언어 번역 및 다국어 지원

− 슬라이드 내용을 영어, 일본어 등 다양한 언어로 번역

7. 데이터 분석 및 시각화 아이디어 제공

− 표, 그래프, 차트 등 데이터 시각화 아이디어 제안

− 데이터 해석 방향에 대한 설명 제공

파워포인트에서 코파일럿으로 발표 자료 만들기

외부 활동 중에서 파워포인트 앱이 컴퓨터에 설치되지 않은 환경에서는 온라인 M365 사이트에서 문서 작업이 가능하지만, 속도가 느리고 기능이 제한되어 불편한 점도 큽니다. 마이크로소프트 365 구독자는 컴퓨터와 스마트폰에 모든 오피스 앱을 설치해서 사용할 수 있습니다. 컴퓨터 오피스 앱 환경에서도 온라인 M365 코파일럿과 연동되어 최근 작업 파일이나 템플릿을 언제든 접근하고 편집할 수 있는 연속성을 제공합니다. 현재 코파일럿 기능은 계속 확장 중이라서 기능의 확대 또는 통합 등의 현상이 수시로 발생할 가능성이 있습니다. 파워포인트 앱에서 발표 자료의 개요를 생성하고 텍스트와 이미지를 구성하는 방법을 살펴보겠습니다.

1   컴퓨터에 설치된 파워포인트를 실행합니다. 홈 화면에서 새로 만들기 중 'Copilot으로 만들기'를 선택합니다.

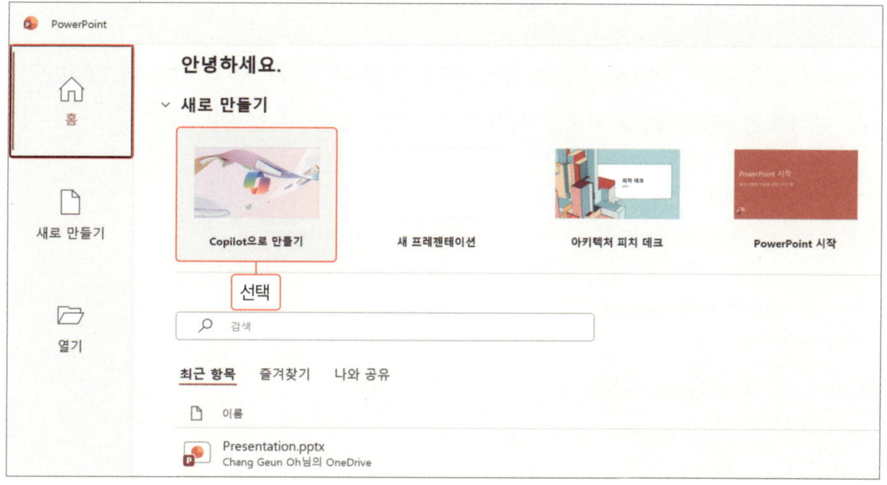

TIP : 구독 계정만 사용 가능한가요?

코파일럿 구독(예 개인용 Personal 또는 Family)에 포함된 플랜은 Word, Excel, PowerPoint, Outlook, OneNote 등의 데스크톱 앱 설치 라이선스를 포함하고 있어 설치된 컴퓨터라도 구독 계정으로 이용할 수 있습니다.

2   'Copilot을 사용하여 프레젠테이션 만들기' 창이 열리면 제작할 발표 자료에 관해 주제와 분량 등을 프롬프트 입력 창에 다음과 같이 입력하고 '➡' 아이콘을 클릭합니다. 코파일럿으로는 최대 40장까지 슬라이드 구성안을 생성할 수 있습니다.

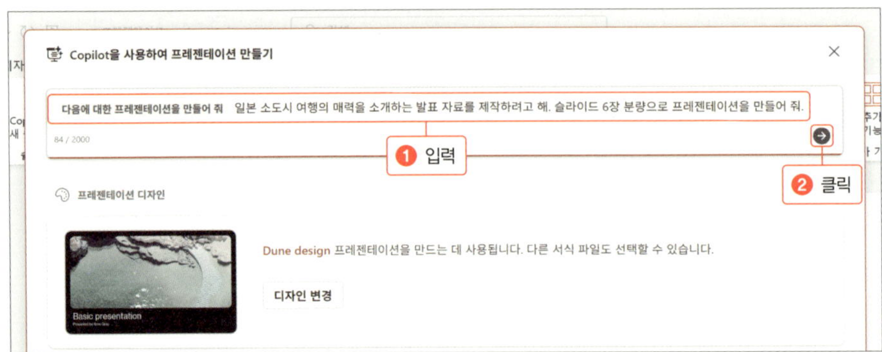

📋 TIP : 예제에서 사용한 프롬프트

일본 소도시 여행의 매력을 소개하는 발표 자료를 제작하려고 해. 슬라이드 6장 분량으로 프레젠테이션을 만들어줘.

3   슬라이드 생성 과정에는 '작업 중...'이라는 메시지와 함께 비교적 긴 시간이 소요됩니다. 슬라이드 구성안 생성이 완료되면 개요를 검토한 후 하단 [슬라이드 생성] 버튼을 클릭합니다.

4 슬라이드 구성안을 바탕으로 슬라이드 배치와 디자인까지 완료되면 하단의 [유지] 버튼을 클릭해서 내용을 확정합니다. 구성이 마음에 들지 않으면 오른쪽 '휴지통' 아이콘(🗑)을 클릭해서 다시 생성 과정을 거치면 됩니다.

5 슬라이드를 세부적으로 검토하기 위해 [보기] → [프레젠테이션 보기]에서 [기본]을 선택합니다.

6   내용을 살펴보면 슬라이드 표지가 검정 단색으로 생성된 문제를 발견할 수 있습니다. [홈] 메뉴에서 가장 오른쪽에 [Copilot]을 클릭하고 제목과 어울리는 표지 이미지를 생성하기 위해 다음과 같이 입력하고 Enter 키를 누릅니다.

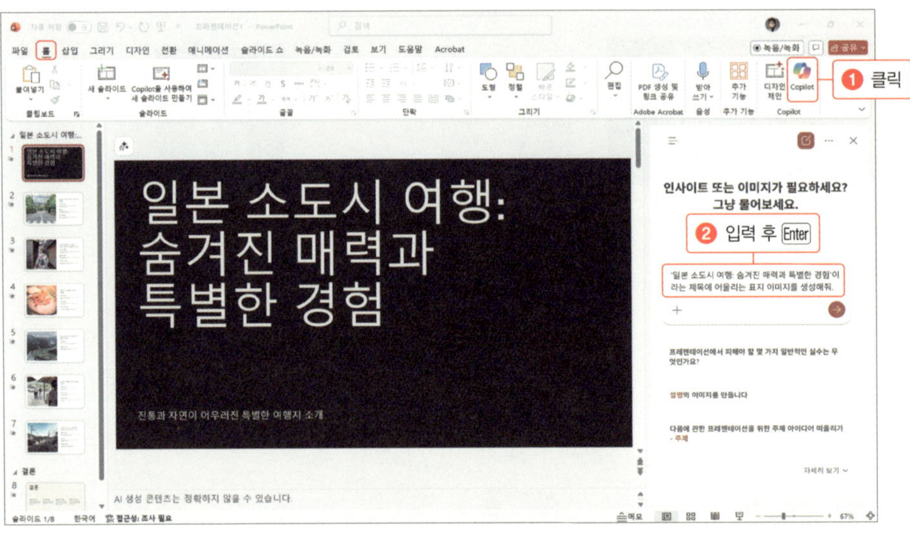

7   표지 이미지가 생성되면 이미지 하단의 '삽입' 아이콘(+)을 클릭해서 표지에 삽입합니다.

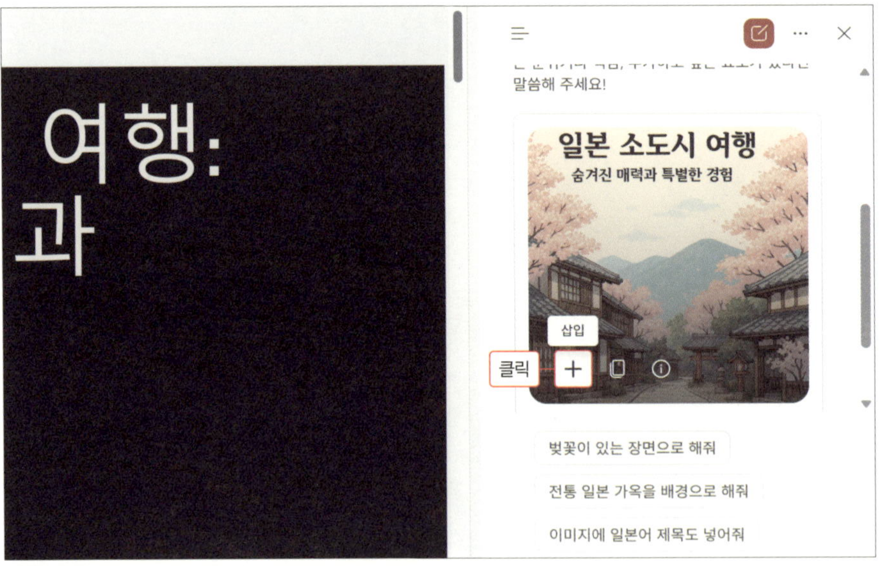

8 생성된 표지 이미지를 삽입하면 오른쪽 사이드바에 '디자인 제안' 기능이 활성화됩니다. 표지 레이아웃 디자인 예시 중에서 하나를 선택합니다.

9 표지 디자인이 적용되고 나면 텍스트 내용을 편집하여 정리합니다.

10   슬라이드 내용이 일반적이어서 보완이 필요하다면 코파일럿 프롬프트에 내용 보완을 요청할 수 있습니다. 수정할 슬라이드를 선택하고 요청해 보겠습니다.

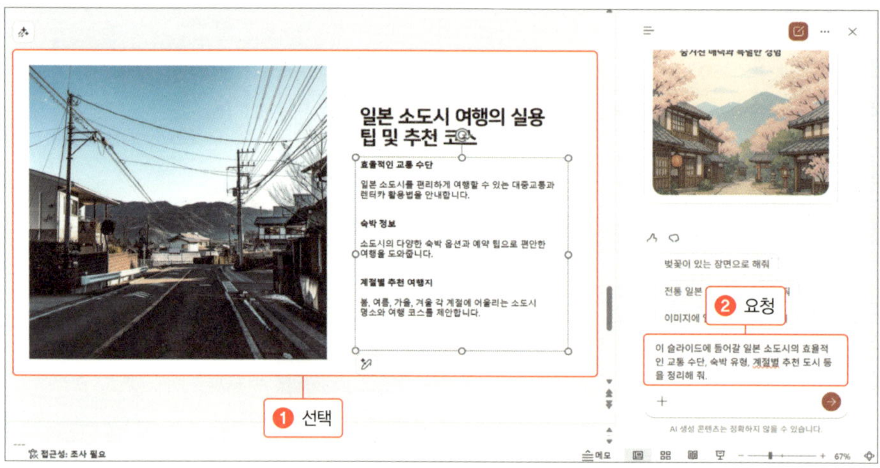

11   만약 생성된 답변이 너무 길어서 슬라이드에 붙여넣기 어렵다면 3줄 정도로 핵심만 요약해 달라고 요청하면 됩니다.

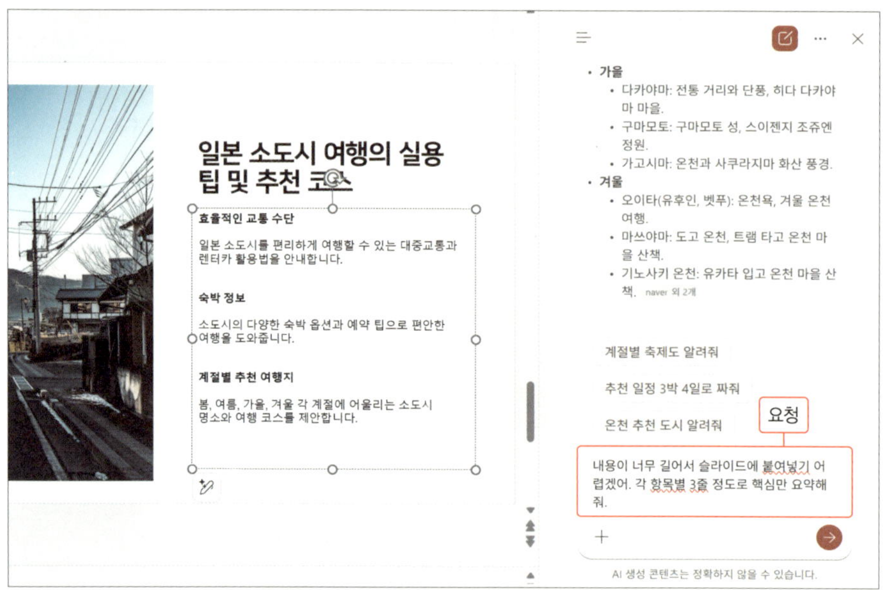

12 생성된 텍스트 는 복사(Ctrl + C)하여 슬라이드에 붙여넣습니다(Ctrl + V). 만약 보완된 텍스트를 더 간략하게 줄이고자 한다면 텍스트 상자 아래 '자동 수정' 아이콘(✐)을 클릭해서 나타나는 메뉴에서 '간단하게 줄이기'를 선택합니다.

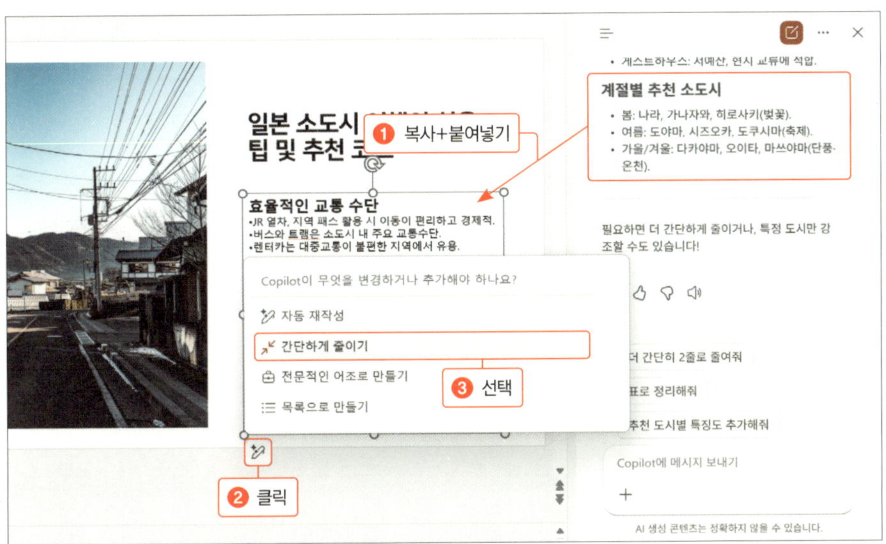

13 각 슬라이드 레이아웃 편집을 마무리하고, 전체 슬라이드를 선택합니다. 전체 슬라이드의 발표 노트 내용을 각각 생성해 달라고 코파일럿에 요청합니다.

14 슬라이드 하단에 [메모]를 클릭하여 슬라이드 노트를 엽니다. 처음 슬라이드 구성안을 생성할 때 자동 생성된 내용을 삭제하고, 새로 생성한 발표 노트 문구를 복사(Ctrl+C)하여 붙여넣습니다(Ctrl+V).

15 노트를 포함한 발표 자료 전체를 검토하고 코파일럿에 발표를 위한 팁을 요청합니다. 제안된 내용을 바탕으로 프레젠테이션 발표를 준비합니다.

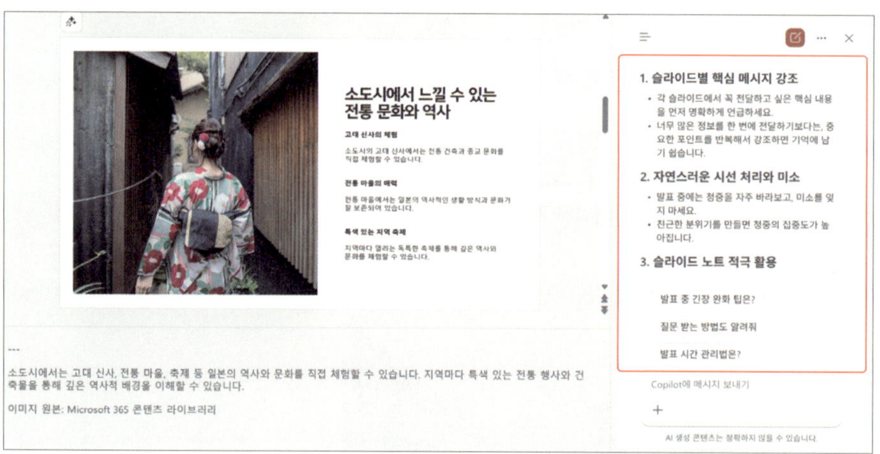

핵심 정리

1 오피스 환경에서 코파일럿의 AI 기능은 마이크로소프트 365 구독을 통해 이용할 수 있다.

2 웹 기반 M365 Copilot에서는 문서를 편집하면서 일부 요소를 생성할 수 있다.

3 파워포인트 앱의 코파일럿을 통해 슬라이드 구성안, 텍스트, 이미지 등을 생성할 수 있다.

구글 제미나이로
트렌드 보고서 작성하기

글짓기에 특화된 GPT 모델의 원조는 구글[Google]의 트랜스포머[Transformer] 모델이었습니다. 구글에서 출시한 제미나이[Gemini]는 챗GPT와 쌍벽을 이루는 보편적인 AI 챗봇으로 최근 사용자층이 증가하는 추세에 있습니다. 특히 대학생과 청소년 중심으로 대규모 사용자 그룹이 형성되면서 향후 전체 이용자 수가 크게 성장할 것으로 예상됩니다.

구글 제미나이 시작하기

챗GPT와 클로드, 딥시크[DeepSeek] 등 화제를 몰고 온 AI 챗봇들과 달리 구글 제미나이는 글쓰기 분야에서 꾸준하고 안정적인 개선을 통해 사용자의 신뢰를 얻고 있습니다. 특히 'ZeroGPT'와 같은 AI 표절 방지 시스템에서 검출되는 비율이 낮아서 제미나이로 생성된 내용을 활용할 때 표절 문제의 소지도 적은 편입니다. 일반적인 글쓰기뿐만 아니라 외국어 번역에도 탁월한 기능을 제공하므로 활용도가 우수합니다. 구글 제미나이는 무료로도 괜찮은 수준의 대화가 가능합니다. 유료 버전에서는 더 많은 기능을 활용할 수 있는데, 구글의 여러 AI 서비스를 묶은 'Google AI Pro' 또는 'Google AI Ultra' 버전을 구독해서 이용할 수 있습니다. 두 버전에서는 AI 생성 사용량과 품질에서 차이가 발생합니다. 일반적인 사용자라면 프로^Pro 버전으로도 충분한 AI 기능을 누릴 수 있습니다.

1 웹 브라우저에 'one.google.com/intl/ko_kr/about/google-ai-plans/'를 입력하여 Google AI 요금제 페이지로 접속합니다. 원하는 요금제의 가입버튼을 클릭합니다. 예제에서는 [Google AI Pro 가입하기] 버튼을 클릭합니다.

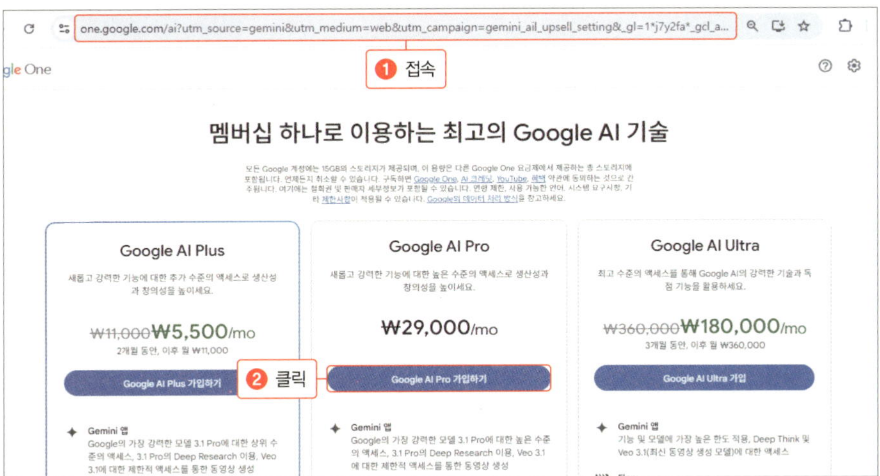

2 구글 계정에 로그인하지 않은 상태에서는 로그인 페이지로 연결되면, 아이디와 비밀번호를 입력하여 로그인합니다. 계정에 로그인된 상태라면 결제화면으로 넘어갑니다.

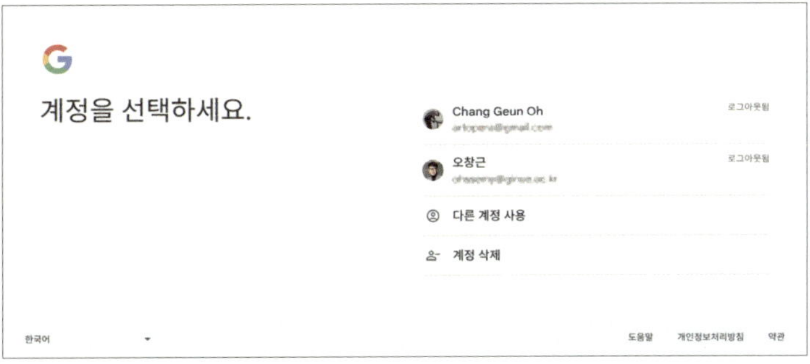

3 구글 계정에 이미 지불 정보가 등록되어 있다면 Google Pay 창에서 [정기 결제] 버튼을 클릭하여 구독합니다. 만약 결제 정보가 없다면 신용카드와 주소 등 정보를 입력하여 구독을 시작합니다.

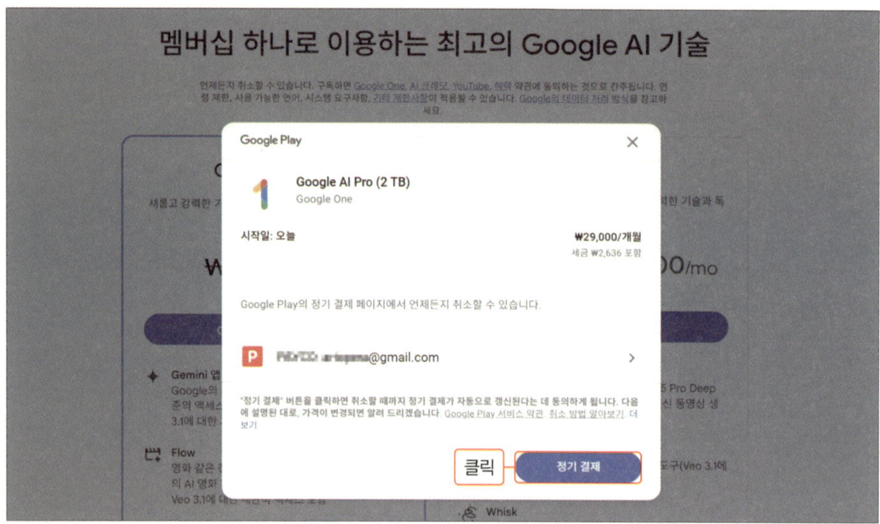

4 홈 화면이 표시되면 유료기능을 포함하여 제미나이를 사용할 수 있습니다. 프롬프트 입력 창에서 오른쪽에는 모델을 선택하는 옵션이 제공됩니다. 글쓰기 목적으로는 '사고 모드(복잡한 주제 사고 모드)'로 설정하여 접근하면 더 적절한 답변을 얻을 수 있습니다.

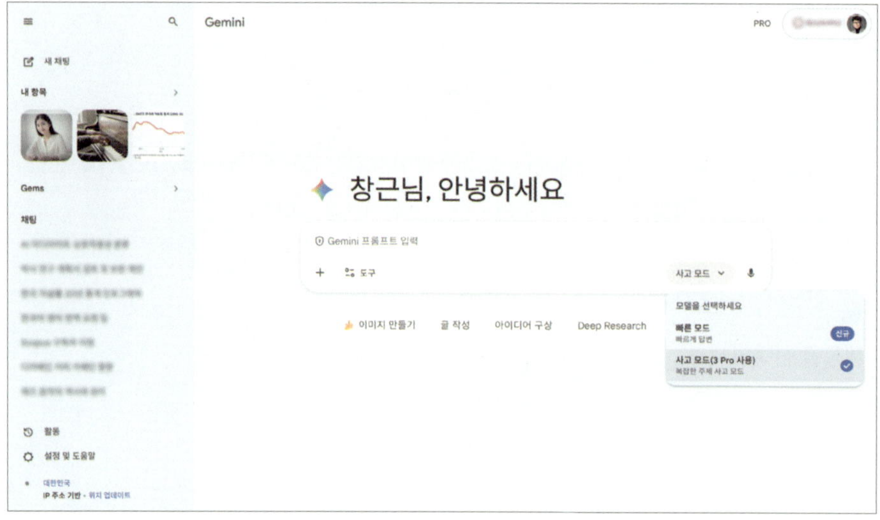

제미나이로 트렌드 보고서 초안 준비하기

구글의 강력한 검색 기능을 기반으로 작동하는 제미나이는 최신 트렌드나 시장 조사 등의 비즈니스 업무에 유용하게 쓰입니다. 그동안 생성형 인공지능이 가짜 정보를 만들어내는 할루시네이션[Hallucination] 현상으로 사용자의 신뢰를 잃기도 했지만, 제미나이는 비교적 사실에 충실한 결과를 산출합니다. 무엇보다도 선행 학습 과정 이후에 발생한 최신 정보도 조사하고 취득할 수 있기에 신뢰성과 최신성의 조건을 두루 갖추었다고 평가받고 있습니다. 제미나이로 최신 정보를 조회하고 데이터를 취득하여 문서 형태로 작성하려면 먼저 탐색할 주제와 의도를 설정하여 프롬프트에 입력합니다.

1 제미나이 모델을 [사고 모드]로 설정되어있는지 확인하고 프롬프트 입력 창에 조사할 주제와 의도를 입력한 다음 Enter 키를 누릅니다.

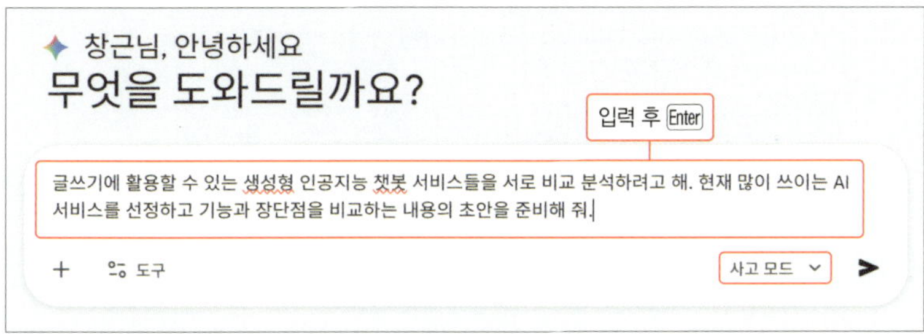

2 제미나이가 생성한 초안을 검토해보니, 일부 데이터는 최신 정보와 다르므로 해당 부분의 업데이트가 필요해 보입니다.

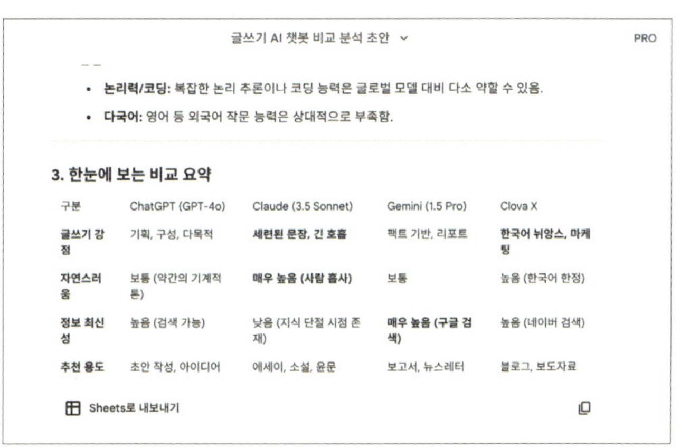

구분	ChatGPT (GPT-4o)	Claude (3.5 Sonnet)	Gemini (1.5 Pro)	Clova X
글쓰기 강점	기획, 구성, 다목적	세련된 문장, 긴 호흡	팩트 기반, 리포트	한국어 뉘앙스, 마케팅
자연스러움	보통 (약간의 기계적 톤)	매우 높음 (사람 흡사)	보통	높음 (한국어 한정)
정보 최신성	높음 (검색 가능)	낮음 (지식 단절 시점 존재)	매우 높음 (구글 검색)	높음 (네이버 검색)
추천 용도	초안 작성, 아이디어	에세이, 소설, 운문	보고서, 뉴스레터	블로그, 보도자료

3 생성한 글에서 사실과의 차이를 지적하고 웹 검색을 통해 최신 정보를 반영해 달라고 입력한 다음 Enter 키를 누릅니다.

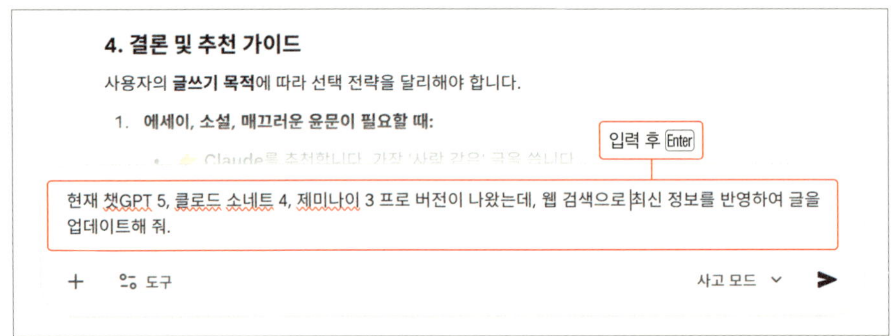

4 제미나이는 최신성을 강조하는 사용자의 요구를 이해하고 기존에 생성한 내용을 최신 정보로 업데이트하여 새롭게 작성한 결과를 제시합니다.

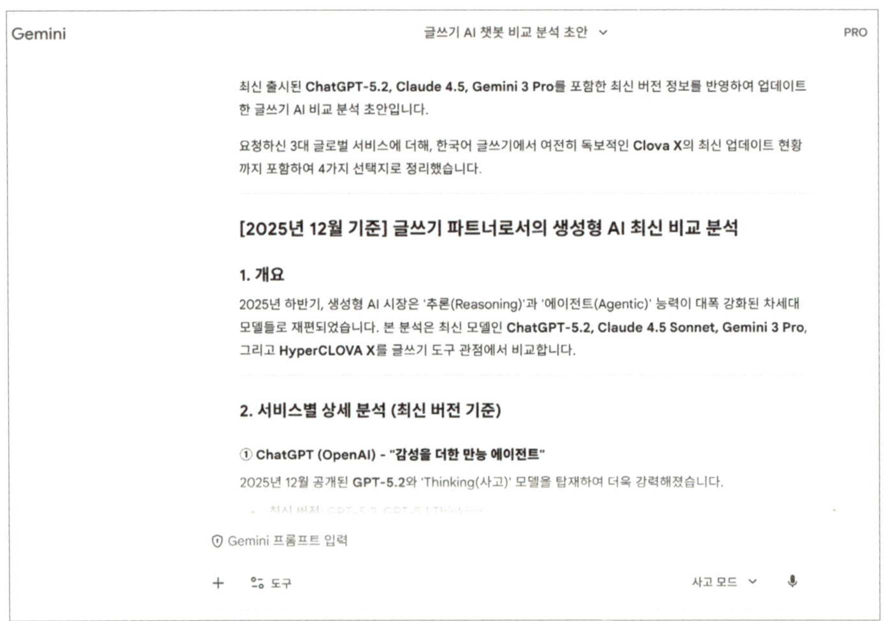

5 같은 방법으로 제미나이가 사용자에게 제안한 비교 예시를 이어서 작성해 달라고 요청합니다.

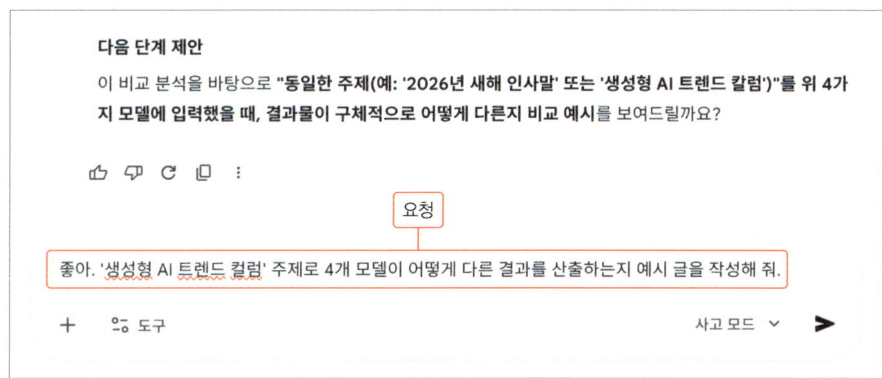

6 제미나이가 생성한 예시 비교를 검토하고 작성할 보고서에 인용할 수 있는 수준인지 판단합니다.

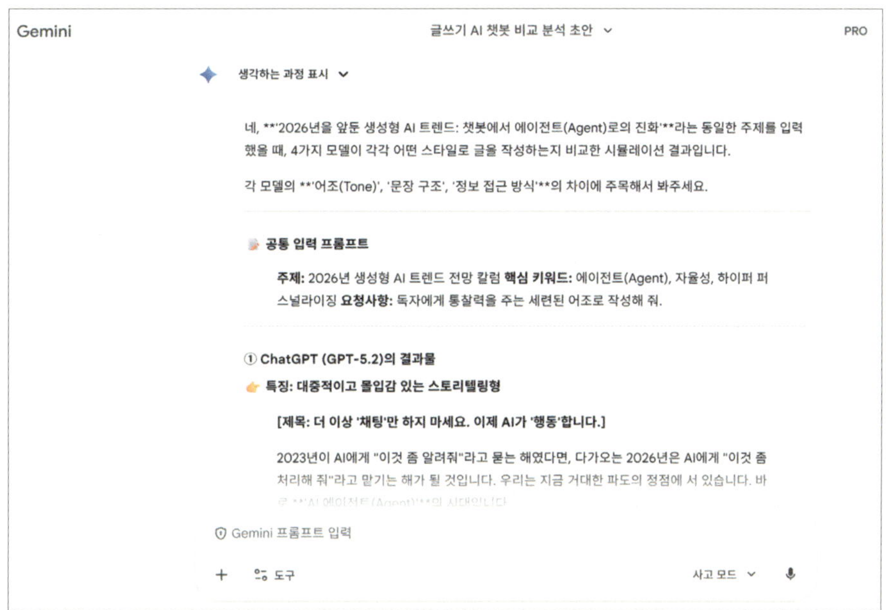

7 보고서에 인용할 자료의 생성을 위해 어떤 부분에 중점을 두고 분석해야 할지 프롬프트에 제시합니다. 특히 보고서에 인용할 수준의 문체와 기술 분석을 요구하면 도움이 됩니다.

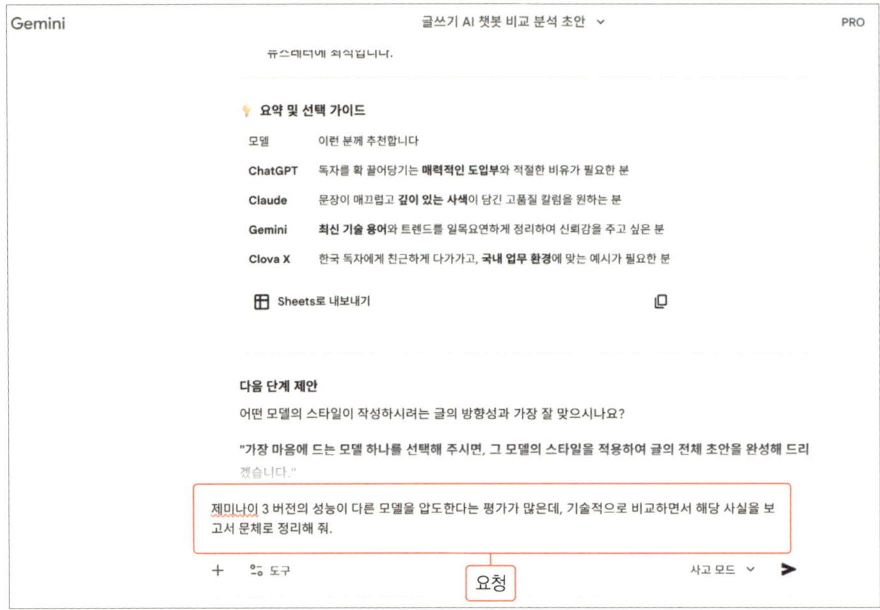

8 제미나이가 보고서 형식으로 생성한 글을 검토하고, 부족한 부분을 보완하는 방안을 요청합니다.

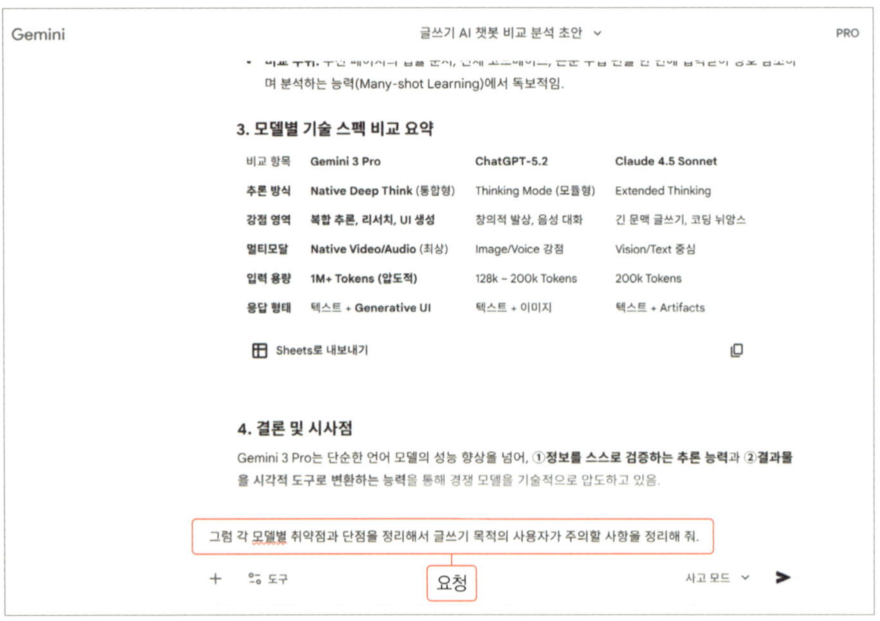

9 보고서에 보완할 부분까지 생성을 마치면 이번에는 구체적이고 유용한 사례 작성을 요청합니다.

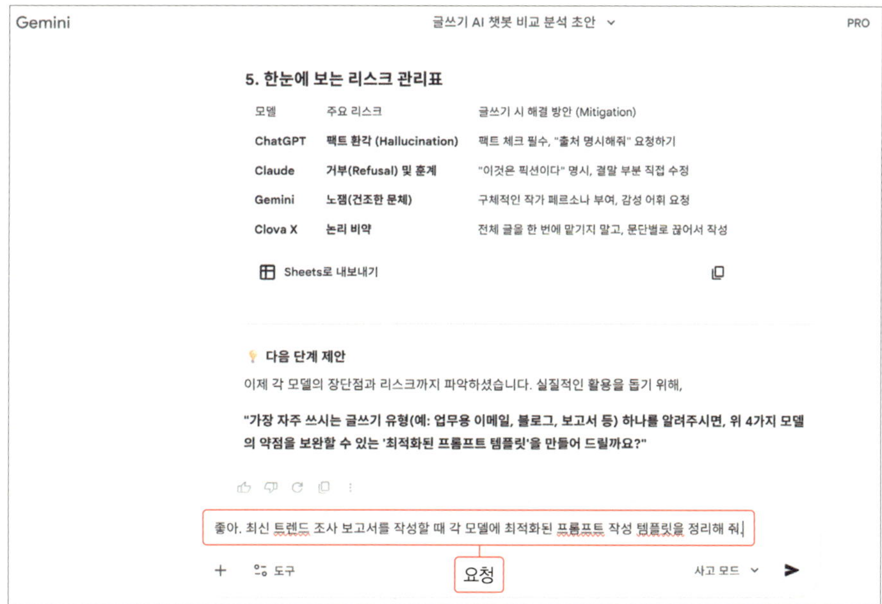

10 제미나이가 구체적 사례까지 예시해 주면, 현재까지의 논의를 바탕으로 보고서 내용의 초안을 작성해 달라고 요청합니다. 이때 전체 분량을 지정하고 반드시 포함할 부분이나 제외할 것을 구체적으로 요청합니다.

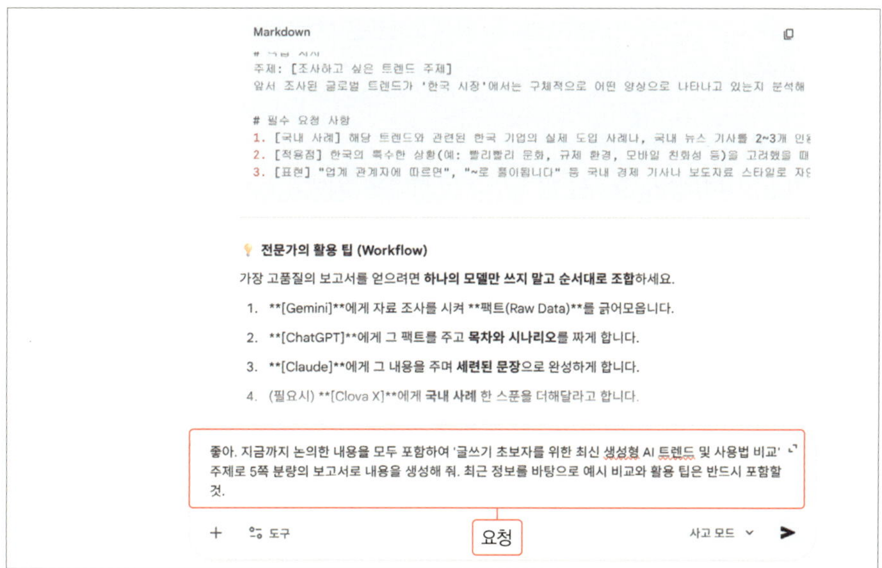

11 제미나이와 함께 의논하며 준비한 보고서 초안 내용을 '대답 복사' 버튼 클릭으로 복사하여 문서 작성 앱에서 정리하고 사실관계를 확인하며 내용을 보완합니다.

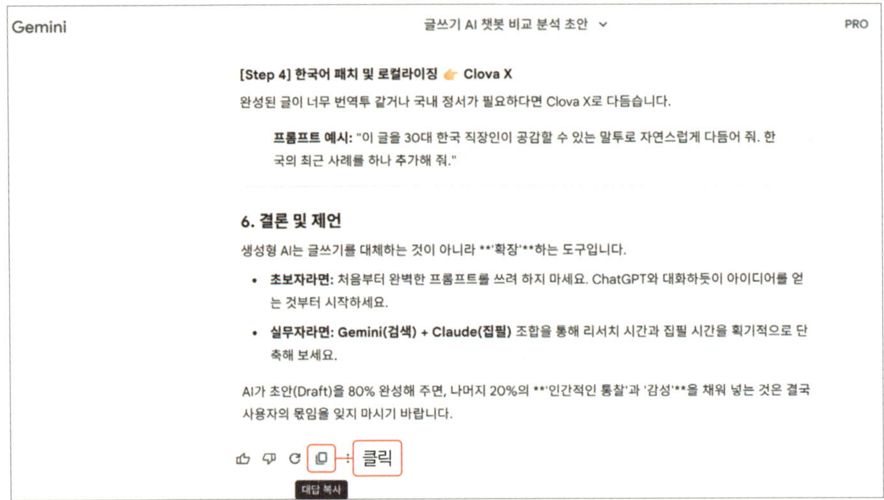

제미나이로 생성한 AI 활용 트렌드 보고서 초안

1. 서론: 2026년 글쓰기 환경의 변화

1.1. '챗봇(Chatbot)'에서 '에이전트(Agent)'

2025년 하반기, 생성형 AI 시장은 결정적인 전환점을 맞이했습니다. 기존의 AI가 사용자의 질문에 단순히 텍스트로 답하는 '챗봇'이었다면, 최신 모델들은 사용자의 의도를 파악하고 스스로 추론하여 행동하는 '에이전트(Agent)'로 진화했습니다.

1.2. 글쓰기 초보자에게 주는 의미

이제 글쓰기 능력은 "얼마나 문장을 잘 쓰느냐"가 아니라, "AI에게 얼마나 정확하게 일을 시키고(Prompting), 나온 결과물을 얼마나 잘 편집(Editing)하느냐"에 달려 있습니다. 본 보고서는 이러한 변화 속에서 초보자가 자신의 목적에 딱 맞는 AI 도구를 선택하고 활용하는 방법을 제시합니다.

2. 주요 4대 AI 모델 비교 분석(2025. 12 기준)

글쓰기 파트너로서 가장 두각을 나타내는 4가지 모델의 최신 버전 특징을 분석합니다.

❶ ChatGPT(OpenAI/Ver. GPT-5.2)

- **한줄 평**: '아이디어가 막힐 때 대화하며 풀어가는 만능 파트너'
- **핵심 강점**
  - **Thinking Mode**: 복잡한 기획안이나 구조를 짤 때, AI가 스스로 생각(추론)하는 시간을 거쳐 논리적인 답변을 내놓습니다.
  - **음성 대화**: 글이 안 써질 때 말로 떠들며 아이디어를 정리하는 데 최적화되어 있습니다.
- **추천 용도**: 브레인스토밍, 소설/시나리오 플롯 구성, 기획안 초안.
- **주의점**: 가끔 사실이 아닌 것을 사실처럼 말하는 '환각(Hallucination)'이 발생하므로 팩트 체크가 필수입니다.

❷ Claude(Anthropic/Ver. 4.5 Sonnet)

- **한줄 평**: '가장 사람 같은 문장을 구사하는 베스트셀러 작가'
- **핵심 강점**
  - **탁월한 문장력**: 번역투가 거의 느껴지지 않는 유려하고 자연스러운 문체를 구사합니다.
  - **긴 호흡**: 책 한 권 분량의 자료를 입력해도 내용을 잊지 않고 일관된 톤으로 글을 작성합니다.
- **추천 용도**: 에세이, 서평, 비즈니스 이메일, 윤문(교정) 작업.
- **주의점**: 윤리적 필터가 강력하여, 다소 논쟁적이거나 자극적인 주제는 작성을 거부할 수 있습니다.

❸ Gemini(Google/Ver. 3 Pro)

- **한줄 평**: '실시간 정보와 도표로 무장한 유능한 리서처'
- **핵심 강점**
  - **Deep Think & Search**: 구글 검색과 연동되어 최신 뉴스, 통계 데이터를 실시간으로 반영합니다.
  - **멀티모달**: 유튜브 영상을 보고 내용을 요약하거나, 텍스트를 바로 도표/그래프로 시각화해 줍니다.
- **추천 용도**: 트렌드 리포트, 뉴스레터, 데이터 분석 보고서
- **주의점**: 팩트 중심이라 문체가 다소 딱딱하고 건조(Dry)할 수 있습니다.

❹ Clova X(Naver/Ver. HyperCLOVA X)

- **한줄 평**: '한국인의 마음을 읽는 센스 있는 마케터'

- **핵심 강점**
  - **로컬라이징:** 신조어, 유행어, 한국적 높임말 문화를 완벽히 이해합니다.
  - **네이버 연동:** 국내 블로그, 뉴스, 쇼핑 데이터를 기반으로 글을 씁니다.
- **추천 용도:** 블로그 포스팅, 국내 보도자료, 마케팅 카피, 사내 공지 사항.
- **주의점:** 복잡한 논리 추론이나 영어 작문 능력은 글로벌 모델 대비 부족할 수 있습니다.

3. 실전 비교: 같은 주제, 다른 결과

- **주제:** '2026년 생성형 AI 트렌드 전망' 칼럼 작성 요청 시

모델	결과물 특징 및 스타일	비고
ChatGPT	"상상해 보세요…" 독자의 흥미를 끄는 스토리텔링형 도입부. 읽기 쉽고 대중적인 어조.	블로그, 유튜브 대본에 적합
Claude	"기술의 진보는 본질을 묻습니다." 차분하고 사색적인 문체. 깊이 있는 통찰을 담은 에세이 스타일.	칼럼, 기고문, 사설에 적합
Gemini	"2026년 시장 규모는 ◯◯조 원입니다." 핵심 데이터와 팩트 위주의 두괄식 구성. 전문 용어 사용.	기업 보고서, 제안서에 적합
Clova X	"안녕하세요! 요즘 AI 많이 쓰시죠?" 친근한 구어체. 한국 직장인 예시(김 대리 등)를 활용한 공감 유도.	사내 뉴스레터, SNS에 적합

4. 초보자를 위한 치명적 약점 및 리스크 관리

AI를 맹신하면 낭패를 볼 수 있습니다. 각 모델의 약점을 알고 대비해야 합니다.

❶ ChatGPT의 '그럴듯한 거짓말'

대응: 통계 수치나 인용문은 반드시 구글링으로 교차 검증하세요. "출처를 명확히 표기해 줘."라고 요청하는 것이 좋습니다.

❷ Claude의 '훈계조'

대응: 글의 마지막에 "하지만 우리는 ～해야 합니다."라는 식의 도덕적 교훈을 붙이는 습관이 있습니다. 필요 없다면 과감히 삭제하세요.

❸ Gemini의 '건조함'

대응: "감성적인 에세이 톤으로 써 줘." 혹은 "친절한 말투로 바꿔 줘."처럼 구체적인 페르소나(Persona)를 지정해야 합니다.

❹ Clova X의 '논리 비약'

대응: 긴 글을 한 번에 맡기지 말고, 문단별로 나누어서 작성을 시켜야 논리가 흐트러지지 않습니다.

5. 최적의 활용 프로세스(Workflow)

글쓰기 고수들은 하나의 모델만 고집하지 않습니다. 각 AI의 장점을 조합하는 '협업 프로세스'를 추천합니다.

[Step 1] **자료 조사 및 팩트 체크** 👉 Gemini 3 Pro

– 가장 먼저 Gemini에게 주제를 던져 최신 정보를 수집합니다.

– **프롬프트 예시:** "2026년 여행 트렌드에 대해 구글 검색을 기반으로 조사해 줘. 최근 3개월 내의 통계 자료와 출처를 포함해서 표로 정리해 줘."

[Step 2] **개요 구성 및 아이디어** 👉 ChatGPT–5.2

– 수집된 정보를 ChatGPT에게 주고 뼈대를 잡습니다.

– **프롬프트 예시:** "아래 정보를 바탕으로 블로그에 올릴 글의 목차(Outline)를 잡아 줘. 독자의 호기심을 자극할 수 있는 서론과 3가지 소제목을 추천해 줘."

[Step 3] **초안 작성 및 윤문** 👉 Claude 4.5 Sonnet

– 구성된 목차대로 글을 쓰는 건 문장력이 가장 좋은 Claude에게 맡깁니다.

– **프롬프트 예시:** "이 목차대로 글을 써 줘. 전문적이지만 읽기 편한 에세이 톤으로 작성하고, 기계적인 접속사(결론적으로 등)는 빼 줘."

[Step 4] **한국어 패치 및 로컬라이징** 👉 Clova X

– 완성된 글이 너무 번역투 같거나 국내 정서가 필요하다면 Clova X로 다듬습니다.

– **프롬프트 예시:** "이 글을 30대 한국 직장인이 공감할 수 있는 말투로 자연스럽게 다듬어 줘. 한국의 최근 사례를 하나 추가해 줘."

6. 결론 및 제언

생성형 AI는 글쓰기를 대체하는 것이 아니라 '확장'하는 도구입니다.

- **초보자라면:** 처음부터 완벽한 프롬프트를 쓰려 하지 마세요. 챗GPT와 대화하듯이 아이디어를 얻는 것부터 시작하세요.
- **실무자라면:** Gemini(검색) + Claude(집필) 조합을 통해 리서치 시간과 집필 시간을 획기적으로 단축해 보세요.

AI가 초안(Draft)을 80% 완성해 주면, 나머지 20%의 '인간적인 통찰'과 '감성'을 채워 넣는 것은 결국 사용자의 몫임을 잊지 마시기 바랍니다.

 **TIP : 제미나이에서 문서 내보내기**

챗GPT나 클로드 등과는 달리 제미나이는 생성한 내용을 직접 문서 파일로 출력하는 기능을 현재 지원하지 않고 있습니다. 다만 생성한 본문 중에서 표 부분은 'Sheets로 내보내기' 기능이 지원되므로 구글 스프레드시트 앱에서 편집한 후 엑셀 문서로 변환해서 내려받을 수 있습니다. 텍스트 형식으로 작성된 본문은 하단의 '⋮' 아이콘을 클릭한 후 나타나는 메뉴에서 [Docs로 내보내기]를 선택한 다음, 편집하여 워드 파일로 내려받으면 됩니다. 텍스트만 복사해서 신속하게 보완하려면 '대답 복사' 아이콘(🗐)을 클릭해 복사한 후, MS 워드와 같은 문서 작성 앱에 붙여 넣고 편집하면 됩니다.

데이터 시각화 이미지 추가하기

제미나이를 활용해서 보고서의 초안을 작성하고 사실 관계를 검토했다면, 보고서의 내용을 한눈에 제시하는 데이터 시각화 이미지를 만들어 추가합니다. 제미나이 3 버전부터는 이미지와 영상 자료를 직접 생성하는 멀티모달 기능이 강화되었는데, 특히 획기적으로 개선된 나노바나나 모델을 기반으로 데이터 시각화 자료나 텍스트 이미지를 정확하게 생성하는 데에 유용합니다. 기존 AI 챗봇들의 이미지 생성 방식은 텍스트 요소를 단순한 시각 이미지로 처리해서 정확성이나 가독성에 문제가 있었습니다. 제미나이는 이와 같은 한계를 극복해서 그래프의 캡션까지 정확한 문자로 생성합니다. 그래프와 같은 데이터 시각화 이미지를 생성해 달라고 제미나이의 프롬프트에 요청할 때 몇 가지 요령이 필요합니다. 그래프의 유형, 항목 분류, 레이블과 캡션의 언어 등을 반드시 지시해야 의도한 이미지를 얻을 수 있습니다.

1   프롬프트 입력 창 아래에 도구를 클릭하고 [이미지 만들기]를 선택하여 활성화합니다. 나노바나나 모델을 사용하여 이미지를 생성합니다.

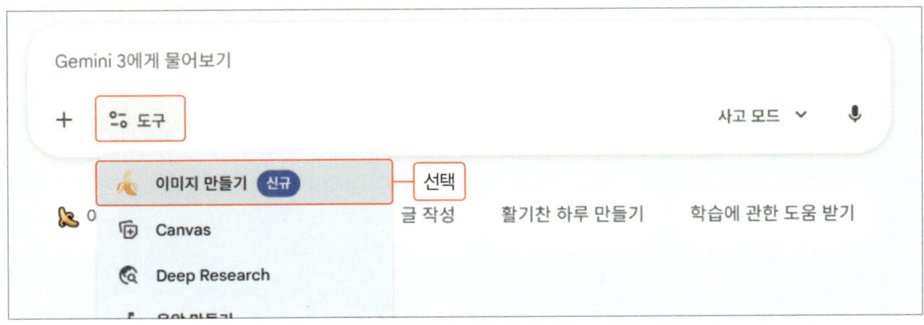

2   보고서에 포함할 데이터 시각화 이미지에 관해 필요한 요소를 프롬프트 입력 창에 입력합니다. 정확한 수치 비교를 위해 다음과 같이 입력하고 Enter 키를 누릅니다.

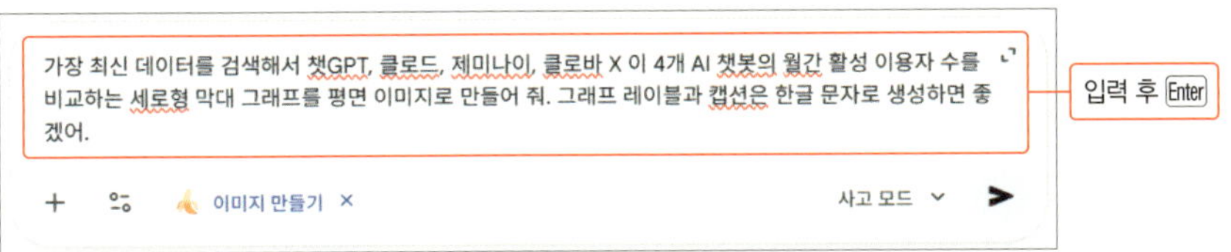

3   제미나이의 나노바나나 모델로 생성한 그래프 이미지를 검토하면서 보완할 부분을 찾습니다. 2025년도 말의 데이터를 기반으로 생성하여 클로바X 챗봇의 이용자 수가 미확인 상태라 가장 긴 막대를 형성하는 문제가 보입니다.

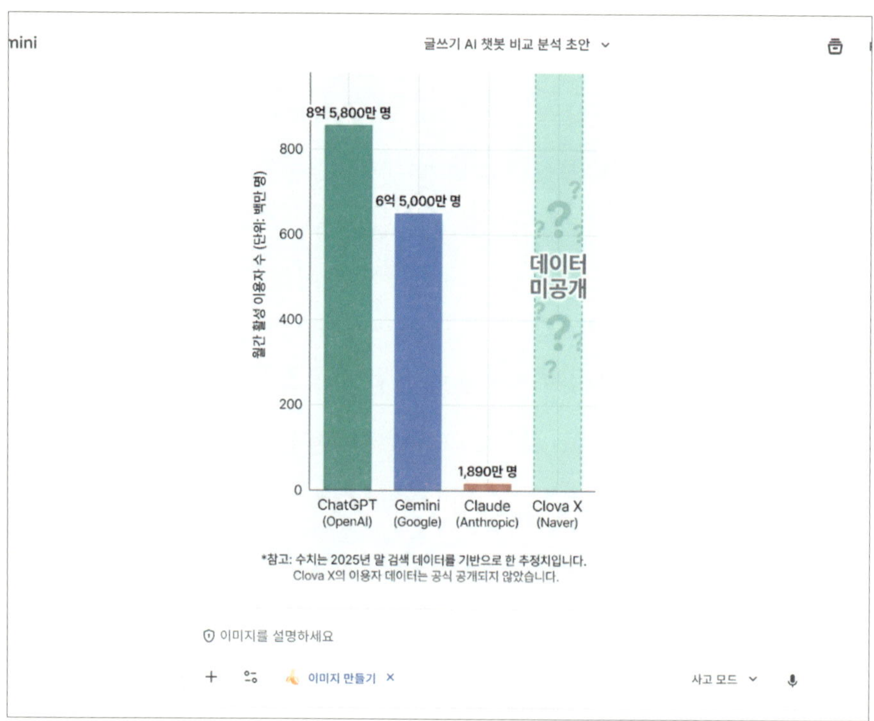

4   네이버 클로바X 서비스는 제한적으로 접근할 수 있으므로 뉴스 기사를 검색하여 사용자 수 추정에 단서가 되는 하이퍼클로바X 서비스의 월간 다운로드 수를 찾아 프롬프트에 제시하고 그래프 작성에 참고하도록 요청합니다.

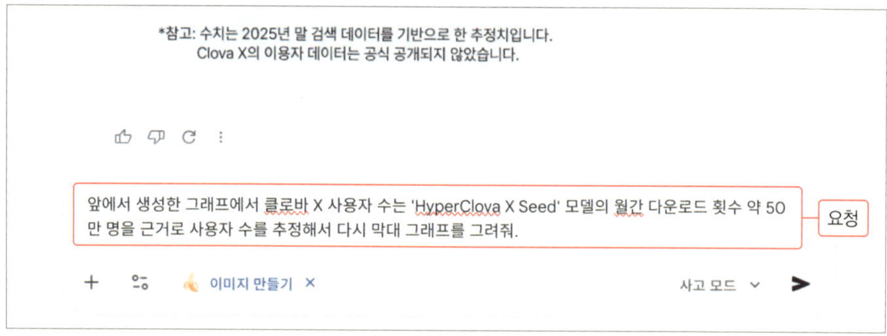

5 문서에 포함하기 편리하도록 가로형 막대그래프 이미지로 생성했습니다만, 레이블과 캡션이 영어로 표기되었기 때문에 한글로 다시 작성해 달라고 요청합니다.

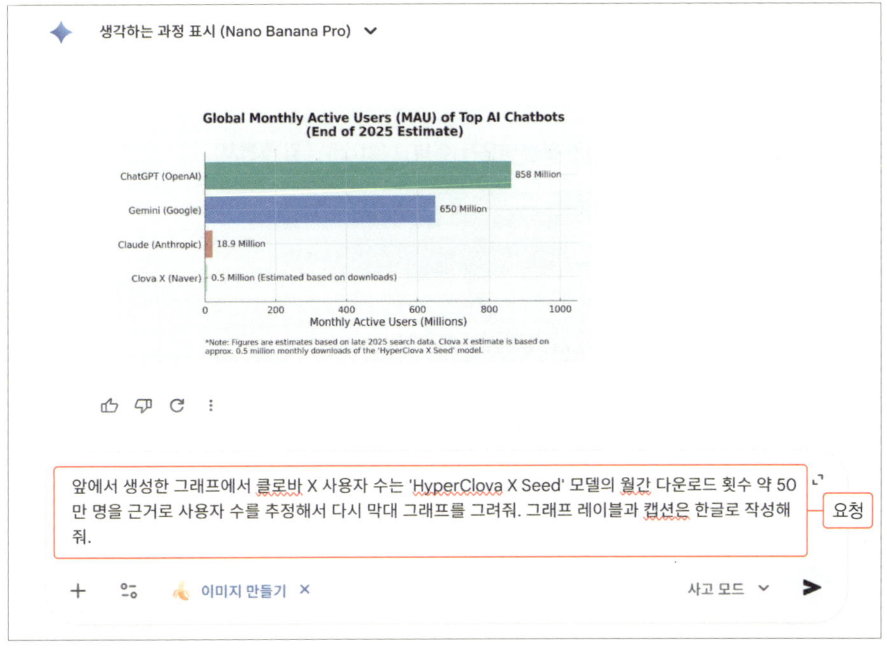

6 그래프 이미지가 정확하게 생성되었다면, 이미지 위에 마우스를 위치시키고 '원본 크기로 다운로드' 아이콘(⤓)을 클릭합니다.

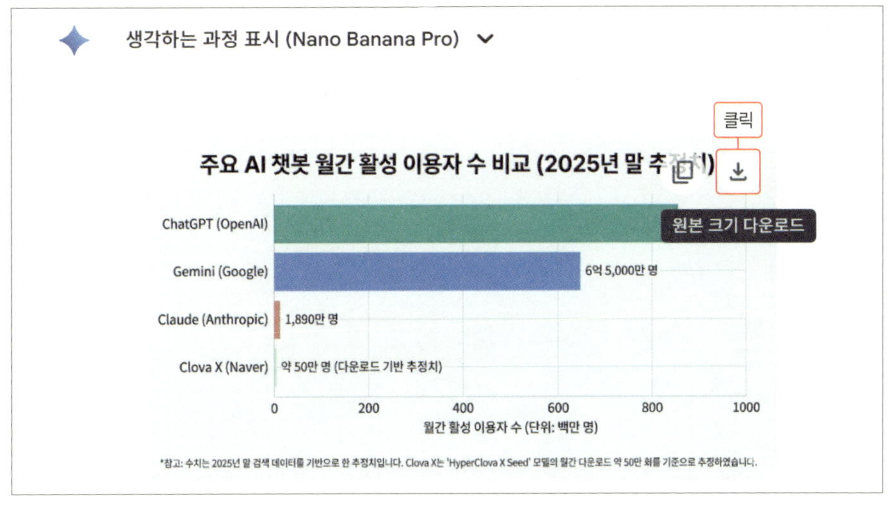

7   다운로드한 파일은 PC의 다운로드 폴더에서 찾을 수 있으며 그래프 이미지를 보고서 문서 중간 적절한 위치에 삽입하여 작성을 완료합니다.

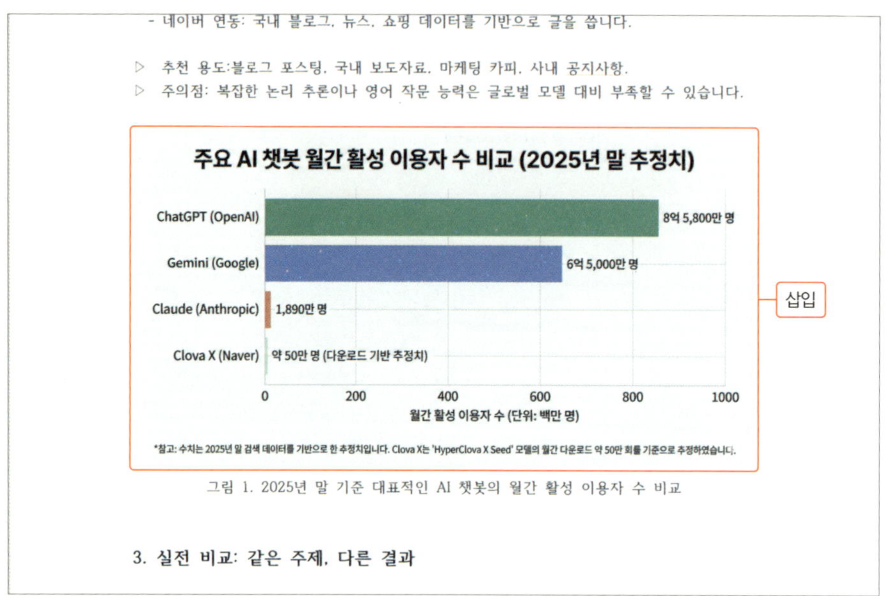

핵심 정리

1   구글 제미나이(Gemini)는 웹 검색과 코딩, 멀티모달 기능이 강화된 AI 모델이다.

2   제미나이 프로 버전을 구독하면 더 강력한 멀티모달 기능을 이용할 수 있다.

3   검색 기능이 포함된 제미나이는 팩트 기반의 보고서와 제안서 작성에 유용하다.

4   제미나이에서 데이터 시각화 이미지를 생성할 때 분류 기준과 언어를 명확히 지시 해야 한다.